de Gruyter Texte

Friedrich Schleiermacher

Pädagogik
Die Theorie der Erziehung von 1820/21
in einer Nachschrift

Herausgegeben von
Christiane Ehrhardt und Wolfgang Virmond

Walter de Gruyter · Berlin · New York

∞ Gedruckt auf säurefreiem Papier,
das die US-ANSI-Norm über Haltbarkeit erfüllt.

ISBN 978-3-11-020525-1

Bibliografische Information der Deutschen Nationalbibliothek

Die Deutsche Nationalbibliothek verzeichnet diese Publikation in der Deutschen
Nationalbibliografie; detaillierte bibliografische Daten sind im Internet
über http://dnb.d-nb.de abrufbar.

© Copyright 2008 by Walter de Gruyter GmbH & Co. KG, D-10785 Berlin

Dieses Werk einschließlich aller seiner Teile ist urheberrechtlich geschützt. Jede Verwertung außerhalb der engen Grenzen des Urheberrechtsgesetzes ist ohne Zustimmung des Verlages unzulässig und strafbar. Das gilt insbesondere für Vervielfältigungen, Übersetzungen, Mikroverfilmungen und die Einspeicherung und Verarbeitung in elektronischen Systemen.

Printed in Germany
Einbandgestaltung: Hansbernd Lindemann, Berlin
Druck und buchbinderische Verarbeitung: AZ Druck und Datentechnik GmbH, Kempten

Inhalt

Einleitung der Herausgeber 1

1. Zur Überlieferung von Schleiermachers Pädagogik-Vorlesung
   von 1820/21 1
   1.1. Geist und Buchstabe 1
   1.2. „Ein Convolut Zettel" – aufgelöst oder in Fußnoten verbannt ... 8
   1.3. Die erste Edition prägt Ansehen und Verbreitung
        der Vorlesung von 1820/21 11
2. Veränderte Perspektiven: eine vollständige Vorlesung
   zur Theorie der Erziehung 17
   2.1. „Pädagogik duplirt":
        Schleiermacher im Wintersemester 1820/21 17
   2.2. Auszüge aus Schleiermachers Tagebucheintragungen 24
   2.3. Die Berliner Nachschrift.
        Charakteristik und Grundsätze der Textwiedergabe 26
   2.4. Ausblick auf bislang unbekannte Gesichtspunkte
        der Pädagogik von 1820/21 29

Vergleichende Übersicht
zur Überlieferung von Schleiermachers Pädagogik 1820/21 37

Inhaltliche Übersicht 51

Pädagogik-Vorlesung 1820/21 (Berliner Nachschrift) 57

Literaturverzeichnis 263

Register 271

„Die Erziehung kann nicht das im Menschen entwickeln, was sie will, sondern was in ihm liegt."

(36. Vorlesungsstunde)

Einleitung der Herausgeber

1. Zur Überlieferung von Schleiermachers Pädagogik-Vorlesung von 1820/21

1.1. Geist und Buchstabe

Das Spannungsverhältnis, in dem alles editorische Bemühen um eine Rekonstruktion der von Schleiermacher im Wintersemester 1820/21 an der Berliner Universität vorgetragenen Pädagogik steht, wenn es sich auf der einen Seite auf so gut wie keine schriftliche Hinterlassenschaft des Vortragenden stützen kann, auf der anderen Seite aber um die präzise Wiedergabe jedes einzelnen Wortes einer (gedanklich und sprachlich fehlerhaft) *ab*geschriebenen studentischen Vorlesungs*nach*schrift ringt, thematisiert einen wesentlichen Aspekt von Schleiermachers Werk. Dieses ist – im Anschluss an Platon – geprägt von der Reflexion auf das Medium der Schrift in ihrem Verhältnis zur mündlichen Rede. Die Bevorzugung des Gesprächs gegenüber der Schrift ist Thema der philosophischen Entwürfe, findet Gestaltung in den literarischen Texten, entspricht wohl einer persönlichen Vorliebe Schleiermachers und ist nicht zuletzt Kernaussage seiner Pädagogik.

Mit seiner 1808 in Berlin erschienenen Studie „Gelegentliche Gedanken über Universitäten im deutschen Sinn. Nebst einem Anhang über eine neu zu errichtende" mischt sich Schleiermacher in die Debatte um die Konzeption der neu zu gründenden Berliner Universität ein. Seinen Begriff der Wissenschaft entfaltet er vor dem Horizont einer Dreiteilung der Bildungseinrichtungen in Schule, Universität und Akademie, deren jeweilige Aufgaben er sorgfältig beschreibt, voneinander abgrenzt und zugleich in ihren Beziehungen zueinander zeigt (wenig später, ab 1810, wird Schleiermacher für alle drei Institutionen an einflussreichen Stellen tätig). Er erläutert, dass Wissenschaft „nicht Sache des Einzelnen sein" kann, sondern „ein gemeinschaftliches Werk sein muß", das wesentlich auf gegenseitige „Mittheilung" angewiesen ist.[1]

Die Universität solle dabei „den Einzelnen zur Erkenntniß hinanbilden". Sie strebe danach, „die Principien und gleichsam den Grundriß alles Wissens auf solche Art zur Anschauung" zu bringen, „daß daraus die Fähigkeit entsteht, sich in jedes Gebiet des Wissens hineinzuarbeiten", also zum „Lernen des Lernens" anzuleiten. Ihre Zielsetzung sei es, die „Idee des Erkennens" in den Lernenden zu erwecken. Die Philosophie sei daher die grundlegende Wissenschaft jedes Studiums an der Universität.[2]

Greifen diese Überlegungen einerseits auf den platonischen Begriff des Wissens und der Dialektik zurück, so führen sie doch andererseits bei Schleiermacher nicht zu der Konsequenz, auch unterrichtsmethodisch das sokratische Gespräch als „allgemeine Lehrform auf dem wissenschaftlichen Gebiet" zu propagieren. Denn „in der neueren Zeit" sei unsere Bildung „weit individueller" als die alte und das Gespräch dementsprechend viel persönlicher, sodass „kein Einzelner im Namen Aller als Mitunterredner aufgestellt werden kann", wie z. B. noch ein Phaidros oder Menon zu Platons Zeiten. In der akademischen Lehrsituation heutzutage – „unter Vielen" – würde das Gespräch eine viel zu äußerliche, nur verwirrende und störende Form sein. Im „Kathedervortrag" hingegen könne „die Natur des alten Dialogs" viel besser lebendig gehalten werden. Dazu sei es jedoch erforderlich, dass im Vortrag selbst die Erkenntnisse neu hervorgebracht und nicht etwa als schon fertige präsentiert werden: „Der Lehrer muß alles was er sagt, vor den Zuhörern entstehen lassen; er muß nicht erzählen was er weiß, sondern sein eigenes Erkennen, die That selbst, reproduciren, damit sie beständig nicht etwa nur Kenntnisse sammeln, sondern die Thätigkeit der Vernunft im Hervorbringen der Erkenntniß unmittelbar anschauen und anschauend nachbilden."[3]

Die Erfüllung dieses hohen Anspruchs setzt voraus, dass der Vortragende kein Selbstgespräch führt – keine „fortlaufende innere Rede" ohne „Entgegensezung", wie Schleiermacher das Selbstgespräch in seiner „Darlegung der Grundsätze für die kunstmäßige Gesprächführung im Gebiet des reinen Denkens" charakterisiert.[4] Von einem solchen ‚eindimensionalen' Selbstgespräch sei zu unterscheiden, dass einer auch ein *Gespräch mit sich selbst* führen kann, „sofern nur zwei verschiedene und auseinanderge-

---

1 KGA I/6, S. 21 f.
2 KGA I/6, S. 31, S. 35.
3 KGA I/6, S. 48 f.
4 Vorlesungen über die Dialektik. Einleitung (Reinschrift). KGA II/10, 1, S. 393.

haltene Folgen von Denkthätigkeiten wechselnd auf einander bezogen werden", sodass „sich einer im Denken wie zweie verhält".[5]

Zu einem Gespräch sind also für Schleiermacher nicht unbedingt zwei oder mehr „denkende Einzelwesen" erforderlich, wohl aber zwei voneinander abweichende Positionen, stritten sie auch im Inneren eines einzelnen Denkenden miteinander. Wer dieses Gespräch im Kathedervortrag zum Ausdruck bringt, wird „Ideen zum Bewußtsein bringen"[6] und zugleich das selbsttätige Erkennen des Lernenden (und Lehrenden) wertschätzen und fördern.

Wer dagegen das Medium der Schrift die mündliche Lehrsituation der Vorlesung dominieren lässt, unterbindet den Lernprozess und gibt sich der Lächerlichkeit preis: „Ein Professor, der ein ein für allemal geschriebenes Heft immer wieder abliest und abschreiben läßt, mahnt uns sehr ungelegen an jene Zeit, wo es noch keine Drukkerei gab, und es schon viel werth war, wenn ein Gelehrter seine Handschrift Vielen auf einmal dictirte, und wo der mündliche Vortrag zugleich statt der Bücher dienen mußte. Jezt aber kann niemand einsehn, warum der Staat einige Männer lediglich dazu besoldet, damit sie sich des Privilegiums erfreuen sollen, die Wohlthat der Drukkerei ignoriren zu dürfen, oder weshalb wol sonst ein solcher Mann die Leute zu sich bemüht, und ihnen nicht lieber seine ohnehin mit stehenbleibenden Schriften abgefaßte Weisheit auf dem gewöhnlichen Wege schwarz auf weiß verkauft. Denn bei solchem Werk und Wesen von dem wunderbaren Eindrukk der lebendigen Stimme zu reden, möchte wol lächerlich sein."[7]

Das problematische Verhältnis von mündlicher Rede und Schrift sieht Schleiermacher exemplarisch in Platons Phaidros ausgeführt und nimmt in seinem Werk vielfach Bezug auf diesen (von ihm übertragenen) Dialog. Dabei reflektiert er die pädagogische Dimension der platonischen Schriftkritik:

In der 57. Stunde der hier veröffentlichten Nachschrift der Pädagogik-Vorlesung von 1820/21 heißt es: „Auch nach Platon stände die Sache so, dass die Schrift der Tod des Gedächtnisses ist."[8] Diese Anspielung auf die Kritik des Sokrates, dass die Erfindung der Buchstaben den Seelen der Lernenden „Vergessenheit einflöß[e] aus Vernachlässigung des Gedächtnisses, weil sie im Vertrauen auf die Schrift sich nur von außen vermittelst fremder Zeichen, nicht aber innerlich sich selbst und unmittelbar erinnern

---

5   Ebd.
6   KGA I/6, S. 48.
7   KGA I/6, S. 50.
8   Berliner Nachschrift, unten S. 240.

werden",⁹ steht zu Beginn desjenigen Teils der Vorlesung, der sich dem Thema ‚Unterricht' widmet. Die „Organisation der Vorstellungen" werde im neu zu konzipierenden Unterricht „vermittelst der Gedächtnisübung auf eine produktivere Weise bewirkt als vermittelst des Lesens".¹⁰ Mit Gedächtnisübung ist hier kein leeres Auswendiglernen gemeint – nicht etwa die Lernmethode des Memorierens im herkömmlichen Katechismusunterricht –, sondern die selbstständige Aneignung des Unterrichtsgegenstandes. Der Pädagogik-Vorlesung von 1820/21 zufolge gibt es „keine bessere Gedächtnisübung, als dass man die mehr leiblich aufgefassten Vorstellungen, in mehr selbsttätige zu verwandeln sucht".¹¹

Dieses Interesse an der Selbsttätigkeit von Lernendem und Unterrichtendem steht auch im Mittelpunkt von Schleiermachers Überlegungen zur „dialogischen Form" des Religionsunterrichts, die er in den Vorlesungen zur Praktischen Theologie entwickelt. Die vorherrschende Praxis unterzieht er dabei einer doppelten Kritik:

Vehement wendet er sich erstens gegen das althergebrachte Verfahren, ganze Partien aus den Katechismen auswendig lernen zu lassen und diese dann abzufragen: „Das Auswendiglernen religiöser Säze im Katechismus ist aber unmöglich zwekkmäßig. Das Memoriren haftet immer mehr am Buchstaben selten am Gedanken; man gewinnt also nur bei ihnen den Buchstaben zu fixiren und nährt den Wahn, als ob darin etwas religiöses inwohne; und doch ist es eine allgemeine Erfahrung, daß viele ihren Katechismus aus den Jugendjahren wissen und in ihrem Leben doch durchaus seine Wirksamkeit verläugnen."¹² Das Frage-Antwort-Spiel des überkommenen Katechismusunterrichts hat nichts mit der dialogischen Methode gemein (Schleiermacher spricht auch von der erotematischen Methode), die einen „religiösen Gedankenerzeugungsprozeß" anzuleiten beabsichtigt und nicht einen „eingebildeten Schaz" erzeugen will.¹³

Von der Notwendigkeit der (religiösen) Selbstständigkeit des Schülers gegenüber dem Lehrer aus gesehen grenzt er sich zweitens von der sokratischen Methode ab, wie sie die Pädagogik der Aufklärung praktiziert, die den (Religions-)Unterricht zum reinen ‚Denkwerk' werden lässt: „Die erotematische [Methode] kann nicht rein sokratisch sein. Die Begriffe sollen

---

9 So der Wortlaut von Platons Phaidros, 275a in Schleiermachers Übertragung. Die Passage ist unten S. 240, Fußnote 61 wiedergegeben.
10 Berliner Nachschrift, unten S. 240.
11 Berliner Nachschrift, unten S. 240 f.
12 Praktische Theologie, SW I/13, S. 380. Vgl. auch S. 411: „Ein anderer gewöhnlicher Fehler der Katechismen ist, daß sie das Auswendiglernen begünstigen und übergroßes Gewicht auf den Buchstaben legen."
13 Praktische Theologie, SW I/13, S. 380 f.

freilich aus dem gleichfalls angeborenen Gefühl entwikkelt werden, aber es kann sie einer aus dem Gefühl des Lehrers herausentwikkeln ohne daß dieses sein eigenes ist. Darauf muß immer geprüft werden, und dies geht nicht nach der reinen sokratischen Methode."[14]
Es lässt sich zusammenfassen, dass die Begründung der Unterrichtsmethodik bei Schleiermacher – im Rahmen seiner Theorie der Erziehung wie auch im Kontext seiner eigenen Lehrtätigkeit an der Universität oder im Konfirmandenunterricht – sich im Spannungsfeld von Geist und Buchstabe bewegt. Den lebendigen Geist einer eigentümlichen, bestimmten Religion stellt er bereits in seinen Reden „Über die Religion" dem toten Buchstabendienst gegenüber.[15] Dieses Motiv nimmt er unter Bezugnahme auf Platons Phaidros in seiner ersten pädagogischen Rezension auf, wenn er die „Geist ertödtende Lehre" in Joachim Heinrich Campes „Historischem Bilderbüchlein" beanstandet, dem „Bücher und Schrift die Quelle alles Guten in der Welt" seien: „Ja, es muß sich wohl Unwillen regen, wenn diesem Buchstabendienst, der leider noch immer die herrschende Krankheit der Erziehung ist, selbst von Männern wie Campe gefröhnt wird. Kein Heil ist für die arme Jugend zu erwarten, wo nicht die Denkungsart des Erziehers über diesen Gegenstand mit dem übereinstimmt, was Platon so unnachahmlich schön über die Erfindung des Thaaut in seinem Phädrus sagt."[16]
Die erziehungstheoretische Auseinandersetzung mit diesem Thema der platonischen Schriftkritik durchzieht als roter Faden die Gutachten und Exposés, mit denen Schleiermacher für die Sektion des öffentlichen Unterrichts beim Innenministerium und als Leiter der Berliner „Wissenschaftlichen Deputation" die allgemein bildende Schule neu entwirft.[17] In

---

14 Praktische Theologie, SW I/13, S. 779.
15 Vgl. Über die Religion, KGA I/2, S. 314. Die Polarität ‚Geist und Buchstabe' geht hier zurück auf den 2. Korintherbrief 3, 6: „Denn der Buchstabe tötet, aber der Geist macht lebendig."
16 Rezension von Joachim Heinrich Campe: Historisches Bilderbüchlein oder die allgemeine Weltgeschichte in Bildern und Versen (1801), KGA I/3, S. 445.
17 So empfiehlt Schleiermacher beispielsweise in seinem „Allgemeinen Entwurf zum Religionsunterricht auf gelehrten Schulen", dass die Kinder lieber sich „gewöhnen einzelne Strophen oder kleinere Lieder sich durch die lebendige Stimme anzueignen", statt dass man ihnen ein vorgeschriebenes Buch in die Hände gebe; Geheimes Staatsarchiv, I. HA, Rep. 76 alt, Abt. X, Nr. 18, Bl. 110r, (Schleiermacher: Texte zur Pädagogik. Hg. M. Winkler und J. Brachmann. Frankfurt am Main 2000. Band 1, S. 169). Vgl. auch seine Kritik an der „leeren Gedächtniskrämerei" des Katechismusunterrichts in seinem frühen Gutachten zu einigen bei der Sektion des öffentlichen Unterrichts eingereichten Unterrichtswerken, in: Erwin Wißmann: Religionspädagogik. Gießen 1934, S. 438.

der späten Pädagogik-Vorlesung von 1826 findet diese Auseinandersetzung ihren Niederschlag. In systematischer Hinsicht ist sie 1826 an derselben Stelle platziert – am Übergang der ersten Periode der Erziehung zur zweiten (der Zeit der Schulbildung) – wie in der hier veröffentlichten Vorlesungsnachschrift von 1820/21.[18] 1826 ist der Hinweis auf die Phaidros-Textstelle eingebettet in eine beeindruckende Konzeption vom „Leben im Gespräch" mit Kindern, auf dem für Schleiermacher jeder Unterricht basiert.[19]

Wie Schleiermacher in seiner eigenen Unterrichtspraxis diesen selbst gesetzten Maßstäben gerecht wurde, bezeugt die erst seit Kurzem zugängliche Nachschrift einer seiner Konfirmandinnen, die den intensiven Dialog protokolliert hat, den Schleiermacher mit seiner Konfirmandengruppe Stunde für Stunde führte. Auguste Kunzmann vermerkte zu dem, was sie aufgeschrieben hatte: „Die Fragen sind möglichst wortgetreu, wie Schleiermacher sie an die Eine oder Andre der Mädchen richtete, mit dem Finger auf ihr zeigend, oder auch ihren Namen nennend. Die Antworten entwikelten sich dann aus hin- und hersprechen, indem er gegen die angefangene Antwort dies oder jenes Bedenken aufwarf und durch Fragen an Andre gerichtet, oder auch durch eignes hinzuthun das heraus kam, was ich [...] hier aufgeschrieben habe."[20]

Neben diesen von Auguste Kunzmann festgehaltenen Dialogen, die vollkommen neu für die Forschung sind, geben die (schon verschiedent-

---

18 Die Erörterung der in Platons Dialog Phaidros durch Sokrates zum Ausdruck gebrachten Kritik an der Schrift ist in der Berliner Nachschrift unten auf S. 240 f. zu finden.
19 SW III/9, S. 329–331. So heißt es z. B. S. 330 f.: „Wo man also mit den Kindern hinreichend zusammenleben kann, und die Noth nicht zwingt sie großentheils sich selbst zu überlassen: da ist ein nach der Maxime unserer Periode geordnetes Leben im Gespräch mit ihnen wichtiger, als daß sie mit den Sprachzeichen umgehen lernen. Das Beschreiben der Gegenstände und Bilder und das sich wiedergeben lassen des mitgetheilten, so daß man die Kinder in lebendige Sprachthätigkeit sezt indem man sie zum Erzählen veranlaßt, ist viel bedeutender; man erreicht dadurch sicherer daß das Auffassen in Klarheit und Bestimmtheit fortschreitet und daß das Gleichgewicht zwischen Auffassen und Mittheilen ungestört bleibt. Es ist etwas ganz anderes, wenn man die Kinder lesen und das gelesene wiederholen läßt: da tritt die memoria localis ein, die doch ein sehr untergeordnetes Hülfsmittel ist gegen das lebendige Gedächtniß, freilich für den gut der verurtheilt ist sein ganzes Leben mit den Büchern zuzubringen."
20 Wolfgang Virmond: Schleiermachers Konfirmandenunterricht. Nebst einer bislang unbekannten Nachschrift. In: Christentum – Staat – Kultur. Akten des Kongresses der Internationalen Schleiermacher-Gesellschaft in Berlin, März 2006. Hg. von Andreas Arndt, Ulrich Barth und Wilhelm Gräb (Schleiermacher-Archiv, Band 22), Berlin, New York 2008, S. 662.

lich zu Gehör gebrachten) Zeugnisse seiner Studierenden Aufschluss über Schleiermachers Lehrmethode. So charakterisiert etwa Adolf Diesterweg seinen akademischen Lehrer als den „Sokrates der Studenten" und beschreibt Schleiermachers „entwickelnde, kritische, [...] dialektische Methode", die dieser in seinen Veranstaltungen an der Universität verwirklicht habe.[21] Zugleich weist Diesterweg darauf hin, dass Schleiermachers Kollegs streng genommen keine *Vorlesungen* gewesen seien, weil Schleiermacher nicht *gelesen*, sondern frei gesprochen habe. Als schriftliche Ausarbeitungen habe Schleiermacher lediglich „eine kleine, zusammengedrehte Papierrolle [...] oder ein beschriebenes Papierstreifchen oder auch gar nichts" mit in die jeweilige Stunde gebracht.[22]

Unzufrieden mit seiner wissenschaftlichen Tätigkeit beklagt Schleiermacher einmal: „ich kann in meiner Person die Seltenheit eines sogenannten Gelehrten darstellen, der genau genommen weder liest noch schreibt, sondern dessen Geschäft nur darin besteht, dieselben Gedanken, die er nur bildet um sie flüchtig auszusprechen und dann auch selbst gleich zu vergessen, immer wieder aufs Neue zu erzeugen."[23] Mag diese Äußerung auch übertrieben sein, so thematisiert sie doch das Problem der unbefriedigenden schriftlichen Hinterlassenschaft Schleiermachers. Dass die Überlieferung auf nur wenigen schriftlichen Aufzeichnungen von eigener Hand gründet, gilt für Schleiermachers Konfirmandenunterricht wie für seine Pädagogik-Vorlesung von 1820/21 gleichermaßen.

Dieser ist eine einzige kurze Passage zuzuordnen, welche auf Schleiermachers eigenhändigen Aufzeichnungen beruht. Sie wurde vom ersten Herausgeber seiner Pädagogik in einer Fußnote zur Vorlesung von 1826 untergebracht und dort mit den Worten eingeleitet: „Eigenhändig von Schleierm. auf einem Zettel".[24] Da es sich bei dieser Fußnote um den einzigen als authentisch zu bestimmenden kleinen Text von Schleiermacher zu seiner Vorlesung aus dem Wintersemester 1820/21 handelt, wird er

---

21 Friedrich Adolph Wilhelm Diesterweg: Über die Lehrmethode Schleiermachers. Berlin 1959, S. 256. Max Lenz stützt sich bei seiner Beschreibung von Schleiermachers Lehrtätigkeit im Rahmen der Geschichte der Berliner Universität auf die Darstellung von Diesterweg; Max Lenz: Geschichte der Königlichen Friedrich-Wilhelms-Universität zu Berlin. Bd. 2, 1, Halle 1910, S. 208. Vgl. auch die Charakterisierung Karl Gutzkows: „Die Methode Schleiermachers war eine dialektische. Er hielt gleichsam mit sich selbst platonische Dialoge." (Gutzkow: Das Kastanienwäldchen in Berlin. Hildesheim, New York 1974, S. 21.)
22 Diesterweg: Über die Lehrmethode Schleiermachers, a.a.O. S. 254. Vgl. auch Max Lenz: Geschichte der Königlichen Friedrich-Wilhelms-Universität zu Berlin. Bd. 2, 1, a.a.O., S. 208.
23 Briefe IV, S. 365 (Schleiermacher an de Wette, Berlin, den 30. März 1827).
24 SW III/9, S. 258–260.

hier an entsprechender Stelle wiedergegeben – er lässt sich nunmehr der 36. und 37. Vorlesungsstunde zuordnen.[25] Die übrigen, nicht mehr auffindbaren, handgeschriebenen Notizen Schleiermachers, die dem ersten Herausgeber der Pädagogik zur Verfügung standen, sind – ohne jede Kennzeichnung – in der Textmontage untergegangen, die dieser auf der Grundlage studentischer Nachschriften entwarf.

Nur über diesen künstlich zusammengestellten Text war Schleiermachers Pädagogik-Vorlesung von 1820/21 bislang kennen zu lernen – versehen mit einem inhaltlichen Akzent, welcher der in dieser Vorlesung entwickelten Theorie der Erziehung nicht gerecht wird, ja deren Zielsetzung verzerrt. Die von Schleiermacher mit seiner Phaidros-Rezeption reflektierten Grenzen der Schriftlichkeit werden am Beispiel der Überlieferung seiner Vorlesung aus dem Winter 1820/21 in besonderer Weise deutlich. Dass es sich bei der bisher einzig bekannten Fassung der Pädagogik von 1820/21 um einen befremdlich gekürzten, synthetisch erzeugten Text handelt, dessen Schwerpunktsetzung und einzelne Formulierungen nicht unmittelbar Schleiermacher zuzusprechen sind, ließen die Rezipienten außer Acht – entgegen der Mahnung: „Wer also eine Kunst in Schriften hinterläßt, und auch wer sie aufnimmt, in der Meinung daß etwas deutliches und sicheres durch die Buchstaben kommen könne, der ist einfältig genug".[26]

1.2. „Ein Convolut Zettel" – aufgelöst oder in Fußnoten verbannt

Die Notizzettel, die es von Schleiermacher zu seiner Pädagogik-Vorlesung aus dem Wintersemester 1820/21 gegeben hat, könnten den „beschriebenen Papierstreifchen" geglichen haben, die Diesterweg aus den akademischen Kollegs seines Lehrers erinnert.

Der Theologe Carl Platz (1806–1874), der als erster mit einer Edition von Schleiermachers Pädagogik befasst war, berichtet von handschriftlichen Notizzetteln Schleiermachers, die „für die im Wintersemester 1820/21 gehaltenen Vorlesungen den Faden und die Hauptgedanken in größter Kürze wiedergeben". Diese Notizzettel bekam Platz für seine Arbeit am Pädagogik-Band im Rahmen der ersten Ausgabe der Werke Schleiermachers vom Nachlassverwalter Ludwig Jonas zur Verfügung gestellt. Platz erklärt: „Sämmtliche Zettel sind von mir gewissenhaft benutzt; ich habe sie aber nicht für sich abdrucken lassen, sondern jedem

---

25 Vgl. unten S. 174 f., Anm. 1.
26 Platon: Phaidros 275c in Schleiermachers Übertragung.

seinen Ort angewiesen an der geeigneten Stelle der Vorlesungen, und namentlich sind die Auszüge aus den Vorlesungen 1820/21 nur mit Hülfe der Zettel und auf Grund ihrer aus den nachgeschriebenen Vorlesungen hergestellt."[27]

In diesem von Platz „hergestellten" Text ist die Spur der handschriftlichen Notizen Schleiermachers verwischt, da Platz nicht kennzeichnet, was er von Schleiermacher übernommen hat. Er vermengte die nachgeschriebenen Vorlesungen, die ihm zur Verfügung gestellt worden waren, zu einer Textfassung, in der die von Schleiermacher stammenden Sätze aufgelöst sind. Die Spur verliert sich, da sämtliche Textmaterialien, die Platz für seine Edition verwendet hat, nicht mehr auffindbar sind. – Noch über zwanzig Jahre nach Erscheinen seiner ersten Ausgabe von Schleiermachers Pädagogik hat Platz anscheinend weiter das ihm leihweise überlassene Material zur Hand gehabt, denn er zitiert in seiner „Lebens-Skizze" Schleiermachers, die einer zweiten Auflage der Pädagogik hinzugefügt ist, eine Textpassage aus dem Anfang der Vorlesung von 1820/21, die in seiner ersten Ausgabe von 1849 nicht zu finden ist.[28]

Obwohl Platz einräumt, dass von dem ihm überlassenen „Convolut Zettel, handschriftlich von Schleiermacher" sich der allergrößte Teil auf die Vorlesung von 1820/21 bezog, entschied er sich nicht dafür, diese vollständig abzudrucken oder gar – aufgrund der Quellenlage – in den Mittelpunkt seiner Edition zu rücken. Stattdessen bevorzugte er die spätere Vorlesung vom Sommer 1826, für die ihm „nur sechs Zettel" handschriftlich von Schleiermacher vorlagen.[29] Damit folgte er der im 19. Jahrhundert verbreiteten Auffassung, dass die letzte Version einer Vorlesung Vorrang habe.

Platz stellte also diejenige Vorlesung in das Zentrum seiner Edition, für die ihm die wenigsten Originalmanuskripte vorlagen. In seinem „Erziehungslehre" betitelten Band gibt er die gesamte Vorlesung von 1826 auf über 580 Druckseiten wieder – gefolgt von Schleiermachers erster Pädagogik-Vorlesung aus dem Wintersemester 1813/14 und den dazugehörigen Aphorismen auf insgesamt gut 100 Seiten. Die Vorlesung von 1820/21 bildet in der „Erziehungslehre" das Schlusslicht: auf nur 125 Seiten finden sich lediglich „Auszüge" aus diesem mittleren Pädagogik-Kolleg Schleiermachers – gedacht als Ergänzung zum späteren Kolleg von

---

27 SW III/9, S. IX.
28 Carl Platz: Lebens-Skizze und Würdigung Schleiermachers als Pädagogen. In: Friedrich Schleiermacher: Erziehungslehre. Aus Schleiermachers handschriftlichem Nachlasse und nachgeschriebenen Vorlesungen hg. v. C. Platz. Langensalza 1871 (Bibliothek Pädagogischer Classiker Bd. 5), S. 753.
29 Ebd.

1826. Platz erläutert: „Dann ergab sich mir auch bald als nothwendig, aus den Nachschriften der Vorlesungen 1820/21 dasjenige wenigstens mitzutheilen, was in den späteren keinen Raum gefunden hatte oder doch nur in größter Kürze berührt war; ich führe hier nur an die Lehre von den Strafen, von der Zucht, die Entwickelung der Eigenthümlichkeit. Und um so mehr ward ich in dem Beschluß bestärkt diese Abschnitte zu excerpiren, da die Zettel vollständig und in ununterbrochener Reihe gerade diese Abschnitte der Vorlesung begleiten."[30]

Zusätzlich zu den am Stück abgedruckten Auszügen aus der Vorlesung von 1820/21 gibt Platz innerhalb der Vorlesungen von 1826 und 1813/14 einzelne Stellen aus dem Kolleg von 1820/21 in Fußnoten wieder. Dazu wählt er Textpassagen aus, die in seiner Zusammenstellung der Vorlesung von 1820/21 nicht aufgenommen sind. Die in Fußnoten wiedergegebenen Zitate aus dieser Vorlesung sind überwiegend den vollständig weggelassenen Vorlesungsstunden entnommen und einige auch denjenigen Stunden*teilen*, die Platz übersprungen hat. Von insgesamt 44 in Fußnoten überlieferten Zitaten aus der Vorlesung von 1820/21 begleiten 39 die Vorlesung von 1826 und 5 kleinere die Vorlesung von 1813/14. Welches Zitat zu welcher Vorlesungsstunde des Kollegs von 1820/21 gehört, ist erst jetzt mit Hilfe der Berliner Nachschrift zu entscheiden.[31] Das Ergebnis dieser Zuordnung ist der Synopse auf S. 37–49 der hier vorgelegten Publikation zu entnehmen.

Diese Fußnoten, in denen Platz Auszüge aus der Vorlesung von 1820/21 heranzieht, enthalten die letzten Spuren von jenem „Convolut Zettel, handschriftlich von Schleiermacher", von dessen Existenz Platz berichtet. Nur zwei spärliche Hinweise geben Aufschluss darüber, dass er den authentischen Text Schleiermachers in Fußnoten zu dem aus studentischen Ausarbeitungen zusammengestellten ‚eigentlichen' Vorlesungstext untergebracht hat.[32]

---

30 SW III/9, S. X.
31 Wollte man die von Platz in Fußnoten festgehaltenen Textauszüge aus der Vorlesung von 1820/21 publizieren, so war dies bislang nur in Form einer Aneinanderreihung der bei Platz gefundenen Zitate möglich, deren inhaltlicher Kontext und Zugehörigkeit zu den Vorlesungsteilen oder gar -stunden sich nicht erschloss; vgl. die Zusammenstellung der Zitate in: Schleiermacher: Texte zur Pädagogik. Kommentierte Studienausgabe. A. a. O. Band 1, S. 456–474.
32 Gleich im Einleitungsteil der Vorlesung von 1826 beginnt Platz eine Fußnote mit den Worten: „Die Zettel zu den Vorlesungen 1820/21 enthalten diese Bemerkung, ‚Schade wenn die Erziehung nach gleichmachen strebt und nicht zu Stande kommt; Schade wenn sie zu Stande kommt, besonders auch in Bezug auf die niederen Verhältnisse. Wenn die Erziehung die Differenz als zufälliges Product äußerer Verhältnisse und absichtlicher Einwirkungen betrachtet, und

1.3. Die erste Edition prägt Ansehen und Verbreitung der Vorlesung von 1820/21

Nach Schleiermachers Tod publizierte zunächst Adolph Diesterweg 1835 kurze „Proben" aus der Pädagogik-Vorlesung von 1820/21, und zwar nach einer ihm zugänglichen Nachschrift. Er versichert, dass die von ihm mitgeteilten Kostproben „so getreu nachgeschrieben" sind, „daß sie – so weit dies möglich ist – die persönliche Anwesenheit des dialektischen Denkers ersetzen".[33] Der Vergleich mit der neu aufgefundenen Berliner Nachschrift ergibt, dass diese mit dem von Diesterweg veröffentlichten Text übereinstimmt. Diesterwegs „Proben" können nun erstmals in den Vorlesungskontext eingegliedert und einzelnen Stunden zugeordnet werden. Es wird erkennbar, dass Diesterweg vier Vorlesungsstunden (von insgesamt 63) drucken ließ: die zweite Hälfte der 49., sowie die 50., 51. und 52. Stunde jeweils vollständig – also Passagen aus dem dritten, dem „Besonderen Teil" der Vorlesung, die grundsätzliche Überlegungen zur zweiten Periode der Erziehung enthalten.

Gut 12 Jahre später weist Platz in seiner „Vorrede" darauf hin, dass ihm für die Arbeit an der Pädagogik-Edition zur Verfügung gestanden haben: „Zwei Nachschriften der Vorlesung 1820/21, die eine von unbekannter Hand durch Herrn Director *Diesterweg* mitgetheilt, die andere von Herrn Superintendent *Klamroth*. Nur Auszüge habe ich aus diesen für den Druck bestimmt."[34] Wiederum durch den Vergleich mit der Berliner Nachschrift zeigt sich, dass der überwiegende Textanteil der Platzschen Edition der Vorlesung von 1820/21 auf der von Diesterweg „mitgetheilten" Nachschrift basiert.

---

entgegen wirken will: würde sie entweder nicht immer siegen, oder die niederen Stellen würden leer stehen.'" Den direkt angeschlossenen kurzen Textauszug aus einer Nachschrift leitet Platz mit den aufschlussreichen Worten ein: „Die Vorlesungen 1820/21 selbst, [...]" (SW III/9, S. 57). Die zitierten Sätze beziehen sich auf die 10. Vorlesungsstunde (vgl. unten S. 88 f.), die Platz bei seiner Textzusammenstellung der Vorlesung von 1820/21 ausgelassen hat. – Ein authentischer Text Schleiermachers ist auch der Auszug, den Platz in seiner Fußnote auf S. 258 zur Erläuterung der ersten Periode der Erziehung in der Vorlesung von 1826 mit folgenden Worten ankündigt: „Eigenhändig von Schleierm. auf einem Zettel: [...]". Der Text ist unten auf S. 174 f. abgedruckt.

33 Diesterweg: Proben von Schleiermachers Vorlesungen. In: Rheinische Blätter für Erziehung und Unterricht, Bd. XI, 1835, S. 3. Diese kurzen Auszüge sind wieder abgedruckt in: Friedrich Schleiermacher: Schriften. Hg. von A. Arndt, Frankfurt am Main 1996, S. 789–801.
34 SW III/9, S. IX.

Der ersten von Platz veranstalteten Pädagogik-Ausgabe, die 1849 in der Abteilung „Zur Philosophie" der „Sämmtlichen Werke" Schleiermachers unter dem Titel: „Erziehungslehre. Aus Schleiermacher's handschriftlichem Nachlasse und nachgeschriebenen Vorlesungen herausgegeben von C. Platz" erschien, folgte 1871 eine textidentische Neuauflage in kleinerem Format,[35] die eine rege Verbreitung fand. Neben den unveränderten Textfassungen der von Platz erstellten Pädagogik-Vorlesungen enthält dieses Bändchen zusätzlich Schleiermachers „Drei Predigten über die christliche Kinderzucht" aus dem Jahr 1818 (gedruckt 1820) und die vom inzwischen 65jährigen Platz beigesteuerte „Lebens-Skizze und Würdigung Schleiermacher's als Pädagogen". Wie bereits erwähnt, zitiert Platz in dieser Skizze einen kurzen Auszug aus dem Anfang der Vorlesung von 1820/21, der nicht in seiner ersten Ausgabe von 1849 vorkommt, welche erst mit der 4. Vorlesungsstunde beginnt. Die zitierte Passage ist der 1. Vorlesungsstunde zuzuordnen und weist eine verblüffende Ähnlichkeit mit dem Text der Berliner Nachschrift auf – die meisten Sätze stimmen wörtlich überein.[36] Offenbar konnte Platz noch immer auf Unterlagen zurückgreifen, die ihm für die Edition im Rahmen der „Sämmtlichen Werke" überlassen worden waren – insbesondere auf die von Diesterweg überlassene Nachschrift.

Das Zitat aus der einleitenden Passage der Vorlesung von 1820/21, das Platz der Neuauflage von 1871 hinzufügt, ist das einzige Indiz für den Verbleib der Unterlagen beim Herausgeber. Weitere Veränderungen gegenüber der ersten Ausgabe von 1849, die darauf schließen ließen, dass späteren Herausgebern die von Platz verwendeten Textmaterialien vorgelegen hätten, gibt es nicht. – 1876 erschien eine weitere Auflage des Textes.[37] Das Druckfehlerverzeichnis, das Platz seiner ersten Ausgabe von 1849 beigefügt hatte,[38] wurde in den Drucken von 1871 und 1876 stufenweise berücksichtigt;[39] andere Textveränderungen gibt es dort nicht.[40]

---

35 Sie erschien in der Reihe „Bibliothek pädagogischer Classiker": Friedrich Schleiermacher: Erziehungslehre. Aus Schleiermachers handschriftlichem Nachlasse und nachgeschriebenen Vorlesungen hg. v. C. Platz. Langensalza 1871 (Bibliothek Pädagogischer Classiker Bd. 5).
36 Vgl. ebd., S. 753 und Berliner Nachschrift, unten S. 58_{2-20}.
37 Schleiermacher's Pädagogische Schriften. Mit einer Darstellung seines Lebens hg. von C. Platz. Langensalza ²1876.
38 SW III/9, S. XXVII.
39 Von den 13 Fehlern, auf die Platz in seiner ersten Ausgabe der „Erziehungslehre" hinweist, wurden lediglich 3 kleinere im Text der nächsten Ausgabe von 1871 berichtet. Statt einer Berichtigung der übrigen Fehler wurde merkwürdigerweise der erste Teil des Platzschen Druckfehlerverzeichnisses wieder abgedruckt (Schleiermacher: Erziehungslehre. Aus Schleiermachers handschriftlichem Nach-

1902 erschien eine neue Auflage innerhalb der Reihe „Bibliothek Pädagogischer Klassiker". Friedrich Mann betonte in seiner Vorbemerkung, dass die Erziehungslehre Schleiermachers „streng in der Form" geboten werde, in der Platz sie in den „Sämmtlichen Werken" 1849 hinterlassen habe. Mann räumte ein: „Mögen dieser Ausgabe auch gewisse Mängel anhaften, die in der Art, wie sie entstanden ist, ihren Grund haben, so wird sie doch den Charakter der Quelle behalten, der einzigen, die wir besitzen, auf die darum alle Be- und Überarbeiter, ja alle, die sich mit Schleiermacher gründlich beschäftigen wollen, zurückkommen müssen."[41]

Mit dieser Einschätzung bringt Mann die Problematik auf den Punkt, dass die von Platz zusammengestellte Fassung allen folgenden Editionen als Grundlage dienen musste. Da kein späterer Herausgeber mehr auf die von Platz verwendeten Materialien zurückgreifen konnte, nahm dessen Kompilation von 1849 „den Charakter der Quelle" an, wie Mann treffend bemerkt. Alle weiteren Editionsprojekte mussten in Abhängigkeit von dieser ‚Quelle' verwirklicht werden.

Platz stellte mit seiner Ausgabe der „Erziehungslehre" die Vorlesung von 1820/21 in den Schatten der beiden anderen Pädagogik-Vorlesungen Schleiermachers – eine Position, die ihr bis heute anhaftet. Während die

---

lasse und nachgeschriebenen Vorlesungen hg. v. C. Platz. Langensalza 1871, S. 778). Dies ist bereits Weniger und Schulze aufgefallen: „Drolligerweise übernimmt das Druckfehlerverzeichnis der ersten Auflage in der Bibliothek Pädagogischer Klassiker den ersten Teil des Druckfehlerverzeichnisses in den Sämtlichen Werken ohne den Text zu korrigieren." (Schleiermacher: Pädagogische Schriften. Bd. 1. Die Vorlesungen aus dem Jahre 1826. Unter Mitwirkung von Th. Schulze hg. v. E. Weniger. Düsseldorf und München 1957, S. 412). – Erst in der Ausgabe von 1876 sind alle ausgewiesenen Druckfehler verbessert.

40 Da Brachmann übersieht, dass der 1876 vorgenommene kleine Texteinschub in eine Fußnote lediglich die endlich erfolgte Berichtigung des Druckfehlers ist, auf den Platz bereits 1849 hingewiesen hat (der Korrekturvorschlag wurde im Druckfehlerverzeichnis von 1871 sogar ein zweites Mal abgedruckt), entbehrt die Annahme, dass man hier den Beweis dafür habe, dass der „Eingriff" in den Text „nach einem nochmaligen Vergleich mit den Originalmanuskripten erfolgte", die den späteren Verlegern hätten vorliegen müssen, der Grundlage (Jens Brachmann: Kommentar. In: Schleiermacher: Texte zur Pädagogik. Kommentierte Studienausgabe. A. a. O., Band 1, S. 438, S. 450). – Im Übrigen handelt es sich bei dieser als einzige Beweisstelle herangezogenen Textkorrektur nur um eine von insgesamt vier Berichtigungen, die sich auf die Vorlesung von 1820/21 beziehen (weitere neun ‚Textveränderungen' korrigieren Druckfehler in der 1826er Vorlesung).

41 Schleiermacher's Pädagogische Schriften. Mit einer Darstellung seines Lebens hg. von C. Platz. Langensalza ³1902, S. V. – Orthographie und Interpunktion des Platzschen Textes sind in dieser Ausgabe von 1902 verändert.

Vorlesung von 1813/14 auf Originalmanuskripten fußt und die Vorlesung von 1826 – aus Nachschriften zusammengefügt wie die vom Winter 1820/21 – von Platz in aller Breite wiedergegeben wurde, geriet Schleiermachers mittlere Vorlesung ins Abseits, da für sie keiner der beiden Aspekte (weder die Authentizität des Textmaterials noch die Ausführlichkeit der Darstellung) maßgeblich war. Nicht nur die von Platz getroffene Entscheidung, lediglich Auszüge zu publizieren, sondern vor allem die damit verbundene inhaltliche Auswahl und Schwerpunktsetzung prägte die Gestalt der Pädagogik-Vorlesung von 1820/21. Bedingt durch die von Platz vorgenommene Fokussierung auf das Thema „Gegenwirkung", trat sie als die Vorlesung über Strafe und Zucht ins Licht der Öffentlichkeit.

Nach der Edition im Rahmen der „Sämmtlichen Werke" und den textidentischen Abdrucken in der Reihe der „Bibliothek Pädagogischer Klassiker" wurde diese ohnehin nur auszugsweise bekannte Vorlesung fortan nur noch in wiederum gekürzter Form in verschiedenen Auswahlbänden mit Schleiermachers pädagogischen Schriften geboten. Die von Platz vorgegebene Rangfolge wurde dabei fortgeschrieben, denn fast immer stand die späte Vorlesung von 1826 an erster Stelle – wenn überhaupt, war die Vorlesung von 1820/21 gleichsam als Zugabe auf ein paar letzten Seiten platziert.[42] So ist sie etwa in der Ausgabe von Weniger und Schulze im zweiten Band auf den allerletzten 30 Seiten zu finden (noch nach Schleiermachers Briefen und anderen kleineren Texten zu Fragen der Erziehung), während die Vorlesung von 1826 den fast doppelt so dicken ersten Band auf gut 400 Seiten füllt. Weniger begründet seine Entscheidung, die späte Vorlesung in das Zentrum der Edition zu rücken, mit dem Hinweis auf das von Platz übernommene ‚Erbe': „Die Auszüge aus den Vorlesungen von 1820/21 zu Grunde zu legen, verbot sich ohnehin. Sie waren vom Herausgeber von vornherein nur als Ergänzung gedacht und können, so wie sie da vorliegen, nicht für sich benutzt werden."[43] Mit Bedauern stellt er im zweiten Band fest: „Am Schluß des Bandes bringen wir aus den Vorlesungen von 1820/21 die Abschnitte über Gegenwirkung

---

42 Gar nicht aufgenommen wurde die Vorlesung von 1820/21 beispielsweise in den weit verbreiteten Band: Schleiermacher: Ausgewählte Pädagogische Schriften. Besorgt von Ernst Lichtenstein. Paderborn 1959. – Die von Braun und Bauer herausgegebene Werkausgabe stellt in ihrem Teil „Zur Pädagogik" das (nicht vollständig wiedergegebene) Manuskript Schleiermachers zur Pädagogikvorlesung 1813/14 in den Mittelpunkt und ergänzt es mit kenntlich gemachten Zusätzen aus den Vorlesungen von 1820/21 und 1826 (Schleiermachers Werke. Auswahl. Hg. und eingeleitet von Otto Braun und Joh. Bauer. Band 3. Leipzig 1910, S. 399–535).
43 Weniger: Vorwort. In: Schleiermacher: Pädagogische Schriften. Bd. 1, S. VIII.

und Zucht. Es war [...] nicht möglich, die Vorlesungen von 1820, die Platz leider so unglücklich auf Anmerkungen zu den Vorlesungen von 1826 und auf Auszüge aufgeteilt hatte, wieder zusammenzustellen."[44] Die schon von Friedrich Mann 1902 erkannte Abhängigkeit von Platzens Text, in der sich jedes editorische Bemühen um Schleiermachers Pädagogik befinde, können Weniger und Schulze nur bestätigen: „So sind wir denn gezwungen, den von Platz hergestellten Text zur Grundlage zu nehmen."[45]

Die Ausgabe von Weniger und Schulze verstärkte die von Platz herbeigeführte thematische Fokussierung der Vorlesung von 1820/21, die – zusammengestrichen auf etwa ein Drittel des von Platz gebotenen Textes – nun den Titel „Vorlesungen über Gegenwirkung, Strafe und Zucht" zugewiesen bekam.[46] Unter dieser Überschrift und gewissermaßen in Form eines Anhangs wurde Schleiermachers mittlere Pädagogik-Vorlesung in der Folge wahrgenommen – Resultat der Präsentation in den „Pädagogischen Schriften", die auch als Taschenbuchausgabe eine weite Verbreitung fanden und über Jahrzehnte in den Erziehungswissenschaften als *die* Textgrundlage für Schleiermachers Pädagogik herangezogen wurden.[47]

Erst die Ausgabe von Winkler und Brachmann korrigierte die seit Platz übliche Rangfolge von Schleiermachers Pädagogik-Vorlesungen, indem sie den Text des Kollegs von 1820/21 in ungekürzter Fassung in den ersten Band der „Texte zur Pädagogik" mit einbezog.[48] Freilich konnte auch in dieser neuen Ausgabe wieder nur der von Platz gefertigte und hauptsächlich zum Themenkomplex „Strafe und Zucht" zusammengestellte Text geboten werden. – Angesichts dieses eingeschränkten und einseitig akzentuierten Textbestands ist es nicht verwunderlich, dass die wenigen Überlegungen, mit denen Schleiermachers Kolleg von 1820/21 überhaupt in der Forschung Berücksichtigung findet, in erster Linie dem „Strafproblem" und der „Problematik repressiver Erziehungsmaßnahmen" gelten, wobei einige Interpretationen gar auf eine – nicht weiter begründete – Nähe der Vorlesungspassagen zu Schleiermachers Biographie abheben.[49]

---

44 Weniger: Vorwort, Bd. 2, S. X.
45 Weniger, Bd. 1, S. VIII.
46 Weniger, Bd. 2, S. 171.
47 Schleiermacher: Pädagogische Schriften. Hg. von E. Weniger und Th. Schulze. 2 Bände, Frankfurt am Main 1983/84 (Ullstein Taschenbuch).
48 Schleiermacher: Texte zur Pädagogik. Kommentierte Studienausgabe. A. a. O., Band 1, S. 290–380 und S. 465–474.
49 So demonstrierten z. B. laut Weniger besonders die von ihm abgedruckten Kapitel des Kollegs von 1820/21 „eindrucksvoll", „wie für Schleiermacher die Theo-

Doch den Vorrang für die Interpretation genoss eindeutig die Vorlesung von 1826. Wenn Schleiermacher in den Erziehungswissenschaften zur Kenntnis genommen wurde, so geschah dies fast ausschließlich unter Bezugnahme auf seine letzte Pädagogik-Vorlesung – unbekümmert um deren äußerst unsicheren Textbestand, demzufolge eigentlich keine einzige Formulierung ‚auf die Goldwaage gelegt' bzw. unmittelbar Schleiermacher zugeschrieben werden dürfte.[50] Die jüngere Forschung hob die Fixierung auf das späte Kolleg ins Bewusstsein und thematisierte die fragwürdige Überlieferung des Textes.[51] – Während die Vorlesung von 1820/21 die meiste Zeit über im Schatten der späteren von 1826 gestanden hat, so sind nun Ansätze zu einem anderen Extrem zu beobachten: die Bevorzugung von Schleiermachers erster Pädagogik-Vorlesung von 1813/14. Deren in systematischer Hinsicht herausragender „Gestus des Nachfragens und des problemorientierten Zweifels" wird in direktem Zusammenhang mit dem fragmentarischen Charakter von Schleiermachers (jeweils *nach* seinen Kollegstunden festgehaltenen) Aufzeichnungen wahrgenommen.[52] Dabei vermischen sich die (durchaus berechtigte) Freude über das wenigstens dieser Vorlesung zugrunde liegende authenti-

---

rie aus ureigenster Erfahrung erwachsen ist" (Vorwort. In: Schleiermacher: Pädagogische Schriften. Bd. 2, S. X). – Vgl. auch Carl Platz: Lebens-Skizze und Würdigung Schleiermachers als Pädagogen. In: Schleiermacher: Erziehungslehre. Aus Schleiermachers handschriftlichem Nachlasse und nachgeschriebenen Vorlesungen hg. v. C. Platz. Langensalza 1871, S. 725. – Emeram Leitl: Das Strafproblem in Schleiermachers Pädagogik. Diss. München 1908; – Gerhard Kiel: Die Problematik repressiver Erziehungsmaßnahmen bei Schleiermacher. In: Pädagogische Rundschau 5 (1971), S. 317–330; – Horst Friebel: Die Bedeutung des Bösen für die Entwicklung der Pädagogik Schleiermachers. Ratingen 1961, besonders S. 76–88; – Wolfgang Scheibe: Die Strafe als Problem der Erziehung. Eine historische und systematische pädagogische Untersuchung. Darmstadt ³1977; – Ulrich Kinzel: Übung und Freiheit. Versuch einer Aktualisierung von Schleiermachers Bemerkungen über „Zucht". In: Neue Sammlung 35 (1995), Heft 2, S. 65–87.

50 Einen Überblick über die ältere Literatur zu Schleiermachers Pädagogik gibt Wolfgang Hinrichs: Die pädagogische Schleiermacher-Forschung. In: Zeitschrift für Pädagogik, 14. Beiheft (1977), S. 285–299. Zur neueren (und älteren) Literatur zu Schleiermachers „Erziehungslehre" vgl. Jens Brachmann: Chronologische Bibliographie zur „Erziehungslehre" Friedrich Schleiermachers. In: Johanna Hopfner (Hg.): Schleiermacher in der Pädagogik. Würzburg 2001, S. 171–195.

51 Vgl. Michael Winkler: Einleitung. In: Schleiermacher: Texte zur Pädagogik. Bd. 1. Hg. M. Winkler und J. Brachmann, besonders S. LXXX–LXXXIV und J. Brachmanns Kommentar im selben Band, besonders S. 431–441.

52 Jens Brachmann: Friedrich Schleiermacher. Ein pädagogisches Porträt. Weinheim und Basel 2002, S. 25 und S. 24.

sche Textmaterial und die inhaltliche Interpretation und Wertschätzung dieser frühen – leider auch nicht vollständig überlieferten – Vorlesung.

Noch steht Schleiermachers mittlere Pädagogik-Vorlesung von 1820/21 also im Schatten entweder ihrer älteren oder ihrer jüngeren Schwester. Eine veränderte Perspektive ergibt sich jedoch durch die kürzlich aufgefundenen Nachschriften. Jetzt steht die Rollenverteilung zwischen den drei Vorlesungen grundsätzlich zur Debatte. Mit Hilfe der jüngsten Textfunde ist die Bedeutung und das Gewicht des traditionell übersehenen mittleren Kollegs gegenüber den anderen Texten zur Pädagogik neu auszuloten. Der spezielle Part, der diesem Kolleg für Schleiermachers Entwurf zur wissenschaftlichen Pädagogik zukommt, kann nun bedacht werden.

2. Veränderte Perspektiven: eine vollständige Vorlesung zur Theorie der Erziehung

2.1. „Pädagogik duplirt": Schleiermacher im Wintersemester 1820/21

Die im Geheimen Staatsarchiv Preußischer Kulturbesitz in Berlin aufbewahrten Akten mit den von der Universität zu Berlin halbjährlich eingereichten Tabellen über die „in jedem Semester zu Stande gekommenen Vorlesungen" belegen, dass Schleiermacher im Wintersemester 1820/21 in der philosophischen Fakultät eine Vorlesung gehalten hat, die mit dem Titel „Pädagogik" bezeichnet ist. Dem Eintrag ist ebenfalls zu entnehmen, dass diese Vorlesung vor 49 Hörern stattgefunden hat; auch, dass sie am 23. Oktober 1820 begonnen und am 27. März 1821 beendet worden sei. Schleiermacher hat sie wie gewöhnlich „privatim" gehalten, d. h. als normale, kostenpflichtige Universitätsvorlesung und nicht als Gratis-Vorlesung (publice).[53]

---

[53] Geheimes Staatsarchiv Preußischer Kulturbesitz, I. HA Rep. 76 Va Kultusministerium, Sekt 2 Tit. 13 Nr. 1, Bd. II, Bl. 122rs. – Schleiermachers Pädagogik-Vorlesung von 1820/21 ist jedoch weder im deutschen noch im lateinischen gedruckten Vorlesungsverzeichnis angezeigt. Im „Verzeichniß der Vorlesungen, welche von der Universität zu Berlin im Winterhalbjahre 1820 bis 1821 vom 16ten Oktober an gehalten werden" ist auf S. 165 für das Wintersemester 1820/21 unter „Philosophische Wissenschaften" vermerkt: „Metaphysik lehrt fünfmal wöchentlich von 4–5 Uhr Herr Dr. Stiedenroth. Ueber die Pädagogik wird derselbe lesen." Dieses Kolleg (eine Gratisvorlesung) kam nicht zu Stande.

Mit seiner Mitgliedschaft in der philosophischen Klasse der Königlich-Preußischen Akademie der Wissenschaften (ab April 1810) hatte Schleiermacher zugleich das Recht, an der Philosophischen Fakultät der Universität Berlin Vorlesungen zu halten. Davon machte er reichlichen Gebrauch und trug mehrfach zur Ästhetik, Dialektik, Ethik, Hermeneutik, Geschichte der Philosophie, Politik, Psychologie und insgesamt dreimal zur Pädagogik vor (in den Wintersemestern 1813/14 und 1820/21 sowie im Sommersemester 1826). Zudem hielt er im Rahmen seiner theologischen Professur in jedem Semester in der Regel mindestens zwei theologische Vorlesungen. Im Wintersemester 1820/21 las er jeden Morgen, von Montag bis Freitag, zur Theologie: Von 8 bis 9 Uhr widmete er sich dem „Evangelium Johannis" und von 9 bis 10 Uhr folgte der „Erste Theil der Dogmatik". Das Johannesevangelium trug er 97 Hörern vor, die Dogmatik 76 Studierenden.[54] Am Nachmittag bot Schleiermacher viermal wöchentlich die Pädagogik an, und zwar montags, dienstags, mittwochs und freitags.[55]

Einen Schwerpunkt inmitten aller wissenschaftlichen Arbeit, den pfarramtlichen Aufgaben und der Gremientätigkeit legte Schleiermacher im Wintersemester 1820/21 auf die Ausarbeitung seiner Dogmatik. Bereits im Mai des Jahres 1820 hatte er in einem Brief angekündigt: „Gewinne ich nun zwischen allen Decanatsgeschäften und kirchlichen Conferenzen hindurch etwas Zeit, so gehe ich an die Dogmatik; ich bin auch fest entschlossen, um sie doch etwas zu fördern, in den nächsten Ferien nur eine ganz kurze Reise zu machen."[56] Seit den Semestern in Halle beschäftigte ihn der Plan, eine Dogmatik zu veröffentlichen. Seine Vorlesung im Winter 1820/21 war bereits die zehnte zu diesem Gegenstand. Seit geraumer Zeit hatte er sich im Anschluss an die gehaltenen Vorlesungsstunden schriftliche Notizen gemacht.[57] Die Kollegien und das Buchprojekt befruchteten sich gegenseitig. Lesen und Schreiben seien ihm in puncto Dogmatik „nahe ineinander geflossen", erklärt er einmal.[58] Während des Wintersemesters 1820/21 schrieb er die grundlegenden Pas-

---

54 Geheimes Staatsarchiv Preußischer Kulturbesitz, I. HA, Rep. 76 Va, Sekt 2, Tit. 13, No. 1, Vol. II, Blatt 119r.
55 Vgl. Schleiermachers Tagebucheintragungen im Schleiermacher Nachlass 441 und 442 im Archiv der Berlin-Brandenburgischen Akademie der Wissenschaften (BBAW).
56 Briefe ed. Meisner 2, S. 319, Schleiermacher an A. Twesten, 6. 5. 1820.
57 Über seine Dogmatikvorlesung äußerte er etwa am 11. 5. 1818: „und bis jezt schreibe ich noch immer nach dem Collegio recht ordentlich auf." Briefwechsel mit Gaß, S. 149.
58 Zitiert nach Carl Friedrich Georg Heinrici: August Twesten nach Tagebüchern und Briefen, Berlin 1889, S. 370.

sagen (Einleitung und Erster Teil) zu „Der christliche Glaube nach den Grundsätzen der evangelischen Kirche im Zusammenhange dargestellt" nieder – der erste Band erschien im Sommer 1821.[59] – Sorgfältig behielt Schleiermacher auch nach Erscheinen der Glaubenslehre die eigenständige Bedeutung des mündlichen Vortrags im Blick. Er unterschied, er wolle im „nächsten Winter elf Stunden wöchentlich" über sein Buch lesen, „nemlich darüber: ohne das Buch selbst wieder mitzulesen wie Manche thun".[60]

Am Dienstag, dem 20. März 1821 schloss Schleiermacher die Dogmatik-Vorlesung mit der 94. Stunde. Sein Tagebuch gibt darüber Auskunft, dass er, gleich nachdem er auch die übrigen Vorlesungen des Wintersemesters 1820/21 beendet hatte, mit der Niederschrift der Dogmatik fortfuhr.[61] Es wird zu untersuchen sein, welchen Niederschlag Schleiermachers Konzentration auf die Glaubenslehre im Winter 1820/21 in seiner Pädagogik-Vorlesung desselben Semesters gefunden hat.

Die wissenschaftlichen Projekte des Winters 1820/21 entstanden inmitten einer sich zuspitzenden politischen Situation, in welcher Schleiermacher gegen die staatlichen Unterdrückungsmaßnahmen stand, die alle liberalen Bestrebungen in Staat, Kirche und Wissenschaft unterbinden sollten. Bereits mit seinen Entwürfen zur Veränderung des öffentlichen Schulwesens aus den Jahren 1810–1814 und der darin artikulierten Forderung nach allgemeiner Bildung für alle Kinder und Jugendlichen hatte Schleiermacher die politisch reaktionären Kräfte gegen sich aufgebracht.[62] Nicht vergessen waren die massiven Angriffe der staatlichen Zensurbe-

---

59 Ausführlich zur Entstehung von Schleiermachers Glaubenslehre vgl. KGA I/7,1 S. XV–XXXV.
60 Briefe IV, S. 314, Schleiermacher an Lücke, Berlin, d. 18. 6. 1823. Das Buch sollte Schleiermacher dazu dienen, in seinen Dogmatik-Vorträgen Zeit für die mündliche Erörterung zu gewinnen; so betont er in seiner im Juni 1821 geschriebenen „Vorrede" zur Glaubenslehre (KGA I/7,1 S. 4): „es soll mir, wenn ich meine dogmatischen Vorträge noch öfter wiederholen kann, ganz bequem sein, das, was in diesem Buch enthalten ist, bei meinen Zuhörern schon vorauszusezen zu dürfen, und dadurch Zeit zu Erörterungen zu gewinnen, welche sonst unterbleiben müssen."
61 Schleiermacher Nachlass 442 (Archiv der BBAW): „An der Dogmatik gearbeitet." (28. 3. 1821), „Dogmatik gearbeitet" (29. 3. 1821).
62 Der Lehrplan, den die „Wissenschaftliche Deputation für den öffentlichen Unterricht" mit dieser bildungspolitischen Zielrichtung unter der Leitung Schleiermachers 1810 erarbeitet hatte, war dem damaligen Chef der Sektion für den Kultus und öffentlichen Unterricht beim Innenministerium, Kaspar Friedrich von Schuckmann, ein Dorn im Auge. Schuckmann, ab Juli 1814 Innenminister, bewirkte Schleiermachers Dispensierung aus der preußischen Unterrichtsbehörde wohl zu Beginn des Jahres 1815. (Zu den Hintergründen von Schleiermachers Ausschluss vgl. KGA I/11, S. XIV.)

hörde, gegen die er sich 1813 im Zusammenhang mit seinem publizistischen Engagement für den „Preußischen Correspondenten" hatte zur Wehr setzen müssen.[63] In der Universität war er gezwungen, sich gegen zunehmende Anfeindungen zu verteidigen, insbesondere seit er sich im Oktober 1819 vor seinen Kollegen Wilhelm Martin Leberecht de Wette gestellt hatte,[64] der entlassen worden war, weil er einen seelsorgerlichen Brief an die Mutter des hingerichteten Theologiestudenten Karl Ludwig Sand geschrieben hatte. In Schleiermachers Vorlesungen saßen mitunter politische Spitzel.[65] Die Bestrebungen, ihn aus politischen Gründen zumindest an eine entfernt gelegene Universität zu versetzen, fanden im Sommer 1820 einen vorläufigen Höhepunkt, bevor die behördlichen Maßnahmen gegen ihn ab Ende des Jahres 1821 bis zum April 1824 die Fortführung seiner universitären und kirchlichen Funktionen ernsthaft bedrohten.[66]

Im Winter 1820/21 verfolgte Schleiermacher weiter seine kirchenpolitischen Interessen, wobei sich seine Aktivitäten besonders auf die Union der beiden protestantischen Konfessionskirchen richteten. In der von beiden Konfessionen simultan genutzten Dreifaltigkeitskirche, wo Schleier-

---

63 Zu Schleiermachers Auseinandersetzung mit dem gegen ihn erhobenen Vorwurf des Hochverrats in der Zeit seiner Redaktion des „Preußischen Correspondenten" vgl. M. Wolfes: Öffentlichkeit und Bürgergesellschaft. Friedrich Schleiermachers politische Wirksamkeit. Teil I. Berlin, New York 2004, S. 492–528.

64 Mit einem eindringlichen Plädoyer für die Freiheit der Lehre in der Theologie setzte sich Schleiermacher (zusammen mit den beiden anderen verbliebenen Fakultätsmitgliedern Neander und Marheineke) in einem ausführlichen Votum an den Kultusminister Altenstein für de Wette unmittelbar nach dessen Suspendierung ein. Ein Solidaritätsschreiben richteten die drei Professoren auch noch direkt an de Wette. – Das Votum an Altenstein ist abgedruckt in: Max Lenz: Geschichte der Königlichen Friedrich-Wilhelms-Universität zu Berlin. 4. Band: Urkunden, Akten und Briefe, Halle 1910, S. 366–370.

65 Schon eineinhalb Jahre vor Beginn der „Demagogen"-Verfolgung stand Schleiermachers Politik-Vorlesung des Sommersemesters 1817 unter geheimpolizeilicher Beobachtung. Die Vorlesung fand die Missbilligung des Staatskanzlers Hardenberg, der die „politische Tendenz" am 8. Dezember 1817 in einem Brief an Altenstein tadelte, sich dabei auf mehrfache Missfallensbekundungen des Königs bezog und forderte, diese Vorlesungen müssten „in Zukunft unterbleiben". Doch noch im selben Monat nahm Schleiermacher seine Vorlesung über Politik für das Wintersemester 1817/18 vor 105 Hörern wieder auf. Vgl. KGA I/9, S. XXI, Anm. 33 und M. Wolfes: Öffentlichkeit und Bürgergesellschaft. Friedrich Schleiermachers politische Wirksamkeit. Teil II, a.a.O., S. 99–106. In den folgenden Jahren wurden nicht nur Schleiermachers Vorlesungen, sondern auch seine Gottesdienste, die persönliche Korrespondenz und seine persönlichen und beruflichen Kontakte oft polizeilich überwacht.

66 Ausführlich hierzu: M. Wolfes, Teil II, a.a.O., S. 150–236.

macher seit 1809 reformierter Gemeindepfarrer war, erreichte er die erste Vereinigung einer lutherischen und reformierten Gemeinde in Berlin. Das Ergebnis der Unionsverhandlungen legte er im Winter 1820 in der Broschüre „An die Mitglieder beider zur Dreifaltigkeitskirche gehörigen Gemeinden" dar.[67]

Schleiermachers Tagebucheintragungen der Jahre 1820 und 1821 geben darüber Auskunft, dass er regelmäßig zweimal in der Woche Konfirmandenunterricht erteilte, und zwar dienstags und freitags – wohl am Vormittag im Anschluss an seine theologischen Vorlesungen und sicher vor der Pädagogik, die er an denselben Wochentagen vortrug.[68] Auf eine Anfrage des Konsistoriums antwortete Schleiermacher am 30. März 1921, dass er seinen Unterricht insgesamt zweistündig gebe und dass seine eigne „Abtheilung" 40 Schülerinnen und Schüler habe (während sein Gehilfe in der Gemeinde, der Prediger Deibel, in einem Kurs 14 und in dem anderen 5 Kinder unterrichte).[69] Die Einsegnungen hat Schleiermacher im Tagebuch festgehalten; so konfirmierte er beispielsweise am Samstag, dem 23. 12. 1820 acht Kinder. Er unterrichtete in dieser Zeit Mädchen und Jungen gemeinsam – für gewöhnlich fand der Konfirmandenunterricht in der Wohnung des Pfarrers statt.

Nachdem Schleiermacher seine kleine Dienstwohnung in der Kanonierstraße, Ecke Taubenstraße verlassen hatte, in der er acht Jahre mit seiner Familie verbracht hatte, wohnte er nun (ab 1817) mit der Familie in den weiten Räumen des Sackenschen Palais in der Wilhelmstraße – das neuerlich seinem Verleger und Freund Georg Andreas Reimer gehörte, der auch selbst mit seiner Familie dort lebte. Hier war Schleiermacher von Kindern umgeben. Zum Vorlesungsbeginn des Wintersemesters 1820/21 – er vollendete gerade sein 52. Lebensjahr – waren seine Kinder in folgendem Alter: Henriette, aus der ersten Ehe seiner Frau, war knapp 15 und Ehrenfried, ebenfalls aus erster Ehe, 13. Tochter Elisabeth war fast 10

---

67 KGA I/9, S. 203–210; vgl. auch S. LXIX f. und S. XX f.
68 Schleiermacher Nachlass 441 und 442 (Archiv der BBAW). – Seit 1807 gab es Regelungen, dass der Konfirmandenunterricht möglichst in allen Gemeinden zur selben Zeit am Vormittag abzuhalten sei, und zwar von 11 bis 12 Uhr. Später wurden auch die Wochentage festgelegt. Die Konfirmanden durften die Schule um 11 Uhr verlassen (eine spätere Vorschrift weist die Schuldirektoren sogar an, die Stunden exakt um 5 Minuten vor 11 Uhr zu schließen) und die Pfarrer erhielten die Anweisung, pünktlich um 11.15 Uhr mit dem Konfirmandenunterricht zu beginnen. Dabei sei zu beachten, „daß der Prediger hierin mehr auf das Beste der Schule und der Schuljugend, als auf seine Bequemlichkeit siehet". (Archiv Superintendentur Friedrichswerder, A 7, 1: Acta betreffend den ConfirmandenUnterricht auch die Listen der Confirmanden 1803 ff., Bl. 6 f.)
69 Acta, Bl. 32.

Jahre alt, Gertrud 8¾ und Hildegard 3¼. Das Baby Nathanael war seit 8 Monaten auf der Welt. Schleiermachers Frau hatte zusätzlich noch die kleine Luise zu sich ins Haus genommen, das Töchterchen ihrer Freundin Karoline Fischer.[70] – Es ist schwer zu beurteilen, wie intensiv Schleiermacher die Entwicklung seiner Kinder begleiten konnte. Ehrenfried erinnert sich einerseits: „Mein Vater war zu beschäftigt, um mich und meine Entwicklung im Detail zu kontrollieren. Auch war das nicht in seinem Sinn, hier im einzelnen einzugreifen; er vertraute vielleicht zu sehr der individuellen Natur, daß sie sich selbst helfen und zuletzt den rechten Weg finden werde. Ungeachtet unsrer unaussprechlich innigen Liebe zu unserm Vater und der seinigen zu seinen Kindern, fand doch mit keinem derselben eigentlich ein enges Verhältnis der Mitteilung statt, wie es mit der Mutter stattfand. Seine großartige vielseitige Tätigkeit, die ihn auch stets nur die bestimmten Stunden in der Familie weilen ließ – diese aber auch ohne Ausnahme und pünktlich – gab zu solchem persönlichen Verkehr in der Tat keinen Raum."[71] Andererseits berichtet Ehrenfried, dass sein Vater lebhaften Anteil an seiner Schullaufbahn nahm, ihn zum Beispiel noch für die letzten 1½ Schuljahre auf ein anderes Gymnasium umschulte und einzelnen Konflikten mit einem Lehrer und dem Schulleiter Aufmerksamkeit schenkte.[72] Ob auch Schleiermachers Töchter eine Schule besuchten, ist aus den Quellen bisher nicht zu entnehmen. Ehrenfried erwähnt allerdings, dass seine Schwestern eine Erzieherin hatten und deutet an, dass sein kleiner Bruder Nathanael später zur Schule ging.[73]

Die Kinder, erinnert sich Elisabeth Schleiermacher, hielten sich gewöhnlich neben dem Arbeitszimmer des Vaters auf und „tobten oft fürchterlich". Ihr Vater habe viel Lärm vertragen. „Wenn es ihm aber zu arg wurde, rief er zur Thür herein: ‚Kindervolk, tobt nicht so!' einmal auch ‚Jugend (wir waren lauter Mädchen) wollt ihr wohl nicht so toben.'" Das Zusammenspiel von Familien- und Berufsleben nannte Schleiermacher „eine große Glückseligkeit, aber auch ein großes Elend. Denn diese beiden stehen in einem kleinen Kriege und thun einander Abbruch".[74] – Ab-

---

70 Schleiermachers Stiefsohn Ehrenfried berichtet, dass Luise im Alter zwischen Elisabeth und Gertrud war: „man nannte sie ‚die Drillinge'". „Meine Mutter hatte sich gleich beim Beginn ihrer Bekanntschaft der Fischer auch in äußerer Beziehung in der durchgreifendsten Weise angenommen. Ihr Töchterchen Luise, damals noch ein ganz junges Kind, nahm sie ins Haus und erzog sie mit meinen Schwestern, wie ein eigenes Kind." (Ehrenfried von Willich: Aus Schleiermachers Hause. Berlin 1909, S. 95 und S. 54.)
71 Willich, a.a.O., S. 74 f.
72 Willich, a.a.O., S. 11 f. und S. 70 f.
73 Willich, a.a.O., S. 73, S. 96 und S. 105.
74 Schleiermacher Nachlass Nr. 648/4 (Archiv der BBAW).

bruch hat das alltägliche Zusammensein mit den Kindern verschiedenen Alters Schleiermachers Pädagogik-Vorlesung nicht getan. So manche darin ausgeführte einfühlsame Beobachtung kindlicher Entwicklung und Diskussion von Erziehungsgrundsätzen könnte den ‚tobenden Kindern' geschuldet sein.[75]

Glücklicherweise gelang es Schleiermacher inmitten aller Beschäftigungen im Winter 1820/21 meist, im Tagebuch festzuhalten, wann die einzelnen Stunden seiner Pädagogik-Vorlesung stattfanden oder ausfallen mussten. Dabei zählte er seine Vorlesungsstunden und gab mitunter Gründe dafür an, warum eine Stunde nicht gehalten werden konnte. Diese Aufzeichnungen, die hier zum ersten Mal veröffentlicht werden, legen Zeugnis ab von 62 Vorlesungsstunden zur Pädagogik.[76] Während Schleiermacher diese Vorlesung das Semester über am Nachmittag hielt, wechselte er in der letzten Märzwoche des Jahres 1821 auf den Morgen, nachdem er am 20. März 1821 das Dogmatikkolleg und drei Tage später die Johannes-Vorlesung beendet hatte. Er notierte am Montag, dem 26. März: „Von 7–9 Pädagogik duplirt 60. 61." Der letzte Tagebucheintrag zur Pädagogik ist vom folgenden Tag, dem 27. März und lautet: „Von 7–8 Pädagogik mit 62 Stunde geschlossen".[77]

Den Beginn der Pädagogik-Vorlesung von 1820/21 gibt Carl Platz zwar in Übereinstimmung mit Schleiermachers Tagebuchnotizen an, nicht jedoch das Ende; er zitiert vielmehr: „Geschlossen den 28. März 1821."[78] Die hier publizierte Vorlesungsnachschrift enthält nun tatsächlich – im Gegensatz zur Tagebuchaufzeichnung – eine 63. Vorlesungsstunde. Wann

---

75 Schleiermachers persönliche Korrespondenz mit seiner Frau, insbesondere im Jahr der Verlobung, gibt Aufschluss über sein reges Interesse an der geistigen und körperlichen Entwicklung der beiden kleinen Kinder Henriette und Ehrenfried. Diese Briefe enthalten detaillierte Erziehungsratschläge und spiegeln Schleiermachers zunehmend wissenschaftliche Erarbeitung des Feldes der Pädagogik. So skizziert er in einem Brief vom 29. Oktober 1808 eine Auffassung von Erziehung, in der erstmalig die Wechselbeziehung von Erziehung und Bildung aufscheint, die schließlich die Systematik der Vorlesungen zur Theorie der Erziehung bestimmt: „Es ist noch gar nicht ausgemacht, ob nicht das sich bildende Wesen des Kindes ebenso Ursache ist an der Stimmung der Mutter, als diese an jenem. [...] So ist, vom ersten Augenblick an, Selbstbildung und Erziehung Eins, und in keinem von beiden je Gewalt zu brauchen; so ist, vom ersten Augenblick an, ein kräftiges wechselwirkendes Leben gesezt". Brautbriefwechsel, S. 180 f. Vgl. auch z. B. die Briefe vom 2.9.08 (S. 127), 11.9.08 (S. 136), 6.10.08 (S. 157), 27.10.08 (S. 175 f.), 21.2.09 (S. 347).
76 Schleiermacher Nachlass 441 und 442 (Archiv der BBAW).
77 Unten S. 26.
78 SW III/9, S. 44.

diese gehalten wurde und ob Schleiermacher vielleicht nicht nur am Montag, dem 26. März, sondern auch am Dienstag, dem 27. März seine „Pädagogik duplirt", das heißt zweistündig vorgetragen hat, muss offen bleiben.

2.2. Auszüge aus Schleiermachers Tagebucheintragungen

Tag		Eintragungen zur Pädagogik	Stunde
		Oktober 1820	
23	Mo	Pädagogik	*1*
24	Di	Pädagogik	*2*
25	Mi	Pädagogik	*3*
27	Fr	Pädagogik	*4*
30	Mo	5te Stunde in Pädagogik	*5*
31	Di	Pädagogik ausgesetzt	
		November 1820	
01	Mi	[kein Eintrag]	*6*
03	Fr	Pädagogik ausgesezt	
06	Mo	7te Stunde Pädagogik	*7*
07	Di	Pädagogik	*8*
08	Mi	Pädagogik	*9*
10	Fr	Pädagogik	*10*
13	Mo	Pädagogik ausgefallen	
14	Di	Pädagogik 11te Stunde	*11*
15	Mi	Pädagogik ausgefallen	
17	Fr	Pädagogik	*12*
20	Mo	Pädagogik ausgesezt	
21	Di	Pädagogik ausgesezt	
22	Mi	Pädagogik 13te Stunde	*13*
24	Fr	Pädagogik	*14*
27	Mo	Pädagogik 15	*15*
28	Di	[kein Eintrag]	*16*
29	Mi	[kein Eintrag]	*17*
		Dezember 1820	
01	Fr	NM Pädagogik (18)	*18*
04	Mo	Pädagogik ausgesezt	
05	Di	Pädagogik ausgesezt	
06	Mi	NM Pädagogik 19	*19*

Tag		Eintragungen zur Pädagogik	Stunde
08	Fr	Pädagogik	*20*
11	Mo	Pädagogik ausgesezt	
12	Di	Pädagogik 21	21
13	Mi	Pädagogik	*22*
15	Fr	Pädagogik	*23*
18	Mo	Pädagogik 24.	24
19	Di	NM Pädagogik	*25*
20	Mi	Pädagogik geschlossen mit der 26ten Stunde	26

Januar 1821

03	Mi	keine Pädagogik.	
05	Fr	[kein Eintrag]	
08	Mo	NM Pädagogik 27	27
09	Di	[kein Eintrag]	*28*
10	Mi	Pädagogik ausgesezt	
12	Fr	[kein Eintrag]	*29*
15	Mo	Keine Pädagogik	
16	Di	Pädagogik 30	30
17	Mi	Pädagogik	*31*
19	Fr	Pädagogik	*32*
22	Mo	Keine Pädagogik	
23	Di	NM Pädagogik 33	33
24	Mi	[kein Eintrag]	
25	Do	NM Pädagogik statt gestern.	*34*
26	Fr	Pädagogik	*35*
29	Mo	NM Pädagogik 36.	36
30	Di	Pädagogik	*37*
31	Mi	Keine Pädagogik.	

Februar 1821

02	Fr	Pädagogik 38	38
05	Mo	NM Pädagogik 39	39
06	Di	Ausgesezt wegen heftigen Hustens	
07	Mi	Pädagogik	*40*
09	Fr	[kein Eintrag]	
12	Mo	NM Pädagogik ausgesezt wegen Akademie.	
13	Di	Pädagogik 41.	41
14	Mi	Pädagogik ausgesezt	
16	Fr	Pädagogik	*42*

Tag		Eintragungen zur Pädagogik	Stunde
19	Mo	Pädagogik 43	*43*
20	Di	[kein Eintrag]	*44*
21	Mi	[kein Eintrag]	*45*
23	Fr	Pädagogik ausgesezt.	
26	Mo	Pädagogik 46.	*46*
27	Di	Pädagogik	*47*
28	Mi	Keine Pädagogik.	

März 1821

02	Fr	keine Pädagogik.	
05	Mo	Pädagogik 48.	*48*
06	Di	NM Pädagogik	*49*
07	Mi	[kein Eintrag]	*50*
09	Fr	Pädagogik 51.	*51*
12	Mo	Pädagogik 52.	*52*
13	Di	Pädagogik.	*53*
14	Mi	NM Pädagogik	*54*
16	Fr	NM Pädagogik.	*55*
19	Mo	Pädagogik 56.	*56*
20	Di	NM Pädagogik.	*57*
21	Mi	NM Pädagogik	*58*
23	Fr	NM Pädagogik 59.	*59*
26	Mo	Von 7–9 Pädagogik duplirt 60.61.	*60.61*
27	Di	Von 7–8 Pädagogik mit 62 Stunde geschlossen	*62*
28	Mi	[kein Eintrag]	

2.3. Die Berliner Nachschrift.
Charakteristik und Grundsätze der Wiedergabe

Zum ersten Mal ist es möglich, Schleiermachers Pädagogik-Vorlesung von 1820/21 im Ganzen kennen zu lernen. Jede einzelne Stunde wird nun bekannt. Dies ist einer unlängst aus Privatbesitz aufgetauchten und in Berlin befindlichen Nachschrift der Vorlesung zu verdanken, die hier veröffentlicht wird. Diese Nachschrift, die, weil anonym, hier als die „Berliner" bezeichnet wird, unterscheidet die einzelnen Vorlesungsstunden voneinander und zählt sie. In Verbindung mit Schleiermachers Tagebuch können sogar die Stunden exakt datiert werden. Die spärlichen Tagebuchnotizen, wie z. B.: „Nachmittag Pädagogik 33", füllen sich mit Leben, wenn jetzt nachzulesen ist, welche Inhalte Schleiermacher etwa in dieser 33. Vorlesungsstunde am Dienstag, dem 23. Januar 1821 vorgetragen hat.

Diese Stunde beispielsweise fehlt (neben anderen, die auch in der Edition von Platz ausgelassen wurden) in einer weiteren Nachschrift, die es zur Pädagogik-Vorlesung von 1820/21 gibt. Sie wird in der Niedersächsischen Staats- und Universitätsbibliothek in Göttingen unter der Signatur „Cod. Ms. F. Frensdorff 1,1" aufbewahrt. Von der Existenz dieser Nachschrift erfuhr die Berliner Schleiermacherforschungsstelle Ende 1982 im Zuge der Vorbereitung der Vorlesungsabteilung der Kritischen Gesamtausgabe der Werke Schleiermachers (KGA). Die gestraffte und lückenhafte Göttinger Nachschrift, die in Platzens Edition keine Berücksichtigung fand, ist eine gesonderte Überlieferung mit eigener Authentizität. Möglicherweise wurde sie jeweils noch während der Vorlesung oder doch kurz danach niedergeschrieben. Die Göttinger Nachschrift enthält keine Stundeneinteilung; welche Stunden und inhaltlichen Aspekte ihr fehlen, kann nun anhand der Berliner Fassung aufgeschlüsselt werden.

Zur Terminologie sei erklärt, dass eine „Nachschrift" eben nicht „von" Schleiermacher geschrieben ist, sondern von einem Hörer „nach" Schleiermachers Vortrag: also etwa eine Pädagogik „nach" Schleiermacher. Über Ort und Zeitpunkt der Niederschrift ist damit nichts gesagt. Oftmals enthalten die Aufzeichnungen viele Abkürzungen und spezielle Kürzelzeichen;[79] so nehmen z. B. im Berliner Text die Abkürzungen ab der Mitte der Vorlesung auffällig stark zu.[80]

Auf dem Titelblatt der (zu einem stattlichen Buch) gebundenen Berliner Nachschrift steht: „Paedagogik nach Schleiermacher. Leonhard Kalb. Berlin 1833/4." Philipp Leonhard Kalb (1812–1885) aus Frankfurt am Main studierte in Berlin vom Sommer 1832 bis wenigstens zum Wintersemester 1833/34 Theologie. In diesem Semester ließ er sich eine Nachschrift von Schleiermachers Vorlesung 1820/21 abschreiben – wahrscheinlich von einem bezahlten Schreiber. Diese Abschrift ist es, die vor Kurzem wieder aufgetaucht ist und die hier veröffentlicht wird.[81]

Wie bereits erwähnt, ergibt der Vergleich mit dem von Diesterweg 1835 veröffentlichten kurzen Auszug aus der Vorlesung 1820/21, dass die Berliner Aufzeichnungen mit diesem Text übereinstimmen.[82] Das heißt, dass sie eine Abschrift derjenigen Vorlesungsnachschrift sind, die Diesterweg zugänglich war. Da der überwiegende Textanteil der Platzschen

---

79 Vgl. die Abbildung unten S. 56.
80 Aus der Häufigkeit der Kürzel kann nicht abgeleitet werden, dass der Text in der Vorlesung mitgeschrieben worden wäre.
81 Sie soll in die Sammlungen der Berliner Staatsbibliothek integriert werden.
82 Nur bei verschwindend wenigen Wörtern gibt es Abweichungen.

Edition auf eben dieser von Diesterweg zur Verfügung gestellten Nachschrift basiert, schaffen die Berliner Aufzeichnungen nicht nur die Voraussetzung für eine Rekonstruktion des gesamten Kollegs von 1820/21, sondern auch für eine neue Bewertung der Arbeit des Herausgebers von 1849. Das, was der erste Editor aus Schleiermachers Vorlesung gemacht hat, wird mit Hilfe des Berliner Codex jetzt transparent, da dieser mit derjenigen Vorlage übereinstimmt, die Platz seiner Kompilation maßgeblich zu Grunde gelegt hat.

Der Text der Nachschrift enthält viele Fehler der unterschiedlichsten Art. Oft scheint es, als habe einer diktiert und ein anderer geschrieben, wobei Hörfehler entstanden wie „vermiethen" statt „vermieden", „pasirt" statt „basirt" oder „permanende" statt „permanente"; andere Fehler sind Verständnisfehler: „Priesterkatzen" statt „Priesterkasten", „Berührung" statt „Bewährung", „Empfindlichkeit" statt „Empfänglichkeit", „construirt" statt „constituirt" und „Gattung" statt „Geltung". Gedankenlos hält der Schreiber fest: „Der Mensch hingegen ist nicht verschieden durch Einwirkung von äußern Pflanzen" (statt: „Potenzen"); oder: Menschen von denselben Anlagen und Talenten unterschieden sich „durch eigentümliche Temperatur" (statt: „Temperamente"). „Physisch" und „psychisch" verwechselte er. Andererseits beherrschte er die griechischen Buchstaben.

Manche Fehler sind im Text bereits von anderer Hand korrigiert. Der Korrigierende mag dabei noch die Vorlage zur Verfügung gehabt haben, jedenfalls änderte er sinnvoll etwa „Herrlichkeit" in „Fertigkeit". – Zusätzlich zu diesen zahlreichen Korrekturen gibt es noch Unterstreichungen und Randbemerkungen von späteren Benutzern.

Bei der Wiedergabe der Vorlesungsnachschrift sind die Korrekturen, die sich im Text finden, übernommen; das heißt, der letztgültige Text wird geboten. Notwendige Emendationen von Schreibfehlern und Auslassungen sind stillschweigend vorgenommen.

Zunächst wurde eine kritische Bearbeitung des Textes erstellt; diese wird hier in vereinfachter Gestalt präsentiert. Auf einen philologischen Apparat wird (bis auf wenige Hinweise) verzichtet. Schreibweise und Zeichensetzung folgen der neuen Rechtschreibung; Wortformen sind dem heutigen Gebrauch angeglichen; auch die Absatzgliederung stammt von den Herausgebern. Nur wenige Unterstreichungen sind (gesperrt) wiedergegeben, bei denen ersichtlich ist, dass sie nicht von späteren Benutzern stammen.

Da die Nachschrift nur drei Überschriften aufweist, wurde eine *Inhaltsübersicht* vorangestellt, die der Orientierung dienen und die Struktur der Vorlesung veranschaulichen soll. Hierin unterscheidet sich die vorliegende

Textwiedergabe von Platzens Vorgehen, der eigene Überschriften in den Text einfügte, dabei aber ungenau und inkonsequent vorging; er bildete Absätze, die nicht immer dem Gedankengang entsprechen, und gab mit sehr vielen Sperrungen im Text seine eigene Interpretation vor.

Statt – wie etwa Weniger und Schulze dies in ihrem Neudruck der Vorlesungen tun – zentrale Begriffe kursiv zu setzten, ist hier ein detailliertes *Register* beigegeben.

Die *Anmerkungen* erklären bestimmte Grundbegriffe oder ungewöhnliche Ausdrücke (soweit sie nicht im Rechtschreibduden enthalten sind) und erläutern Anspielungen und Sachbezüge. In manchen Fällen ist es nicht gelungen, das in der Vorlesung Angesprochene, das meist mit Formulierungen wie „man hat gesagt" eingeleitet wird, zu erhellen. Einige Anmerkungen stellen systematische Bezüge zu Werken Schleiermachers sowie zu anderen Denkern her.

Textparallelen, die bei Platz, Diesterweg oder in der Göttinger Nachschrift zu finden sind, werden geboten, soweit sie dem Verständnis förderlich sind; sie ergänzen den Berliner Text, weichen von ihm ab oder enthalten auch gegenteilige Aussagen. Diese Anmerkungen dienen dem kritischen Blick auf die Berliner Nachschrift.

2.4. Ausblick auf bislang unbekannte Gesichtspunkte der Pädagogik von 1820/21

Mit dem Überblick, der nun dank der Berliner Nachschrift über die gesamte Vorlesung zu gewinnen ist, relativiert sich der von Carl Platz gesetzte Akzent auf die Themen Strafe und Zucht, und es werden neue Aspekte von Schleiermachers Pädagogik aus dem Semester 1820/21 sichtbar. Nicht länger kann dieses Kolleg als die „Vorlesungen über Gegenwirkung, Strafe und Zucht gelten", denn es geht inhaltlich weit darüber hinaus und ist dem späteren Kolleg von 1826 durchaus ebenbürtig. Neue Gesichtspunkte für die Wahrnehmung von Schleiermachers Pädagogik-Kolleg von 1820/21 eröffnet der Blick auf diejenigen Vorlesungsstunden, die Platz bei seiner Textfassung wegließ.

Der Platzsche Text berücksichtigt lediglich 31 Vorlesungsstunden, also weniger als die Hälfte des Vorlesungsmaterials. Dabei überspringt er ohne jede Kennzeichnung mehrere inhaltlich zusammenhängende Stunden oder skizziert einige der von ihm wiedergegebenen Stunden nur auszugsweise und lässt bisweilen Anfang oder Ende weg. Mit dem ersten Teil der 46. Vorlesungsstunde endet sein Text. Die Schwerpunktsetzung auf die Themen Gegenwirkung, Strafe und Zucht basiert hauptsächlich auf dem mittleren Teil der Vorlesung, die jedoch auch in Bezug auf diesen Themenkomplex nicht in ihrem tatsächlichen Verlauf wiedergegeben ist. Beispielsweise fehlen die sich über drei Vorlesungsstunden erstreckenden Ausführungen über das Behüten und über die Maxime des Bewahrens (17.–19. Stunde), aus denen heraus die Überlegungen zur Gegenwirkung überhaupt erst entwickelt werden. Indem Platz diese Stunden überspringt, streicht er den Kontext, in den die Diskussion der Strafen eingebettet ist, und nimmt somit dem in der Vorlesung von 1820/21 entwickelten Begriff der Erziehung die Identität. Diese steht und fällt – für das Denken Schleiermachers charakteristisch – mit ihrer Doppelgestalt, mit ihren *beiden* Seiten, die untrennbar miteinander verbunden sind. Es heißt nämlich: Alle Erziehung ist Unterstützung und Gegenwirkung – das eine muss dabei zugleich das andere sein. Demnach müssen die unterstützenden Einwirkungen „zugleich demjenigen, was der Erziehung zuwider geschieht, entgegenwirken, und die Richtigkeit jedes pädagogischen Verfahrens muss hiernach beurteilt werden, dass es dieser Identität Genüge leiste und darin aufgehe."[83]

So wie die polare Struktur des Erziehungsbegriffs bei der Platzschen Textauswahl unter den Tisch fiel, so blieben auch alle weiteren im Kolleg von 1820/21 enthaltenen Überlegungen zu einer Theorie der Erziehung auf der Strecke. Diejenigen Vorlesungsstunden, die der Entfaltung einer Theorie der Erziehung gewidmet sind (z. B. 1.–3., 16., 30. und 31. Stunde), werden jetzt erstmals bekannt. Da Platz die grundlegenden ersten drei Stunden wegließ, erfährt man erst jetzt, dass die Erörterung des Wissenschaftscharakters der Pädagogik – wie schon 1813/14 – die Vorlesung eröffnet. Es treten nun die Verhältnisbestimmungen von Pädagogik und Ethik sowie von Pädagogik und Politik hervor, die das Kolleg von 1820/21 kennzeichnen.[84]

Bei der Diskussion der entscheidenden Frage: „Was soll denn nun die Erziehung aus dem Menschen machen?"[85] wird jede einseitige Erziehung, etwa im Zusammenhang mit den Anforderungen einer bestimmten Gesellschaft, abgelehnt. Hingegen steht – gleich in den einleitenden Stunden – die allgemeine Bildung des Menschen „um seiner selbst willen" im Vor-

---

83 Berliner Nachschrift, unten S. 113.
84 Mit dem Verhältnis der Pädagogik zur Ethik sowie mit zwei weiteren bislang unbekannten inhaltlichen Aspekten der Vorlesung von 1820/21 (dem Thema Mädchenbildung und dem schulischen Unterricht) haben wir uns in unserem kürzlich erschienenen Aufsatz auseinandergesetzt: Schleiermachers Pädagogik-Vorlesung von 1820/21. Ein Aschenputtel in neuem Licht. In: Vierteljahrsschrift für wissenschaftliche Pädagogik 83 (2007), Heft 3, S. 345–359.
85 Berliner Nachschrift, unten S. 74 ff.

dergrund. Die Frage nach dem Ziel der Erziehung wird weiter durch ihre Ausrichtung auf die vier Bereiche Staat, Kirche, Sprache und geselliges Leben erörtert (wie 1813/14 als gegebene aber auch als zu verbessernde). Neben dieser universellen wird die individuelle Bildung gefordert. Die Entwicklung der Eigentümlichkeit gewinnt einen besonderen Akzent, wenn der Einzelne als Identität des Allgemeinen und Besonderen verstanden und dabei mit seinen Anlagen und Talenten, seiner Rezeptivität und Spontaneität in den Blick genommen wird.[86]

Neu tritt im Kolleg von 1820/21 die Erörterung des Verhältnisses von privater und öffentlicher Erziehung hervor. Die Auseinandersetzung mit der Rolle des Staats im Hinblick auf die Erziehung spielt dabei eine wesentliche Rolle. So wird dieser einerseits in die Verantwortung genommen, andererseits aber in den Grenzen seiner Wirksamkeit gezeigt. Zwischen der Pädagogik-Vorlesung von 1813/14 und den 1820/21 thematisierten Aspekten des Themas ‚Staat' liegen Schleiermachers Akademievortrag vom Dezember 1814 „Über den Beruf des Staates zur Erziehung"[87], die bitteren persönlichen Erfahrungen mit der restaurativen Erziehungspolitik der Unterrichtsbehörden des preußischen Staats sowie die in den Politik-Vorlesungen entfaltete Staatstheorie in den Zeiten eigenen politischen Bedrohtseins. Die „öffentliche Meinung" wird im Pädagogik-Kolleg von 1820/21 zum Korrektiv gegenüber staatlicher Vereinnahmung. Das Kolleg artikuliert ein Verständnis von Öffentlichkeit, welches zwischen öffentlicher und staatlicher Erziehung unterscheidet, und diskutiert in diesem Zusammenhang die Frage, „ob der Mensch für sein Volk oder für seinen Staat gebildet werden soll".[88] Dabei wird betont: „Die Erziehung muss nun aber nicht allein für den vorhandenen Zustand der Gesellschaft erziehen, sondern auch für einen besseren."[89] – Jedwede geschichtliche und politische Dimension wurde bei Platz gestrichen; die politischen Bezüge, die das Kolleg formuliert, fanden also in seiner Edition keinerlei Berücksichtigung. Er übersprang auch diejenigen Vorlesungsstunden und Stundenteile, die die Ungleichheit in der Gesellschaft thematisieren und danach fragen, ob die Differenz der Stände durch Erziehung zu befestigen oder aufzuheben sei.

---

86 Vgl. Berliner Nachschrift, unten S. 68–73.
87 KGA I/11, S. 125–146. In seinem Vortrag legt Schleiermacher dar, dass staatliche Erziehung, die er von öffentlicher Erziehung unterscheidet, lediglich unter bestimmten historischen Umständen zulässig und geboten ist, nämlich dann „und nur dann wenn es darauf ankommt eine höhere Potenz der Gemeinschaft und des Bewußtseins derselben zu stiften" (S. 142).
88 Berliner Nachschrift, unten S. 211.
89 Berliner Nachschrift, unten S. 230.

Gänzlich neu ist, dass dieses Pädagogik-Kolleg von 1820/21 Ausführungen zum öffentlichen Schulunterricht enthält, der als „Teil des politischen Lebens" definiert wird.[90] Offenkundig mischen sich persönliche Erfahrungen der vorangegangenen Jahre und wissenschaftliche Theorieentwicklung in Schleiermachers Einschätzung, dass Unterricht niemals einer Staatsbehörde unterstellt sein dürfe.[91] „Wird aber der Unterricht von oben geordnet, so lässt sich von einer gut geordneten Akademie viel dafür erwarten, aber nicht von einer Staatsbehörde, denn hier kann nicht eine reine Organisation sein. Ebenso war es nachteilig, dass der Unterricht eine Zeit lang der Sache nach unter der Kirche stand [...]. Eine freie pädagogische Tätigkeit ist also ein notwendiges Ausgleichungsmittel". Die Vielfalt der Schullandschaft und der Unterrichtsmethoden wird daher unbedingt befürwortet: „Es muss ein freies Suchen geben".[92]

Die Konzeptionen einzelner Unterrichtsfächer, die das Kolleg von 1820/21 entwickelt, werden nun erstmals bekannt. Musste man doch bisher davon ausgehen, dass sich erst die Vorlesung von 1826 ausführlich mit diesem Thema befasse, da auch aus der Vorlesung von 1813/14 keine detaillierten Entwürfe einzelner Unterrichtsfächer überliefert sind.[93] Mit der Publikation der Berliner Nachschrift ist zu erfahren, dass das Kolleg von 1820/21 sogar einzelne didaktische und methodische Fragen konkreter Unterrichtsfächer für die Schule bespricht. Die besondere Aufmerksamkeit gilt dabei dem Sprachunterricht, dem Geschichtsunterricht, dem naturwissenschaftlichen Unterricht und dem Mathematikunterricht. Auf die Bezüge zum Lehrplan von 1810, den die „Wissenschaftliche Deputation für den öffentlichen Unterricht" unter Schleiermachers Leitung erarbeitet hat, haben wir in einzelnen Anmerkungen hingewiesen. – Die Tatsache, dass das Kolleg von 1820/21 in Vorschlägen für die Unterrichtspraxis gipfelt, ist auch unter dem Gesichtspunkt der Entwicklung der pädagogischen Theorie bei Schleiermacher interessant: Äußerte dieser

---

90 Berliner Nachschrift, unten S. 260.
91 Vgl. ebd. Der Lehrplan, den die „Wissenschaftliche Deputation für den öffentlichen Unterricht" unter der Leitung Schleiermachers 1810 erarbeitet hatte, wurde von den verantwortlichen Staatsbehörden nicht in Kraft gesetzt und die Vorschläge zur Umgestaltung des Schulsystems wurden im Wesentlichen zurückgewiesen. Die (organisatorischen und inhaltlichen) Verquickungen der Erziehungsreform mit dem Innenministerium des preußischen Staats hatten kurz zuvor (im Sommer 1810) für Wilhelm von Humboldt die Fortsetzung seiner amtlichen Tätigkeit unmöglich gemacht. Schleiermacher musste sich ebenfalls aus seinem Dienst für die Schulreform zurückziehen (vgl. oben S. 25, Fußnote 62).
92 Berliner Nachschrift, unten S. 260.
93 Die letzten überlieferten Stunden der Vorlesung von 1813/14 (47.–49. Stunde) thematisieren jedoch bereits konkrete Unterrichtsgegenstände.

anfangs noch Skepsis gegenüber dem Unterricht, so erörterte er doch bald den Unterschied und Zusammenhang von Erziehung und Unterricht, um schließlich 1820/21 den „bildenden Unterricht" zu beschreiben.[94]

Auf der Grundlage der Unterscheidung zwischen privater und öffentlicher Erziehung und der Einteilung in drei Perioden der Erziehung diskutiert das hier veröffentlichte Kolleg das Thema Mädchenbildung. Alle diese Vorlesungsstunden waren bislang unbekannt, da Platz den gesamten Aspekt gezielt ausklammerte, indem er nicht nur die betreffenden Stunden übersprang, sondern auch in anderen Stunden die Passagen zur Geschlechterdifferenz strich.[95] Die Vorlesung von 1820/21 zeigt, dass Mädchen nicht in dem Maße an öffentlicher Erziehung partizipieren wie die Jungen des entsprechenden Alters. Es stellt sich die Frage, welche Bedeutung der aufgestellte Grundsatz: „Die Erziehung kann nicht das im Menschen entwickeln, was sie will, sondern was in ihm liegt"[96] für die Erziehung eines Mädchens hat.

Der Junge erfährt möglichst lange eine zweckfreie Bildung, während spätestens das etwas ältere Mädchen auf seine „Bestimmung" für das Haus hin zu orientieren sei. Die Argumentation ist hier einerseits der Auffassung einer „durch die Natur gegebenen" Differenz der Geschlechter verhaftet.[97] Andererseits wird die geschlechtsspezifische Differenzierung der Erziehung mit der unterschiedlichen Aufgabe, die Mann und Frau in den großen Lebensgemeinschaften zu übernehmen haben, in Zusammenhang gebracht. Das heißt, dass die Erfordernis einer geschlechtsspezifischen Erziehung nicht mit den verschiedenen Geschlechtscharakteren als solchen, sondern mit dem Unterschied im Erziehungsziel für beide Geschlechter begründet wird.

Ein weiterer Aspekt, der zu untersuchen bleibt, ist die Rolle, die dem „Bewusstsein" in der Theorie der Erziehung von 1820/21 zukommt. Der Gang der Argumentation ist hier folgendermaßen: Wenn jeder Einzelne eine solche „Kraft der Reflexion" besäße, „sich alles Bewußtlose in ein Bestimmtes zu verwandeln", so wäre keine Ergänzung durch die Erzie-

---

94 Die drei Stufen der Entwicklung, die hier skizziert sind, beziehen sich auf die Reden „Über die Religion" (KGA I/2, z. B. S. 250 f.), auf die Ende 1804 geschriebene Rezension von Zöllners Ideen über National-Erziehung (KGA I/5, besonders S. 6) und auf die Berliner Nachschrift, unten S. 248.
95 Platz tilgte z. B. den zweiten Teil der 9. Stunde zu diesem Thema, überging die 10. und setzte mit seiner Textwiedergabe erst mit dem Ende der 11. ein, wo es in dieser Stunde bereits um andere Fragen geht. Ebenso verfuhr er mit der 41. Stunde, die er ohne ihren Anfang zur Geschlechterdifferenz präsentierte.
96 Berliner Nachschrift, unten S. 176.
97 Vgl. insbesondere die 10. Stunde (unten S. 91) und 11. Stunde (unten S. 93) der Berliner Nachschrift.

hung nötig. Da eine solche Fähigkeit jedoch nicht vorausgesetzt werden könne, sei es als ein „Hauptgeschäft" der Erziehung anzusehen, „dass sie in das Bewusstlose Bewusstsein hineinbringe, und dadurch dasjenige, was der Mensch hat, in einem höheren Grade zu seinem Eigentum macht. In dem Maße, als die Erziehung dieses leistet, ist sie vollkommen".[98] Schleiermacher hat zwar schon im Zusammenhang mit seiner Pädagogik-Vorlesung von 1813/14 betont: „Überall kommt das Bewußtsein durch die Erziehung"[99] und schließlich zusammengefasst: „Diese beiden Gesichtspunkte, daß die Erziehung Ordnung und Zusammenhang, und daß sie erhöhtes Bewußtsein hervorbringt, sind es aus denen das wesentliche sich immer selbst gleiche der Erziehung hervorgeht."[100] Möglicherweise ist jedoch im Kolleg von 1820/21 die Verbindung dieses „erhöhten Bewußtseins" mit dem transzendenten Grund des Seins besonders hervorgehoben. Es ist zu prüfen, welchen Niederschlag hier der von Schleiermacher in seiner Dialektik und Glaubenslehre entwickelte Begriff des Selbstbewusstseins gefunden hat.

Eine besondere Herausforderung für die zukünftige Rezeption von Schleiermachers Pädagogik-Vorlesung von 1820/21 bietet deren Schluss. Dieser kann nicht etwa der Phantasie eines Studenten entsprungen sein, auch wenn Schleiermacher in seinem Tagebuch keine 63. Vorlesungsstunde mehr erwähnt. Denn beide Nachschriften, sowohl die Berliner als auch die Göttinger, erörtern am Ende dasselbe Thema: das Verhältnis von Erziehung und Religion. „Das Religiöse beruht auf dem Bewusstsein gewordenen Verhältnisse des Menschen zur ursprünglichen Quelle alles Lebens und Seins", heißt es in dieser 63. Stunde. Aufgabe des Erziehers ist es, „dieses Bewusstsein gehörig zu fixieren".[101] – Dass Schleiermachers Theorie der Erziehung von 1820/21 zu guter Letzt den Menschen seinem eigenen Bewusstsein von Gott unterordnet,[102] wird zu diskutieren sein.

Der in diesem letzten Abschnitt unserer Einleitung vorgenommene Ausblick auf bislang unbekannte Gesichtspunkte von Schleiermachers Pädagogik aus dem Wintersemester 1820/21 erhebt keinen Anspruch auf Vollständigkeit; vielmehr möchten wir dazu anregen, mit dem hinzugewonnenen vollständigen ‚Mittelstück' Schleiermachers Vorlesungsreihe neu zu entdecken. Die Entwicklung seiner Erziehungstheorie – ein Desiderat der Forschung – kann nun untersucht werden.

---

98 Berliner Nachschrift, unten S. 158.
99 Aphorismus 64 (SW III/9, S. 684), vgl. auch das Ende von Aphorismus 68 (SW III/9, ebd.).
100 SW III/9, S. 609.
101 Berliner Nachschrift, unten S. 260 und S. 261.
102 Vgl. den letzten Satz der Berliner Nachschrift, unten S. 262.

Wir freuen uns darüber, dass die 16 Vorlesungsstunden umfassende Einleitung der hier veröffentlichten Nachschrift derzeit ins Dänische übersetzt wird und demnächst in einem von Peter Grove zusammengestellten Sammelband in Dänemark erscheinen soll.

Abschließend möchten wir uns für die Unterstützung bedanken, die wir bei der Herausgabe der Berliner Nachschrift erfuhren. Unser Dank gilt zunächst Frau Dr. Ulrike Stamm, Herrn Dr. Frank Witzleben und Frau Professorin Dr. Petra Korte für Beratung in einzelnen Sachfragen. Herr Professor Dr. Johannes Bellmann hat während der Sommerferien 2007 in Freiburg das Projekt mit weiterführenden Sachanmerkungen bereichert. Herrn Professor Dr. Dietrich Benner in Berlin danken wir für die Betreuung der Sachanmerkungen und der Inhaltlichen Übersicht; er hat den Blick für die systematischen Bezüge der Vorlesung 1820/21 geschärft.

Berlin im Mai 2008, Christiane Ehrhardt und Wolfgang Virmond

Namen der Lehrer	Vorlesungen	publice oder privatim privatissime	Zahl der Zuhörer	Zahl der Augenscheinlich Eingeschriebenen
Hr: Fichte	1, Die Thatsachen des Bewußtseyns 2, Entwicklung des Bewußtseyns unserer Zeit	privat: privat:	22. 15–20.	29 Oktbr 26 Novbr Novbr gebrochen
Prof: Schleiermacher	1, Dialectik	privat:	49.	23 Oktbr 29 Febr:
Hr: Schleiermachersche Encyclopädie und Logik		privat:	37.	23 Oktbr 19 Merz

Vergleichende Übersicht zur Überlieferung von Schleiermachers Pädagogik 1820/21

Berliner Nachschrift nach Vorlesungsstunden	*Göttinger Nachschrift*	*Platz 1849 Text (SW III/9)*	*Platz' Fußnoten und „Lebens-Skizze"*
	Diese Nachschrift hat keine Stundeneinteilung. Die meisten Vorlesungsstunden sind wesentlich kürzer wiedergegeben als in der Berliner Nachschrift.		*Diese Spalte verweist auf Zitate aus der Pädagogik 1820/21, die bei Platz in Fußnoten zur Vorlesung 1826, zur Vorlesung 1813/14 und in seiner „Lebens-Skizze" (Ausgabe von 1871) wiedergegeben sind.*
Einleitung 1. Vorlesung. Pädagogik als Wissenschaft. Verhältnis der Pädagogik zur Ethik. Geschichte der Pädagogik.	wiedergegeben	fehlt	Zitat aus dem Anfangsteil der 1. Stunde (Verhältnis der Pädagogik zur Ethik) in Platz' „Lebens-Skizze" (1871). Vgl. Berliner Nachschrift unten S. 582–20. – Zitat zur selben Passage (abweichender Text – andere Nachschrift?) in Fußnote zur Vorlesung 1826 (SW III/9, S. 14 f.)
2. Vorlesung. Was soll die Erziehung aus dem Menschen machen? Theorie und Praxis. Anfangs- und Endpunkt der Erziehung. Bildsamkeit, Selbsttätigkeit, Mündigkeit.	wiedergegeben	fehlt	Zitat in Fußnote zur Vorlesung 1826 (SW III/9, S. 38 f.). Vgl. Berliner Nachschrift S. 63 f.
3. Vorlesung. Allmacht oder Ohnmacht, Anfang und Ende der Erziehung (Fortsetzung der Bestimmung der Aufgabe der Erziehung).	wiedergegeben	fehlt	

Vergleichende Übersicht zur Überlieferung

Berliner Nachschrift nach Vorlesungsstunden	Göttinger Nachschrift	Platz 1849 Text (SW III/9)	Platz' Fußnoten und „Lebens-Skizze"
4. Vorlesung. Über die physische Voraussetzung. Eigentümlichkeit. Fortschreiten der Entwicklung.	wiedergegeben	wiedergegeben	
5. Vorlesung. Der Einzelne als Identität des Besonderen und Allgemeinen. Spontaneität und Rezeptivität. Temperamente. Anlage und Talent.	wiedergegeben	wiedergegeben	Sehr kurzes Zitat (ein Satz) aus dem Ende der Stunde in Fußnote zur Vorlesung 1826 (SW III/9, S. 39). Vgl. Berliner Nachschrift S. 73$_{26-28}$.
6. Vorlesung. Ziel der Erziehung. „Wohin wir den Zögling abzuliefern haben": Staat, Kirche, Sprache, geselliges Leben.	wiedergegeben	wiedergegeben	
7. Vorlesung. Erziehung und Unvollkommenheit der Lebensgemeinschaften.	wiedergegeben	wiedergegeben	Kurzes Zitat in Fußnote zur Vorlesung 1826. Dieser Abschnitt fehlt in Platzens Wiedergabe der 7. Stunde. (SW III/9, S. 49). Vgl. Berliner Nachschrift S. 79 f.
8. Vorlesung. Die Doppelte Aufgabe der Erziehung: Herausbildung der persönlichen Eigentümlichkeit und Erziehung für die großen Gemeinschaften. – Angeboren oder anerzogen? – Gegensatz zwischen privater und öffentlicher Erziehung.	wiedergegeben	wiedergegeben	
9. Vorlesung. Öffentliche Erziehung. Ungleichheit in der Gesellschaft und niedere und höhere Erziehung.	knapp wiedergegeben	Erste Hälfte wiedergegeben. (Ungleichheit in der Gesellschaft u. in der Bildung, niedere und höhere Erziehung fehlt)	Zwei Zitate aus der zweiten Hälfte der Stunde in Fußnoten zur Vorlesung 1826 (SW III/9, S. 51 f. und S. 68 f.) Vgl. Berliner Nachschrift S. 87 f. und S. 86 f.

Vergleichende Übersicht zur Überlieferung 39

Berliner Nachschrift nach Vorlesungsstunden	Göttinger Nachschrift	Platz 1849 Text (SW III/9)	Platz' Fußnoten und „Lebens-Skizze"
10. Vorlesung. „Wie man sich diese Ungleichheit als entstanden denkt." Einfluss auf die Einrichtung der Erziehung. Differenz der Geschlechter.	wiedergegeben	fehlt	Zwei kürzere Zitate in Fußnoten zur Vorlesung 1826; davon ein Zitat von Platz eingeleitet: „Die Zettel zu den Vorlesungen 1820/21 enthalten diese Bemerkung, …" – Originaltext Schleiermacher? Vgl. Einleitung der Herausgeber, S. 10 f. (SW III/9, S. 57 und S. 58 f.) Vgl. Berliner Nachschrift S. 88 f. und S. 89.
11. Vorlesung. Unterschied der Geschlechter und Ungleichheit in der Erziehung.	wiedergegeben	Nur der kurze letzte Abschnitt (nichts zum Thema Geschlechterdifferenz)	
12. Vorlesung. Erziehung ist die absichtliche Einwirkung auf den in der Entwicklung begriffenen Menschen. – Das Gute unterstützen u. dem Bösen entgegenwirken. – Erziehung als Kunst, nicht als Mechanismus.	knapp wiedergegeben	wiedergegeben	
13. Vorlesung. Hineinbildung in die Gesellschaft und Entwicklung der persönlichen Eigentümlichkeit – zu den beiden Hauptaufgaben der Erziehung.	wiedergegeben	wiedergegeben	
14. Vorlesung. Dem Anderen zum bewussten Genuss seines Daseins verhelfen – nicht durch Pflichtverhältnisse, sondern nach dem Gesetz des reinen freien Mitgefühls. – Bedeutung des Augenblicks und des Spiels.	knapp wiedergegeben	wiedergegeben	

Berliner Nachschrift nach Vorlesungsstunden	Göttinger Nachschrift	Platz 1849 Text (SW III/9)	Platz' Fußnoten und „Lebens-Skizze"
15. Vorlesung. Pflicht und Kunst. „Die Kunst soll der Moralität gar nicht dienen". Keine Aufopferung des Moments für die Zukunft. Das divinatorische Vermögen des Kindes. Perfektibilität.	knapp wiedergegeben	wiedergegeben	
16. Vorlesung. Pädagogik und Politik. Zusammenfassung: zwei Hauptaufgaben, zwei Perioden der Erziehung. Selbsttätigkeit. Pädagogik als Kunstlehre. Allgemeiner Teil Erziehung ist Unterstützung und Gegenwirkung. Verbindung zur Ethik.	knapp wiedergegeben	fehlt	Drei Zitate (zwei kurze, ein längeres) in Fußnoten zur Vorlesung 1826. Das erste, kurze Zitat ist Bestandteil des dritten, längeren – jedoch nicht wörtlich (unterschiedliche Nachschriften?) SW III/9, S. 70, S. 86, S. 101 f.; vgl. Berliner Nachschrift S. 111, S. 10, S. 110–112.
17. Vorlesung. Erziehung betrachtet als Gegenwirkung gegen die zerstörenden Einwirkungen. – Die behütende Maxime.	knapp wiedergegeben	fehlt	Wohl vier Zitate (zwei lassen sich nicht eindeutig zuordnen) in Fußnoten zur Vorlesung 1826. SW III/9, S. 104, S. 104 f., S. 111 (2mal); vgl. Berliner Nachschrift S. 114, S. 113 f.(?), S. 115 (?). – Ein weiteres Zitat in einer Fußnote zur Vorlesung 1813/14 (SW III/9, S. 601) lässt sich nicht sicher einordnen; es korrespondiert jedoch mit dem Ende der 17. Stunde in der Berliner Nachschrift; vgl. aber auch die Vorlesungsstunden zur Sprachentwicklung (39. und 43. Stunde.)

Vergleichende Übersicht zur Überlieferung   41

Berliner Nachschrift nach Vorlesungsstunden	Göttinger Nachschrift	Platz 1849 Text (SW III/9)	Platz' Fußnoten und „Lebens-Skizze"
18. Vorlesung. Das Behüten (vor dem Bösen, dem Unschönen und Unrichtigen). Bewahrung der Unschuld: „Offenbar ist hier ein großer Unterschied zwischen den Geschlechtern."	knapp wiedergegeben	fehlt	Ein Zitat in Fußnote zur Vorlesung 1826 (SW III/9, S. 113 f.). Vgl. Berliner Nachschrift S. 116 f.
19. Vorlesung. Die Maxime des Bewahrens. – Bewahren oder Gewährenlassen? Zum Zusammenhang von hemmenden und fördernden Einwirkungen.	wiedergegeben	fehlt	
20. Vorlesung. „Was wird denn nun für ein Widerstand geleistet werden müssen, wenn wirklich im Zögling etwas der Idee Widerstreitendes entstanden ist?" Unmäßigkeit, Unkeuschheit, das Böse. Widerstreit des Verstandes und des Willens.	knapp wiedergegeben	wiedergegeben	
21. Vorlesung. Die Arten der Gegenwirkung: Strafe und Zucht. „Strafen sind nichts Pädagogisches; sie gehören dem gemeinsamen Leben an". Öffentliche Meinung. „Wie muss die Strafe eingerichtet werden, um so wenig wie möglich nachteilig zu wirken für den Zweck der Erziehung?"	wiedergegeben	wiedergegeben	Ein Zitat aus einer nicht wiedergegebenen Passage des Anfangs der 21. Stunde in Fußnote zur Vorlesung 1826 (SW III/9, S. 141). Vgl. Berliner Nachschrift S. 128.
22. Vorlesung. Sinnliche und sittliche Faktoren der Gegenwirkung. Wenn die Strafe aufhört, Strafe zu sein und zur Zucht wird.	wiedergegeben	wiedergegeben	

Berliner Nachschrift nach Vorlesungsstunden	Göttinger Nachschrift	Platz 1849 Text (SW III/9)	Platz' Fußnoten und „Lebens-Skizze"
23. Vorlesung. „Die eigentlichen Strafen liegen also nicht auf dem Boden der Erziehung, sondern sind nur geduldet und haben ihr Fundament im gemeinsamen Leben." Reflexion der Handlung eines Strafenden.	wiedergegeben	wiedergegeben	
24. Vorlesung. Zum Unterschied der gegenwirkenden Tätigkeit im häuslichen Leben und in der Schule.	ausführlich wiedergegeben	wiedergegeben	
25. Vorlesung. Schlagen? Schimpfen? Der Gesichtspunkt der Wirksamkeit der Strafe.	wiedergegeben	wiedergegeben	
26. Vorlesung. „Sehen wir nun, dass alle Strafe eigentlich nur als Zucht zu billigen ist". Strafe im häuslichen Leben und in der öffentlichen Erziehung.	wiedergegeben	wiedergegeben	
27. Vorlesung. Die Zucht bildet den Übergang zwischen der reinen Gegenwirkung und den unterstützenden Tätigkeiten der Erziehung.	wiedergegeben; Anfang fehlt	wiedergegeben	
28. Vorlesung. Zum Unterschied zwischen Strafe und Zucht. „Die Zucht hat die Grenze, dass sie die Freiheit unterstützt." – Abgrenzung zur Politik. Pädagogik und bürgerliche Gewalt.	wiedergegeben	wiedergegeben	

Berliner Nachschrift nach Vorlesungsstunden	Göttinger Nachschrift	Platz 1849 Text (SW III/9)	Platz' Fußnoten und „Lebens-Skizze"
29. Vorlesung. Über die Entwicklung des Temperaments. – Erziehung als Unterstützung. Die Erziehung als Mitwirkung betrachtet.	wiedergegeben	Ohne das Ende der Stunde wiedergegeben (Überleitung zur Erziehung als Unterstützung und Erziehung als Mitwirkung betrachtet fehlt)	
30. Vorlesung. Natürliche/künstliche Bildung. – Aufgaben der Erziehung: 1. das Chaotische zu ordnen und 2. das Bewusstlose dem Menschen zum Bewusstsein zu bringen.	wiedergegeben	fehlt	Drei Zitate in Fußnoten zur Vorlesung 1813/14 (SW III, 9, S. 604, vgl. Berliner Nachschrift S. 157; SW III/9, ebd., vgl. Berliner Nachschrift S. 157; SW III/9, S. 605, vgl. Berliner Nachschrift S. 158.)
31. Vorlesung. Entfaltung der beiden (in der vorangegangenen Stunde genannten) Aufgaben der Erziehung. – Entwicklung des Geschmacks und des sittlichen Gefühls.	knapp wiedergegeben	fehlt	
32. Vorlesung. „Die allgemeinsten sittlichen Verhältnisse des pädagogischen Bestrebens." Wissenschaft, Kunst, Religion, Politik. Perioden des Steigens, der Blüte und des Verfalls.	wiedergegeben	Bis auf den einleitenden Abschnitt wiedergegeben	
33. Vorlesung. Wissenschaftliche Erziehung und religiöse Erziehung. – Bestimmung eines Prinzips für die entwickelnde (unterstützende) Erziehung. Die extensive und die intensive Entwicklung.	fehlt	wiedergegeben	

Berliner Nachschrift nach Vorlesungsstunden	Göttinger Nachschrift	Platz 1849 Text (SW III/9)	Platz' Fußnoten und „Lebens-Skizze"
34. Vorlesung. Die Methode der Erziehung. Beispiele: Sprachvermögen und Gesang.	wiedergegeben	wiedergegeben	
35. Vorlesung. Die Frage nach der „Regel der Fortschreitung". Beispiel: Das Spielen eines Musikinstruments. – Abgrenzung von der Methode Pestalozzis.	wiedergegeben	wiedergegeben (ohne das Musik-Beispiel)	
Besonderer Teil 36. Vorlesung. Die periodische Differenz der Erziehung – Einteilung und Übersicht. Physische, intelligente, ethische Erziehung.	wiedergegeben; Anfang fehlt	fehlt	Längeres Zitat in Fußnote zur Vorlesung 1826. Vorlesung. „Eigenhändig von Schleierm. auf einem Zettel" (Gedankengang der 36. Stunde). SW III/9, S. 258 f., bis: „öffentlichen Lebens. –"
37. Vorlesung. Die Kinderjahre. Häusliche Erziehung. Gehorsam, Verständigung und Sprache. Dominanz des Leiblichen in dieser Periode.	fehlt	fehlt	Fortführung des vorigen Zitats „Eigenhändig von Schleierm. auf einem Zettel" (Gedankengang der 37. Stunde). SW III/9, S. 259 f., ab: „Die Beziehung".
38. Vorlesung. Säugling und Kleinkind (Ernährung, Entwicklung der Sinne, Zusammenhang von Rezeptivität und Spontaneität). „Zu große pädagogische Tätigkeit in dieser Periode verdirbt die ganze Erziehung". – Sprachentwicklung.	wiedergegeben	fehlt	Vier (z. T. kurze) Zitate in Fußnoten zur Vorlesung 1826 (SW III/9, S. 266, S. 270 f., S. 274 f., S. 300). Vgl. Berliner Nachschrift S. 180, S. 180, S. 181 f., S. 182.
39. Vorlesung. Auge, Gehör. Nahrungsmittel. Geschmackssinn, Tastsinn, Hautsinn, Geruch, Reinlichkeit. Man muss die Kinder sich schmutzig machen lassen. Bewegung und natürliche Anmut.	ausführlich wiedergegeben	fehlt	Vier Zitate in Fußnoten zur Vorlesung 1826 (SW III/9, S. 273, S. 277 f., S. 288, S. 292 f.). Vgl. Berliner Nachschrift S. 185, S. 184 f., S. 183, S. 184.

Vergleichende Übersicht zur Überlieferung 45

Berliner Nachschrift nach Vorlesungsstunden	Göttinger Nachschrift	Platz 1849 Text (SW III/9)	Platz' Fußnoten und „Lebens-Skizze"
40. Vorlesung. Gewähren und Abschlagen. Liebe. Rezeptivität und Spontaneität. Das Gesicht: der Sinn für das Wissen; das Gehör: der Sinn für das Gemüt. „Es ist ein Verderben in der Erziehung, dass man die Kinder durch die Stimme fürchten macht." – Übergang zum 2. Abschnitt der ersten Periode der Erziehung.	fehlt	fehlt	Ein kurzes Zitat in Fußnote zur Vorlesung 1826 (SW III/9, S. 302). Vgl. Berliner Nachschrift S. 186.
41. Vorlesung. Übergang in den öffentlichen Unterricht – nicht für beide Geschlechter. Differenz der Geschlechter. – Analogie der Erziehung mit der bildenden und der darstellenden Kunst.	wiedergegeben	Ohne den Anfang zur Geschlechterdifferenz wiedergegeben	
42. Vorlesung. Zum Verhältnis von musischer und gymnastischer Erziehung seit der Antike. Erziehung und Differenz in der Gesellschaft.	ausführlich wiedergegeben	wiedergegeben	
43. Vorlesung. Sprachbildung. Bewegung und Darstellung.	wiedergegeben	wiedergegeben	
44. Vorlesung. „Im Sprechen finden wir die ganze Wurzel des sittlichen Lebens und des Erkennens." Begriffsentwicklung. – Die politische Seite der Pädagogik.	wiedergegeben	wiedergegeben, aber Ende gekürzt (Ausführungen zur Begriffsbildung weggelassen)	
45. Vorlesung. „Was ist nun der richtige Gang, den die Erziehung zur Bildung der Begriffe zu nehmen hat?" (Rezeptivität und Selbsttätigkeit; Bild und Sprache.)	knapp wiedergegeben	wiedergegeben (eine Passage fehlt – entspricht Berliner Nachschrift S. 201$_{34}$ bis S. 202$_{17}$)	

Berliner Nachschrift nach Vorlesungsstunden	Göttinger Nachschrift	Platz 1849 Text (SW III/9)	Platz' Fußnoten und „Lebens-Skizze"
46. Vorlesung. Pestalozzis Methode (*Buch der Mütter*) ist zu bezweifeln. – Gegensatz zwischen Natur und Kunst sowie zwischen organischem und mechanischem Auffassen.	wiedergegeben	wiedergegeben, letzter Abschnitt fehlt (entspricht Berliner Nachschrift S. 205$_{36}$ bis S. 206$_{15}$)	
47. Vorlesung. Religiöse Bildung in der ersten Periode der Erziehung.	wiedergegeben	fehlt	
48. Vorlesung. Fortsetzung ‚religiöse Bildung' (Skeptizismus, Anthropomorphismus). Vorbereitung der Erziehung für die Gesellschaft: „ob der Mensch für sein Volk oder für seinen Staat gebildet werden soll."	wiedergegeben	fehlt	
49. Vorlesung. Unterscheidung von Volk und Staat. – In die Periode der Kindheit gehört nichts, „was die Entwicklung der Sitte positiv angeht". – Die zweite Periode der Erziehung. Geschlechterdifferenz.	wiedergegeben	fehlt	
50. Vorlesung. Der „Unterschied der Bildung nach den Ständen geht durch das ganze Gebiet der Erziehung". Erziehung in städtischen und in ländlichen Lebensverhältnissen.	wiedergegeben; Anfang fehlt	fehlt	Zitat in Fußnote zur Vorlesung 1826 (SW III/9, S. 358). Vgl. Berliner Nachschrift S. 215 f.
51. Vorlesung. „Das Sittliche kann vom Materiellen nicht getrennt sein". – Aufgabe: „dass der Einzelne mit einem starken Gemeingefühl ins gemeinsame Leben trete". Verhältnis des Einzelnen zu den Anderen. – Öffentliche Erziehung.	wiedergegeben	fehlt	

Berliner Nachschrift nach Vorlesungsstunden	Göttinger Nachschrift	Platz 1849 Text (SW III/9)	Platz' Fußnoten und „Lebens-Skizze"
52. Vorlesung. Das Individuelle und die Gemeinschaft. Die persönliche Freiheit ist Bedingung des gemeinsamen Lebens.	wiedergegeben	fehlt	Kurzes Zitat (vom Ende der 52. Stunde) in Fußnote zur Vorlesung 1826 (SW III/9, S. 542 f. bis: „hervorrufen"). Vgl. Berliner Nachschrift S. 224.
53. Vorlesung. Das Ineinandersein von Leitung des Freiheitsgefühls und Bewirkung des Gehorsams.	wiedergegeben	fehlt	Zitat in Fußnote zur Vorlesung 1826 – geht direkt in das Zitat davor über (SW III/9, S. 543, ab: „Es kommt"). Vgl. Berliner Nachschrift S. 224 f.
54. Vorlesung. Freie Entwicklung der öffentlichen Meinung in der Jugend und bei den Erziehern. – „Die Erziehung muss nun aber nicht allein für den vorhandenen Zustand der Gesellschaft erziehen, sondern auch für einen besseren."	wiedergegeben	fehlt	
55. Vorlesung. Bewusstsein der politischen Differenzen. – Kosmopolitismus. – Bildung der Sitte.	wiedergegeben	fehlt	Zitat in Fußnote zur Vorlesung 1813/14 (SW III/9, S. 661). Vgl. Berliner Nachschrift S. 233 f.
56. Vorlesung. Wie sittliche Abweichungen im Zusammenleben der Jugend zu behandeln und abzuwehren sind. – Die Strafen verändern sich in den verschiedenen Perioden der Jugend. (Zucht, Abhärtung, Entsagung. Öffentlichkeit, Zensur. Wahrheit.)	wiedergegeben; Anfang fehlt	fehlt	
57. Vorlesung. Unterricht. Volksschulen und Schulen für höhere Bildung. Gemeinsamkeiten und Differenzen. Gegenstände des Unterrichts (Natur, Sprache, Mathematik).	wiedergegeben	fehlt	Zwei kürzere Zitate in Fußnoten zur Vorlesung 1826 (SW III/9, S. 381 und S. 387). Vgl. Berliner Nachschrift S. 238 und S. 239.

48 Vergleichende Übersicht zur Überlieferung

Berliner Nachschrift nach Vorlesungsstunden	Göttinger Nachschrift	Platz 1849 Text (SW III/9)	Platz' Fußnoten und „Lebens-Skizze"
58. Vorlesung. Geographie und Naturgeschichte. Mathematik. Muttersprache, alte Sprachen.	knapp wiedergegeben	fehlt	
59. Vorlesung. Die Methode des Unterrichts. – Der Sprachunterricht.	wiedergegeben	fehlt	Zwei Zitate in Fußnoten zur Vorlesung 1826 (SW III/9, S. 461 und S. 499–500 Mitte, bis: „Leiter zu machen"). Vgl. Berliner Nachschrift S. 244 f. und S. 245 f.
60. Vorlesung. Der Sprachunterricht – der etymologische Teil der Sprache und die musikalische Seite der Sprache. Der Geschichtsunterricht – Geographie als Basis des Geschichtsunterrichts.	großenteils wiedergegeben; Anfang fehlt	fehlt	Ein Zitat in Fußnote zur Vorlesung 1826 – geht direkt in das Zitat davor über (SW III/9, S. 500 f., ab: „Stets kommt es"). Vgl. Berliner Nachschrift S. 247 f.
61. Vorlesung. Der Geschichtsunterricht „kann zusammengefasst werden in der Formel: er soll begreiflich machen, wie das geworden ist, was ist." (Der Staat im Geschichtsunterricht; das Christentum: ein großes geschichtliches Motiv; Griechenland, Rom.)	wiedergegeben	fehlt	Drei Zitate in Fußnoten zur Vorlesung 1826 (SW III/9, S. 388, S. 471 f., S. 509). Vgl. Berliner Nachschrift S. 251, S. 251 f., S. 253.
62. Vorlesung. Der naturwissenschaftliche Unterricht; Einteilung. Naturkunde.	wiedergegeben	fehlt	Sehr langes Zitat in Fußnote zur Vorlesung 1826 (entspricht der gesamten 62. Stunde). SW III/9, S. 512–514. Vgl. Berliner Nachschrift S. 253–256.
63. Vorlesung. Der Physikunterricht. Der Mathematikunterricht. – „Über das Verhältnis der Teile des Unterrichts zueinander." Der öffentliche	wiedergegeben	fehlt	Zitat in Fußnote zur Vorlesung 1826 (zur Geometrie). SW III/9, S. 455. Vgl. Berliner Nachschrift, S. 258 f.

Berliner Nachschrift nach Vorlesungsstunden	Göttinger Nachschrift	Platz 1849 Text (SW III/9)	Platz' Fußnoten und „Lebens-Skizze"
Unterricht als Teil des politischen Lebens. – Religiöse Bildung. Schluss: „… denn so wird der ganze Mensch seinem eigenen Bewusstsein von Gott untergeordnet".			

Die von Adolph Diesterweg in „Rheinische Blätter für Erziehung und Unterricht" (1835, Bd. 11, S. 3–15) veröffentlichten „Proben", nämlich die 49. (zweite Hälfte, ab den Ausführungen zur zweiten Periode der Erziehung) bis 52. Vorlesungsstunde, sind hier nicht aufgeführt.

Inhaltliche Übersicht

Einleitung

Grundlegung einer Theorie der Erziehung 57
   Wissenschaftliche Betrachtung der Erziehung 57
   Geschichte der Theorie der Erziehung 59
   Verbindung der Pädagogik mit der Ethik 61
Bestimmung der Aufgabe der Erziehung 61
   Was soll die Erziehung aus dem Menschen machen? 63
   Theorie und Praxis 63
   Wann hört die Erziehung auf, wann fängt sie an? 64
   Allmacht und Ohnmacht der Erziehung 66

Voraussetzung (Anfangspunkt der Erziehung)
Physische Voraussetzung – „wie der Mensch gegeben werde" 68
   Bestimmung der Eigentümlichkeit 69
      Der Einzelne als Identität des Allgemeinen und
      Besonderen 72
      Verschiedenheit der Temperamente 72
      Rezeptivität und Spontaneität 73
      Anlage und Talent 73

Ziel (Endpunkt der Erziehung)
„Wohin wir den Zögling abzuliefern haben" 75
   – an den Staat 76
   – an eine geistige Gemeinschaft (Kirche) 76
   – in das Gebiet einer bestimmten Sprache
     (Sprache und Denken) 77
   – an das gesellige Leben 77
   Erziehung und Unvollkommenheit der Verhältnisse 78
Doppelte Aufgabe der Erziehung: Herausbildung der
persönlichen Eigentümlichkeit und Erziehung für
die großen Gemeinschaften 81
Differenzierung der gestellten Aufgabe 83
   Privaterziehung und öffentliche Erziehung 83

Ungleichheit in der Gesellschaft; niedere und höhere
Erziehung 86
Differenz der Geschlechter
und Ungleichheit in der Erziehung 91
Differenzierung der erzieherischen Einwirkung 94
   „Erziehung ist die absichtliche Einwirkung auf den
   in der Entwicklung begriffenen Menschen" 95
   Verstärkung und Gegenwirkung 95
   Unterstützung des Guten und Hemmung des Bösen 96
Erziehung als Kunst, nicht als Mechanismus 98
Keine Aufopferung des Moments für die Zukunft 105

Allgemeiner Teil
Alle Erziehung ist Unterstützung und Gegenwirkung –
das eine muss dabei zugleich das andere sein 112
Maxime des Behütens (vor dem Unschönen und Unrichtigen) 115
   Bewahrung der Unschuld beim weiblichen Geschlecht 118
   Bewahren oder Gewährenlassen? 121
   Zusammenhang von hemmenden und fördernden
   Einwirkungen 121
Erziehung als Gegenwirkung gegen zerstörende Einwirkungen .. 124
   Arten der Gegenwirkung: Strafe und Zucht 128
      „Strafen sind nichts Pädagogisches" 128
      Sinnliche und sittliche Faktoren der Gegenwirkung 130
      Reflexion der Handlung eines Strafenden 135
      Unterschied der gegenwirkenden Tätigkeit im
      häuslichen Leben und in der Schule 136
   Alle Strafe ist nur als Zucht zu billigen 143
   Zucht als Übergang zwischen der reinen Gegenwirkung
   und den unterstützenden Tätigkeiten der Erziehung 146
   Entwicklung des Temperaments 153
Erziehung als Unterstützung (Mitwirkung, Ergänzung) 155
   Ordnung in das Chaotische bringen 158
   Das Bewusstlose zum Bewusstsein erheben 158
   Entwicklung des Geschmacks und des sittlichen Gefühls ... 160
   Inwiefern Erziehung zum Steigen der Gesellschaft
   beitragen kann 162

Bestimmung eines Prinzips für die entwickelnde Erziehung . 165
Extensive und intensive Entwicklung 165
Die Methode der Erziehung 167

Besonderer Teil

Periodische Differenz der Erziehung –
Einteilung und Übersicht 174

Erste Periode der Erziehung: Die Kinderjahre
Erziehung ist hier an das Hauswesen gewiesen 177
Dominanz des Leiblichen in dieser Periode 179
Säugling und Kleinkind (Ernährung, Entwicklung der Sinne,
Zusammenhang von Rezeptivität und Spontaneität) 180
„Zu große pädagogische Tätigkeit in dieser Periode
verdirbt die ganze Erziehung" 182
Sprachentwicklung 182

Ende der Kinderjahre: Berücksichtigung der Differenz
der Geschlechter 188
Vorbereitung auf den öffentlichen Unterricht 188
„Das Bildungsvermögen des Menschen liegt in der Hand" ... 189
Verhältnis von musischer und körperlicher Erziehung
seit der Antike 191
Bildung der Sprache und Differenz in der Gesellschaft 193
Vorübungen zur Begriffsbildung 198

Propädeutik religiöser, gesellschaftlicher und sittlicher
Bildung 206
    Religiöse Bildung in der ersten Periode der Erziehung 207
    Vorbereitung auf die Erziehung für die Gesellschaft 210
        Soll der Mensch für sein Volk oder für seinen Staat
        gebildet werden? 211
    In die Periode der Kindheit gehört nichts, was die
    Entwicklung der Sitte positiv angeht 214

Zweite Periode der Erziehung 214
Auseinander gehende Erziehung der Geschlechter 214
Differenz der Stände und Erziehung 215
Die sittliche Erziehung muss sich stets dem Volk und dem
Zeitalter anschmiegen – Erziehung in geschichtlicher und
politischer Dimension 219
Öffentliche Erziehung 221

Individuelle persönliche Freiheit als Bedingung des
gemeinsamen Lebens 222
Ineinandersein von Leitung des Freiheitsgefühls und
Bewirkung des Gehorsams 225
Freie Entwicklung der öffentlichen Meinung in der
Jugend und bei den Erziehern 227
Die Erziehung muss für einen besseren Zustand der
Gesellschaft erziehen 230
Bewusstsein der politischen Differenzen und Bildung
der Sitte 231
Wie sittliche Abweichungen im Zusammenleben der Jugend
zu behandeln und abzuwehren sind 234

Bildender Unterricht 237
    Volksschulen und Schulen für höhere Bildung 237

    Gemeinsamkeiten: Die Gegenstände des Unterrichts, in
    denen bildende Kraft liegt, müssen für die Jugend der
    höheren und niederen Stände im Wesentlichen
    dieselben sein 238
        Erster Gegenstand des Unterrichts: Natur 238
        Zweiter Gegenstand des Unterrichts: Sprache 238
        Dritter Gegenstand des Unterrichts: Mathematik 238

    Differenzen: Die „Bearbeitung des Materiales" ist
    verschieden nach der Zeit, die im Volksschulunterricht
    bzw. im höheren Schulunterricht auf einen
    Unterrichtsgegenstand verwendet wird 239
        Stufung des Unterrichts im Hinblick auf das
        Erkennen der Natur 241
        Stufen der Mathematik für die Schule 241
        Die Sprache im Volks- und im höheren Unterricht ... 242

    Die Methode des Unterrichts 244

Die einzelnen Fächer 245
Sprachunterricht 245
    Etymologischer Teil der Sprache 247
    Musikalische Seite der Sprache 247
Geschichtsunterricht 248
    Geographie als Basis des Geschichtsunterrichts 249
    Politische Geschichte 251
    Das Christentum: ein großes geschichtliches Motiv .. 252

Naturwissenschaftlicher Unterricht 253
    Naturkunde 254
    Physik 257
Mathematikunterricht 258
    Arithmetik und Geometrie 258
Verhältnis der Teile des Unterrichts zueinander 259
Öffentlicher Unterricht als Teil des politischen Lebens ... 260
„Es muss ein freies Suchen geben": Unentbehrlichkeit
von Privatinstituten 260

Religiöse Bildung 260
    „Dieser Gegenstand kann am wenigsten die
    bestimmte Form der Erziehung annehmen" 260
    Was in den Unterricht gehört, teilt sich in das
    Geschichtliche und in das Katechetische 260
    Entwicklung des Bewusstseins des Menschen von
    seinem Verhältnis zum höchsten Wesen 261

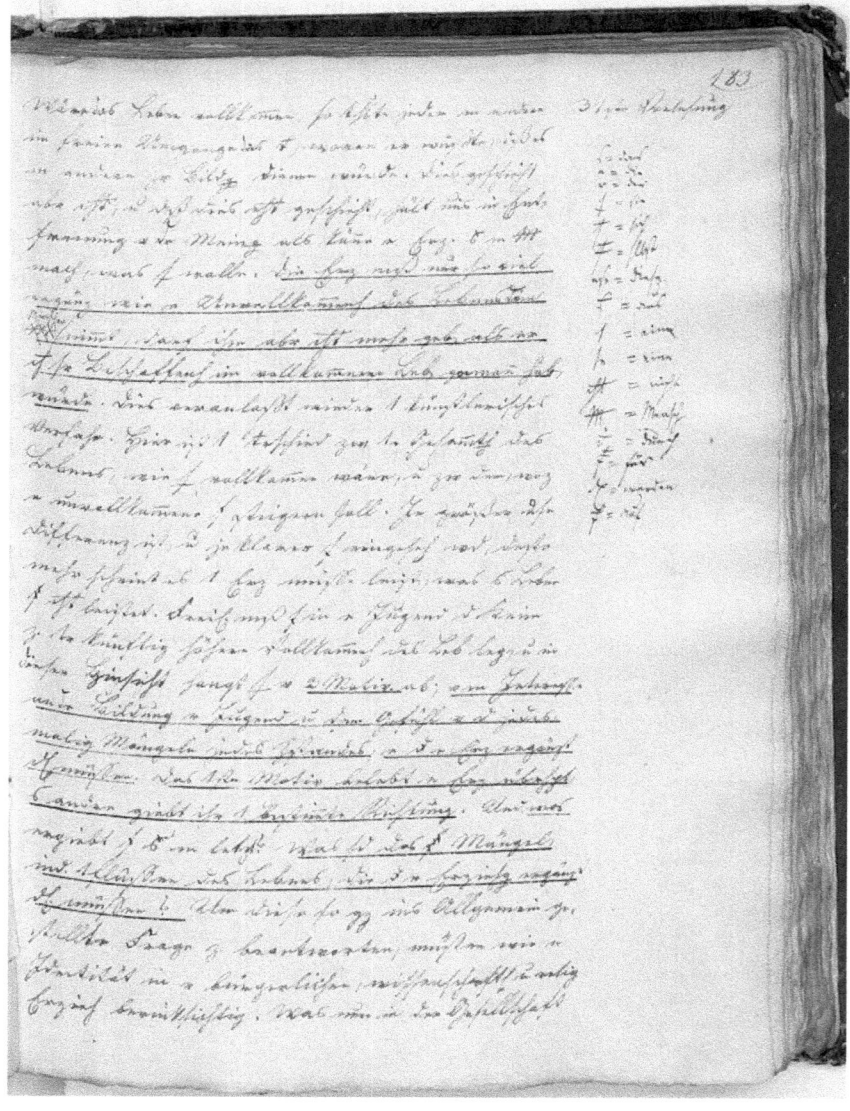

Die Abbildung aus der Berliner Nachschrift
(vgl. unten S. 158, Zeile 28 bis S. 159, Zeile 18)
zeigt am rechten Rand die Kürzelliste.

Pädagogik-Vorlesung 1820/21
(Berliner Nachschrift)

1. Vorlesung (23. Oktober 1820)

Die Pädagogik, d. h. die Theorie der Erziehung, hat in Bezug auf den akademischen Unterricht vielerlei Schicksale gehabt. Sonst ward sie gar nicht vorgetragen, dann sehr häufig, und man legte sehr großen Wert darauf, nachher geriet sie allmählich wieder in Verfall.[1] Es ist daher wohl nicht unpassend, hier zu Anfange das Verhältnis derselben zur Tendenz des akademischen Unterrichts anzudeuten. Trug man sie früher gar nicht vor, so geschah dies aus Mangel an Ausbildung der praktischen Philosophie; vernachlässigte man sie, so lag der Grund davon in der unrichtigen Behandlung, indem man sie als Technik für einzelne bestimmte Geschäfte angesehen hat; dies ist aber eine sehr untergeordnete Ansicht, und ist sie herrschend, so braucht aber wirklich die Pädagogik gar nicht für Akademien vorgetragen zu werden, denn Regeln ohne Übung sind nichts, und folglich wäre sie zu den Seminarien[2] zu verweisen.

---

1 Die Entwicklung der Pädagogik zu einem eigenständigen akademischen Fach erlebte am Ende des 18. Jahrhunderts mit der Einrichtung eines Lehrstuhls für Pädagogik in Halle für Ernst Christian Trapp nur eine kurze Episode. Der von Trapp und anderen (z. B. den Philanthropen) verfolgte Weg einer empirischen Erziehungsforschung wurde eher im außeruniversitären Raum fortgesetzt. An den Universitäten wurde Pädagogik in den Folgejahren vor allem von Philosophen und Theologen gelesen, die zugleich die Frage aufwarfen, ob Pädagogik als theoretische Wissenschaft überhaupt möglich sei; vgl. z. B. Kant „Über Pädagogik" (1803), Herbart „Allgemeine Pädagogik aus dem Zweck der Erziehung abgeleitet" (1806), Fichte „Reden an die Deutsche Nation" (1808), Niemeyer „Grundsätze der Erziehung und des Unterrichts" (1796), Schwarz „Erziehungslehre" (1802–1808) und die frühen Fichteaner, u. a.: Sauer „Über das Problem der Erziehung" (1798), Johannsen „Kritik der Pestalozzischen Erziehungs- und Unterrichtsmethode nebst Erörterung der Hauptbegriffe der Erziehungswissenschaft" (1804). Dazu Tenorth (2004), S. 341–382.

2 Die Seminarien für die Lehrerausbildung (für gelehrte Schulen sowie für Elementarschulen) unterzog Schleiermacher im Rahmen seiner Tätigkeit für die Unterrichtsabteilung der Sektion für den Kultus und öffentlichen Unterricht beim Ministerium des Inneren einer Evaluation und konzeptionellen Umgestaltung. So

Aber dies ist nicht der rechte Gesichtspunkt; es lässt sich ein höherer fassen, der sie allerdings in den akademischen Unterricht hineinzieht. Sie steht nämlich mit der Ethik im genausten Verhältnis, und zwar in einem doppelten. Denn wenn sich der Mensch dahin erhoben hat, das Leben sei durch ein Gesetz zu fassen, so kann dies nicht geschehen, als wenn in ihm zugleich das Bestreben erwacht, diesem Gesetz Allgemeinheit zu verschaffen; und wo diese Sehnsucht einmal erwacht ist, da hat sie sich stets auf die Bildung der heranwachsenden Generation geworfen.

Die andere Seite der Verbindung der Pädagogik mit der Ethik ist die, welche aus jenem ersten Punkte unmittelbar hervorgeht, dass alles in der Sittenlehre keine andere Bewährung findet als in der Pädagogik. Jeder nämlich, der ein Gesetz des Lebens richtiger erkannt zu haben meint, als es sich aus dem Leben, wie es ist, unmittelbar ergibt, wünscht es auch zu realisieren durch das durch die Gewohnheit noch nicht gebändigte Geschlecht.

Und nun gibt die Pädagogik die Probe für die Sittenlehre;[3] denn ein Gesetz für das menschliche Leben kann nicht das rechte sein, wenn es nicht realisiert werden kann; denn die menschliche Natur ist ja die realisierende Kraft, und was nun dadurch nicht realisiert werden kann, ist auch nicht das richtige Gesetz derselben. Daher haben auch vorzüglich die Alten auf die Pädagogik einen hohen Wert gelegt, und es ist der Ausspruch aller Weisen, dass weder die Theorie noch die Praxis der Gesetzgebung ein erfreuliches Resultat geben könne, wenn man die Erziehung vernachlässige.[4]

---

visitierte er beispielsweise das Seminar für gelehrte Schulen in Berlin (der Visitationsbericht diente der Instruktion für die neue Lehrerbildung vom April 1812 als Grundlage) und setzte sich für die Reform des kurmärkischen Elementarschullehrerseminars ein. (Eine textkritische Edition der im Geheimen Staatsarchiv Preußischer Kulturbesitz in Berlin aufbewahrten Gutachten, die Schleiermacher in den Jahren 1810 bis 1814 für die Unterrichtsbehörden erstellt hat, ist in Vorbereitung.)

3   Eine analoge Auffassung zur Pädagogik als Prüfstein der Ethik findet sich bei J. F. Herbart, wenn er davon spricht, dass sich die Ethik an den subjektiven, die Pädagogik aber an den objektiven Charakter wendet und die Ethik sich beim subjektiven Charakter nur Geltung verschaffen kann, wenn der objektive ethisch gestimmt ist. Vgl. Herbart (1806) 1965, S. 108–110 und Herbart (1808) 1890, S. 126 f.

4   Platon betont in seiner Politeia mehrfach, dass die (richtige) Erziehung der Bürger Grundlage des Fortbestandes eines (idealen) Gemeinwesens ist (5. Buch). Aristoteles wendet diesen Gedanken und stellt fest, dass es für jede Staatsform eine ihr gemäße Erziehung gibt.

[Einleitung]

Für uns muss diese Wichtigkeit noch zugenommen haben; denn wenngleich bei uns das öffentliche Leben zurückgetreten ist, so hat doch die Kirche ihre Stelle neben dem Staat genommen, und das religiöse Leben macht mit dem erkannten Gesetz desselben einen Anspruch auf den Menschen, der, in seiner ganzen und rechten Tiefe erfasst, die menschliche Natur mehr ergreift, als das bloße bürgerliche Leben bei den Alten tun konnte. Es kann in uns aber kein Bewusstsein von der Reinheit des Glaubens sich erheben, wenn wir nicht die Hindernisse, welche der Erfüllung des göttlichen Willens in uns entgegenstehen, wegräumen. Alle Bemühungen aber, ein religiöses Gemeinleben zu führen, müssen durchaus ohne Erziehung fruchtlos sein. Kirche und Staat sollen aber in ihren Bemühungen zusammenstimmen, und so bekommt die Pädagogik für uns eine noch größere Wichtigkeit, als sie im Altertum hatte.

Weil nun also der Mensch zur Stütze des bürgerlichen und zum Werkzeuge des religiösen Lebens gebildet werden soll, so ist der Verfall von Pädagogik stets ein schlimmes Zeichen für die Vernachlässigung des bürgerlichen Lebens oder des wissenschaftlichen Bewusstseins. Es würde keine Entschuldigung sein, wenn man sagte, die Erziehung könne doch vortrefflich sein, wenngleich die Theorie derselben vernachlässigt werde.

Freilich ist das Gefühl an und für sich ein richtiger Leiter, wenn ihm nichts in den Weg tritt und er auf einfachem Wege geht. Ist z. B. irgendwo die Volkstümlichkeit recht lebendig, so kann daraus eine Nationalerziehung ohne Theorie hervorgehen. Ist das religiöse Element in einem Volke vorzüglich mächtig, so kann eine religiöse Erziehung dem Glauben des Volkes gemäß ohne Theorie vortrefflich da sein. Aber fragen wir ein Geschlecht, wie leicht sich das Gefühl verirrt und wie dann, wenn beide Elemente, das politische und religiöse, nicht zusammentreffen, das Ziel erreicht werden kann, so ist nichts nötiger, als dass eine Theorie das getrübte Gefühl reinige.

Wirklich hat seit vielen Jahrhunderten das Religiöse mit dem Politischen in Zwiespalt gelebt; und wir können nicht sagen, dass er sich schon im Leben ausgeglichen, also ist das reine Gefühl verloren, und wir können es nur durch eine rein wissenschaftliche Behandlung wieder ersetzen. Aus der Verschiedenheit dieser Behandlung entsteht nun aber der Wechsel in den Schicksalen der Pädagogik.

Bei uns Deutschen wurde sie zuerst unter Karl dem Großen thematisch behandelt, unter welchem eine pädagogische Gesetzgebung anfing, die eine bloße Theorie war; ja Karls ganze Regierung war eine pädagogische und warf mancherlei Elemente in die Volksbildung hinein.[5] In der

---

5   Karl der Große holte 782 den Theologen Alkuin von York als Leiter seiner Hof-

Erziehung selbst herrschte die scholastische Methode,⁶ und weil die Erziehung in den Händen der Wissenschaftlichen war, so lässt sie sich als Theorie ansehen. Wenn sie nun ihren Ursprung hatte in einer Zeit, wo das Religiöse und Politische innerlich innig vereint, äußerlich sich zu trennen anfing, so musste sie verfallen, als diese Trennung immer mehr ins Innere eindrang und die Wissenschaften auf der Seite der Kirche gegen den Staat standen.

In den Zeiten der Reformation sah man ein, wie die Erziehung selbst aus einem religiösen Gesichtspunkte veraltet war. Man brachte daher das Erziehungswesen in die Hände des Staats, und Geistliche und Gelehrte, welche sich auch von der Identität mit der Kirche loswickelten, hatten Anteil daran, weil sie mehr dem Staat, als weil sie der Kirche angehörten.⁷

Bald aber artete die Theorie in Hypothesen ohne wissenschaftlichen Zusammenhang aus, als besonders zwei pädagogische Bestrebungen die Theorie und Praxis vertilgten. Dies geschah 1) in der Basedowschen Periode, deren Tendenz war, den einseitigen Einfluss der Kenntnisse des Altertums auf die Erziehung wankend zu machen und sie so einzurichten, dass der Mensch von Jugend an mit allen Verzweigungen des Lebens bekannt werde.⁸ 2) Die zweite Methode war die Pestalozzische,⁹ welche

---

    schule nach Aachen. Als enger Berater Karls galt Alkuin als Urheber einer grundlegenden Reform des karolingischen Erziehungswesens, wobei die kirchlichen Strukturen zum Aufbau eines flächendeckenden Netzes von Klosterschulen genutzt werden konnten, in denen gleichermaßen Kleriker und Staatsdiener ausgebildet wurden. Vgl. Fleckenstein (1983).

6 Gemeint ist die im Mittelalter gebräuchliche Praxis, sich nur auf die in die christliche Dogmatik eingepassten aristotelischen Schriften und deren Transformation im Werk von Thomas von Aquin zu stützen und nach strengen Disputregeln zu verfahren.

7 Was hier an der Reformation gewürdigt wird, ist, dass sie die staatlich-gesellschaftliche Seite der öffentlichen Erziehung gestärkt habe. Dies war wesentlich ein Verdienst von Melanchthon. – Auch Luther forderte schon in seinen ersten Reformationsschriften die weltliche Obrigkeit auf, die Aufsicht über die Schulen zu übernehmen (ausführlich entwickelt er seine Argumentation in seinem Sendbrief „An die Ratsherren aller Städte des Landes daß sie christliche Schulen aufrichten und erhalten sollen" von 1524, wo er neben selbstständiger Bibellektüre und Untertanentreue sogar ökonomische Argumente für eine allgemeine Schulbildung heranzieht). Auf die Entwicklung eines konkreten Curriculums hatte der Wittenberger Humanistenkreis um Melanchthon großen Einfluss.

8 Hier wird auf den Streit des Philanthropismus und Humanismus angespielt, der besonders zwischen Johannes Bernhard Basedow, dem Gründer des ersten Philanthropins in Dessau, und Reinhold Bernhard Jachmann, dem ersten Direktor des Conradinums in Jenkau, ausgetragen und von Ernst August Evers ironisch kommentiert wurde („Über die Schulbildung zur Bestialität", 1807). Vgl. auch

[Einleitung]

nicht von der oberflächlichen Anschauung des menschlichen Lebens, sondern von tieferer Anschauung der Natur ausgeht.

Schon diese kurze Geschichte der Pädagogik wird zeigen, wie genau die Theorie der Erziehung mit allen Bestrebungen im Felde der Wissenschaften, der Religion und des bürgerlichen Lebens zusammenhängt. In diesem Zusammenhange angesehen, ist die Pädagogik ein wesentliches Element in der praktischen Philosophie, und es muss also eine rein wissenschaftliche Behandlungsweise derselben geben, die dem praktischen Bestreben zum Grunde gelegt werden kann. Dies ist unser Gesichtspunkt.

Bei dem Zusammenhange zwischen der Theorie der Erziehung und der allgemeinen Sittenlehre muss nun jene in dieser ihr Prinzip finden; da aber im gegenwärtigen Zustande der Philosophie, wo die Systeme der Sittenlehre zu sehr voneinander abweichen, eine gemeinsame Sittenlehre fehlt, so müssen wir bei der Erklärung und Darstellung des Prinzips unserer Disziplin uns stellen, wie wenn es keine allgemeine Wissenschaft gebe, und die Frage aufwerfen: Was versteht man unter Erziehung?[10] Offenbar betrifft es den Menschen, als Erscheinung angesehen, in seinem zeitlichen Dasein.

Hier muss es aber einen Anfangspunkt der Erziehung geben und einen Punkt der Vollendung, und fragen wir nun, wie der Mensch von dem einen zum anderen komme, so beruht dieses auf zwei Faktoren. Der Mensch selbst ist nämlich eine lebendige Kraft, welche in der Entwicklung begriffen ist; aber der einzelne Mensch ist auch in beständiger Wechsel-

---

Immanuel Niethammer: Der Streit des Philanthropismus und Humanismus in der Theorie des Erziehungs-Unterrichts unsrer Zeit, Jena 1808. – Zu den Versuchsschulen zur Zeit der pädagogischen Aufklärung und des Neuhumanismus vgl. Benner, Kemper (²2003), S. 85–242.

9   Johann Heinrich Pestalozzi entwarf eine „Methode" (sie ist auch als „Elementarmethode" bekannt), die eine Philosophie des Elementaren und zugleich eine Unterrichtsmethode darstellt. Die philosophischen Grundsätze sind in der Schrift „Meine Nachforschungen über den Gang der Natur in der Entwicklung des Menschengeschlechtes" (1797) dargelegt. Die Methode reicht von der Vorstellung einer allgemeinen Klassifizierung und Systematisierung über eine Einsicht in die Systematisierungsleistung des kindlichen Verstandes z. B. beim Schreiben, beim Konstruieren von Formen, beim Wechsel von Dialekt in Hochsprache und wenn das Kind Quadrate und Kreise durch Bewegung der Arme veranschaulicht, bis hin zu einer tiefen Einsicht in die menschliche Natur. Pestalozzi vertieft – über die „Nachforschungen" vermittelt – die anthropologischen Überlegungen in Rousseaus „Abhandlung über den Ursprung und die Grundlagen der Ungleichheit unter den Menschen". Vgl. Korte (2002).

10 In dieser Passage wird angedeutet, dass die Pädagogik nicht mehr angewandter Teil der Ethik ist.

wirkung mit anderen, und diese bestimmt alles in der Erscheinung mit.[11] Denn der Mensch kann zwar nichts wirken oder tun, das mit seiner Individualität in Widerspruch stände, und wenn wir das, was er wirklich geworden ist, betrachten, so hätte er es zwar von diesem innerlichen Agens[12] allein werden können: Aber dennoch hilft ihm offenbar die Wechselwirkung mit anderen bei seinem Handeln bestimmen. Zwar ist hierbei noch die äußere Natur im Spiele, aber das rechnen wir nicht, sondern nur das, was von der Tätigkeit anderer Menschen ausgeht.

Die Erziehung ist also nach dem Bisherigen die Beförderung der Entwicklung des Menschen durch die Einwirkung anderer. Allein diese Erklärung ist zu weit, denn diese Einwirkung anderer hört nie auf, und doch sagen wir nicht, der Mensch werde so lange erzogen, wie er lebt. Im weitesten Sinne nennen wir wohl Erziehung auch alles das, was der Mensch durch Natur und geschichtliche Ereignisse erfährt. Dies aber stimmt nicht mehr mit einer bewussten und zweckvollen Theorie zusammen, welche wir doch hier aufstellen wollen.

Zunächst haben wir also den Endpunkt der Erziehung zu bestimmen und dann den Punkt festzuhalten, dass sie nur durch die Einwirkung anderer erfolge. Einwirkung ist aber nicht, was geschieht, sondern gewollt worden und beabsichtigt ist. So also wäre Erziehung der Anteil an derjenigen Ausbildung des Menschen, die die beabsichtigte Einwirkung eines Menschen auf den anderen ist. Doch auch dies ist hier kein Prinzip der Erziehungskunde, sondern es entsteht hier wieder die Frage, was denn mit den Einzelnen beabsichtigt werden solle, und hier kommen wir auf das Gebiet der Sittenlehre, auf ein sehr bestrittenes Feld.

2. Vorlesung (24. Oktober 1820)

Wie kommen wir zu einer allgemeinen Formel über die Verfahrensweise bei Einwirkung auf das in der Entwicklung begriffene Gemüt? Hätten wir

---

11 Der Gedanke von Bildung als Wechselwirkung zwischen Mensch und Welt ist bei Wilhelm von Humboldt zu finden (vgl. z. B. sein 1803 gedrucktes Fragment „Theorie der Bildung des Menschen"). Auch Schleiermacher hat bereits in seinen die Pädagogik-Vorlesung von 1813/14 begleitenden Aphorismen formuliert: „Die Erziehung sezt den Menschen in die Welt, in so fern sie die Welt in ihn hineinsezt; und sie macht ihn die Welt gestalten in so fern sie ihn durch die Welt läßt gestalet werden." (SW III/9, S. 685, Aphorismus 72).
12 Agens von lat. agere: in Bewegung setzen, treiben. Der Begriff entstammt der scholastischen Physik und bezeichnet das Prinzip, das die Form einführt. Gemeint ist – in Anlehnung an Aristoteles – die Wirkursache, die anderes hervorbringt und nicht von anderen Ursachen bestimmt ist.

ein allgemeines System der Sittenlehre, so müssten wir diese Regel allgemein daraus entnehmen können. Denn die verschiedenen Richtungen der menschlichen Natur müssten darin verzeichnet und das Verhältnis der Persönlichkeit der Einzelnen auch festgestellt sein, ob nämlich jeder zu dieser Aufgabe ein gleiches Verhältnis habe. Da dies aber nicht ist und wir nur fragen können, was die Erziehung aus dem Menschen machen soll, so müssen wir in dieser Hinsicht an diejenige Vorstellung über das appellieren, was die Vollkommenheit des Menschen ausmacht, wovon wir glauben können, dass alle Menschen darin einig sind.

Zuerst haben wir hier etwas Negatives, worüber wir uns leicht vereinigen können. Nämlich auf das äußerlich mit angenehmen Empfindungen Verbundene soll die Theorie der Erziehung nicht ausgehen, denn sie geht nicht schlechthin auf die Persönlichkeit, und wir fordern von ihr, dass sie in der menschlichen Natur dasjenige, was das eigentliche Reale ist, ausbilden soll. Aber hier ist es schwer, vom Negativen zum Positiven zu kommen und die Frage zu beantworten, was denn das Reale in der menschlichen Natur ist; jeder wird hier etwas sagen, aber darüber in Verlegenheit sein, ob seine Antwort auch das Ganze umfasse und allgemein befriedigend sei.

Wenn wir nun die Theorie mit der Praxis vergleichen, so werden wir sagen müssen, dass beide sehr verschieden voneinander sind. Kein Volk und kein Zeitalter hat dieselbe Erziehungsweise wie das andere und keine Religion wie die andere. Dies lässt sich nicht anders erklären, als dass das Bewusstsein von der menschlichen Natur auch nicht in allen Völkern und Zeiten dasselbe, sondern ein verschiedenes ist, und dass in den Differenzen wenigstens etwas Permanentes in verschiedenen Nationen ist. Wenn wir bei der nationalen Differenz der Erziehung stehen bleiben, so können wir sagen, dass sie im Abnehmen begriffen und da am größten ist, wo wenig Gemeinschaft unter den verschiedenen Völkern stattfindet. Das allgemeine Ziel der zeitlichen Entwicklung des Menschen scheint zu sein, dass die Identität der Menschen immer größer werde. Ist es dahin gekommen, so gibt es zuerst eine einzige allgemeingültige Pädagogik, die es bis dahin nicht geben kann. Auf jenem Punkte befinden wir uns aber noch lange nicht.

Wir können nur sagen, dass hier wohl die Theorie der Praxis vorangehe, und wir mit Vernachlässigung aller Differenzen eine Theorie aufstellen könnten. Allein wollte man dies auch, so würde sie doch nicht in einem Verhältnisse mit der Praxis stehen, worin sie stehen sollte, denn die Bedingungen würden ja fehlen, unter welchen sie ausgeführt werden könnte. Man kann hier nur sagen: Die Praxis darf zwar die Differenzen nicht vernachlässigen, aber sie ansehen als etwas im Abnehmen Begriffenes, und das ist alles, was sich aus diesem entfernten Zielpunkte ableiten lässt. Aber es ist gewiss eine der schwersten Aufgaben für die Theorie, jene gefundenen Regeln richtig anzuwenden, und so hätten wir nur die Einsicht in die Schwierigkeit der Sache von dieser Seite genommen. Positiv haben wir nichts gefunden, als dass die Theorie jenen Differenzen untergeordnet sein und auf der anderen Seite wieder darüber stehen muss.[13]

Ebenso wollen wir überlegen, wo die Erziehung anfängt. Am leichtesten können wir bestimmen, wo die Erziehung aufhören soll. Wir haben Erziehung im engeren Sinne von der Erziehung im weiteren unterschieden. Die letzte hört nie auf, da die Bildsamkeit des Menschen zwar sich verringert, aber doch nie aufhört. Die Erziehung im engeren Sinne muss aber aufhören, sonst wäre die Differenz zwischen dem engeren und weiteren nichts; wo aber hört sie auf?

Solange sich der Mensch im Zustande des Erzogenwerdens befindet, ist er im Zustande überwiegender Passivität, und der Punkt, wo die eigentliche Erziehung aufhört, ist der, wo die überwiegende Passivität des Menschen aufhört. Dies muss derselbe Punkt sein mit dem, wo dem Menschen eine Selbsttätigkeit selbst von denen zugestanden wird, die ihn bisher geführt haben.

Die Richtigkeit dieser Formel wird niemand bezweifeln, aber sie ist unbestimmt und von hier aus auch nicht näher zu bestimmen. Nehmen wir die gegenwärtige Gestaltung des menschlichen Lebens, so wird dem Menschen eine bestimmte Selbstständigkeit nicht von denen zugestanden, die ihn im engsten Sinne des Worts erzogen haben, sondern es ist eine Sache der größeren Gemeinschaft der Menschen, worin seine Selbstständigkeit eingreift.

Als Mitglied der Kirche ist die Konfirmation der Punkt, wo die Kirche den Menschen Selbstständigkeit zuschreibt, und hier musste die Erziehung im engeren Sinn aufhören. In der bürgerlichen Gesellschaft haben wir eine Ahnung von eben solchem Punkte, aber er ist schwer zu bestimmen. Die Mündigkeit könnte es sein, aber es ist nichts Seltenes, dass der Einzelne schon früher Geschäfte für die bürgerliche Gesellschaft ausführt, die ihn eben dadurch für männlich erklärt.

Einen gemeinschaftlichen Endpunkt für die gesamte Erziehung finden wir folglich doch nicht, und die Theorie findet hier an der Praxis etwas auszugleichen. Aber eben dieses bestimmte Aufhören findet nun statt, wenn wir den Einzelnen in seinem Verhältnisse zu Staat und Kirche be-

---

13 Die Auffassung, dass es keine übergeschichtliche, allgemeingültige Pädagogik, keine Pädagogik „für alle Zeiten und Räume" geben kann, ist in Schleiermachers Pädagogik-Vorlesung von 1826 wiederzufinden (SW III/9; S. 25 ff.).

[Einleitung] 65

trachten. In der häuslichen Gesellschaft gibt es solchen Punkt gar nicht, und das Verhältnis zwischen Kindern und Eltern wird nie geändert. Wir sehen also auf der einen Seite ein bestimmtes Abschneiden, auf der anderen ein allmähliches Verschwinden der Erziehung, und zwischen beiden müsste überhaupt der Endpunkt liegen.

Wo fängt aber die Erziehung an? Hier kann man sich denken, sei die Antwort leicht, denn die Erziehung geht ja auf die Beförderung des Entwicklungsprozesses des Einzelnen, und sie muss also anfangen, sobald der Mensch als möglicher Gegenstand der Einwirkung gegeben ist. Er ist nun als ein solcher mit der Geburt gegeben; aber auf der einen Seite hat man dessen ungeachtet den Anfangspunkt der Erziehung schon früher setzen gewollt, auf der anderen erst später.

Die Alten, welche die Erziehung politisch behandelten, gaben die Regel, dass der Mann schon in Beziehung auf die hervorzubringenden Kinder seine Gattin wählen solle.[14] Dies aber ist eine zu dunkle Region, um die Sache zu bestimmen, und hier kann nur Beobachtung aushelfen, indem zu nahe Verwandte, zu große Differenzen des Alters und Temperaments hier als nachteilige Umstände in Betrachtung kommen.

Wir stehen in dieser Beziehung auf einem anderen Punkt als die Alten, bei denen die Frau nur ein Mittel war, das Hauswesen in Stand zu bringen, welches der Mann im Staate repräsentieren sollte. Höhere geistige Geschlechtsliebe gab es damals noch gar nicht, wenigstens außer den häuslichen Verhältnissen, und sie hatte auf die Schließung der Ehe keinen Einfluss. Bei uns muss sie allein gelten.[15] Ist der Mensch in gesunder Gemütsverfassung, so wird sich keine Liebe zu einem Geschöpfe finden, das nicht im Stande wäre, Kinder zu erzeugen.

Anders ist es von der entgegengesetzten Seite, wo man behauptet, man solle die Erziehung noch gar nicht von der Geburt anfangen, sondern erst vieles abwarten. Dies hängt mit einer anderen Streitfrage zu-

---

14 Aristoteles bestimmt in seiner „Politik" Ehe und Geschlechterverhältnis teleologisch, von den Selbsterhaltungszwecken der staatlichen Gemeinschaft her (7. Buch, 16. Kapitel, 1334b–1336a).

15 Für den Schutz der noch nicht rechtsmündigen Kinder vor einem von Eltern oder Vormündern ausgeübten „Zwang zu Heirathen, oder zu Erwählung einer bestimmten Lebensart" plädiert Wilhelm von Humboldt im 14. Kapitel seiner Ideenschrift. So wie der Staat den Einzelnen ihre Bestimmung nicht vorschreiben kann, so auch nicht die Eltern ihren Kindern. Die Aufsicht des Staates über die Eltern kann daher auch nur eine negative sein. Sie darf „niemals positiv den Eltern ein bestimmte Bildung und Erziehung der Kinder vorschreiben wollen, sondern nur immer negativ dahin gerichtet sein, Eltern und Kinder gegenseitig in den, ihnen vom Gesez bestimmten Schranken zu erhalten." (Humboldt 1792; 1960, S. 200 f.)

sammen, nämlich, wenn wir Hervorbringung von Erziehung unterscheiden: Wie verhält sich das, was der Erziehung gegeben wird, zu dem, was sie hervorbringen soll? Hier sind die Meinungen verschieden, und auf der einen Seite herrscht der Glaube an die Allmacht der Erziehung, dass sie alles aus dem Menschen machen könne, was sie wolle, auf der anderen Seite der Glaube an die Ohnmacht der Erziehung, dass man nichts in den Menschen hineinziehen könne, was nicht schon in ihm liege.

3. Vorlesung (25. Oktober 1820)

Zuerst wollen wir sehen, was aus der verschiedenen Art, wie jene Frage beantwortet werden kann, für die Erziehung folgt. Nimmt man an, dass jeder Mensch durch die Geburt bestimmt ist, sodass einiges in ihm hervorragt, manches zurücktritt oder fehlt, so ist es offenbar eine Torheit, wenn man die Bemühungen der Erziehung auf das richtete, was ihm ganz fehlt. Wenn man aber sagt, sie müsse dem Fehlenden zu Hilfe kommen, damit ein Gleichgewicht entstehe, so muss man doch erst wissen, was hervorragt und was zurücktritt, und so kann die Erziehung nicht mit der Geburt anfangen, sondern muss warten, bis sich die Eigentümlichkeit des Menschen offenbart hat.

Wann hat sich aber die Natur offenbart? Eigentlich nicht eher bestimmt, als bis großenteils die Periode der höheren Bildsamkeit des Menschen vorüber ist. Denn es gibt Anlagen, die sich erst sehr spät entscheiden, und selbst diejenigen, die sich sonst früh entwickeln, kommen zuweilen erst später zum Vorschein, z. B. die Anlage der Musik. Von dieser Ansicht aus muss also eine vollkommene Passivität in der Erziehung folgen.

Was die andere Ansicht betrifft, dass man aus jedem alles machen könne, so müssen wir sagen: Wir wollen einmal selbst die natürliche Möglichkeit davon zugeben, so ist doch das unmöglich, alle Anlagen in jedem in gleichem Grade zu entwickeln, indem Fertigkeit nur ein Produkt der Zeit und also eine Auswahl nötig ist. Wonach soll aber diese Auswahl geschehen, wenn in der ursprünglichen Beschaffenheit des Menschen keine Inklination dazu vorhanden ist?

Hier gibt es zweierlei Bestimmungsgründe: 1) Die persönliche Vorliebe der Erziehenden für diesen oder jenen Zweig der menschlichen Tätigkeit. Dies ist zwar häufig, aber nicht sittlich richtig und kunstgemäß, sondern tyrannisch und selbstsüchtig. 2) Machen die äußeren Verhältnisse des zu Erziehenden das eine oder das andere nützlich oder überflüssig; dies kommt auch in der Praxis vor, aber die Theorie kann dies nicht rechtfertigen. Wenn in diesem Punkt auch durch die bürgerliche Verfassung manche Schranken gesetzt und auf der anderen Seite Andeutungen gegeben sind, so muss doch erst die Willenskraft des Menschen sich manifestieren, und wenn dies geschieht, ist die Periode der Erziehung vorüber.

Also muss die Erziehung auf der einen Seite mit der Geburt des Menschen angehen, denn so werden gewollte Einwirkungen anderer auf den Einzelnen notwendig, auf der anderen Seite scheint in Bezug auf die vorgelegte Frage, wie der Mensch gegeben wird, ein zweckmäßiges Verfahren in der Erziehung erst später angehen zu können und fortzudauern bis ans Ende der Erziehungsperiode. Wie also dort das Ende, so ist hier der Anfang zwiefach, zuerst ein allmählicher.

Es würde offenbar umsonst sein, allgemeine pädagogische Gesetze aufzustellen, wenn wir nicht jene Frage von der Differenz der Identität der geborenen Menschen beantworteten, um danach die Erziehungsart zu bestimmen. Es gibt noch Philosophen und Pädagogen, welche eine vollkommene Gleichheit aller einzelnen Menschen annehmen, und andere, die das Entgegengesetzte, ursprüngliche Verschiedenheit, behaupten.[16] Unmöglich kann das pädagogische Verfahren von beiden Voraussetzungen aus dasselbe sein, denn wenn es die Behandlung eines ebenso wohl mit- als gegenwirkenden Stoffes betrifft (denn so sieht man nach jenen verschiedenen Grundsätzen den Menschen an), so kann man keine Verfahrungsweise aufstellen, wenn man nicht weiß, wie man den zu bearbeitenden Stoff findet. Freilich ist es wohl wahr, dass auch nach Beantwortung jener Frage die Aufgabe doch noch sehr amplifiziert bleibt, denn gesetzt, alle Menschen wären gleich, so wäre noch zu bestimmen, was man aus je-

---

16 Hintergrund dieser Bemerkung ist wohl Rousseaus „Abhandlung über den Ursprung und die Grundlagen der Ungleichheit unter den Menschen" (1755) sowie die Debatten um Gleichheit und Ungleichheit im Rahmen der Französischen Revolution. Der unmittelbare Kontext dürfte jedoch die Kontroverse zwischen Johann Wilhelm Süvern und Ludolph Beckedorff um die preußische Schulgesetzgebung sein. Während Süvern im Geiste Humboldts eine gemeinsame Nationalerziehung projektierte, befürchtete der konservative Beckedorff eine Störung der bestehenden Ständeordnung und damit der gesellschaftlichen Harmonie durch Gleichmacherei. Für Beckedorff war die Forderung der preußischen Schulreformer nach allgemeiner Bildung für alle Schüler unvorstellbar, da er eine „Verschiedenheit" der Menschen durch die gesellschaftliche Ständeordnung bewahrt wissen wollte. Beckedorffs Auffassung steht im Gegensatz zu John Locke, dessen Schrift „Some thoughts concerning education" (1693) im Jahre 1708 in Deutschland erschien und das ganze 18. Jahrhundert hindurch in Europa breit rezipiert wurde. Locke ging davon aus, dass die menschliche Seele bei der Geburt eine tabula rasa, ein leeres Blatt sei; die Erziehung könne alles aus dem Menschen machen.

dem Einzelnen zu machen suchen solle, ob aus allen dasselbe, und ob man alles Übrige den Verhältnissen überlassen solle?

Wir müssen daher reden 1) von der physischen Voraussetzung, wie der Mensch gegeben werde, 2) von dem ethischen Ziel seiner Ausbildung; und dann erst können wir das Verfahren beim Streben nach Erreichung dieses Ziels zeichnen.

4. Vorlesung (27. Oktober 1820)

1) Über die physische Voraussetzung sind also die Ansichten sehr verschieden, aber von ihr hängt die Gestaltung der ganzen Theorie ab. Unser ganzes Denken, inwiefern es sich auf die gegebene Welt bezieht, unser reales Denken ist durchaus an den Gegensatz des Allgemeinen und Besonderen gebunden,[17] und was darüber hinaus liegt, weisen wir auch über die gegebene Welt hinaus. Die Idee der Gottheit ist über diesen Gegensatz erhaben, darum ist sie auch keine der Welt; die Vorstellung von der bloßen Materie ist ebenso aus jenem Gegensatz herausgesetzt, und darum sind wir auch einig, dass die bloße Materie in der Welt nicht zu finden ist. Was uns aber in der Welt gegeben ist, pflegen wir unter jenem Gegensatz vorzustellen, und die Vollkommenheit unseres Denkens wird dadurch gemessen, wie vollkommen jener Gegensatz darin hervortritt. Z. B. die animalische Welt wird stets unter Klassen und Gattungen gebracht; weniger finden wir dies bei der vegetabilischen und noch weniger in der toten.[18]

Wie steht es nun um den Menschen als Erscheinung? Jeder Einzelne ist ein Mensch, dies ist das Allgemeine; aber zwischen diesem Allgemeinen und dazwischen, dass jeder ein Einzelner ist,[19] liegt eine Menge Abstufungen. Diese wollen wir hier kurz untersuchen. Die Anthropologie hat schon eine Menge Rassen unterschieden, und wenngleich nicht entschieden ist, ob sie nicht alle von einem Stammvater herrühren können, so leugnet man doch, dass ein Mensch durch die Kunst aus einem Gebiete in das andere versetzt werden könne. Neger und Weiße z. B. können nie vereinigt werden, denn selbst durch Vermischung, also auf kunstmäßigem Wege, gelingt es nur in der Unendlichkeit und also niemals. Hier ist also

---

17 Platz (SW III/9, S. 691) verweist hier auf Schleiermachers Dialektik (SW III/4,2, S. 202, 3. Fußnote).

18 Platz (SW III/9, S. 691) abweichend: „Die animalische, vegetabilische Welt wird stets unter Klassen und Gattungen gebracht, und auch im Gebiete des todten starren tritt der Gegensaz unverkennbar hervor."

19 Statt „dazwischen, dass jeder ein einzelner ist" Platz (SW III/9, S. 691): „dem besonderen daß jeder ein einzelner ist".

ein Besonderes gesetzt, unbeschadet der allgemeinen Identität. In einer Rasse unterscheiden wir wieder Völkerschaften; dieser Unterschied ist schon geringer, aber doch ein solcher, dass er einem geübten Auge nie entgeht, und durch Kunst kann man nie aus der einen Völkerschaft die andere machen. Von den verschiedenen Stämmen gilt dasselbe, dasselbe in einem geringeren Grade von den Familien.

Nun machen wir den Sprung auf den einzelnen Menschen. In jedem also, insofern er einem Stamme einer Völkerschaft auch angehört, sind alle diese Differenzen vereint. Aber sind nun die Einzelnen eines und desselben Stammes völlig identisch, wenn wir sie in der Geburt betrachten, oder sollte nicht in jedem noch eine Eigentümlichkeit sein, die sein Wesen ausmacht? Nach der Analogie muss es so sein. Die Hauptbestimmungen in der menschlichen Natur in Beziehung auf die Erde sind die verschiedenen Rassen; auch die Völkerschaft ist ein einer verschiedenen Bestimmbarkeit fähiges Ganzes; sollten nun nicht die Verschiedenheiten, welche die einzelnen Menschen darstellen, notwendig sein, um das eigentümliche Leben des Volks in seiner Vollkommenheit zur Erscheinung zu bringen?

Die eigentümlichen Verschiedenheiten sind also etwas Notwendiges, und jeder Einzelne ist an und für sich selbst ein eigentümliches Wesen und tritt als solches in die Erscheinung. Ja noch mehr: Das allgemeine Gefühl wird sich vereinigen, dies für einen Teil von dem anzuerkennen, was den Menschen vom untergeordneten Wesen unterscheidet. Pflanzen derselben Gattung haben zwar auch Differenzen, aber diese waren gewiss nicht im Keim angelegt; dasselbe gilt von den Tieren. Der Mensch hingegen ist nicht verschieden durch Einwirkung von äußeren Potenzen. Die physische Voraussetzung, dass allerdings jeder Mensch ein eigentümliches Wesen ist, kann nur so aufgestellt werden, wie es mit der Identität des Gemeinsamen bestehen kann.

Also liegt keineswegs diese Eigentümlichkeit darin, dass die Eigentümlichkeit jedes Menschen etwas sei, was zur allgemeinen menschlichen Natur hinzukomme, auch nicht, was ihr fehle, – denn beides wären Unvollkommenheiten; sie ist nur ein verschiedenes Verhalten dessen zueinander, was die allgemeine menschliche Natur konstituiert. Fragen wir, was dies für ein verschiedenes Verhalten sein könne, so werden wir vorläufig zweierlei als möglich unterscheiden können. Auf der einen Seite besteht die menschliche Natur aus einer Mannigfaltigkeit von Verrichtungen, seien es leibliche oder geistige. Diese können sich nur quantitativ verschieden verhalten; es ist aber auch möglich, dass eine qualitative Verschiedenheit stattfindet.

Nämlich jeder Mensch ist ein Fortschreitendes in seiner Entwicklung und er wird, was er werden soll, von einem unvollkommenen Anfange bis zur relativen Vollendung in der Zeit. Dieses Fortschreiten hat einen Exponenten, der die Kraft bezeichnet, die dem Einzelnen einwohnt, und nun ist es denkbar, dass diese nicht eine und dieselbe in allen Menschen ist, sondern dass einige überhaupt nur einen geringeren Punkt erreichen und andere einen höheren. Dies ist kein quantitativer Unterschied im vorigen Sinne, sondern steigern wir es bis zu einem gewissen Maximum, so sind es verschiedene Potenzen der menschlichen Natur, die dadurch dargestellt werden, was beim ersten nicht der Fall ist. Diese Unterschiede lassen sich in der Erfahrung nicht leugnen und niemand wird behaupten, dass es von der Erziehung oder von äußeren Umständen abhänge, einen Untergeordneten zum Höheren zu machen. Auch dieser Unterschied zeigt den Reichtum der menschlichen Natur.

5. Vorlesung (30. Oktober 1820)

So[20] wie unter allen Wechseln der allmählichen Entwicklung doch etwas Beharrliches ist im Leben eines Volkes, ebenso muss man annehmen, dass sich auch in der Erscheinung jedes Einzelnen etwas Gleichbleibendes finde. Was alles ist aber im Wesen des Menschen mannigfaltig? Dies ist wieder etwas Unendliches, und die Psychologie oder Anthropologie muss hier vorausgesetzt werden. Aber auch hier hat noch keine Vorstellungsweise klassisch werden gewollt. Nun können wir unmöglich eine ganze Psychologie sogleich machen, wollen aber doch diejenigen Hauptpunkte herausheben, welche auf die Entwicklung eines Menschen Beziehung haben.

Wir sind von der Einheit der Menschheit ausgegangen, um das Verhältnis der Einzelnen zueinander zu bestimmen. Es verhält sich wie ein

---

20 Platz (SW III/9, S. 694) fügt davor ein: „Versuchen wir nun eine *Bestimmung der Eigenthümlichkeit* zu geben" und verweist neben den „Grundlinien einer Kritik der bisherigen Sittenlehre" (SW III/1, S. 59, S. 65 f.) auf Schleiermachers „Entwurf eines Systems der Sittenlehre" (SW III/5, S. 93, § 130): „Da alles sittlich für sich zu sezende als einzelnes zugleich auch begriffsmäßig von einander verschieden sein muß: so müssen auch die einzelnen Menschen ursprünglich begriffsmäßig von einander verschieden sein, d. h. jeder muß ein eigenthümlicher sein. – Begriffsmäßig, d. h. nicht nur, weil sie in Raum und Zeit andere sind, sondern so, daß die Einheit, aus welcher das im Raum und in der Zeit gesetzte sich entwikkelt, verschieden ist. Ursprünglich, d. h. so, daß diese Verschiedenheit nicht etwa nur geworden ist durch das Zusammensein mit verschiedenem sondern innerlich gesezt." Platz weist in diesem Zusammenhang auch auf die „Monologen" hin, die die Bildung der Eigentümlichkeit zum Thema haben; vgl. insbesondere den Monolog „Prüfungen", SW III/1, z. B. S. 366 f., KGA I/3, S. 17 f.

[Einleitung]

Besonderes zum Allgemeinen: Der Einzelne entsteht als ein Besonderes aus dem Allgemeinen; das einzelne Leben entsteht durch den Akt der Zeugung, und in ihm ist eine ursprüngliche Differenz aufgehoben. Aber die Zeugung ist nie der Willkür eines oder beider Teile unterworfen, also liegt sie jenseits des Willens. Der Geschlechtsakt ist die reproduzierende Kraft der Gattung, die ein Einzelnes hervorbringt, und so geht der Einzelne fort. Aber ein einzelnes Wesen ist der Mensch nur als ein Agens, und dies konstituiert eine der vorigen entgegengesetzte Seite. Durch das Allgemeine ist der Einzelne entstanden, aber er steht in bestimmender Zurückwirkung auf das, was auf ihn einwirkt.

Dies ist der Gegensatz, den man durch Rezeptivität und Spontaneität ausdrückt. In jedem Augenblick des menschlichen Lebens ist beides zusammen, weil beides zusammen das Leben konstituiert. Nichts ist auf den Menschen reine Einwirkung, wobei er sich leidend verhielte, denn dieser Zustand wäre außerhalb des Lebens, sondern jeder Akt ist mit einer Gegenwirkung verbunden.[21] Alles, was uns als das Freieste erscheint, so frei, dass sich der Mensch diese Freiheit kaum als sein Eigentum denken kann, wie jede plötzliche Zusammenstellung von Gedanken, hängt doch an seinen beiden Enden am Entgegengesetzten;[22] durch eine Gegenwirkung dagegen, durch einwirkende Umstände darauf, wird die Rezeptivität konstruiert.

Der Gegensatz selbst ist also bloß in der Vorstellung getrennt, in der Wirklichkeit hingegen zugleich. Bei manchen stehen diese Endpunkte weiter auseinander, und dann ist sein Leben reich, sonst ist es arm.[23] Hier liegt schon ein unendlicher Reichtum von Differenzen zwischen den Einzelnen, die wir unter diesem richtig verstandenen Gegensatz des Übergewichts von einem dieser Faktoren über den anderen erhalten.

Der andere Anknüpfungspunkt versteht sich von selbst. Nämlich das menschliche Leben ist in seiner Erscheinung an sich, und insofern es Ge-

---

21 Platz (SW III/9, S. 695): „sondern jede Einwirkung ist mit einer Gegenwirkung oder Mitwirkung verbunden".
22 Platz (SW III/9, S. 695) gibt die Passage abweichend wieder: „Aber andererseits ist die freieste eigenste That des Menschen eben so gebunden an das andere Glied des Gegensazes. Ja auch in den Fällen wo wir weder eine bestimmte Thätigkeit des Menschen noch die auf ihn einwirkende Thätigkeit anderer, oder Einwirkungen äußerer Umstände nachweisen können, bei dem was so frei erscheint daß sich der Mensch diese Freiheit kaum als sein Eigenthum denken kann, wie jede plözliche Zusammenstellung von Gedanken dafür ein Beispiel ist, sind die beiden Glieder des Gegensazes gebunden." Platz verweist hier auf § 152 im „Entwurf eines Systems der Sittenlehre" (SW III/5, S. 110).
23 Bei Platz (SW III/9, S. 695) folgt: „Je ärmer aber das Leben ist, desto weniger Differenzen."

genstand der Erziehung ist, ein zeitliches und sukzessives. Dies wollen wir mit dem Vorigen in Verbindung bringen. Wenn wir den Einzelnen selbst ansehen als Identität des Allgemeinen und Besonderen, so ist er dies in jeder einzelnen Lebensäußerung und in jedem Lebensmoment, z. B. im Denken, Vorstellen, Erkennen etc., denn das Vorgestellte etc. kann gesteigert werden ins Allgemeine und zusammengezogen ins Besondere.[24] Gehen wir nun davon aus, dass in jedem Moment jene Identität des Allgemeinen und Besonderen stattfindet, so müssen wir in der Sukzession dieser Momente auch solche Identität annehmen.[25]

Was ist denn nun das, was wir **Verschiedenheit der Temperamente** nennen? Die gewöhnliche Terminologie ist hier mangelhaft. Sie müssen sich in ihrer Quadruplizität paaren,[26] um einander gegenüberzutreten. Fragen wir nun, was das phlegmatische und sanguinische Temperament gemein haben, gegenübergestellt dem melancholischen und cholerischen,[27] so ist bei jenen die Gleichförmigkeit der Sukzession vorherrschend, bei diesen denken wir uns die größte Differenz der Momente. Beim cholerischen Menschen kann ein Eindruck, der ganz etwas Besonderes ist, ein ganz Allgemeines werden, und dasselbe denken wir uns auf entgegengesetzte Art im melancholischen; beim phlegmatischen und sanguinischen ist ein Moment wie der andere. Fragen wir, wo bei den Temperamenten das Übergewicht der Rezeptivität auf der einen Seite und der Spontaneität auf der anderen liege, so verbindet es sich in dieser Hinsicht umgekehrt: Das phlegmatische und cholerische Temperament hat die überwiegende Spontaneität, denn phlegmatisch ist derjenige, auf den nichts leicht einen so heftigen Eindruck macht, dass er in einer begonnenen Tätigkeit gestört wird, und cholerisch ein solcher, in welchem jeder Moment, der aus einem Besonderen ein Allgemeines geworden ist, in die Tätigkeit ausgeht und sich nicht im Inneren beschließt wie beim Melancholischen und Sanguinischen. Bei diesen nämlich ist ein Übergewicht der

---

24 Platz (SW III/9, S. 696): „Das vorgestellte kann von dem besonderen ins allgemeine gesteigert, vom allgemeinen ins besondere zusammengezogen werden."
25 Platz (SW III/9, S. 696) abweichend: „Gehen wir nun davon aus, daß in jedem Moment jene Identität stattfindet in besonderer Wechselwirkung; nehmen wir hinzu, daß ein Moment auf den anderen folgt: so gewinnen wir eine Differenz in der Succession der Momente."
26 Es ist ein häufig gebrauchtes Verfahren des Schleiermacherschen Denkens, Gegensatzpaare miteinander zu kreuzen. Als Bezeichnung für eine zweifache, die Relativität der Gegensatzglieder und die Relativität der Teilgegensätze konstituierenden Teilungsart ist der Begriff der „Quadruplizität" oder „Viertheilung" in Schleiermachers Dialektik zu finden.
27 Vgl. auch Schleiermachers Ausführungen zu den vier Temperamenten in seinen Psychologie-Vorlesungen (SW III/6, S. 301–321, S. 475–479).

Rezeptivität über die Spontaneität und sie unterwerfen sich jedem Eindruck. Diese Kombinationen der Gegensätze erkennen wir als allgemeine Typen für die besonderen Erscheinungen des menschlichen Lebens an, worunter wir diese subsumieren.

Wir kommen nun auf den Gegensatz zwischen Rezeptivität und Spontaneität. So wie die Totalität des menschlichen Lebens ein Mannigfaltiges ist, so müssen sich auch die Empfänglichkeit und die freie Tätigkeit als ein Mannigfaltiges gestalten. Dieses aber in Beziehung auf ein Äußeres ist der Organismus, denn wo wir einen solchen setzen, da ist innere Einheit, die mit dem Äußeren in mannigfaltige Beziehungen tritt. So hat jedes Leben und auch das menschliche Leben als das reichste einen zwiefachen Organismus der Rezeptivität und Spontaneität, die mannigfaltig ineinander eingreifen und dadurch die Einheit des Lebens darstellen. Dieser Organismus[28] ist bei allen Menschen derselbe, weil die Beziehungen des Menschen auf die Welt überall dieselben sind. Aber insofern er ein Mannigfaltiges ist, gibt es wieder Verhältnisse zu den einzelnen Teilen, und diese müssen nicht in allen Teilen dieselben sein.

Dieser Reichtum in den Verhältnissen ist eine neue Quelle der persönlichen Eigentümlichkeit. Aber dieser kann bei Weitem nicht auf eine so leichte Art unter bestimmte Gegensätze gebracht werden, weil der menschliche Organismus überaus zusammengesetzt ist und seine Verhältnisse nicht einmal im Zusammenhange erforscht sind, sodass wir nicht im Stande sind, die Formeln aufzufinden, woraus wir die Gegensätze konstruieren könnten, und könnten wir dies auch, so wäre doch die Anzahl der Gegensätze zu groß, um allgemeine Grundsätze danach aufzustellen. Hier sind wir an der Quelle solcher Mannigfaltigkeit, die wir gleich ursprünglich als eine solche auffassen müssen, die dem Begriffe entgeht, und wo nur die unmittelbare Anschauung das Rechte treffen kann.

Wollen wir das Vorherrschen eines einzelnen Zweiges im Organismus der Rezeptivität bezeichnen, so pflegen wir es eine Anlage im Menschen zu nennen, und wollen wir das Vorherrschende im Organismus der Spontaneität bezeichnen, so nennen wir dies Talent, obgleich es nur noch Keim ist. Merkmale sind hier nur, wenn jenes Talent oder jene Anlage da ist und diese fehlt. Die Persönlichkeit eines Menschen besteht nun in der Notwendigkeit der Verbindung dieser Talente und Anlagen. So wird es wieder eine Aufgabe sein, auch nur die Eigentümlichkeit des Einzelnen so weit zu erkennen, dass, wenn wir die allgemeine Verfahrungsregel gefunden haben, sich diese an die gefundene Richtigkeit des Gegenstandes anknüpfen lässt.

---

28 Platz (SW III/9, S. 698): „zwiefache Organismus".

6. Vorlesung (1. November 1820)

Das Ursprüngliche und Angeborene ist wohl eins,[29] wiewohl sich nicht genau die Kennzeichen des Letzteren angeben lassen, und wie weit die äußeren Eindrücke gehen. Temperament und Talent entwickeln sich erst mit den Jahren. Die Anlagen und Talente kommen in sehr verschiedener Sukzession zur Erscheinung, es lässt sich daher hierüber nur eine allgemeine unbestimmte Formel aufstellen. Der einzelne Mensch ist zwar nur im Zusammensein von Empfänglichkeit und freier Tätigkeit, aber indem in jedem Moment, auch in dem, der überwiegend durch äußere Eindrücke bestimmt ist, die Freitätigkeit erscheint, so ist es nun seine persönliche Individualität, welche die Freitätigkeit in solchen Momenten ausmacht. Könnte man alle Eindrücke von außen berechnen, so würde die innere Freitätigkeit des Menschen stets ein gleiches Verhältnis darstellen.

Diese beiden Punkte, die Differenz des Temperaments und die Differenz der Anlagen und Talente, scheinen zwar die Hauptmomente der persönlichen Eigentümlichkeit zu sein; aber im Zusammensein sind jene Hauptpunkte so getrennt, dass wir sie als unabhängig voneinander ansehen können. Es setzt z. B. nicht dieses Talent jenes Temperament voraus, sondern beides muss hier für sich behauptet werden. Wenn wir jeden Einzelnen mit denen zusammenstellen, die ihm in Beziehung auf das Temperament am ähnlichsten sind, so wird er sich durch eine eigentümliche Mischung von Talenten und Anlagen unterscheiden, und umgekehrt werden sich Menschen von denselben Anlagen und Talenten durch eigentümliche Temperamente unterscheiden. Weiter führt uns die angestellte Betrachtung nicht, als dass wir diese Hauptpunkte ins Auge gefasst haben; die Richtigkeit der Erziehung wird von der Erkenntnis jener Eigentümlichkeit abhängen.

Was soll denn nun die Erziehung aus dem Menschen machen? Hierüber wollen wir noch eine allgemeine hypothetische Betrachtung hinzufügen, welche zeigt, wie die Erziehung von verschiedenen Ansichten aus verschieden zu konstruieren ist.

Wollen wir den Menschen rein für sich selbst betrachten und behandeln, so müssen wir sagen, jede entschiedene Einseitigkeit könne zu einem Extrem führen, welches die ganze Harmonie der Natur und die Gesundheit des einzelnen Lebens zerstören kann. Bei der Differenz der Temperamente ist dies klar: Das Extrem jedes Temperaments ist Wahnsinn.

---

29 Göttinger Nachschrift, S. 14: „Das Ursprüngliche ist wohl in beiden, den Anlagen und Talenten, gleich. Es ist schwer zu beweisen, wie dieß ausser den äusseren Einwirkungen liegt, denn diese sind auch immer dabei."

Ebenso ist nicht zu leugnen, dass eine entschiedene Einseitigkeit in Ansehung des Organismus die Talente der Menschen unvollkommen macht.[30] Fragen wir einseitig und für sich: Wie werden wir auf solchen Menschen mit seinen Talenten und Anlagen wirken müssen, um ihn wie um seiner selbst willen zu behandeln? So werden wir, wenn wir die Einseitigkeiten erkannt haben, dahin arbeiten müssen, sie in Schranken zu halten.

Auf der anderen Seite aber ist es offenbar, dass jeder Mensch ein Glied einer bestimmten menschlichen Gesellschaft ist, worin er bestimmte Verrichtungen übernehmen muss. Sehen wir diese Verrichtungen an als für das Ganze geschehend, so werden sie desto besser sein, wenn sich der Einzelne ganz ihnen hingibt. Betrachten wir den Menschen in dieser Beziehung, so müssen wir die Einseitigkeiten recht ausarbeiten. Für eine von beiden Verfahrungsarten müssen wir uns entscheiden oder eine Temperatur treffen, die ein Gesetz beherrschen muss.[31] Mit dieser allgemeinen Beobachtung, wie hieraus entweder zwei verschiedene einseitige Methoden entstehen oder wie beide gegeneinander auszugleichen sind, wollen wir hier abbrechen.

Was sollen wir nun aus dem Menschen machen? Diese Frage betrifft den Endpunkt der Erziehung, wie die vorigen Untersuchungen ihren Anfangspunkt. Zunächst müssen wir fragen, wie wir zur Beantwortung jener Frage gelangen. Wie das Suchen nach dem Anfangspunkte der Erziehung, wie uns der Mensch gegeben werde, die ganze Psychologie, Anthropologie und Physiologie erforderte, so fordert uns diese Frage die ganze Ethik ab, und hier ist die Differenz der Ansichten noch viel bedeutender, und doch können wir uns keine besondere Ethik konstruieren. Hier haben wir nur ein Hilfsmittel, der Sache eine ganz andere Wendung zu geben. Statt jene Frage allgemein zu beantworten, wollen wir sie lieber in folgender Beziehung fassen: Wenn die Erziehung des Menschen vollendet ist, müssen wir ihn doch irgendwohin stellen, und dieser sein künftiger Standpunkt müsste schon bei der Erziehung berücksichtigt werden.

Vorher können wir also die Frage beantworten, wohin wir den Zögling abzuliefern haben, und wenn wir wissen, wie er aufgenommen werden wird, je nachdem wir ihn so oder anders abgeliefert haben, so werden wir viel für die Bestimmtheit unserer Antwort gewonnen haben. Gern setzen

---

30 Platz (SW III/9, S. 700): „Aber ebenso ist nicht zu lägnen daß eine einseitige Richtung der Talente den Menschen unvollkommen macht". – Göttinger Nachschrift, S. 15: „Ebenso macht eine entschiedene Einseitigkeit in den Talenten und Anlagen den Menschen zum Theil unbrauchbar."
31 Platz (SW III/9, S. 700): „Für eine von beiden Verfahrungsarten würden wir uns entscheiden müssen, wenn es uns nicht gelingen könnte den Gegensaz zu temperiren und so beide entgegengesezte und einseitige Methoden auszugleichen."

wir uns in einen bestimmten Zustand menschlicher Dinge hinein, und das können wir nicht ändern, denn eine Erziehung, die auf diesen Zustand Rücksicht nimmt, ist besser als eine, die es nicht tut. Auch die Erziehungsmittel sind ja durch einen gegebenen Zustand bestimmt, und wir arbeiten, selbst ohne es zu wissen, für einen gewissen Zustand menschlicher Dinge. Es ist also am besten, wenn wir unser ganzes Handeln nach einem solchen bestimmten Zustand abmessen.

Bei jener Frage tritt uns wieder eine scheinbare Mannigfaltigkeit von Verhältnissen entgegen, und es ist vieles subjektiv, wenn wir uns diese ordnen, und auch dies bringt wieder etwas Hypothetisches in die Theorie der Erziehung. Wir müssen uns die Beantwortung jener Frage so konstruieren: 1) Zuerst hat jede Erziehung den Zögling an den Staat abzuliefern. Denn die Familie ist das erste organische Element des Staats. Der einzelne Mensch ist ein Annex der Familie und seine Erziehung ist erst vollendet, wenn man sagt, er tritt nun in ein persönliches Verhältnis zur bürgerlichen Gesellschaft und kann also selbst eine Familie stiften. Das folgende Zweite könnte schon nicht im Allgemeinen zugestanden werden, nämlich dass der Zögling auch 2) an die Kirche abgeliefert wird, an irgendeine geistige Gemeinschaft, der er angehören muss.

Es ist aber wohl nur eine eingebildete Vollkommenheit, wenn man sagt: Ist der Mensch vollkommen in sich selbst gebildet, so bedarf er solcher Gemeinschaft nicht, und er kann für sich allein stehen. Dies ist eigentlich eine Unvollkommenheit, weil der Mensch ein geselliges Wesen ist und alles in ihm gesellig werden soll.[32] Hat die Religion im Menschen die gehörige Vollkommenheit erlangt, so wird sie von selbst gesellig werden, und ist sie dies nicht, so ist sie auch nicht ausgebildet.[33] Jedes Hauswesen ist ebenso das organische Element der Kirche wie des Staats und der erzogen werdende Mensch ein Annex der Familie in Beziehung auf die Kirche wie auf den Staat. Ist seine Erziehung vollendet, so tritt er in ein besonderes persönliches Verhältnis zu beiden. Beides spricht sich auf eine so gleichmäßige Weise aus, dass wir dies[34] parallel stellen müssen, nur dass dem Menschen nicht ebenso ursprünglich seine Religionsgemeinschaft angewiesen zu sein scheint wie sein Staat. Aber wir finden ja, dass die Will-

---

32 Für diese bildungstheoretische Maxime hat Schleiermacher in seinen frühen Arbeiten – besonders im „Versuch einer Theorie des geselligen Betragens" (KGA I/2, S. 163–184) – das Fundament gelegt.

33 Vgl. die vierte Rede in Schleiermachers „Über die Religion": „Ist die Religion einmal, so muß sie nothwendig auch gesellig sein: es liegt in der Natur des Menschen nicht nur, sondern auch ganz vorzüglich in der ihrigen." (KGA I/2, S. 267).

34 Statt „dies" Platz (SW III/9, S. 702): „Staat und Kirche".

kür sich auch in das Letzte mischt, indem der Mensch auswandern kann, und so ist's auch in der Kirche.

3) Liefert die Erziehung den Menschen ab in das Gebiet einer bestimmten Sprache. Dies scheint etwas Wunderliches, weil es kein Wort für dieses Verhältnis gibt. Aber wenn wir vom Angeborenen abstrahieren, so hat der Mensch, wenn er erzogen ist, eine Sprache, die seine eigentümliche ist, und wir werden uns kaum denken können, dass bei der Kenntnis mehrerer Sprachen ein Mensch eine Vielheit von Sprachen habe, ohne dass die eine für ihn etwas anderes sei als alle übrigen. Nur eine Sprache sitzt im Menschen ganz fest, er mag noch so viele lernen. Dass dies aber auch ein großes und dominierendes Verhältnis ist, kann man aus Folgendem erkennen.

Das Denken ist eine sehr allgemeine und im Einzelnen bedeutende Operation, wird aber nur vermittelst der Sprache verrichtet, und alles Gedachte hat seinen natürlichen Ort nur in der Sprache, worin es gedacht ist, und kann auch nur in dieser in demselben Grade fruchtbar sein. Denn jede Sprache ist eine eigentümliche Weise des Denkens, und das in einer Sprache Gedachte kann nicht in einer anderen auf dieselbe Art wiedergegeben werden. Auch in Bezug auf die Rezeptivität befruchtet jeden sein Denken nur aus dem Gebiet seiner Sprache. Wir zwar tun dies aus den Trümmern des Altertums; aber was geht denn nun davon ins Leben über und was wirkt aus dem Leben, aus dem Gebiet der eigentümlichen Sprache auf die Denkoperationen des Menschen?[35] Also auch dahin hat die Erziehung den Menschen abzuliefern.

Das Vierte ist das Supplement[36] zum Vorigen, aber deshalb ebenso unbestimmt, wie jene Punkte bestimmt sind, und wodurch der Mensch ins Allgemeine zurückversetzt wird, nämlich 4.) das gesellige Leben, das Gebiet der unmittelbaren persönlichen Einwirkung, wo es jeder mit jedem zu tun haben kann. Dies ist das vollkommne Freie. Dies ist auch notwendig, denn wenn Fremde von einem Verkehr ausgeschlossen werden, so ist dies Rohheit und Barbarei.

---

35 Platz (SW III/9, S. 703): „Wir zwar suchen Reichthum zu schöpfen aus den Trümmern des Alterthums. Aber was geht denn nun davon in das Leben über? Nur das wirkt am unmittelbarsten auf die Denkoperation und zeigt seinen Einfluß auf die ganze Lebensrichtung des Menschen auf das bestimmteste, was in dem Gebiete der eigenthümlichen Sprache entstanden ist. In der Sprache ist also eben so gewiß ein eigenthümliches Leben, das Innehaben und Fortpflanzen gemeinsamer Erkenntniß, wie in der Kirche und im Staate. Also auch in dieses Gebiet hat die Erziehung den Menschen abzuliefern."

36 Supplement oder Ergänzung.

In jeder von diesen vier Gemeinschaften soll der erzogene Mensch seine bestimmte Stelle einnehmen, also muss er auch so erzogen werden, dass er für dieses alles etwas sein kann. Aber zuerst haben wir hier vier ganz verschiedene Rücksichten, und da doch ferner alle diese Verhältnisse so, wie sie sind, unvollkommen sind, so entsteht hier die Frage: Sollen wir den Zögling für die Unvollkommenheit miterziehen, damit sie fortgepflanzt werde, oder nicht? Hier müssten wir also ins Gebiet der Ethik zurück, um zu wissen, was ist das Vollkommene und was das Unvollkommene, damit wir jenes befolgen und dieses vermeiden.

7. Vorlesung (6. November 1820)

Über diese Unvollkommenheiten muss sich jeder selbst erheben, d. h., jeder muss sich in der Erziehung selbst erziehen.[37] Wenn wir uns die Möglichkeit denken, dass solche Erzieher aufgestellt sein könnten, welche über alle Unvollkommenheiten erhaben wären, welche z. B. die Menschen für den Staat erziehen, nicht wie er ist, sondern wie er der vollkommene ist etc., so muss der Erzieher selbst in sich tragen die reinsten Ideen von der Kirche, vom Staate etc. Dabei kann nun leicht ein Missverständnis eintreten, dass nämlich z. B. Erzieher aus ganz verschiedenen Völkern, welche auf dieser Stufe der Vollkommenheit ständen, alle auf gleiche Weise und für dieselbe Idee des Staates erziehen würden, nicht für einen gegebenen Staat; als gäbe es[38] ein allgemeingültiges Wissen, für welches in allen Ständen die vollkommenen Erzieher erziehen würden; so auch eine allgemeine Religion. Diese liegt aber in der Forderung nicht.[39]

Es ist etwas anderes, wenn wir sagen, die Erziehung muss ihre Richtung nehmen auf eine vollkommene Einrichtung des Staats, der Kirche etc., oder auf einen allgemeinen Staat. Dies Letzte ist nicht möglich, solange die Differenz der Individualität besteht. Diese kann nie hinwegge-

---

37 Platz (SW III/9, S. 704): „Man hat gesagt jeder müsse sich über diese Unvollkommenheiten selbst erheben; das heißt eigentlich, jeder müsse sich in der Erziehung selbst erziehen."

38 Statt „als gäbe es" in der Nachschrift „ebenso gibt es"; Platz (SW III/9, S. 705): „Dabei kann nun aber zugleich das Mißverständniß eintreten, daß z. B. Erzieher aus ganz verschiedenen Völkern alle auf gleiche Weise und für dieselbe Idee des Staates erziehen wollten, nicht für einen gegebenen Staat. Sie würden den individuellen Staat aufheben. Ebenso würden sie für ein allgemeingültiges Wissen und für eine allgemeine Religion alle erziehen."

39 Vgl. Schleiermachers Pädagogik-Vorlesungen von 1813/14 (SW III/9, S. 592): „Eine allgemeine Religion und eine von aller Nationalität entblößte Sitte sind eben solche Chimären wie eine allgemeine Sprache und ein allgemeiner Staat."

räumt werden, und dies soll auch die Erziehung nicht anstreben, weil wir sonst den einzelnen Menschen aus der Haltung seines Lebens herausnehmen und in ein chaotisches Allgemeines setzen würden.

Nun würden wir fragen: Wie ist die beschränkende Forderung, dass der Mensch nicht für die Unvollkommenheit eines gegebenen Zustandes erzogen werden soll, zu realisieren durch diejenigen, die ihn nun erziehen sollen? Allerdings werden die immer am besten erziehen, die sich am meisten über das Unvollkommene der Zeit erhoben haben. Sie werden erziehen auf der einen Seite mit ihrer Anhänglichkeit an den Zustand, dem sie angehören, aber sie werden auf der anderen Seite umso besser erziehen, als in ihnen eine bewusste Missbilligung des Unvollkommenen ihrer Lebensgemeinschaften ist. Diese Missbilligung werden sie nicht sogleich mitteilen, sondern dasjenige unterdrücken, wodurch eben jene Missbilligung in ihnen hervorgebracht ist, und dasjenige entwickeln, wodurch jene [Missbilligung] fortgeräumt werden könnte. Jeder, der einer Lebensgemeinschaft wahrhaft angehört, hat das Prinzip derselben in sich und steht in lebendiger Wechselwirkung mit ihr.

Denken wir uns nun das Ganze auf den einen wirksam und den Einzelnen in überwiegender Rezeptivität mit unterdrückter Spontaneität, so wird er alles Unvollkommene des Ganzen aufnehmen, und was er tun kann, sich dagegen zu schützen, das werden nur Palliative sein, im Ganzen ohne Bedeutung. Die Kraft der Freiheit, mit der die Einzelnen sich gegen diese Unvollkommenheiten schützen, wird natürlich sehr verschieden sein, aber sie wird doch entwickelt werden durch die Erziehung von solchen, die sich über die Unvollkommenheit erhoben haben, mehr als durch eine Erziehung mit blinder Liebe für das Gegebene.

Die Erziehung soll den Menschen bilden für die eigentümliche Beschaffenheit der Lebensgemeinschaft, aber zugleich soll sie die Kraft der Freiheit in dem Zögling entwickeln, um den verschiedenen Unvollkommenheiten des Moments entgegenzuarbeiten.[40] Der Mensch[41] wird für die

---

40 Platz (SW III/9, S. 706): „Die Erziehung soll den Menschen bilden für die eigenthümliche Beschaffenheit der verschiedenen großen Lebensgemeinschaften, aber zugleich die Kraft und die Freiheit in dem Zögling entwickeln, um den Unvollkommenheiten entgegenzuarbeiten."

41 Die folgende Passage lautet bei Platz (SW III/9, S. 49) abweichend: „Wir sind bisher davon ausgegangen, daß der Mensch der Erziehung gegeben werde mit einer eigenthümlichen Menschennatur; auszubilden sei er für die Lebensgemeinschaft in der er geboren ist, und in welche er selbständig eintreten soll. Man kann aber auch die Sache eben so gut umkehren. Wenn es unter den verschiedenen Massen von Menschen verschiedene Gemeinschaften giebt, nach Maaßgabe der verschiedenen Sprachen verschiedenes Erkennen, nach Maasgabe des verschiedenen Volkscharakters verschiedene bürgerliche Vereine: so kann man sagen, diese

Erziehung gegeben mit einer persönlichen eigentümlichen Menschennatur und diese soll durch die Erziehung tüchtig entwickelt werden für die angeborenen Lebensgemeinschaften, in welche er eintreten soll. Aber man kann die Sache auch umkehren. An der persönlichen Eigentümlichkeit muss die Erziehung anknüpfen und mit der Erziehung für die Lebensgemeinschaft endigen. Wenn es aber verschiedene Gemeinschaften gibt, so wie das Erkennen nach Maßgabe der verschiedenen Sprachen, und verschiedene bürgerliche Vereine nach Maßgabe des Volkscharakters, wie dann? Dieser ist dem Menschen ja doch schon angeboren[42] und also könnte die Erziehung hiermit anfangen. Die Erziehung soll ferner die persönliche Eigentümlichkeit begleiten, und so erscheint die Ausbildung jener Eigentümlichkeit als das Ende und der höchste Triumph der Erziehung.

Der Mensch wird geboren in einer bestimmten bürgerlichen Gesellschaft, einer bestimmten Sprache und der damit verbundenen Modifikation des Erkennens und ebenso in einer bestimmten Form des Religiösen. In allen diesen Gemeinschaften findet die Erziehung den Menschen; der Staat nämlich nimmt den Menschen schon bei seiner Geburt in Beschlag, so auch die Religion und die Sprache, in welche er schon durch seinen Namen eingewachsen ist. Für alle diese soll die Erziehung den Menschen als ein vollkommen gebildetes Organ darstellen. Der Erzieher soll aus ihm so etwas machen, dass alle Gemeinschaften sagen können, die Dienste, die er ihnen leistet, könne ihnen kein anderer leisten – dann ist der Mensch vollkommen persönlich gebildet.

Dass aber dem Menschen der eigentümliche Volkscharakter angeboren wird, ist offenbar. Er liegt schon in der ganzen körperlichen Konstitution, in den Zügen der Gestalt, welche sich durch die Zeugung fortpflanzt. Freilich, wenn ein Kind gleich nach seiner Geburt in ein ganz fremdes Volk versetzt würde, so wird es dieses Volkes Sitten annehmen und sich unter ihm nicht fremd fühlen. Dies beweiset aber nur, dass der einzelne Mensch bis auf einen gewissen Grad unter der Potenz der auf ihn einwirkenden geistigen Kräfte steht. Aber wenn es lange ein Gegenstand für die

---

Gemeinschaften seien angeboren; dann wäre dies angeborene der Anfangspunkt, und ein anderer Endpunkt das ethische Ziel, nämlich die ausgebildete persönliche Eigenthümlichkeit." – Aus dem Text der Berliner Nachschrift wird die Umkehr nicht deutlich.

42 Vgl. die 6. Stunde der Pädagogik-Vorlesung von 1813/14, in der Schleiermacher diskutiert, dass dem Menschen u. a. der Staat (Nationalität) und die Kirche (Religion) angeboren seien (SW III/9, S. 592 f.); vgl. auch in der Einleitung der Pädagogik-Vorlesung von 1826 die Ausführungen über universelle und individuelle Erziehung (SW III/9, besonders S. 49 f.).

[Einleitung] 81

Dichter war, dass die unterdrückte Natur sich auf einmal wieder offenbart, so liegt darin ebenso tiefe Wahrheit.[43] Weniger klar scheint dies[44] von der Sprache und der damit verbundenen Modifikation des Erkennens. Die Kinder erfinden sich Töne und Bezeichnungen auf ihre eigene Hand, und dass sie die Sprache des Vaters annehmen, scheint ebenso eine willkürliche Folge der äußeren Umgebungen. Allein wenn wir nun sehen, wie weit es der Mensch bringen kann im Besitze einer fremden Sprache, so wird er doch in dieser nicht ganz seine eigentümliche Natur ausdrücken können. Er kann nur den allgemeinen Typus der Sprache auffassen, am meisten in solchen Punkten, wo die Individualität zurücktritt.

8. Vorlesung (7. November 1820)

Kombiniert man beide Ansichten, nämlich die Erziehung für jene großen Gemeinschaften und die Herausbildung der persönlichen Eigentümlichkeit, so nimmt dieser Gegensatz eine untergeordnete Stufe ein, und jene beiden Ansichten sind identisch. Nämlich wir mussten zugestehen, dass sich die Anlagen und Talente allmählich entwickeln. Dieses Entwickeln ist nichts von der Erziehung Unabhängiges. Sagen wir: Dem Menschen ist seine volkstümliche Anlage und die Anlage für die Sprache schon angeboren, so ist es offenbar, dass diese Keime auch allmählich entfaltet werden müssen, und da also die Erziehung allmählich anfängt und die Entwicklung auch, so fällt diese auch in das Gebiet der Erziehung. Dadurch, dass der Mensch eine volkstümliche Anlage hat, ist er noch nicht tüchtig, einzugreifen ins bürgerliche, volkstümliche Leben, noch auch sich das in der Sprache Niedergelegte anzueignen; dies muss durch die Erziehung geschehen. Ist dem so, so sehen wir, dass sich in beiden Ansichten nur eine doppelte Aufgabe der Erziehung darstellt.

Dem einzelnen Menschen ist nämlich eine Angehörigkeit an bestimmte Formen der Gemeinschaften auch angeboren. Dies ist am deutlichsten in Beziehung auf den volkstümlichen Charakter überhaupt, welcher schon in der Körperbildung angelegt ist. Die Kennzeichen hiervon liegen nicht in dem, was aus der Erziehung hervorgegangen ist, z. B. in Bewegungen, sondern in den festen Teilen und Zügen selbst, auch im Gesicht. Im großen Sinne ist dies unverkennbar; im Einzelnen ist es möglich zu verfolgen; im Kleinen wird es lächerlich.

---

43 Platz (SW III/9, S. 707): „Und schon in des Dichters Wort, daß die Natur immer wiederkehre, liegt eine tiefe Wahrheit."
44 Platz (SW III/9, S. 707): „Weniger klar scheint zu sein ob auch die Sprache angeboren sei, also auch die damit verbundene Modifikation des Erkennens."

Bei der Sprache ist dies nicht ganz so klar, denn die ersten Tendenzen der Kinder sind willkürliche Versuche; allein wenn man ins Elementarische geht, so wird man es doch finden. Denn obgleich man die einzelnen Töne systematisieren wollte, so sind doch diese Töne nicht dieselben in allen Sprachen, denn es fehlen einige einigen. Je früher freilich ein Kind in eine fremde Sprache versetzt wird, desto leichter wird es sie sich aneignen; aber diese einzelnen Fälle kann man nicht anführen, weil die Masse der gegenwirkenden Kräfte hier entscheidet. Es muss also zugegeben werden, dass auch die Anlage zu einer bestimmten Sprache dem Menschen angeboren wird.

Ferner ist auch die kirchliche Gesellschaft eine natürliche und wesentliche Instanz der Erziehung. Diese verschiedenen Gesellschaften beruhen auch auf einem verschieden modifizierten Typus der menschlichen Richtung, worauf sie sich beziehen, und wenn man sagt, diese verschiedenen Formen seien auch den Menschen angeboren, so möchte dies zweifelhaft scheinen.

Aber im Großen erfahrungsmäßig sind die Fälle selten, wo ein Mensch aus einer Religionsgesellschaft, worin er erzogen ist, in eine andere übergeht. Und sagen wir, es liege nur in Umständen, dass der Mensch seiner Religionsgesellschaft treu bleibt, so müsste der Gegenstand selbst dem Menschen gleichgültig sein. Aber dies ist nicht der Fall, sondern der Grund, warum die meisten Menschen in ihrer Religionsgesellschaft bleiben, ist eine innere Übereinstimmung mit derselben. Aber es wäre ja doch ein Sprung, wenn man sagen wollte, diese sei ihm angeboren; vielmehr ist sie ihm anerzogen und durch Vorliebe geheiligt.

Allein eine solche Vorliebe, die nicht objektiv wäre, würde das Angeborene ganz ausschließen. Solche Zusammenstimmung auf diesem indirekten Wege würde sich nicht halten können gegen die spekulative Behandlung des religiösen Elements bei allen Völkern. Denn sobald ein solcher Gegenstand wissenschaftlich behandelt wird, so gesellt sich auch das Kritische dazu und befreit den Menschen von einer unbewussten Überzeugung und fordert, dass er sich seiner Überzeugung bewusst werde. Zwar behandelt nur ein gebildeter Teil von Menschen diese Sache so, aber wenn diese noch in der anerzogenen Religionsgesellschaft bleiben, so ist hier eine direkte und natürliche Übereinstimmung.

Aber es scheint noch einen geschichtlichen Beweis dagegen zu geben, dass auf diesem Felde etwas Angeborenes sei. Das Christentum und der Mohammedanismus sind als neue Formen auf einem kleinen Gebiet entstanden und haben sich über eine große Menge von Völkern verbreitet, denen vorher andere Religionen angeboren und anerzogen waren, also können sie selbst nichts Angeborenes sein. Aber ebenso wenig, könnte man sagen, kann etwas Angeborenes in jenen Formen sein, die ausgetrieben wurden. Dies ist etwas, wogegen sich nichts geradezu sagen lässt, und es bleibt uns hier nichts übrig, als dass wir die Analogie zwischen der religiösen und politischen Gesellschaft anwenden. Wir finden nämlich in demselben Volk auch die Formen der politischen Gesellschaft veränderlich, und doch sagen wir, dass die Form der politischen Gesellschaft ein Resultat vom Nationaltypus ist, und die verschiedenen Formen scheinen nur verschiedene Entwicklungsstufen desselben Charakters zu sein.

Ebenso müssen wir sagen: Die Religionsformen der früher von denselben abgefallenen Völker waren einer niederen Entwicklungsstufe angemessen und hätten sich doch nicht halten gekonnt. Aber bei den Fortschritten beider Religionen ist doch eine erstaunliche Differenz, indem einige Völker die eine oder die andere gern angenommen, andere zurückgestoßen haben, ohne dass man bei ihnen eine andere Entwicklungsstufe nachweisen gekonnt hätte. Wir finden also doch die Analogie des Angeborenen, und der Unterschied auf dem religiösen und politischen Felde nötigt uns nicht, diesen Teil des geselligen Lebens aus einem ganz anderen Gesichtspunkte zu betrachten als jenen. Wir werden also genötigt, die Angeborenheit der Menschen an Gesellschaftsformen anzunehmen. Bei der Erziehung für dieselben haben wir nun zwei Aufgaben, deren gegenseitiges Verhältnis wir bestimmen wollen:

1) Die Erziehung soll davon ausgehen, dass in jedem Einzelnen ein eigentümliches menschliches Dasein angelegt ist: Sie soll jeden tüchtig machen, in das gemeinsame Leben einzugreifen, sodass er sich als den Gesellschaftsformen wirklich angehörig zeigt und das Seinige beitragen kann, die Unvollkommenheit zu vertilgen und den Zustand der Dinge vollkommener zu machen. 2) Die Erziehung soll dahin ausgehen, da jedem Menschen mit vielen anderen ein gemeinsamer Typus schon angeboren ist, eine ausschließende persönliche Eigentümlichkeit in jedem Einzelnen zu entwickeln. Wir sehen beide Aufgaben als zusammenstimmend an. Die eigentümliche Natur jedes Einzelnen solle das Organ sein, worin sich der allgemeine Typus ausspricht, und eine Kraft, womit der Einzelne gegen das Ganze auftreten kann, wenn Unvollkommenheiten darin sind. In seiner eigentümlichen Natur soll er den idealen Typus der bürgerlichen Gesellschaft etc. in sich tragen und sie selbst soll unter diesem stehen, woraus folgt, dass der Mensch für einen bestimmten Staat erzogen werden muss. Beide Aufgaben sind übereinstimmend, aber nicht identisch.

Es zeigen sich bei der Erziehung zwei verschiedene Rücksichten. Fragen wir nämlich, was wird im Stande sein, die Erziehung gleichmäßig auf beide Rücksichten zu lenken, und gleichmäßig beiden Aufgaben zu genügen, so ist dies der Grund des Gegensatzes zwischen der Privat- und öffentlichen Erziehung. Die einzelne Person hat nämlich für das Ganze einer großen Gemeinschaft keinen differenten Wert, wohl aber für die, welche mit dem Einzelnen durch die Natur selbst verbunden sind: Die Ausbildung der eigentümlichen Persönlichkeit des Einzelnen durch die Erziehung ist nicht das vorherrschende Interesse einer Gemeinschaft, und insofern die Erziehung überall eine öffentliche wäre, so wäre zu besorgen, dass diese Rücksicht gänzlich zurückstände; die Eltern aber haben Interesse an der einzelnen Person und werden die Vollkommenheit des Einzelnen gern darstellen wollen. In der Privaterziehung wird die Tendenz auf Entwicklung der Individualität das Dominierende sein. Zwar wird man keine Differenz gerade veranlassen, aber jene Rücksicht auf das Allgemeine wird doch zurücktreten. Ebenso wird bei der öffentlichen Erziehung die Sorge für die persönliche Eigentümlichkeit zurücktreten. Daher ist geschichtlich die Erziehung stets in diese beiden Zweige geteilt; selten ist sie ganz dem häuslichen Leben überlassen, selten bemächtigen sich Staat und Kirche der Erziehung ganz. Hierbei ist nicht ausgeschlossen, dass die Extreme, wo nämlich ein Zweig der Erziehung ganz fehlt, nicht die ganze Aufgabe dennoch erreichen könnten; aber doch unter seltenen und schwer eintretenden Umständen.

9. Vorlesung (8. November 1820)

Wenn die verschiedenen großen Gemeinschaften der Übereinstimmung aller organischen Teile, d. h. aller Familien mit dem Ganzen so sicher wären[45], dass die Erziehung, die hier ganz auf der vollkommenen Ausbildung der persönlichen Eigentümlichkeit beruht, damit übereinstimmte, dass diese Eigentümlichkeit zum Dienste der Gesellschaft tüchtig machte, so könnte sich die Gesellschaft auf die Familien verlassen, und so wäre eine öffentliche Erziehung nicht nötig. Denn entständen auch größere Erziehungsanstalten, die durch einzelne Familien bewirkt würden, ohne dass sie in Opposition mit der Gemeinschaft stehen, so wäre dies doch nur eine Privaterziehung. Beides besteht jetzt nebeneinander, denn Privatanstalten zur Erziehung gibt es in Menge. Aber wir können uns auch eine solche Ansicht in der Verwaltung des Staats und der Kirche denken, welche beide zu vollkommener Passivität führt, sodass alles sich am besten von selbst machte, und dies geschähe bei einer vollkommenen Zusammenstimmung aller Einzelnen in dem Gebrauch ihrer Kräfte zu den herrschenden Ideen; auch dann könnte die öffentliche Erziehung ganz aufhö-

---

45 Statt „wären" in der Nachschrift „sind".

ren. Aber dies kann nur bei einer Art von Auflösung des Ganzen geschehen.

Lange Zeit hat in vielen unserer Staaten die Regierung sich auch in die Gewerbstätigkeit gemischt, um ihr der jedesmaligen politischen Ansicht gemäß eine gewisse Richtung zu geben oder zu nehmen. Dies hat allmählich aufgehört und man überlässt jetzt die Sache sich selbst. Nun lebt auch eine Klasse von Staatsmitgliedern vom Erziehen, und also könnte hier die Ansicht sein, auch dies sei ein Gewerbe, und die es besser betrieben, würden Zulauf haben. Geschähe dies, weil man die feste Überzeugung hätte, sowohl die Familien als die, die sich mit der Erziehung abgeben, würden nie etwas der Gesellschaft Nachteiliges in die Erziehung hineinbringen, so würde dies der Zustand der Vollkommenheit sein; nähme man aber diese Maxime an, weil man sich auf das verließe, was sich von selbst ergeben würde, so würde dies eine zugenommene Auflösung des gemeinsamen Lebens sein, und dann würde nichts übrig bleiben, als die Privaterziehung. Aber diese müsste denn auch auf die Unvollkommenheit des Staats Rücksicht nehmen und der Sache einen anderen Gang geben.

Ebenso wollen wir Folgendes untersuchen: Was können das für Umstände sein, wo die Erziehung ganz eine öffentliche sein könnte und keine Privaterziehung stattfände? Hier müssen wir uns die Familien als den dem Staate gegenüberstehenden Teil denken, und unter welchen Umständen ist dies möglich? Nur dann, wenn sie überzeugt wären, dass die Richtung der öffentlichen Erziehung für ihren Gesichtspunkt dieselbe wäre, und der Staat jede persönliche Eigentümlichkeit zur Ausbildung brächte. Diesem Fall steht aber ein anderer gegenüber, nämlich wenn die Erziehung aus Not ganz eine öffentliche ist. Auch diesen Fall finden wir unter uns zum Teil. Allein was auf der einen Seite die Bedürftigkeit tut, könnte auf der anderen auch die Korruption tun, und hier würden es sich die Eltern auch gefallen lassen, dass die Erziehung eine öffentliche wäre, weil sie dieselbe aus den Augen verloren hätten, wie z. B. in den gebildeten Klassen der Franzosen.[46] Hier wäre es noch sicherer, dass auch die Anstalten der ersten physischen Erziehung unter öffentlicher Aufsicht ständen, und die Eltern würden sich beides gefallen lassen. Und dies wäre hier auch empfehlend. Annäherung an diesen Zustand finden wir der Praxis nach in Sparta und in der Theorie in der platonischen Republik.[47]

Dies sind die beiden Extreme, und von hier aus können wir beurteilen, wie sich die Sache zwischen beiden Extremen machen wird. Inwiefern

---

46 Platz (SW III/9, S. 712): „wie z. B. bei den gebildeteren aber corrumpirten Klassen des französischen Volkes, bei denen die Kinder noch während des Säugens aus dem Hause gegeben werden. Da ist gar kein Interesse an der Erziehung".
47 Vgl. Politeia, 5. Buch (besonders 460).

nun die eine Form nicht hinreicht, weil das eine Element nicht mit dem anderen übereinstimmt, wird die andere Form nötig sein, um diese Unvollkommenheit zu ergänzen. Wo ein Vertrauen des Staats auf das Hauswesen nicht vorhanden ist, oder umgekehrt, da werden sich immer, wenn die Privaterziehung dominiert, die Kirche und der Staat etwas vorbehalten, oder wo die öffentliche Erziehung dominiert, da werden die Familien an der Erziehung teilnehmen. Dieser Anteil wird richtiggestellt sein, wenn das Gefühl des Verhältnisses des organischen Teils zum Ganzen und umgekehrt des Ganzen zum Teile richtig ist.

Offenbar aber sind die Maximen für die öffentliche nicht dieselben wie für die Privaterziehung, und so wird die Theorie der gesamten Erziehung nur stattfinden, wenn sie eine Annahme macht, inwiefern beide Zweige ineinander eingreifen. Wenn das Verhältnis des Privatlebens zum öffentlichen in einem ruhigen Gange ist, so kann man ohne Nachteil auf den gegebenen Zustand der Dinge Rücksicht nehmen; aber ebenso gut ist es, die Theorie auf verschiedene Fälle zu richten, denn dann wird ihre Anwendung desto leichter.

Wenn also ein ungleiches Interesse für die beiden Hauptaufgaben stattfindet in denen, von welchen die Erziehung ausgeht: Wie ist es dann mit denen, welche die Gegenstände der Erziehung sind? Verhalten sie sich zu jenen Aufgaben gleich oder verschieden? Dies können wir nur ausmachen, indem wir uns auf die Erfahrung berufen. Es ist offenbar, dass die meisten Menschen, welche erzogen werden, einen gewissen Grad von Brauchbarkeit für die Gesellschaft bekommen. Wenige missraten gänzlich, sodass sie sich nicht in die Gesetze fügten und einen Zweig der Tätigkeit ausüben lernten, – ebenso in religiöser Beziehung und in der Muttersprache. Wenige erreichen aber auch die höhere Stufe, wo der Einzelne auf das Ganze fördernd wirkt; nur wenige ersteigen diese Stufe im Staat, wenn wir auf die Gesetzgebung sehen, sodass sie die verschiedenen Zweige des geschäftigen Lebens weiterbringen, oder dass sie in der Kirche die religiöse Empfindung aufnehmen und erhöhen und beleben,[48] oder dass sie das Erkennen weiter begründen. Hier ist also eine Ungleichheit.

Untersuchen wir denselben Punkt in Ansehung der Entwicklung der in jedem vorausgesetzten persönlichen Eigentümlichkeit, so scheinen wir fast Unrecht gehabt zu haben, wenn wir voraussetzten, dass in der Natur bei jedem eine solche Eigentümlichkeit angelegt sei. Denn bei der Masse der Menschen ist es schwer, den einen vom anderen zu unterscheiden. Wenn einer, der nur in den höheren Regionen der Gesellschaft zu leben

---

48 Platz (SW III/9, S. 69): „oder in der Kirche, daß sie die religiösen Empfindungen nicht nur aufnehmen sondern erhöhen und beleben".

gewohnt ist, eine große Gesellschaft aus dem Volke sieht, so sieht ihm einer wie der andere aus: wie ein Regiment Kalmücken. Wenn dem so wäre, wie es zu sein scheint, so gäbe es wenige Menschen, bei denen die persönliche Eigentümlichkeit herausgebildet wird[49]. Dieser Schein ist nur da, wo es eine große Ungleichheit der Bildung gibt, und er entsteht dadurch, dass diejenigen, welche in der Gesellschaft eine höhere Stelle einnehmen, die unteren Volksklassen nur massenweise sehen und behandeln; wer hingegen mit ihnen genauer umgeht, der unterscheidet auch die Einzelnen. Hierauf können wir also keine allgemeine Entscheidung aufstellen. Denn dieses Verschwinden der persönlichen Eigentümlichkeit verschwindet selbst, wo der größere Abstand der Menschen untereinander verschwindet, und so ist doch die persönliche Eigentümlichkeit überall angelegt. Auch jene Differenz gleicht sich aus, denn einem schlichten Landmann auf einer Cour[50] wird auch einer wie der andere aussehen, obgleich diese Leute selbst glauben mögen, dass sie persönlich eigentümlich gebildet sind. Jede Klasse muss sich für sich persönlich ausbilden.

Wie verhalten sich nun diese Gleichheit und Ungleichheit in den Hauptaufgaben gegeneinander? Es ist nicht zu leugnen, dass das Herausbilden einer persönlichen Eigentümlichkeit, sodass sie bei einer gewissen Gleichförmigkeit der Ansichten, der Lebensweise etc. doch sichtbar wird, eine höhere Kraft voraussetzt; also in denen, die unter gleichen Umständen ihre persönliche Eigentümlichkeit vollkommen ausgebildet haben, muss eine größere Lebenskraft sein. Diese ist es auch, was den Einzelnen in den Stand setzt, auf eine selbstständige Weise auf das Ganze zu wirken und ihm nicht bloß passiv sich hinzugeben. Also diejenigen, worin eine solche stärkere Lebenskraft nicht ist, durch die Erziehung auf eine solche Stufe heben zu wollen, wo sie auf das Ganze der Gesellschaft wirken könnten, würde vergebliche Mühe sein, wie auf der anderen Seite diejenigen, worin die höhere Lebenskraft angelegt ist, den anderen in der Behandlung gleichzusetzen, wieder dem wohltätigen Einfluss der Einzelnen auf das Ganze entgegenarbeiten hieße.

Hier ist also wieder eine Differenz in der Erziehung, die man ausdrückt durch den Unterschied der **niederen** und **höheren** Erziehung. Jene hat zum Zweck, den Einzelnen zum Dienst jedes organischen Ganzen tüchtig zu machen, dem er angehört, sodass er dem allgemeinen Impuls folgt. In Beziehung auf die andere ist das Ziel, die eigentümliche Anlage jedes Einzelnen so weit auszubilden, dass sie in der Nähe aus dem Zusammenhange des Lebens wahrgenommen werden kann und dass in

---

49 Lies wohl: ist.
50 Cour meint hier die Aufwartung am Hofe oder bei einem Vornehmen.

dem Einzelnen ein gewisses Gefühl davon von selbst entsteht. Die höhere Erziehung soll die persönliche Eigentümlichkeit auf eine dominierende Weise ausbilden und den Einzelnen dahin zu bringen suchen, dass er durch die höhere Kraft in ihm auch auf das Ganze wirken könne, und ihm dazu eine Regel geben. Beides ist dasselbe, denn es kann der Einzelne nur dadurch, dass er sich auf eine imponierende Weise über die anderen heraushebt und die Aufmerksamkeit auf seine Person festhält, auf das Ganze wirken, und es lässt sich nicht denken, dass eine persönliche Eigentümlichkeit ausgebildet werde, ohne dass sie dem Ganzen die Regel geben sollte. Die ganze Differenz zwischen einer höheren und niederen Erziehung hat aber nur Wahrheit, insofern Ungleichheit in der Gesellschaft ist. Soll nun die letzte bleiben oder weggeschafft werden oder muss sie bleiben oder weggeschafft werden? Darf oder soll es ferner eine Differenz zwischen einer höheren und niederen Erziehung geben und inwiefern verhalten sich beide gegeneinander?

10. Vorlesung (10. November 1820)

Es kommt hierbei viel darauf an, wie man sich diese Ungleichheit als entstanden denkt. Denkt man sie sich als Produkt der äußeren Verhältnisse und der Erziehung selbst, was soll dann die Erziehung für eine Richtung nehmen? Soll sie diese Differenz begünstigen, soll man in ihr den verschiedenen Einwirkungen der äußeren Verhältnisse nachgeben oder ihnen entgegenwirken, sodass diese Ungleichheit aufgehoben und alle auf den höheren Standpunkt gebracht würden?

Angenommen, dass die Erziehung das leisten könne, so gibt es eine große Masse von Beschäftigungen, wozu man diese Ausbildung nicht braucht, z. B. alles Mechanische. Nun wäre es freilich gut, wenn auch diejenigen, welche das Mechanische verrichten, auf der höchsten Stufe der menschlichen Entwicklung ständen. Dann hätten sie den Genuss des Selbstbewusstseins. Allein dies brächte eine gänzliche Umwälzung hervor, denn dann würde keiner die Massen der mechanischen Geschäfte verrichten wollen. Es würde dann entweder eine ganz andere Einteilung der Geschäfte vorgehen müssen, oder man zöge in den Umkreis der Gesellschaft Menschen hinein, welche einer solchen höheren Ausbildung entweder nicht fähig wären, oder vermöge eines Rechts der Gesellschaft sie entbehren müssten, wie die Sklaven bei den Alten.

Diese Hypothese verträgt sich nicht mit der Einrichtung der menschlichen Gesellschaft, wie sie ist, und solange sich folglich die Masse der Menschen diese Differenz gefallen lässt, muss man bei ihnen ein Gefühl davon voraussetzen, dass diese Ungleichheit im äußeren Leben eine natürliche Grundlage habe. Indem man zugibt, dass diese Ungleichheit auch eine natürliche Grundlage habe, kann man annehmen, entweder dass dies angestammt oder etwas persönlich Angeborenes sei. Wenn wir noch einmal auf jene Hypothese zurückgehen und sie umwenden und sagen: Da viele Menschen auf einer niederen Stufe stehen bleiben, so muss auch die große Menge nicht sehr ausgebildet werden: – So tritt die vollständige Willkür ins Erziehungswesen ein; sie prädestiniert einige zur höheren, andere zur geringeren Bildungsstufe, und diese Willkür ist unmenschlich.

Die angestammte Differenz bildet hierzu das Gegenstück, denn so kommen wir ins Kastenwesen zurück. Dieses ist in Beziehung auf den Staat der Adel, in Beziehung auf die Religion sind es die Priesterkasten. Wie nun jene Annahme uns ein Extrem darstellte, welches sich als unhaltbar zeigte, so ist auch dieses ein Unhaltbares, wenn man auf seinen Ursprung zurückgeht. Allerdings ist der Exponent der menschlichen Bildung in den verschiedenen Klassen so verschieden, dass man zu der Annahme bewogen wird, der eine sei bildsamer als der andere, doch können wir dies nicht als permanent annehmen.

Wenn wir nun die geschichtliche Betrachtung dieses Gegenstands verlassen und ihn vom Christentum aus ansehen, so setzt dieses eine gemeinsame Empfänglichkeit in allen Menschen voraus. Nun aber ist es eine Eigentümlichkeit des Christentums, dass es eine bildende Kraft ist und überallhin verbreitet sein will; dies kann aber nur durch eine Gemeinschaft geschehen, die auch Empfänglichkeit für andere Gegenstände voraussetzt, und so ist jene Annahme von einer absichtlichen Nichtausbildung der niederen Klasse unchristlich.

Übrigens hat sich der Exponent des Verhältnisses der niederen Klassen zu den höheren vermindert, und dies wird also wohl noch ferner geschehen.[51] Sehen wir auf einen Staat oder ein Volk, welches durch verschiedene Stämme entstanden ist, die gewöhnlich im Gegensatz der edleren und untergeordneten stehen, so müssen wir sagen: Je mehr die Gemeinschaft zwischen ihnen zunimmt, desto mehr muss sich der niedere Stand dem höheren assimilieren, und nur insofern sie auseinandergehalten werden, bleiben die untergeordneten unedel. Eine Erziehung also, die darauf eingerichtet wäre, diese Unterschiede festzuhalten, würde zwar für den edleren Stand Vorzüge bewirken, aber dem natürlichen Entwicklungsgange entgegenarbeiten.

---

51 Demnach versteht Schleiermacher auch die Gliederung des Schulwesens in Schulen für höhere und für niedere Bildung nur als eine vorläufige.

Die dritte Hypothese ist folgende: Zwar sei eine natürliche Ungleichheit unter den Menschen da, aber sie sei nicht angestammt, sondern nur persönlich angeboren; und so wie dem einen das Talent zu einer Tätigkeit fehlen könne, so lasse sich auch nicht aus jedem alles machen. Was hat nun diese Hypothese für einen Einfluss auf die Einrichtung der Erziehung? Der Vorteil, dass man vom Anfange an weiß, wohin man einen Menschen zu weisen hat, geht hier verloren. Hieraus folgt, dass man bis zu einer gewissen Zeit, wo sich alle Differenzen entwickelt haben mögen, alle zu Erziehende auf gleiche Weise behandelt, sodass die Maxime ist: Durch die Erziehung müsse zum Vorschein kommen, was in einem Menschen liegt, und wenn sich dieses entwickelt habe, werde jeder Erzogene einen anderen Weg gehen.

Dieses ist ein Erfolg, welcher nicht seine eigene Umkehrung hervorbringt, und dieses System führt zu keiner Revolution, die ein anderes System notwendig machte. Denn diejenigen, welche über den Zögling zu bestimmen haben, werden sich zwar bisweilen irren; aber der Irrtum wird doch nicht das Herrschende sein und man wird ihm vorbeugen können. Ist es nun richtig erkannt, wohin der Zögling seinen Anlagen nach gehöre, so wird man annehmen, dass er mit dem Schicksal zufrieden ist, das man ihm bereitet. Denn kein Mensch hat einen beharrlichen Trieb zu etwas, das in seiner Natur nicht liegt. Dieses System der Erziehung wird also immer bestehen können.

Schließen wir nun den Kreis und gehen auf die erste Hypothese zurück, dass es keine angeborene Ungleichheit gäbe, so fragen wir, wie sich die so eingerichtete Erziehung zu jener Hypothese verhalten werde: So müssen wir sagen: Wenn keine Ungleichheit da ist, so wird diese gleiche Erziehungsweise auch keinen Schaden anrichten. Nur der zweiten Hypothese von angestammten Differenzen strebt diese entgegen. Dies gibt uns zu der Bemerkung Veranlassung, wie wir aus der Erziehung den Stand der Gesellschaft beurteilen können. Wenn in einer Gesellschaft, worin noch eine große Trennung der verschiedenen Stände ist, ein solches Erziehungssystem allgemein wird, dass alle Einzelnen bis auf einen gewissen Punkt nach denselben Regeln behandelt werden, so ist dies ein großer Schritt, um jene Trennung allmählich aufzuheben, und man muss voraussagen, dass ein solches Erziehungssystem die Trennung ins Abnehmen bringen muss.

Widersetzen sich die niederen Stände dieser Art der Erziehung, so sind sie einer höheren Bildung noch gar nicht fähig; und wenn ein solches System durchgedrungen ist, wie bei uns, aber die höheren Stände sich der Gemeinschaftlichkeit der Erziehung opponieren, wie noch immer geschieht, so haben sie eine richtige Ahnung von dem, was die anderen ihnen näher bringt, und sie fangen es beim rechten Punkt an, um sich isoliert zu halten. Aber der Erfolg wird umgekehrt sein: Ihre Erziehung wird schlechter und mehr auf den Schein berechnet sein als auf die Realität. So scheint von allen Seiten dies das richtige System zu sein, welches demjenigen sich am meisten anschmiegt, was wir als das Resultat der geschichtlichen Entwicklung im Großen ansehen müssen.

So haben wir denn gefunden, dass eine Mischung von Privat- und öffentlicher Erziehung das Beste ist; eine Formel für das Richtige ist uns jedoch noch dunkel geblieben, und nur hier in der Differenz der höheren und niederen Erziehung haben wir ein Resultat gefunden, worin aber noch viel Unbestimmtes ist.

Um nun etwas wenigstens in jener Beziehung nachzuholen, müssen wir auf eine Differenz sehen, die durch die Natur gegeben ist: auf die Differenz der Geschlechter. Auch hier treffen wir verschiedene Meinungen an. Man hat schon sonst behauptet, die Vollkommenheiten des Mannes und Weibes seien dieselben,[52] und noch neuerdings hat man eine große Ungerechtigkeit in der Gesellschaft darin gefunden, dass die Weiber von der Regierung ausgeschlossen sind.[53] Aber auch in der Praxis finden wir Ungleichheiten, indem es Gegenden gibt, wo die Weiber Rechte ausüben können, und andere, wo nicht. Dies muss nun ein verschiedenes Resultat für die Frage geben, inwiefern die Weiber erzogen werden müssen, ob für die öffentlichen Geschäfte oder nicht.

11. Vorlesung (14. November 1820)

Diese Frage scheint ganz allgemein zu sein. Der Unterschied der Geschlechter ist ursprünglich und scheint also die Erziehung gleich im Anfange zu teilen. Die Frage aber, ob diese Teilung absolut sein solle oder nicht, scheint nicht aus einem so allgemeinen Gesichtspunkte beantwortet werden zu können. Dennoch ist auf der anderen Seite nicht zu leugnen, dass gerade in dem verschiedenen Verhältnisse der Geschlechter zum Staate sich der Unterschied für die Erziehung konzentriert.

---

52 Vgl. etwa den Mythos von den Kugelmenschen, den Platon in seinem Symposion (189e–191d) Aristophanes erzählen lässt.
53 Condorcet empfahl 1787 für Frauen das gleiche Stimmrecht, wie es Männer hatten („Über die Zulassung der Frauen zum Bürgerrecht"). Den Ausschluss der Frauen von den „natürlichen Rechten" hielt er für einen „Akt der Tyrannei". Olympe de Gouges verfasste 1791 die Deklaration der Rechte der Frauen und Bürgerinnen. Vgl. Bock (2000), S. 51–92.

Die ganze Existenz des weiblichen Geschlechts ist mehr in die Familie eingeschlossen, die des männlichen im öffentlichen Leben mehr hervortretend. Die Differenz der Geschlechter tritt auch am meisten hervor in der bürgerlichen Gesellschaft, am wenigsten in der religiösen, denn wenn auch hier in den meisten geschichtlichen Religionsformen ein tätiger Einfluss des weiblichen Geschlechts stattfindet, so finden wir doch dort[54] zahlreiche Ausnahmen. Hier finden wir schon eine eigentliche weibliche Würde (die Priesterinnen) und so einen repräsentativen Einfluss des weiblichen Geschlechts auf den Kultus gesetzt, und das häufiger als auf dem politischen Felde. Sehen wir auf die allgemeine Praxis in der Erziehung, so finden wir hier einen großen Unterschied. Denn die religiöse Erziehung wird im Ganzen für die Weiber ebenso weit getrieben wie für die Männer, und was für diese noch später hinzukommt, hat mehr einen wissenschaftlichen als religiösen Charakter.

Das Gebiet des Erkennens und[55] der Sprache scheint sich zwischen dem religiösen und politischen Gebiet in der Mitte zu halten. Der vollendete Typus ist dort die wissenschaftliche Produktion, und da gehört es zu den seltensten Erscheinungen, dass ein Weib etwas Bedeutendes leistet. Sehen wir aber auf das weitere Gebiet der Mitteilung der Erkenntnis, so ist der Einfluss des weiblichen Geschlechts bei Weitem größer. Schon die Familientradition ist ihnen eingeräumt und ebenso die feinere Geselligkeit. So ist die Differenz der Geschlechter für das Praktische nur ungleich in Staat und Kirche, und beide stehen hier wieder in einem relativen Gegensatz.

Hat aber nicht die bürgerliche Gesellschaft ein ebenso großes Interesse an der Erziehung des weiblichen Geschlechts wie die Kirche? Sobald die Weiber Gattinnen und Hausmütter werden, haben sie ja Einfluss auf das Entstehen der Familien und auf das erste Stadium der Erziehung. Es muss also der bürgerlichen Gesellschaft daran gelegen sein, dass sie hier richtig einwirken, und wenngleich eine gemeinsame Erziehung der weiblichen Jugend nicht so allgemein sein kann wie bei der männlichen, so muss doch der Staat auch hier sein Interesse wahrnehmen.

Das zeigt sich aber nicht, und die Ursache davon ist folgende: Das religiöse Interesse hat es mit dem Gemüt zu tun, und jede einzelne menschliche Seele ist auf gleiche Weise ein Gegenstand der religiösen Erziehung. Die bürgerliche Erziehung hingegen hat es mit Ausbildung der Kräfte zu

---

54 dort, d. h. in der bürgerlichen Gesellschaft.
55 Statt „und" in der Nachschrift: „in"; vgl. Göttinger Nachschrift, S. 29: „Der Einfluß, den das weibliche Geschlecht auf die Sprache und das Erkennen ausübt ist gewiß nicht unbedeutend, obgleich er keineswegs hier so anerkannt ist wie auf dem religiösen Standpunkt."

tun, die Erde zu beherrschen, und da ist der Einzelne nicht unmittelbar Gegenstand der Erziehung. Die Weiber haben nur ein mittelbares Interesse für den Staat, nämlich nur insofern sie als Gattinnen und Mütter ins Hauswesen eingeführt werden; die dies nicht werden, existieren auch für den Staat nicht. Er kann es also dem Interesse der einzelnen Staatsbürger überlassen, die richtige Wahl zu treffen, weil sie die unmittelbarste persönliche Angelegenheit ist, und die Einzelnen hierin zu beschränken, ein Beweis eines unvollkommenen bürgerlichen Zustandes wäre. Es ist also ebenso das Interesse der Familien, die weiblichen Individuen zu ihrer Bestimmung zu erziehen, wie des Staates.

Es fragt sich nun, was wir denn jetzt für ein Resultat gewonnen haben. Wir wollen einen bestimmten Scheidepunkt finden, um das Verhältnis der Privat- und öffentlichen Erziehung zu bestimmen.[56] Wir haben gesehen, dass der Staat ein größeres Interesse hat an der Erziehung der männlichen Jugend und dass die Erziehung der weiblichen größtenteils Privaterziehung ist. Bei der religiösen Gemeinschaft findet sich eine Gleichheit des Interesses, und so ist hier eine öffentliche Erziehung für beide Geschlechter bis auf denselben Punkt gleich nötig. Einen Bestimmungspunkt jener Ungleichheit der Erziehung für beide Geschlechter haben wir noch nicht gefunden.

Der Unterschied der Geschlechter ist etwas Gegebenes, und dies ist wahr in Bezug auf das Körperliche und Geistige; aber auf der anderen Seite ist es ebenso wahr, dass er sich erst allmählich entwickelt. Für beide Geschlechter also können wir eine Zeit unterscheiden, wo der Geschlechtsgegensatz noch nicht zur Erscheinung gekommen ist und wo also sein Einfluss auf die Erziehung auch noch nicht das Recht hat, in die Erscheinung zu treten. Wollte man vom ersten Augenblick an die Mädchen anders behandeln als die Knaben, so wäre dies ein Kastenwesen; in späterer Zeit dagegen ist eine ungleiche Behandlung vollkommen gegründet. Es gibt für beide Geschlechter eine Periode, wo die Geschlechtsdifferenz noch keinen Einfluss auf die Erziehung haben soll, und dann eine Periode, wo sie eine verschiedene Erziehung veranlassen muss, wo ein anderes Verhältnis für die Privat- und öffentliche Erziehung eintritt und die Erziehung nicht auf gleiche Weise fortgeführt werden kann. Hier muss also ein bestimmender, in der Entwicklung nicht zu verkennender Scheidungspunkt sein.

---

56 Im Gegensatz zu Platon führt Aristoteles (in seiner „Politik") die Unterscheidung zwischen privater Erziehung in der Familie und gemeinsamer im Staat ein. Die Beachtung dieser Differenz erhebt Aristoteles zur Voraussetzung der Sicherung der Freiheit und der Legitimation des Staates, in die Erziehung einzugreifen.

Es gibt eine Zeit, wo sich die Geschlechter abstoßen, und dies ist die Zeit, wo die Teilung in der Erziehung mit Recht angeht. Nehmen wir das zusammen mit dem, was wir über die Differenz einer höheren und niederen Erziehung gesagt haben, so fragt es sich, ob wir annehmen können, dass diese beiden Epochen zusammenfallen, wo sich die Differenz der Erziehung manifestiert und wo sich die Anlagen und die äußeren Verhältnisse entschieden haben. Beide Epochen sind nicht identisch, denn die eine bezieht sich auf etwas Konstantes für alle Zeiten und Völker, die andere auf etwas Differenziertes. Der Zeitpunkt, wo das Bewusstsein der Geschlechtsdifferenz erwacht, fällt in den, wo das höhere Selbstbewusstsein noch schläft, und die Erziehung, die eine andere Richtung nehmen soll, muss sich erst in einer späteren Zeit entscheiden.

Es gibt also drei verschiedene Perioden der Erziehung: Die erste charakterisiert sich durch die Möglichkeit und Ratsamkeit einer gleichmäßigen Behandlung beider Geschlechter; in der zweiten tritt die Differenz in der Behandlung heraus: Die Erziehung der weiblichen Jugend wird Privatsache, in der Erziehung der männlichen waltet das politische Interesse und die Gemeinschaft des Erkennens vor; in der dritten kann man dem Einzelnen für die Zukunft sein Prognostikon stellen, und so kann hier die Erziehung ihre bestimmte Richtung nehmen. Alle Maximen der Erziehung sind also nach diesen verschiedenen Perioden zu modifizieren und wir müssen stets auf dieselben Rücksicht nehmen.

Wir kommen jetzt auf eine andere Frage. Wir sind davon ausgegangen, dass die Erziehung mit dem Leben selbst anfängt, aber dass sie sich erst allmählich entfaltet. Nun ist aber doch während dieser Zeit[57] die Erziehung nicht das einzige Agens, sondern es wirken auf den sich entwickelnden Menschen noch andere Potenzen außer der Erziehung. Betrachten wir diese aus dem Gesichtspunkte der Erziehung, so zerfallen sie in solche, die mit der Tendenz der Erziehung zusammenstimmen, und in solche, die ihr entgegenwirken. Die letzten sind schlechthin regellos gemischt, denn es geschieht vieles, was nicht mit der Absicht der Erziehung übereinstimmt; aber dies würde im Ganzen beweisen, dass die Erziehung im Widerspruch stände mit dem Leben selbst. Unsere Voraussetzung ist also folgende: Bei der Erziehung des Menschen erfolgen Einwirkungen auf ihn, die nicht abzuwenden sind und teils mit der Erziehung zusammenstimmen, teils ihr widerstreiten. Die ganze Erziehung können wir von diesem Gesichtspunkte aus betrachten als ein Verhältnis des erziehenden Willens zu den Einwirkungen auf den Zögling, die von selbst entstehen.

---

57 Platz (SW III/9, S. 713): „Nun ist aber doch während der Zeit der Erziehung diese selbst nicht das einzige Agens".

[Einleitung] 95

Besteht nun das Wesen der Erziehung darin, dass nur die übereinstimmenden Einwirkungen[58] durch die Erziehung selbst zusammengehalten oder beschleunigt werden, oder darin, dass die Erziehung diejenigen Einwirkungen aufzuheben sucht, die ihrer Tendenz widerstreiten, oder ist sie aus beiden gemischt?[59]

12. Vorlesung (17. November 1820)

Dass die Erziehung ganz auf diese verschiedenen Fälle reduziert werde, bedarf noch der Erläuterung, weil man denken kann, dass sie nur ein Teil der ganzen Erziehung seien und dass diese doch auch etwas ausrichten könne, was durch die mitwirkenden Fälle weder verhindert noch hervorgebracht wird, und dass man dieses besonders betrachten müsse. Wir wollen voraussetzen, es könne etwas im Menschen bewirkt werden, was von demjenigen verschieden sei, was auch ohne die Erziehung bewirkt werden könnte. Diese Voraussetzung ist in sich selbst nichtig und nichts kann aufgestellt werden, was spezifisch als ausschließliche Folge der Erziehung angesehen werden kann. Erziehung ist die absichtliche Einwirkung auf den in der Entwicklung begriffenen Menschen, und wir müssen daher alle unabsichtlichen Einwirkungen davon sondern.[60]

Das gesellige Leben besteht nun aber einmal darin, dass wir einander unsere Gesinnungen mitteilen. Sobald das Kind fähig wird, so erregt zu werden, so ist die Mitteilung der Gesinnungen eine unabsichtliche Einwirkung, und was dadurch geschieht, geschieht teils mit der Erziehung, teils ohne dieselbe. Das gesellige Leben besteht auch darin, dass wir einander Rede stehen und unsere Erfahrungen und Kenntnisse aufeinander übertragen. Wenn nun im Kinde die Wissbegierde erwacht, so muss man ihm auch Rede stehen, und es fragt auch wohl Leute, die es nicht erziehen, und so erfolgt die Mitteilung von Kenntnissen auch ohne Erziehung. Ebenso ist das gesellige Leben eine bestimmte Einwirkung von einer anderen Seite, indem einige den Ton angeben und andere nachahmen, und die Tonangeber erwarten auch, dass die anderen ihnen folgen. Überhaupt kommt in dem Verhältnisse der Erwachsenen gegen die Jugend vieles vor,

---

58 Platz (SW III/9, S. 713): „daß nur die mit der Erziehung übereinstimmenden Einwirkungen".
59 Hier wird die Notwendigkeit einer Transformation gesellschaftlicher Einwirkungen auf die Erziehung in pädagogisch legitime diskutiert.
60 Die Unterscheidung von absichtlich und unabsichtlich hat jüngst Wolfgang Sünkel (2008) in seinem Aufsatz über Protopädie und Pädeutik ausgelegt.

was gegen die Idee der Erziehung und was ihr gemäß ist, alles aber unabsichtlich.

Alle Einwirkungen der Erziehung, die unter dem Begriffe der Nachahmung stehen, sind auch ein Produkt des Lebens ohne die Absicht des Erziehers. Auch die Erregung des sittlichen Gefühls kommt im Leben wie in der Erziehung vor. Die Erziehung hat also keinen eigentümlichen Zweck, sondern was sie hervorbringen will, ist dasselbe, was unter anderen Formen und unabsichtlich durch das Leben selbst geschieht, und was sie hemmen will, findet auch im Leben seine Hemmung.

Daher ist die obige Frage richtig gestellt. Allein es kann scheinen, als sei es überflüssig, jene drei Fälle noch zu sondern; wir können uns aber von der Beantwortung derselben deshalb nicht dispensieren, weil schon die verschiedenen möglichen Theorien wirklich aufgestellt worden sind. Es gibt nämlich zuerst die Ansicht der Erziehung, dass sie nur Gegenwirkung sein soll gegen das, was im Leben selbst sich ihrer Idee entgegen entwickelt. Dies ist der ausschließend negative Charakter der Erziehung. Andere haben die Idee aufgestellt: Sie solle nur alle bildenden Einwirkungen, die im Leben selbst liegen, verstärken, und brauche dann, was im Leben ihr entgegen geschieht, nicht zu berücksichtigen, sondern wenn sie sich nur mit dem Analogen einige, werde sich ihr Zweck schon erreichen lassen. Neben beiden gibt es die beides vereinigende Theorie. Dies alles ist jedoch noch kein hinreichender Grund, jene verschiedenen Fälle einzeln zu untersuchen, denn will man eine Theorie aufstellen, so braucht man nicht auf die vorhandenen Rücksicht zu nehmen.

Aber es drängt sich uns bei diesen verschiedenen Ansichten noch eine Frage auf, die erst zu beantworten ist. Sagen wir: Gäbe es auch keine absichtlichen Einwirkungen, so würde sich im Menschen doch dasjenige entwickeln, was die Erziehung eigentlich will, – so ist dies doch das Gute, und was sich neben der Erziehung entwickelt, das entweder absolut oder relativ Böse. Sagt man nun: Die Erziehung muss nur das Gute unterstützen, das sich von selbst entwickelt, so wird dadurch eine Ungleichheit zwischen Gutem und Bösem der Behandlung nach gesetzt, und sagt man: Die Erziehung muss nur dem Bösen entgegenwirken, das von selbst entsteht, so wird auch dadurch eine Ungleichheit gesetzt. In beiden Fällen findet eine ungleiche, aber nach der entgegengesetzten Seite hin liegende Behandlung statt, und nur, wenn man beides kombiniert und sagt, man möchte das Gute unterstützen und dem Bösen entgegenwirken, ist eine Gleichstellung vorhanden.

Was ist nun das Richtige? Denn wenn wirklich eine von den beiden einseitigen Ansichten wahr wäre, so wäre die kombinierende Ansicht nachteilig. Um jene Frage zu beantworten, fragen wir: Worauf beruhen diese entgegengesetzten Ansichten? Betrachten wir zuerst die einseitigen Theorien und fragen nach der jeder zum Grunde liegenden Ansicht.

Der Theorie: Die Erziehung muss nur die natürliche Entwicklung des Guten unterstützen, aber dem Bösen nicht entgegenwirken, können zwei Ansichten zum Grunde liegen: 1) Dass das Böse etwas Geringfügiges sei, das vom Guten überwachsen werden würde; 2) dass das Böse im Menschen so fest sitze, dass man es unmittelbar nicht mit Erfolg angreifen, sondern nur durch Stärkung und Vervielfältigung des Guten verringern und einschränken könne. Ebenso liegt der Theorie: Das Gute kann man sich selbst überlassen, aber dem Bösen muss man entgegenwirken, die Ansicht zum Grunde, dass das Gute dem Menschen natürlich ist und dass man es nur von den Hindernissen, von dem dazwischenkommenden Bösen zu befreien braucht. Hier kann man nicht sagen wie bei jener Theorie: Hieraus scheine hervorzugehen, dass die wahre Theorie die sei, dass das Böse dasjenige sei, dem man nur auf eine indirekte Weise beikommen könne, und dass man sich den vergeblichen Kampf mit der Natur ersparen müsse, indem man das Böse durch die absichtliche Einpflanzung des Guten zu hemmen suche.

Die vereinigende Theorie scheint die Einseitigkeiten auszugleichen, indem sie annimmt: Das Böse ist zwar natürlich, kann aber durch Gegenwirkungen unterdrückt werden, und das natürliche Gute bedarf auch einer Unterstützung. Aber gewöhnlich weiß man nicht recht, wie man sich diese ursprüngliche Gleichheit des Guten und Bösen vorstellen soll, und offenbar konstruiert sich großenteils die Ansicht von der menschlichen Natur nur nach einer jener einseitigen Theorien. Einige sagen, das Böse sei dem Menschen angeboren, und dies ist nicht bloß eine christliche Theorie; andere meinen, der Mensch würde ganz gut sein, wenn er nicht durch die Gesellschaft verdorben würde, wie Rousseau[61]. Beide Theorien haben am tiefsten in die Erziehung eingegriffen und die meisten Menschen teilen sich darin. Die letzte Theorie befriedigt jedoch am wenigsten. Es gibt keinen Augenblick im Leben, der in der Gewalt des Erziehers steht, wo er nicht entweder das Gute unterstützen oder das Böse unterdrücken könnte. Wer nun eine jener Theorien hat, weiß stets, was er zu tun hat. Wer dagegen eine kombinatorische Theorie hat, ist seiner Sache gar nicht sicher und kommt auf das bloße Gefühl zurück und wählt überall dasjenige, was entweder das Nächste ist oder den meisten Erfolg hat.

---

61 Vgl. Rousseau (1762) [13]1998, z. B. S. 9. Allerdings versteht Rousseau unter der bonté naturelle keine ursprüngliche Sittlichkeit, sondern die Fähigkeit des Menschen, zwischen Gut und Böse zu unterscheiden.

So liegen uns zwei Fragen zur Beantwortung vor: 1) Was ist denn die richtige Ansicht über das Verhältnis der menschlichen Natur zum Guten und Bösen und 2) was ist der Vorzug derjenigen Theorie, dass man die Anwendung der Unterstützung des Guten und Unterdrückung des Bösen gleich findet oder dass man sie dem Gefühl überlässt. Die letzte Frage ist am leichtesten zu beantworten.

Also was ist Theorie überhaupt? Was wir so zu nennen pflegen, bezieht sich stets auf eine Praxis, und dies hat der Sprachgebrauch festgestellt, denn nur wunderliche Leute reden von theoretischen Wissenschaften. Wie verhält sich nun die Theorie zur Praxis? Diese als das Erfahrungsmäßige ist immer eher, und die Theorie kommt erst hinterher, wenn man überlegt, wie man dazu kommt, es gerade so zu machen und nicht anders. Ehe also die Theorie entsteht, setzt man voraus, dass es im Menschen etwas gebe, was die Praxis bewirkt, und dass die Praxis nicht durch die Theorie[62] bewirkt werden soll.

Dies findet sich bei allen Künsten und die Menschenbildung ist auch eine Kunst. Es ist eigentlich nicht nötig, dass die Theorie die Formel für die Anwendung in sich enthalte, sondern sogar nicht einmal möglich, und wo dieses Verhältnis eintritt, dass mit der Theorie die Regel der Anwendung gegeben ist, sodass man nicht mehr fehlen kann, da ist keine Theorie mehr, sondern nur mechanische Vorschrift, z. B. das Arithmetische und Geometrische. Das ist der Unterschied zwischen Kunst und Mechanismus.

So kann eine Theorie der Musik und Malerei aufs Beste von einem aufgestellt werden, der diese Künste selbst gar nicht ausüben kann. Theorie ist Folge der Betrachtung über die Praxis. Die Betrachtung ist aber etwas Allgemeines, und die richtige Anwendung setzt das Erfindungsvermögen in der Kunst voraus. Wenden wir dies auf die beiden verschiedenen Theorien der Erziehung an, so müssen wir sagen: Diejenige Theorie, welche beide zu verbinden pflegt, ist um deswillen nicht die schlechtere, weil wir bei ihrer Anwendung in jenes Dilemma geraten, denn die Theorie

---

62 Statt „Praxis nicht durch die Theorie" in der Nachschrift: „Theorie nicht durch die Praxis". – Hier wird nicht im Sinne der antiken Vorstellung eines zeitlichen Beginns mit einer gewöhnenden Erziehung argumentiert; der Vorrang der Praxis gegenüber der Theorie lässt zu, dass sich auch in der Praxis neue Formen finden, die hernach theoretisch reflektiert werden. Vgl. die viel zitierte Passage in der Pädagogik-Vorlesung von 1826, an der Schleiermachers Grundlegung der Pädagogik als praktische Wissenschaft diskutiert wird: „Die Dignität der Praxis ist unabhängig von der Theorie; die Praxis wird nur mit der Theorie eine bewußtere." (SW III/9, S. 9). Vgl. auch Schleiermachers Vorlesungen über die Ästhetik (SW III/7, S. 1).

[Einleitung]

soll nicht über die Anwendung entscheiden, sonst wäre sie Mechanismus, sondern sie soll ein Maßstab zur Beurteilung für denjenigen sein, der Liebe und Lust zur Erziehung hat; die Theorie soll ihn das Rechte in mehreren Fällen finden lehren, wo er's im Einzelnen schon von selbst gefunden hätte. Die Appellation an das Gefühl macht also die Theorie nicht schlechter. Als Theorien sind die anderen beiden Theorien schlechter, obgleich sie auch Theorien bleiben, denn ihr Gebiet der Anwendung ist nicht mehr ganz so groß.

Wir kommen nun auf die andere Frage: Indessen ist die Beantwortung jener Frage die Hauptsache, und diese Frage auf allgemeine Weise, nach allgemeinen Prinzipien zu entscheiden, ist hier nicht der Ort.[63] Berufen können wir uns auch nicht auf eine allgemein entschiedene und entscheidende Antwort, sondern müssen sie in Bezug auf unseren Gegenstand beantworten. Die zwei Hauptaufgaben bei der Erziehung sind folgende: 1) Den Menschen tüchtig zu machen für die Gemeinschaften, in die er eintreten soll, und 2) seine eigentümliche Natur zu entwickeln.[64]

13. Vorlesung (22. November 1820)

Sagen wir in Beziehung auf die erste Aufgabe, man habe nur nötig, dasjenige in Schranken zu halten, was dem Gemeingeist der bürgerlichen Gesellschaft zuwider ist, was Verwirrung ins Gebiet der Sprache bringt, u.s.w.: So muss im Menschen schon Anlage sein und auch die äußeren Umstände müssen uns helfen. Also nur dann dürfte die Erziehung ihre Bemühungen besonders auf die negative Seite wenden. Hebt man das Gegenteil hervor, so liegt darin ein Misstrauen gegen die übereinstimmenden Einwirkungen des Lebens in dieser Hinsicht und das scheint darauf hinauszugehen, dass in diesem Charakter der bürgerlichen Gesellschaft, des Erkennens und der Religiosität etwas Willkürliches sei, denn hätten

---

63 Platz führt aus, um welche Fragen es sich jeweils handelt (SW III/9; S. 719): „Nachdem wir so die Frage über die Anwendbarkeit der Theorien entschieden haben, ist uns nun aufgegeben die andere Frage über die Wahrheit der Theorien zu beantworten. Die Frage, Was ist wol die richtige Ansicht über das Verhältnis der menschlichen Natur zum guten und bösen? müssen wir uns vorlegen mit Beziehung auf die beiden Hauptaufgaben der Erziehung, den Menschen tüchtig zu machen für die Gemeinschaften in die er eintreten soll, und, seine eigenthümliche Natur zu entwickeln."

64 Die doppelte Aufgabenstellung der Erziehung, die Eigentümlichkeit zu entwickeln und für die Teilnahme an den großen Gemeinschaften zu erziehen, ist bereits Thema in Schleiermachers Pädagogik-Vorlesung von 1813/14 (SW III/9, S. 593) und wird in der Vorlesung von 1826 entfaltet. (SW III/9, S. 48 ff.)

sich diese Formen, die nun gerade sind, in keinem jener Gebiete von selbst entwickelt, so wären sie willkürlich. Aber die Willkür hat kein festes Ziel, und so ginge die Theorie der Erziehung ganz verloren, denn jeder könnte dann irgendeinen Typus zum Vorschein bringen wollen und würde danach erziehen, und wäre keine allgemeine Methode möglich. Dies ist auch der Fall in Zeiten, wo entweder die Lebendigkeit in der Gemeinschaft verloren ist oder wo ein Gefühl von Unzufriedenheit überhand genommen hat und die zufälligen Unvollkommenheiten nicht gutgemacht werden durch ein Gefühl von der Notwendigkeit des Wesentlichen. In diesem Falle gibt es aber keine Theorie, sondern nur Manieren, bei denen also die jedesmalige Zeit der Maßstab wäre.

Die zweite Aufgabe der Erziehung ist, die persönliche Eigentümlichkeit im Einzelnen zu entwickeln. Sagt man auch hier, die Erziehung müsse sich bemühen, das abzuwenden oder zu vernichten, was sich von selbst im Menschen gegen diese persönliche Eigentümlichkeit gestaltet, so könnte man glauben, dergleichen könne sich gar nicht gestalten. Aber wir finden doch immer zweierlei, was die Ausbildung der persönlichen Eigentümlichkeit zurückhält, mag sie auch angeboren sein. 1) Liegt die Nachahmung in der geselligen Natur der Menschen und ohne dieses Prinzip kann er sich nicht entwickeln. Ist der Einzelne von vielen umgeben, die wenig analog mit ihm sind, oder herrscht im Leben ein strenger Typus, sodass persönliche Eigentümlichkeit nichts gilt, so wird seine eigene zurückgedrängt, wie bei den Chinesen. 2) Hemmt die Entwicklung der persönlichen Eigentümlichkeit ein Mangel an Widerstandskraft im einzelnen Menschen. Jeder tritt dem anderen in den Weg, weil eine enge Gemeinschaft der Menschen in der Periode notwendig ist, wo die Bildung vollendet werden soll. Gibt nun der Einzelne nach, wo er Widerstand findet, so verkrüppelt seine Eigentümlichkeit aus Feigherzigkeit. So ist es denn möglich, dass man sagt: Die Erziehung muss nur gegen diese Hindernisse ankämpfen und dafür sorgen, dass der Nachahmungstrieb nicht vorherrsche und dass der Mensch nicht in Feigherzigkeit versinke; und dass man auf der anderen Seite sagt: Man muss die Selbstständigkeit hervorrufen.

Hiernach müssen wir sagen: Soll es eine Theorie geben, so können wir nur von der einen Voraussetzung, entweder der Hemmung oder der Unterstützung, ausgehen. Aber wenn wir dies in Beziehung auf die beiden Aufgaben der Erziehung näher betrachten, so erscheint es anders. Wir haben eingestanden, dass die persönliche Eigentümlichkeit sich nur allmählich entwickelt. Jede allmähliche Entwicklung kann freilich so konstruiert werden, dass man das sich Entwickelnde als eine unendliche Größe betrachtet. Nun aber bewirken doch nur Hemmungen die allmähliche Entwicklung. Dies ist aber dasselbe mit der Ansicht, dass die Kraft,

[Einleitung] 101

womit sich die persönliche Eigentümlichkeit entwickelt, beschränkt ist und nur ein gewisses Maß des Widerstandes überwinden kann. Man kann sie aber zugleich unterstützen und ihr zugleich noch mehr entgegenarbeiten.[65]

Gehen wir auf die andere Aufgabe der Erziehung, den Menschen für die Gesellschaft auszubilden, so müssen wir sagen: Wenn es im Einzelnen kein natürliches Verhältnis zu den Gemeinschaften gibt, in welche er treten soll, so herrscht hier bloße Willkür. Ist ihm aber die Liebe zu diesen Gemeinschaften angeboren, so wird er sich in ihren Formen entwickeln, und dann braucht man in ihm nur dem Einzelnen entgegenzuarbeiten, was dem allgemeinen Typus einer solchen Gemeinschaft widerstrebt, und hier wird es im Leben selbst viele Einwirkungen geben, wodurch sich der Gemeingeist dieser Gesellschaften dem Einzelnen mitteilen wird. Aber bedenken wir, dass auch hier eine Differenz des Bewusstlosen und des Bewussten stattfindet, und dass der Einzelne kräftiger steht, wenn er ein Bewusstsein seines Verhältnisses zur Gesellschaft hat, so liegt es der Erziehung ob, das Hervortreten dieses Bewusstseins zu befördern, und so führt uns auch hier die eine Voraussetzung auf die entgegengesetzte.

Hier scheinen wir also auf die gemischte Theorie zurückzukommen. Nur das scheint nicht genug, wenn man sagt, man müsse die beiden anderen Theorien miteinander verbinden. Das Rechte scheint darin zu liegen, dass die entgegengesetzten Ansichten auf dieselbe hinausgehen, sodass sie identisch sind und die Wahrheit jeder in der Verbindung mit der anderen liegt. Es ist nicht möglich, dass die Erziehung eine ihren Zweck begünstigende Einwirkung unterstütze, ohne zugleich einer sie hemmenden Potenz entgegenzuwirken, und wieder ist es nicht möglich, dass die Erziehung einem Zustande[66] entgegentrete, ohne zugleich positiv zu wirken; beide Seiten – die positive und die negative – müssen immer miteinander verschmolzen sein.

Denn der Mensch ist ja ein Agens. Dies alles wird sich durch die unmittelbare Anschauung des ganzen Prozesses am besten ergeben. Bei dem Bestreben, der Nachahmung oder Blödigkeit in einem Menschen entgegenzuwirken, muss etwas sein, das positiv die Entwicklung seiner persönlichen Eigentümlichkeit begünstigt, denn sonst wird die Wirkung der Erziehung etwas Mechanisches. Man kann z. B. der Feigherzigkeit entgegenwirken durch die Furcht selbst; dann ist zwar eine bestimmte Wirkung aufgehoben, aber die Neigung des Menschen, so auf sich einwirken zu las-

---

65 Göttinger Nachschrift, S. 35: „Nun kann man sagen ich muß dem Entgegenstrebenden entgegen arbeiten und das Mitwirkende unterstützen."
66 Platz (SW III/9, S. 723): „einem ihren Zwekk hemmenden Zustand".

sen, ist nur befördert. Der Feigherzigkeit kann man auch durch die Lust entgegenwirken, indem man auf die Behauptung der Freiheit einen Preis setzt. Aber so ist nur eine andere Form an die Stelle der Feigherzigkeit gekommen, denn auch die Lust kann feigherzig machen. Es gibt keine positive Unterstützung, die nicht zugleich ein Widerstand gegen das Widerstrebende wäre.

Unterstützen wir die persönliche Eigentümlichkeit des Menschen, so wird er dem Nachahmungstriebe nicht mehr nachgeben, und ist er sich seiner Persönlichkeit als einer Realität bewusst, so wird die Feigherzigkeit unterdrückt. Indem wir dieses sich vereinigen sehen, müssen wir sagen, das Rechte sei, die beiden Wirkungsarten, die positive und negative Erziehung, zu verbinden, nur nicht so, dass man beide als verschieden, sondern so, dass man beide als dasselbe ansieht.

Dies kann man auch so ausdrücken: Trennt man beide Richtungen der Erziehung, so ist es nicht zu vermeiden, dass man jede von beiden auf eine untergeordnete Weise behandelt, also die negative Behandlung durch die Furcht, die positive durch die Hoffnung bewirkt, oder: sie erreichen beide ihre Idee nicht. Vereinigt müssen sie werden, und die Wirkung erscheint dann zugleich positiv und zugleich negativ, die Absicht der Erziehung fördernd und hemmend.[67] Als einen entgegengesetzten Charakter der beiden Hauptabsichten der Erziehung können wir unterscheiden, dass bei der Hineinbildung in die Gesellschaft das Negative, bei der Entwicklung der persönlichen Eigentümlichkeit das Positive die Oberhand hat, obgleich man beim ersten Blicke meinen sollte, es müsse gerade umgekehrt sein.

14. Vorlesung (24. November 1820)

In Beziehung auf beide Aufgaben der Erziehung haben wir etwas Angeborenes angenommen, woran dieselbe anknüpfe. Allein dieses ist in beiden Beziehungen nicht dasselbe. Beide haben miteinander gemein, dass das Angeborene sich erst allmählich entwickelt; allein es ist hier der Unterschied, dass in Beziehung auf den angeborenen Typus des gemeinsamen Lebens eine gegründete Voraussetzung stattfindet; die einzelne Natur hingegen lässt keine Voraussetzung zu, denn eine Ähnlichkeit mit Vater oder Mutter lässt sich gar nicht voraussetzen.[68] Nimmt man nun beides

---

67 Platz (SW III/9, S. 724): „das entgegenstrebende hemmend".
68 Platz (SW III/9, S. 724): „Aber nun tritt gerade hier der Unterschied ein, daß wir den angeborenen Typus des gemeinsamen Lebens schon mit Grund voraussezen können, und es kann also in dieser Beziehung die unterstüzende Thätigkeit als-

[Einleitung] 103

zusammen, so scheint das Gegenteil des Ausgesprochenen zu folgen. Denn wenn der allgemeine Typus im Voraus bekannt ist, so kann der Erzieher etwas tun, ihn zu unterstützen; der positive Charakter scheint also mehr in der gemeinsamen Seite der Erziehung einheimisch zu sein. Bei
5 der Entwicklung der Persönlichkeit hingegen muss man erst die Entwicklung des Einzelnen überhaupt abwarten, um ein Ziel zu haben.

Aber dieser ganze Gegenstand ist von einer anderen Seite zu betrachten. Wir haben schon erwähnt, was die Entwicklung der persönlichen Eigentümlichkeit hemmt, nämlich der Nachahmungstrieb und Mangel an
10 Widerstandskraft. Was würde nun, wenn es keine absichtlichen Bemühungen der Erziehung gäbe, geschehen, um die Entwicklung der persönlichen Eigentümlichkeit zu begünstigen? Nichts, als was die Basis der Erziehung selbst ist: Lust und Freude an dem sich entwickelnden Leben. Wäre diese in den Umgebungen des Kindes, so würden sich der Entwicklung der
15 Persönlichkeit keine Hindernisse in den Weg legen. Aber eine solche Teilnahme ist nur der moralischen Nähe nach vorhanden.

Fragen wir ebenso in Bezug auf die andere Hauptaufgabe der Erziehung, den Menschen für die Gesellschaft zu bilden, was hier geschähe, wenn es keine absichtliche Erziehung gäbe: So müssen wir antworten,
20 dass eben das, was die individuelle Entwicklung hindert, diese Entwicklung fördern wird. Schon der Nachahmungstrieb wird jeden in den Typus des gemeinsamen Lebens einführen, ebenso das Gefühl, wie wenig der Einzelne gegen die Masse ist, welches den Grund zur Blödigkeit[69] legt. Die Erziehung für die Gemeinschaften findet also Hilfsmittel genug und
25 man braucht hier den Menschen nur den unvermeidlichen und natürlichen Einflüssen zu überlassen. Alle positive Kraft der Erziehung soll sich jedoch nicht von diesem Gebiete zurückziehen, aber mehr negativ das in der Entwicklung der Persönlichkeit dem Hineinbilden in die Gemeinschaften Feindselige, d. h. das Egoistische, Launenhafte und Willkürliche
30 zurückdrängen.

Auf dem Gebiete der individuellen Entwicklung kann die Erziehung nicht sehr schnell positiv werden, weil die natürlichen Anlagen des Menschen sich erst allmählich entwickeln. Weil aber diese Entwicklung so langsam vor sich geht, und zwar stoßweise, so ist es natürlich, dass die
35 Erziehung den Exponenten dieser Entwicklung zu beschleunigen und sie

---

bald beginnen; dagegen ist in Rüksicht auf die persönliche Eigenthümlichkeit keine so bestimmte Voraussezung zulässig, und es scheint daher als könne hier um so weniger die Unterstüzung eintreten, als man erst in späterer Zeit die Eigenthümlichkeit bestimmt erkennen kann; denn aus der Aehnlichkeit mit Vater und Mutter läßt sich wohl kein entscheidender Schluß ziehen."
69 „Blödigkeit" meint hier Furchtsamkeit, Zaghaftigkeit, Schüchternheit (Adelung).

positiv zu unterstützen sucht, und die Aufgabe ist, wie dies am besten geschehen könne. Eigentlich, müssen wir sagen, hat sich der Mensch erst ausgebildet, wenn die Erziehung vorüber ist. Bei der Entwicklung der Persönlichkeit ist also besonders eine frühe positive Unterstützung nötig. Dies erhellt auch aus der Natur dessen, was der individuellen Seite der Erziehung entgegen ist, d. h. des Nachahmungstriebes und der Feigherzigkeit. Beide darf man nicht ganz unterdrücken, denn das wäre für die gemeinsame Seite der Erziehung gefährlich. Z. B. ein starker Nachahmungstrieb im Kinde darf nicht unterdrückt werden, aber er ist und bleibt etwas Bedenkliches für die Entwicklung der persönlichen Eigentümlichkeit.

Nach dieser Betrachtung stellt sich die Sache so, dass die eine Aufgabe der Erziehung, den Menschen für die Gemeinschaft, worin er geboren ist, zu bilden, mehr durch die negative Form erreicht wird; die andere, die Entwicklung der persönlichen Eigentümlichkeit, mehr durch die positive. Aber stets muss beides geschehen, denn beides ist in beiden. Durch das Hervortreten der Eigentümlichkeit wird der Nachahmungstrieb zurückgedrängt, aber insofern dieser heilsam ist, wird er dadurch nicht gehindert werden, denn der gemeinsame Typus muss alle Individualitäten in sich aufnehmen können. Das Egoistische und Launenhafte tritt dem gemeinsamen Leben am meisten entgegen, und was hiergegen anstrebt, wird wieder positiv für die Entwicklung des gemeinsamen Typus wirken.

Wenn wir nun durch eine frühere Untersuchung die Erziehung in verschiedene Perioden geteilt haben, so haben wir sie hier geteilt in zwei relativ einander entgegengesetzte Formen, die sich durch jene Perioden verschieden hindurchziehen werden. So ist auch unsere Aufgabe schon bestimmter geworden.

Hier schließt sich eine andere Betrachtung an. Wir sahen bei der vorigen, dass stets Einwirkungen auf den Menschen, der erzogen werden soll, geschehen würden, und fragten, wie sich die Einwirkungen des Erziehers zu den unabsichtlichen verhalten müssten. Ist aber die Trennung des Absichtlichen und Unabsichtlichen richtig? Ist alles beim Erzieher absichtlich und mit Bewusstsein nach einer Bewusstlehre eingerichtet? Würden nicht stets unabsichtliche Einwirkungen auch von denen selbst ausgehen, die in der Erziehung begriffen sind? Ja! Wir sind uns in unserem Leben mit der Jugend keineswegs stets der Erziehung bewusst, und wenn das Bewusstsein auch nie verschwindet, so tritt es doch zurück im freien Leben mit der Jugend. Wie verhalten sich nun diese verschiedenen Einwirkungen des Erziehers gegeneinander? Sie scheinen in Bezug auf den letzten Punkt einander entgegengesetzt zu sein. Wenn wir nämlich denken, dass wir in einem freien Leben mit der Jugend das Erziehen vergessen, so vergessen wir auch den fixen Unterschied zwischen Erwachsenen und Kindern.

Wonach richten wir denn unser Verhalten gegen andere Menschen ein, insofern es nicht durch Pflichtverhältnisse bestimmt ist? Nach dem Gesetze des reinen freien Mitgefühls, sodass wir jedem zum bewussten Genusse seines Daseins zu helfen suchen. Das ist aber die Sache des Moments,[70] denn was sich nicht auf den Moment bezieht, was auf die Zukunft geht, fällt wieder ins Gebiet der Pflichten. Denn ist das Mitteilen für die Zukunft auch noch etwas, so ist dies nur etwas Zufälliges. Geben wir uns nun den Kindern hin, so verhelfen wir ihnen zu einer momentanen Befriedigung, zum momentanen Genuss ihres Daseins. Betrachten wir dagegen die absichtlichen Bemühungen der Erziehung, so kommen wir auf das Entgegengesetzte, denn diese haben ihren Gegenstand in der Zukunft. So haben wir einen Gegensatz: Das unabsichtliche, freie Leben mit der Jugend kann nur den Charakter haben, ihr zur Befriedigung in der Gegenwart zu verhelfen; die Erziehung dagegen opfert die Gegenwart der Zukunft auf.

Wie soll man diese entgegengesetzten Tätigkeiten in Übereinstimmung bringen? Hier finden sich verschiedene Theorien: Einige Erzieher spielen mit den Kindern, andere wollen das Spiel unter die Kinder untereinander verbannt wissen, denn die Einwirkungen der Erwachsenen müssten den Moment stets der Zukunft aufopfern.[71] Beide Einseitigkeiten sind

---

70 Vgl. Schleiermachers frühe (vor 1796 gehaltene und 1801 veröffentlichte) Predigt über Matthäus 6, 34, in der er der Frage nachgeht: „Haben wir wol Recht [...] wenn wir alles was wir in den frühern Jahren des Lebens thun und treiben, und wozu wir junge Gemüther die unserer Leitung anvertraut sind veranlassen, nur als eine Vorbereitung auf dasjenige ansehn was in späteren Jahren wird gefordert werden? So wird in der That alles was wir Erziehung und Bildung nennen von den meisten Menschen behandelt." Schleiermacher empfiehlt hingegen: „Wenn wir bei Kindern weniger daran denken, daß sie Knaben und Jünglinge werden, als daß sie Kinder sein sollen; wenn wir nur dasjenige für sie und in ihnen hervorzubringen suchen was ihr kindliches Leben schön und in seiner Art vollkommen machen kann; wenn wir so mit unserer hülfreichen Liebe die allmählige Entwikkelung der menschlichen Natur mehr begleiten als beschleunigen: so wird jede Erkenntniß die wir unseren unmündigen mittheilen, jede Anleitung zur Weisheit die wir ihnen geben können, die beste Stelle finden, und es wird auch für die zukünftige Zeit ohne Sorge am besten gesorgt sein." (SW II/1, S. 136–138) Sowohl in seiner Pädagogik-Vorlesung von 1813/14 (9. Stunde; SW III/9, S. 598 f.) als auch in der von 1826 (SW III/9, S. 70–79) lehnt er die Aufopferung eines Moments für die Zukunft ab.
71 Als Kritiker einer spielenden Pädagogik ist in erster Linie an Hegel zu denken (Hegel 1965, S. 101 f. und Hegel 1964, § 175, S. 253 f.). Als Anhänger einer spielenden Pädagogik zeigten sich zum Teil die Philanthropen; zu den Spielen in Basedows Philanthropin vgl. F. G. Schummel: Fritzens Reise nach Dessau. Leipzig 1776 (in: Benner, Kemper 2000, S. 187–198). – Dass der Gegensatz von Spiel

verderblich und besonderes die letzte macht das Leben so schroff, dass Liebe und Freude der Kinder an dem Verhältnis mit den Erziehern nicht aufkommen kann. Wenn nun die einseitigen Theorien unrichtig sind, so ist wieder ein Bedürfnis des Ausgleichens zu einer Zusammensetzung vorhanden, wobei es sich nur fragt, ob es an einem Prinzip dazu fehlt. Denn was hülfe es zu sagen: Man muss das eine tun, und das andere nicht lassen? Auch hier müssen wir zu einer der vorigen analogen Auflösung kommen, die uns zeigt, dass beides eins und dasselbe und dass jener Gegensatz nur scheinbar ist. Wir können dies nicht einsehen, ohne das ganze Verhältnis zwischen den Kindern und Erwachsenen tiefer in seinen ethischen Gründen aufzusuchen, denn dies allein kann uns das Verhältnis der beiden Lebensformen, der freien und absichtlichen begreiflich machen.

15. Vorlesung (27. November 1820)

Jede einzelne Handlung, die in das Gebiet der Erziehung oder des Lebens mit der Jugend fällt, muss sich auf Gegenwart und Zukunft zurückführen lassen. Man hat häufig eine andere Art der Auflösung gesucht und gesagt, das Selbstbewusstsein der Nichterwachsenen sei nicht vollständig, und daher müsse man nicht mehr darauf sehen, was ihnen für den Augenblick zur Befriedigung gereiche, und sie selbst würden das in Zukunft billigen. Aber würde nicht jeder, dem ein Zögling stirbt, sich Vorwürfe machen, wenn er nicht seine Handlungen auf beide Gesichtspunkte reduzieren kann?[72]

Jene Ansicht ist also auch ungenügend. Vielmehr sind das Gebiet, worin die Aufgabe der Erziehung liegt, und das Gebiet des freien Zusammenlebens mit der Jugend dieselben. Es ist offenbar, dass die Kinder jedes Alters stets Bedürfnisse haben, die in das letzte Gebiet fallen. Sobald also in einem Moment des Lebens etwas aus dem Gesichtspunkte der

---

und Arbeit im Lernen nur ein scheinbarer sei, zeigt Schleiermacher mit Verweis auf das Üben in seinen Ausführungen zur Zwischenstellung des kindlichen Spiels, in dem Teile der Zukunft so antizipiert werden, ohne dass die erfüllte Gegenwart der ungewissen Zukunft geopfert wird. (SW III/9, S. 70–79 und S. 598 f.)

72 Platz (SW III/9, S. 732): „indeß die Sterblichkeit ist gerade in der Periode der Kindheit sehr groß. Wenn man die Gegenwart der Zukunft opfert, und diese tritt nicht ein: so muß der sich Vorwürfe machen der seine Handlungsweise in der Erziehung nicht auf beide Gesichtspunkte der Gegenwart und Zukunft reduciren kann." – Vgl. Rousseau (1762) [13]1998, S. 55: „Die Hälfte aller Neugeborenen erreicht höchstens das Jünglingsalter. Es ist also zweifelhaft, ob euer Schüler das Mannesalter erreicht." Im zweiten Buch von Emile kritisiert Rousseau eine Erziehung, die die Gegenwart einer ungewissen Zukunft opfert, als „barbarisch".

[Einleitung] 107

Zukunft geschieht, so ist jene Aufforderung gefährdet, und alles, was aus dem Gesichtspunkte der Erziehung geschieht, ist nur insofern richtig, als es dem gegenwärtigen Zustande der Jugend zukommt und ihr Befriedigung gewährt.

Nun aber gibt es keinen Augenblick, worin nicht etwas für die Erziehung geschehen könnte; lässt der Pädagog auch nur einen vorübergehen, so erscheint er als unvollkommen in seiner Kunst, denn er wird stets etwas sehen, was in seinen Zweck hineinfällt. Insofern nun nicht nur einige besonders zur Erziehung berufen sind, sondern auch jeder Erwachsene ein Teilnehmer derselben ist, so muss jeder jeden Moment zu diesem Zwecke benutzen, und jeder Augenblick im geselligen Verein muss die pädagogische Kunst mit sich haben. So ist beides dasselbe.

Man sagt[73] hiergegen: Es sei hier ein offenbarer Unterschied, denn das eine falle unter den Gesichtspunkt der Pflicht, das andere unter den Gesichtspunkt der Kunst. Denn die Anerkennung und Erfüllung der Ansprüche, die jeder an den anderen hat, ist eigentlich, was wir P f l i c h t nennen, und das rein menschliche Verhältnis, das an keine Zukunft denkt, ist Pflicht,[74] Erziehung aber Kunst, und die Kunst erscheint stets der Pflicht untergeordnet. Aber dieses Raisonnement können wir auch umkehren und sagen: Die Erziehung ist Pflicht, denn jeder ist ein Mitglied der Gesellschaft, worin der Zögling leben soll, und zur Erhaltung derselben verpflichtet, also zur Erziehung. Allein ebenso könnte man auf der anderen Seite erwidern: Das rein menschliche Verhältnis des Einzelnen zum anderen ist das Gebiet der allgemeinen Menschenpflicht. Betrachten wir es aber, wie es chaotisch daliegt und geordnet werden soll, so müssen wir sagen: Dies sei die Lebenskunst, die Ansprüche a l l e r so zu lösen und zu befriedigen, dass nichts zu verlangen übrig bleibt.

Dieser ganze Streit ist aber bloß scheinbar, und nur jene Formel hebt ihn auf. Die folgenden Bemerkungen werden uns den Weg bahnen zur näheren Erläuterung dieser Behauptung. Stellt man einander gegenüber das allgemeine ethische Gebiet und die Gebiete, für welche es Theorien gibt, also die K u n s t sind, z. B. die Erziehung, so muss jedes solche einzelne Gebiet im allgemeinen ethischen aufgehen. Wir brauchen das Wort K u n s t von der Erziehung schon uneigentlich, und eigentlich nur vom Gebiete der schönen Künste, die vom ethischen Gebiete sehr entfernt zu sein s c h e i n e n. Allein in jeder Kunst gibt es ein Steigen und einen Ver-

---

73 Statt „Man sagt" in der Nachschrift: „Sagt man".
74 Lies: erfordert auch pflichtmäßiges Handeln. Vgl. Platz (SW III/9, S. 729 f.): „und das rein menschliche Verhältniß in welchem wir mit anderen stehen und bei dem die Beziehung auf die Zukunft nicht vorhanden sei, erfordere nicht sowol ein kunstmäßiges sondern vielmehr ein pflichtmäßiges Handeln".

fall, und die Künstler sollen den Verfall abwehren. Dieser aber ist ein Element vom Verfall des ganzen gemeinsamen Lebens. Die Kunst soll der Moralität gar nicht dienen, sondern nur fühlen, dass sie ein Element davon sei.

Umgekehrt: Sieht man auf das rein ethische Gebiet und fragt, was in der Gesamtheit des Lebens geschehen müsste, damit die menschliche Natur vollständig da sei, so müssen daraus alle Gebiete, für welche es eine Kunstlehre geben kann, konstruiert werden, und das ethische Gebiet muss sich so weit ausdehnen, dass es jenes alles in sich fasst, und so gibt es keine Teilung. Es muss kein menschliches Verhältnis geben, das nicht kunstmäßig behandelt werden könnte, so auch die Erziehung. Die Aufgabe für alle Künste ist stets dieselbe, die Auflösung stets eine andere.

Es fragt sich, was der rechte Punkt sei, von dem aus wir jener Verbindungsformel beider Theorien in der Erziehung den rechten Wert geben können. Nämlich jeder Moment soll ein Zeugnis ablegen von dem freien Verhältnisse zwischen allen Menschen, zwischen der Jugend und dem Alter. Wie kann uns dies in der Erfahrung selbst leiten? Das eine Verfahren erscheint als eine gemeinsame Richtung der Kinder und Erwachsenen auf den gegenwärtigen Moment, und indem dies der Fall ist, so ist die Richtung auf die Zukunft negiert. Aus dem Gesichtspunkte der Erziehung aber scheint die Gegenwart stets der Zukunft aufgeopfert zu werden. Hier ist die Auflösung unmöglich, solange wir Gegenwart und Zukunft einander entgegenstellen. Dieser Gegensatz ist nämlich nur ein relativer, kein absoluter.

Unsere Frage kommt also darauf zurück, wie es mit diesem Gegensatze stehe. Wir haben schon angeführt, wie man sich gewöhnlich jene Schwierigkeit löst: Nämlich die Jugend werde es selbst in der Zukunft erkennen, und in dieser künftigen Zustimmung liege die Berechtigung des Erziehers, so zu verfahren, wie er verfährt. Das Unzureichende dieses Auskunftsmittels leuchtet ein. Wie verhält sich aber das gegenwärtige Bewusstsein der Kinder zu jedem künftigen? Eine für alle Zeitpunkte ihrer Entwicklung gleich gültige Antwort lässt sich hierauf nicht geben.

Solang sich die Kinder noch im Allgemeinen im Zustande der Bewusstlosigkeit finden, tritt die Schwierigkeit, das Verhältnis der Gegenwart gegen die Zukunft richtigzustellen, nicht ein. Dies ist die Ursache, warum viele glauben, es sei die leichteste Periode der Erziehung diejenige, wenn das Bewusstsein der Jugend noch nicht erwacht ist. Für diesen Zeitpunkt scheint es der Auflösung jener Schwierigkeit nicht zu bedürfen. Sehen wir auf das Ende der Erziehung, so hört die Schwierigkeit auch auf, denn da soll man den Menschen behandeln nach dem, was er selbst aus sich gemacht wissen will.

[Einleitung] 109

Also ist die Schwierigkeit zwischen beiden Punkten vorhanden. Wie ist denn nun das schon erwachte Bewusstsein der Jugend während dieser Zeit beschaffen? Hier findet sich eine Stufenfolge. Das Bewusstsein des Moments erwacht eher als die Sorge für die Zukunft; ist diese erst erwacht, so ist jene Schwierigkeit auch geringer, denn hier findet sich schon Vertrauen zum Erzieher. Die Schwierigkeit schränkt sich also ein auf den Zeitraum, wo das Gefühl der Gegenwart erwacht ist, die Sorge für die Zukunft aber noch nicht. Wie ist nun das Bewusstsein in diesem Augenblicke beschaffen? Man sagt von den Kindern, sie leben bloß in der Gegenwart; dies ist aber eine elegische Sage des Alters, das auf die Jugend zurücksieht. Als realer menschlicher Zustand ist jenes gar nicht möglich, denn wir kommen an die Grenze des Tierischen, wenn wir nicht in die Gegenwart auch die Divination[75] setzen. Sonst wäre gar keine Perfektibilität[76] möglich, denn das Tier bleibt stets in seinem Zustande, bei seinem Instinkt stehen.

Wollen wir die menschliche Natur als Einheit ansehen, wie wir doch nicht anders können, und wollen wir im Kinde schon die menschliche Tätigkeit erblicken, so können wir nicht anders, als in demselben, sobald die Kombination von Vergangenheit und Gegenwart da ist, auch die Kombination von Gegenwart und Zukunft setzen. So hat der Erzieher im Kinde selbst stets einen Fürsprecher: das divinatorische Vermögen dessel-

---

75 Divination (lat. divinatio): das Vermögen, in eine ungewisse, gestaltbare Zukunft zu schauen. Unter Divination wird hier die schöpferische Kraft des Kindes verstanden, in bildende Wechselwirkungen zur Welt einzutreten.

76 Rousseau spricht mit seinem Begriff der „perfectibilité" dem Menschen (als unmittelbar zu seiner Natur gehörend) die unbestimmte Fähigkeit zu, Fähigkeiten entwickeln zu können. Unter der Perfektibilität versteht er die auf kein Telos individueller und gesellschaftlicher Entwicklung hin finalisierte Bildsamkeit des Menschen (Rousseau 1755). Der Begriff der Bildsamkeit als einer weltoffenen Lernfähigkeit ist auch bei Schleiermacher, Humboldt, Herbart und Fichte zu finden. In seiner Pädagogik-Vorlesung von 1826 zeigt Schleiermacher: Unter Anerkennung der prinzipiellen „Unentschiedenheit der anthropologischen Voraussetzungen" kann Erziehung weder allmächtig sein wollen, als wäre die Bestimmung eines Menschen durch Erziehung herbeizuführen, noch eine „Beschränktheit der Erziehung" annehmen und von der Auffassung ausgehen, dass der Mensch durch seine Anlagen determiniert sei. Diese Einschätzung verurteilt zu – pädagogisch gesehen – unhaltbarer „Passivität", sodass am Ende der Erziehung die „pädagogische Bildsamkeit des Menschen" ungenutzt bliebe (SW III/9, S. 24). Schleiermachers Begriff der „Bildsamkeit" bezieht sich zum einen auf das lernende Individuum und zum anderen auf die interaktiv vermittelte Situation pädagogischen Handelns. In ihm wird die Bestimmbarkeit des Menschen durch pädagogische Praxis anerkannt und die Unentschiedenheit und Unbestimmtheit der menschlichen Natur zum Ausgangspunkt pädagogischer Verantwortung erhoben.

ben. Wir brauchen nur rein für die Zukunft zu arbeiten und die Befriedigung des Moments zu vernachlässigen, so wenden wir uns zwar an dieses Divinatorische des Kindes, aber wird durch unser Handeln nicht zugleich das Bewusstsein der Gegenwart, worin jenes Divinatorische eingehüllt ist, befriedigt, so wird das Kind uns tadeln, obgleich der Tadel zurücktritt. Ebenso ist es auf der anderen Seite. Also ist unsere Formel vollkommen gerechtfertigt.

16. Vorlesung (28. November 1820)

Hieraus geht deutlich hervor, wie es bei der Pädagogik auf die lebendige Zusammenschauung alles dessen, was in die Betrachtung fällt, vorzüglich ankommt. Auf eine mechanische Weise lässt sich nicht die Zusammenstimmung des Speziellen mit dem allgemeinen Ethischen feststellen; nur von allgemeinen Formeln kann der Prüfstein des Verfahrens ausgehen. Alle pädagogische Richtigkeit hängt von dem richtigen Sinn und Gefühl für die verschiedenen zu betrachtenden Verhältnisse ab; einen anderen Wert als solchen kann auch eine Theorie nicht haben.

Die Pädagogik lässt sich leichter und ruhiger als Theorie behandeln als z. B. die Politik, weil die entgegengesetzten Ansichten nicht so die Leidenschaften aufregen; aber dieses abgerechnet, verhält es sich mit der Politik wie mit der Pädagogik. Beiden gereicht es zum Verderben, wenn man glaubt, es lassen sich darin Regeln aufstellen, die das Prinzip ihrer Anwendung schon in sich tragen und wobei es eines leitenden Gefühls nicht bedarf. Dies ist den sittlichen Künsten ebenso wenig eigen wie den bildenden.

Wie können wir nun nach dem Bisherigen das ganze Geschäft der Erziehung anlegen? Wir wollen uns zur Beantwortung dieser Frage das Gefundene wiederholen und dies wird desto besser sein, weil wir es sogleich in Beziehung auf das Folgende setzen können.

Erstens haben wir zwei Hauptaufgaben gefunden, worin die ganze erziehende Tätigkeit zerfällt; die eine ist: Die persönliche Eigentümlichkeit des Einzelnen herauszulocken. Von ihr haben wir gesagt, dass sie am meisten einen positiven Charakter hat, d. h. in unterstützenden Einwirkungen besteht. Die zweite ist: Den Einzelnen für die Gemeinschaften tüchtig zu machen, wohin ihn die Erziehung abzuliefern hat. Diese Seite zerfällt wieder in drei Aufgaben: 1) In die politische Erziehung, die sich auf das bestimmte Volk bezieht; 2) in die szientifische Erziehung, die den Anteil des Einzelnen an dem gemeinsamen Erkennen zum Gegenstande hat; 3) in die religiöse Erziehung. Von allen drei Aufgaben haben wir gesehen, dass sie mehr einen negativen Charakter haben, d. h. die nachteiligen Einwirkungen aufheben, welche die natürliche Entwicklung des Einzelnen aus sich selbst haben könnte.

Zweitens haben wir verschiedene Perioden der Erziehung unterschieden, denn nicht alle Vermögen des Menschen entwickeln sich gleichzeitig. Die Verfahrungsart der Erziehung ist in jeder Periode verschieden. Das natürliche Ende der Erziehung ist nämlich dann da, wenn die Selbsttätigkeit des Einzelnen vollkommen ist und man ihm die Sorge, durch die Kraft des Willens alles Vorteilhafte in seinem Wirken zu unterstützen, allein überlassen darf. Nun aber entsteht die Kraft des Willens und die Vollständigkeit des Bewusstseins allmählich, und je mehr sich also die Erziehung diesem ihrem Ende nähert, desto mehr nähert sich das Verfahren dem Verhältnisse, das zwischen gleichen Erzogenen stattfindet. Im ersten Anfange der Erziehung ist die Selbstständigkeit noch auf keinem Punkte entwickelt; im Zöglinge selbst ist ein Gefühl der Hilfsbedürftigkeit und dadurch wird die Tätigkeit des Erziehers anders bestimmt, indem ihm die Rezeptivität des Zöglings entgegenkommt. Dieses ist der fließende Unterschied, der sich uns aber schon mehr in einen festen umgewandelt hat, woraus die verschiedenen Perioden der Erziehung entstanden sind.

Drittens stellten wir den Gegensatz des Materiellen und Formellen auf, aber die Differenzen in dem einen waren durch etwas anderes bestimmt als in dem anderen und folglich muss beides verschieden behandelt werden. In dem Gegensatze, woraus wir die beiden Hauptaufgaben der Erziehung behandelt haben, finden wir die Gründe, den Inhalt der Erziehung zu bestimmen, aber in demselben nicht die Gründe des Wechsels der Form. Beide Betrachtungen für sich würden aber nicht genügen, unser Verfahren zu leiten, sondern es drängt sich uns noch die Frage auf: Wie verhält sich die Erziehung zu den Resultaten der Einwirkung anderer, die nicht zur Erziehung gehören? Beides haben wir identifiziert. Diese Betrachtung bestimmt also die Grenzen nach außen; aber dieses werden wir auf alles anwenden müssen, was sich auf die verschiedenen Gebiete der Erziehung bezieht, und daran hat sich dasjenige angeknüpft, wodurch das Verhältnis des einzelnen Teils der Erziehung zum Ganzen bestimmt wurde. Denn dieses reduzierten wir auf die Frage, ob man bei der Erziehung die Gegenwart der Zukunft aufopfern müsse. Wir antworteten, man müsse den einzelnen Moment zur Totalität des ganzen Geschäfts erheben; dies sei der Probierstein, woran sich die Richtigkeit des pädagogischen Verfahrens bewähren müsse, und diese Regel des Verhältnisses des Einzelnen zum Ganzen geht wieder durch alle Perioden und Gebiete der Erziehung hindurch. Erfüllen wir alle diese Bedingungen, so wird unsere

Theorie gut sein. Dass, wie sich dies alles ergeben hat, sich alles zu vereinzeln scheint, ist bei Kunsttheorien überhaupt nicht zu vermeiden.

Aber wie ordnen wir alles am bequemsten an? Am natürlichsten werden wir bei demjenigen anfangen, was sich aus den letzten Betrachtungen ergeben hat, weil sich dies beständig durch alle Gebiete und Perioden der Erziehung hindurchzieht. Es wird gleich sein, dass und wie die erziehende Tätigkeit unterstützen muss, was ihren Zweck befördert, und hemmen, was ihm entgegen ist, und so brauchen wir nichts vom Gebiete der Erziehung zu antizipieren, sondern können nun von der allgemeinen reinen Idee ausgehen. Hieraus werden sich uns gewisse allgemeine Regeln ergeben, die uns in der speziellen Behandlung leiten werden. Hierauf können wir wählen, ob wir das Geschäft der Erziehung zuerst in Bezug auf die Perioden oder die Gebiete betrachten wollen. Offenbar beziehen sich diese beiden Betrachtungsweisen aufeinander, dürfen aber nicht miteinander verschmolzen werden. Die Betrachtung über die verschiedenen Perioden der Erziehung ist hier am natürlichsten voranzuschicken, weil diese begründet sind in der Anschauung von der sich allmählich vermehrenden Selbsttätigkeit des einzelnen Menschen. Dies ist nun stets dasselbe und wir brauchen hier nur auf wenige Differenzen Rücksicht zu nehmen. Zuletzt werden wir jene allgemeinen Regeln auf das Materielle anwenden.

Das Allgemeinste von der Erziehung

Wir haben die Pädagogik als eine Kunstlehre angesehen, indem die zusammenstimmenden Einwirkungen der Erwachsenen auf die Jugend ein Resultat hervorbringen sollen, welches, weil ihm ein Urbild zum Grunde lag und nach Regeln gehandelt wurde, als ein Kunstwerk angesehen werden kann. Da es aber viele Einwirkungen gibt, die nicht in die Regeln der Kunst gehören, so ist in der Erziehung Absichtliches und Zufälliges vermischt. Man fängt also mit dieser Sonderung an. Hier wird sich uns die Folge der Gegenstände leicht selbst ergeben.

Alle Erziehung lässt sich zwiefach ansehen: Einmal als Unterstützung dessen, was schon von selbst geschieht, und als Gegenwirkung gegen das, was von der Kunst nie geschehen würde. Das ganze Geschäft der Erziehung kann man nicht ansehen als aus einer Vermischung solcher Elemente bestehend, sondern so, dass jedes zugleich das andere sein müsse.[1] Alles

---

[1] Vgl. Schleiermachers Pädagogik-Vorlesung von 1826: „Die Combination müssen wir aber machen, denn das Wesen der Erziehung ist in dem Ineinander beider Fähigkeiten; unterstüzen und gegenwirken müssen zusammensein; jedes für sich allein erkennen wir als unzulänglich." (SW III/9, S. 84). Dort ent-

was Einwirkungen unterstützt, muss zugleich demjenigen, was der Erziehung zuwider geschieht, entgegenwirken, und die Richtigkeit jedes pädagogischen Verfahrens muss hiernach beurteilt werden, dass es dieser Identität Genüge leiste und darin aufgehe.

Hier ist es am besten, von demjenigen anzufangen, was als der Idee der Erziehung zuwider erscheint, denn so tritt das Kunstmäßige in einem bestimmten Gegensatz auf gegen das von selbst Erfolgende, und wir können es hier leichter auffassen und üben uns also schon, es zu isolieren und für sich zu betrachten. Denn sehen wir die Erziehung als Unterstützung des von selbst Geschehenden an, so ist es schwer, die Unterstützung von demjenigen, was von selbst geschieht, zu unterscheiden. Es ist daher besser, wenn wir jenes zuerst betrachten.

Der Grundkanon aber ist, dass alles Kunstgemäße in der Erziehung auch als das reine Resultat einer sittlichen Handlungsweise muss angesehen werden können. Indem wir hiermit anfangen zu fragen: Wie hat die Erziehung demjenigen entgegenzuwirken, was ihrer Idee zuwider sich entwickelt? So müssen wir freilich wieder auf das letzte Ende der Erziehung hinsehen und sagen: Was der Idee der Erziehung zuwider ist, müssen wir nach eben dieser Idee beurteilen, nach dem allgemeinen Gesetze für das Materielle. Gesetzt, wir wüssten schon, was der Idee der Erziehung zuwider ist in Beziehung auf ihre beiden Hauptaufgaben, wie wird denn nun die Erziehung diesem entgegenzuwirken haben? Der eine Kanon hierfür wird nun ein negativer: Auf keine solche Weise, die sich nicht auf die Ethik zurückführen ließe; der zweite ein positiver: Sodass, was geschieht, zugleich alle der Idee der Erziehung angemessenen Einwirkungen unterstützt.

17. Vorlesung (29. November 1820)

Wir wollen also zuerst die Erziehung betrachten als Gegenwirkung gegen die zerstörenden Einwirkungen. Dies ist der Punkt, wo sich die Kunst dem Kunstlosen nähert und wo wir das ganze Gebiet der Erziehung in seiner Entstehung sehen. Wir wollen die verschiedenen Punkte aufsuchen, worauf sich jene Einwirkungen ergreifen lassen, um die Gegenwirkung anzubringen.

---

wickelt Schleiermacher die Beziehungen zwischen Unterstützen und Gegenwirken (SW III/9, S. 84 ff., S. 124–174). Zur „Dialektik von Gegenwirken und Unterstützen" in Schleiermachers Pädagogik vgl. Benner, Kemper (²2003), S. 280–286.

Je mehr man das Leben sich selbst überlässt, desto mehr hat es eine chaotische Gestalt. Das Einzelne gehört zwar in ein bestimmtes Gebiet, aber die Sukzession der einzelnen Momente ist zufällig. Unter diesen zufälligen Einwirkungen kann es solche geben, welche der Idee der Erziehung ganz zuwider sind. Könnten wir sagen, das Beste sei, die Sache im ersten Anfange anzugreifen und die Zustände anderer Menschen, woraus solche Einwirkungen hervorgehen, auszuschließen, so wäre dies das Nächste. Z. B. alles Leidenschaftliche, das Kinder sehen, ist der Erziehung zuwider; damit sie aber nichts sähen, müsste das Hauswesen ganz vortrefflich sein. Um es aber erst vortrefflich zu machen, kommen wir aus dem Gebiete der Pädagogik heraus. Sehen wir die Erziehung an als einen Teil des Gemeinwesens, so müssten die Kinder im Hause, das vom Staat abhängt, nichts als Gutes und Liebe zum Staat etc. sehen; aber auch dies liegt jenseits der Pädagogik.

Das eigentliche Pädagogische muss also unter der Voraussetzung anfangen, dass Menschen mit der Jugend in Berührung kommen können, welche der Erziehung entgegen einwirken. Weil nun diese Aufgabe, die der Erziehung zuwiderlaufenden Einwirkungen unschädlich zu machen, auf der Unvollkommenheit beruht und [Gegenwirkungen] voraussetzt[2], so ist auch eine reine Auflösung derselben nicht möglich.[3] Wenn wir die Sache rein ethisch betrachten, so müssen wir sagen: Alle ethischen Aufgaben lassen sich rein auflösen, ohne dass die Pflichten irgend kollidieren, solange alle Elemente rein sind. Setzen wir aber das Böse mit hinein, so ist die reine Auflösung nicht mehr möglich. Z. B. die Strafgerichtsbarkeit ist schwierig zu behandeln und manches darin nicht sittlich, wie die Todesstrafen, denn jede Gewalt ist unsittlich. Setzen wir nun voraus, dass Einwirkungen möglich sind, die der Idee der Erziehung zuwiderlaufen, so fragt es sich: Welches ist der nächste Punkt, wo man den Widerstand anbringen kann?

Die eine Ansicht ist, man solle alles tun, um jene Einwirkungen von aller Berührung mit der Jugend auszuschließen; aber dies liegt schon außer den Grenzen der Erziehung. Mit Menschen von einer gewissen Stufe der Unbildung kann man nie sicher sein, ob sie nicht in einen unsittlichen und leidenschaftlichen Zustand geraten, und es ist daher stets ein Supplement der Fehler erforderlich, die dadurch entstehen können. Denn z. B. die Entfernung der Kinder von Dienstboten, die man hier angeraten hat, ist

---

2 Statt „voraussetzt" in der Nachschrift „vorausgesetzt".
3 Vgl. Platz' Fußnote (SW III/9, S. 104): „Wenn die Aufgabe der Erziehung in Beziehung auf die feindseligen Einwirkungen auf bestehende Unvollkommenheiten zurückweist und Gegenwirkungen nothwendig macht: so ist von hier aus eine reine Lösung der Aufgabe nicht möglich."

[Allgemeiner Teil] 115

teils untunlich und hat teils wieder andere nachteilige Folgen. Andere sagen dagegen: Man muss diese Einwirkungen nicht scheuen, weil man sie überhaupt nicht oder doch nur in einer gewissen Periode abwehren kann, und je schneller dann der Übergang vom behüteten in einen unbehüteten Zustand erfolgt, desto größer wird der Nachteil sein; daher lasse man lieber das Leben, wie es in der Zukunft sein wird, so auch von Kindheit an gewähren. Aber auf diese Maxime kann nicht rein gehalten werden, denn sind wirklich schon nachteilige Wirkungen vorhanden, wie soll man sie heilen? Hier also sind wieder entgegenwirkende Maximen nötig.

Jedoch zuerst müssen wir die nachteiligen Einwirkungen selbst betrachten. Diese scheinen von unendlicher Anzahl zu sein; aber es kommt nur darauf an, das Mannigfaltige zusammenzuziehen. Fassen wir die Sache empirisch auf, so sind die nachteiligen Einwirkungen 1) böse Beispiele. Beispiel ist etwas nur, insofern es Nachahmung erweckt. 2) Gewalt, welche gegen die Jugend ausgeübt wird. Und diese beiden sind die Hauptbegriffe. Denn was kann man weiter noch scheuen wollen, als dass durch das Zusammenleben die Entwicklung der Jugend gehemmt werde oder eine falsche Richtung bekomme. Alles, was die Entwicklung hemmt, ist Gewalt, und alles, was sie zu einer falschen Richtung reizt, wird ursprünglich böses Beispiel sein, denn die Jugend muss den Reiz erst kennen lernen. Dies sind also die beiden Formen der nachteiligen Einwirkungen.

Was ist aber das Materielle davon? Dies zu beantworten, wollen wir uns beziehen auf die Hauptaufgaben der Erziehung. In Bezug auf das gemeinsame Leben soll der erzogene Mensch in solcher Harmonie stehen, dass sein Dasein und das geförderte gemeinsame Dasein dasselbe ist. Tritt nun in der Jugend ein Widerspruch hervor gegen das gemeinsame Leben, so ist dieser Unschönes, zerstörte Harmonie, und ebenso ist es etwas Unschönes, wenn sich die eigentümliche Natur nicht entwickelt. Dies verstehen wir aber nur darunter, insofern es aus dem Inneren hervorgeht; aber alle nachteilige Einwirkungen, mögen sie der Form nach Reiz oder Gewalt sein, sind nur dadurch nachteilig, dass sie entweder das Unschöne oder das Unrichtige hervorbringen.

Wie verhält sich diese Differenz zwischen dem Unschönen und Unrichtigen zu jenen beiden Maximen als möglich oder als notwendig? Das Unrichtige werden wir auf jedem Gebiete noch brauchen können, weil es stets gegeben ist und jede Vervollkommnung es nur eliminiert, nie vernichtet. In Bezug auf das Unrichtige würde es falsch sein, die behütende Maxime schlechthin anwenden zu wollen, weil das Unrichtige nie vermieden werden kann. Wir können und müssen hier verschiedene Perioden unterscheiden. Es kann Unrichtiges geben, was die Zöglinge in sich aufnehmen, aber was in einem Gebiete liegt, das in ihnen noch nicht entwickelt ist. In diesem Fall ist es ganz unschädlich und das Behüten davor wäre unnütz. Wenn z. B. ein Kind noch nicht reden lernt, so mag es immer mit Menschen zusammen sein, die Sprachfehler machen, und dies wird ohne Einfluss sein. Denken wir uns, es sei bis zu dem Punkte behütet worden, wo es Fertigkeit im Sprechen erlangt hätte, so wäre es überflüssig, es noch nachher vor dem Hören von Sprachfehlern zu behüten. Überhaupt ist unrichtig etwas, wenn die äußere Erscheinung dem Willen nicht adäquat ist.

Unschön ist dasjenige, was aus dem verderbten Inneren kommt. Verhält es sich nun ebenso wie mit dem Unrichtigen auch in Beziehung auf das Unschöne? Ist auch hier die Behütung unnütz oder nicht und müssen hier die Einwirkungen ausgeschlossen werden? Der ganze Gegensatz zwischen Unschönem und Unrichtigem ist nur relativ, denn nichts im Menschen Entgegenstehendes ist mechanisch.

18. Vorlesung (1. Dezember 1820)

Unschön ist alles, was die Harmonie des Daseins stört und aus dem Inneren herauskommt, wozu folglich auch das Böse gehört. Das Unrichtige kann nur wirken auf dem mechanischen Wege der Nachahmung, denn alles Äußerlichwerden des Inneren leitet sich an der äußeren Einwirkung fort. Der nachteiligen Einwirkung falscher Beispiele wird dadurch entgegengewirkt, dass der richtige Prozess in der Erziehung gemacht wird und die Nachahmung also auf diese Seite hin überwiegt. Hier ist die behütende Maxime unnötig.

Aber das Unschöne wirkt durch einen spezifischen Reiz auf die Kinder, z. B. plebejische Redensarten, Schimpfwörter, das Wollüstige. Da kann man leicht ermessen, dass das Verhältnis der nachteiligen Einwirkungen zu dem Positiven der Erziehung nicht dasselbe sein wird wie im Gebiet des Unrichtigen. Alles Unrichtige nämlich gehört mehr oder weniger ins Gebiet der Übung, aber in dem, was rein das Innere betrifft, gibt es keine Übung. Die Entwicklung des Schönen und Unschönen geht leiser fort als die Entwicklung des Richtigen und Unrichtigen.[4] Das Unschöne liegt in einem Übergewicht des Sinnlichen, Leidenschaftlichen, Ungemessenen. Das Schöne hat seine Wurzel an dem Höheren, das sich im Menschen später entwickelt als das Gegenteil, z. B. entwickelt sich die Selbstsucht und Persönlichkeit früher als der Gemeingeist. Das Bewusstsein des

---

4 Göttinger Nachschrift, S. 41r: „In dem, was rein das innere betrifft giebt es keine Uebung, sondern die Entwicklung des Schönen geht auf einem weit leiseren Wege vor sich."

[Allgemeiner Teil] 117

Unschönen kann so weit kommen, dass das Höhere nicht mehr recht gedeihen will, und da scheint die behütende Maxime wohl an ihrer Stelle zu sein.

Hier kommt es auf zwei Punkte an, auf den Anfangs- und Endpunkt. Also zuerst: Wo muss jene Maxime aufhören?

Sobald die höheren Gesinnungen erweckt sind, sodass in ihnen die Kraft liegt, dem Unschönen den Eingang ins Gemüt zu verwehren, ist jene Maxime unnötig und sogar schädlich. Dies wird deutlich, wenn wir uns das Verhältnis des Endpunktes zu der rechten Zeit denken. Sobald die höheren Potenzen im Menschen allmählich an Kraft zunehmen, muss die Behütung abnehmen, denn sie wird dann unnötig; wollte man sie fortsetzen, so müsste sie doch auf einmal aufhören. Dann würde aber der Zögling überströmt werden von gefährlichen Einwirkungen, weil die höhere Kraft noch nicht im Streite mit solchen Einwirkungen geprüft wäre. Was also dann die Menge einstürmender sinnlicher Reize für Wirkungen hätte, könnte man gar nicht absehen. Folglich ist das Rechte die allmähliche Nachlassung der Aufsicht. Stets muss man bei der Erziehung die Prüfung erneuern, ob die Kraft im Menschen schon gerüstet ist gegen nachteilige Einwirkungen.

Sehen wir auf den Anfangspunkt, so werden wir hier bemerken, dass die behütende Maxime auch zu früh in Ausübung gebracht werden kann und dann unnütze Mühe ist. Denn jeder Reiz hat eine gewisse Periode, womit er anfängt, wirksam zu sein. Solange er das nicht ist, können auch die nachteiligen Einwirkungen nicht von Schaden sein und das ängstliche Verfahren drückt den Zögling nur nieder.

Eine andere Betrachtung dieser Maxime ist folgende: Das ganze abzuwehrende Unschöne ist dem Zögling nicht zur Wahrnehmung gekommen und ist stets im Gegensatz mit dem Schönen, und sagen wir: Wir wollen die nachteiligen Einwirkungen abwehren, so heißt das: Wir wollen verhindern, dass jener Gegensatz auf eine anschauliche Weise zum Bewusstsein kommt. Diese Bewusstlosigkeit in Bezug auf den Gegensatz zwischen gut und schlecht ist Unschuld. Das Etymon deutet zwar nicht darauf hin, aber der Sprachgebrauch fixiert es dafür und dieser Ausdruck gilt von allem, auch vom Eigennutz. Die Unschuld soll also bewahrt werden.

Dass es eine Periode gibt für jedes Gebiet, wo diese Unschuld notwendig ist, und es ein Zeichen der Korruption ist, wenn sie die Unschuld verloren hat, ist offenbar. Hierbei kommt es aber auf zwei Punkte an: 1) Können wir den Fall annehmen, dass das Unschöne auch ohne äußere Eindrücke sich im Menschen selbst erzeugt? Wir müssen diesen Fall annehmen, denn sonst ließe es sich nicht einsehen, wie das Unschöne reizen könnte, wenn nicht im Menschen die Anlockung dazu läge. Sonst könnten wir auch nicht erklären, wie das Unschöne in denen entstanden sei, die wir von der Jugend ausschließen wollen. Angenommen, Unschönes wäre im Zögling, so hat er keine Unschuld mehr, wenn er auch den Gegensatz von Gutem und Schlechtem noch nicht in sich hat. Seine Bewusstlosigkeit stimmt hier mit dem Schlechten überein und dann ist es Unwissenheit, die aufgehoben werden muss, und dann muss die Erziehung den Gegensatz selbst zur Erkenntnis bringen, um am Unschönen Missfallen zu erregen und den Geist auf das Schöne zu lenken. Sollen wir aber dann die Reize entfernen? Nein! Selbst, wenn der Mensch in wahrer Unschuld ist, nicht. Denn die abwehrende Sorge ist dann freilich in manchem Stück überflüssig; ist aber eine Gattung von Unschönem herausgebrochen,[5] so wissen wir, dass die Neigung dazu da ist, und nun muss man ihr entgegenwirken durch Aufregung des entgegengesetzten Guten, welches mit dem Missfallen am Unschönen anfängt. Aber wenn dieses eine gewisse Kraft erlangt hat, ist es gefährlich, das Innere noch durch äußere Reize verstärken zu lassen, und in Bezug hierauf ist die behütende Maxime strenger fortzusetzen.

Der zweite Punkt bezieht sich auf die vollendete Erziehung. Dann soll der Mensch selbsttätig in der Gesellschaft auftreten und überall Rechtes und Gutes tun. Gesetzt auch, das Unschöne wäre nicht von innen heraus gekommen, könnte es ratsam sein, die Unschuld bis auf diesen Punkt erhalten zu wollen? Nein, denn die sittliche Tätigkeit des Menschen in jedem Gebiete setzt die Kenntnis des Bösen voraus und er muss sie mitbringen. Die Jugend in irgendeiner Beziehung so lange zu isolieren von der Kenntnis des Bösen, bis sie in der Gesellschaft auftritt, ist gefährlich, weil sie das nicht kennt, dem sie entgegenwirken soll, und es nicht richtig zu behandeln weiß.

Offenbar ist hier ein großer Unterschied zwischen beiden Geschlechtern. Wir verlangen eine längere Unschuld von der weiblichen Jugend als von der männlichen, und wir sehen in Bezug auf die weibliche Jugend keine Gefahr von einer lange fortgesetzten Unschuld. Worin liegt das?

Dem Manne steht immer in einer Beziehung ein herrschendes und forschendes Leben bevor – in enger Bedeutung zwar nur gewissen Klassen, aber in weiterem Sinne allen. Denn in jedem bürgerlichen Leben ist Herrschen und Gehorchen stets verteilt, und jeder nimmt am Herrschen teil. Ebenso ist das Forschen allgemeiner Beruf. Denn der Anteil, den jeder an dem allgemeinen Beruf nehmen muss, die Erde zu beherrschen

---

5 Göttinger Nachschrift, S. 41r: „Wenn eine Gattung von Unschönem im Zögling zum Vorschein kommt, so ist von Unschuld nicht mehr die Rede."

und zu bilden, erfordert ein klares Bewusstsein über die Verhältnisse, und ohne dieses kann der Mann nicht bestehen. Er kann es aber nicht haben, wenn er nicht den Gegensatz zwischen Gutem und Schlechtem hat und diesen bis in alle Elemente verfolgen kann. Die Kenntnis zwischen Gutem und Schlechtem ist also zum Herrschen notwendig. Denken wir uns den Endpunkt der Erziehung als den Anfangspunkt einer selbstständigen Reihe, und denken wir uns dies in Übergängen und Abschnitten, so müssen wir postulieren, dass er[6] die Kenntnis des Guten und Bösen, welches in seinen Verhältnissen vorkommen kann, mitbringe.

Mit den Weibern verhält es sich anders. Das öffentliche Leben ist nicht ihr Element, sondern sie haben nur einen indirekten Einfluss darauf durch die freie Geselligkeit im häuslichen Leben. Dieses ist ihr Zentrum, und in diesem sollen sie eigentlich das reine Wesen der Liebe repräsentieren, und in jenem das der Schönheit.[7] Dies ist etwas anderes als das Herrschen und Forschen, denn die Liebe herrscht nicht, und die Frauen sollen nur durch die Kraft der Liebe wirken, die Jugend lieben und das Ganze zusammenhalten. Da ist keine Kenntnis über jenen Gegensatz, sondern nur das reine Gefühl nötig, welches, ohne durch das klare Bewusstsein hindurchzugehen, in Tätigkeit übergeht. Ebenso ist im geselligen Leben bei den Weibern stets das Vorherrschende die Seite des Gefühls, und wenn wir ihnen eine genauere Menschenkenntnis zuschreiben, so ist die Form doch eine andere als bei den Männern und eine Wirkung des Gefühls und dunklen Instinkts. Die Kräfte, die sie brauchen und womit sie wirken sollen, bedürfen des bestimmten Bewusstseins, worin die Form jenes Gegensatzes aufgenommen ist, gar nicht; und selbst wenn sie bildend auftreten sollen, ist es nicht nötig, dass sie die Unschuld verloren haben, sondern eher, als bis der Gegensatz ihnen selbst Gegenstand wird, braucht er ihnen nicht ins Bewusstsein zu kommen.

Eine andere, dieser analoge Differenz ist die Differenz der Temperamente, und nach dieser bekommt die pädagogische Maxime: zu bewahren,

---

6   Mit „er" ist der Mensch gemeint.
7   Vgl. demgegenüber Schleiermachers 1798 im Athenaeum veröffentlichte „Idee zu einem Katechismus der Vernunft für edle Frauen": „10) Laß dich gelüsten nach der Männer Bildung, Kunst, Weisheit und Ehre. – Der Glaube. 1) Ich glaube an die unendliche Menschheit, die da war, ehe sie die Hülle der Männlichkeit und Weiblichkeit annahm. 2) Ich glaube, daß ich nicht lebe, um zu gehorchen oder um mich zu zerstreuen, sondern um zu seyn und zu werden; und ich glaube an die Macht des Willens und der Bildung, mich dem Unendlichen wieder zu nähern, mich aus den Fesseln der Mißbildung zu erlösen, und mich von den Schranken des Geschlechts unabhängig zu machen. 3) Ich glaube an Begeisterung und Tugend, an die Würde der Kunst und den Reiz der Wissenschaft [...]." KGA I/2, S. 154.

eine verschiedene Auslegung. Dieser Unterschied besteht aus zwei Gegensätzen, der Rezeptivität und Spontaneität, und es gibt ein Hervortreten der einen oder der anderen. Der andere Gegensatz ist der einer relativ gleichförmigen oder ungleichförmigen Beweglichkeit, und diese beiden Gegensätze zusammen bestimmen die vier Temperamente. Nun ist offenbar, dass die hervortretende Spontaneität, die eine zurücktretende Rezeptivität und einen Mangel an Empfindlichkeit voraussetzt, wenig zugänglich ist für äußere Reize, und die Behütung weniger notwendig macht, wogegen sie bei vorherrschender Rezeptivität notwendiger ist. Denn was der inneren Neigung des Menschen zum Unschönen entgegenwirken soll, muss selbst Spontaneität werden, sonst macht es zwar, was man häufig findet, dass er das Unschöne mit Schmerz betrachtet, aber dass es doch wieder hervorgeht. Hier ist also das gegenwirkende Prinzip schwerer hervorzurufen; desto größer ist die Gefahr von Reizen und desto notwendiger die Maxime der Behütung. Dies gilt noch mehr da, wo die Rezeptivität ungleichförmig beweglich ist, denn da kann leicht der gefährliche Reiz in einen erregten Moment fallen, und die Bestrebung des Guten in die unerregten Momente, wie dies überhaupt bei der gleichförmigen Spontaneität der Fall ist, die am wenigsten Behütung braucht. Denn in der ungleichförmigen kann im Zurücktreten der Spontaneität die Rezeptivität überwiegender sein.

Also zuerst nach Maßgabe der Geschlechter und dann der Temperamente hat diese Notwendigkeit, gefährliche Reize abzuwehren, einen verschiedenen Umfang, muss aber abnehmen in dem Maße, worin sich die Selbsttätigkeit des Guten fixiert; sonst ist sie nur nachteilige Beschränktheit, welche den Menschen im tätigen Leben unvorbereitet findet. In der Differenz der Geschlechter und Temperamente ist übrigens der eigentümliche Sitz in Beziehung auf das Unschöne.

19. Vorlesung (6. Dezember 1820)

Die Maxime des Bewahrens kommt in der Praxis in vielen Widerstreit mit anderen Teilen der Erziehung. Durch jenes Isolieren isoliert man die Kinder auch von vielem Nützlichen, und die richtige Anwendung desselben hängt oft nur vom richtigen Gefühl ab. In Deutschland z. B. stehen wir jetzt auf einem Punkte, wo die Trennung der Stände abnimmt; damit hängt zusammen, dass auch für die Jugend ein größeres Zusammentreten da ist, und die Jugend der höheren Stände weit mehr an der öffentlichen Erziehung teilnimmt. Dagegen kann eingewandt werden, dass man bei diesem Verfahren nicht dafür stehen kann, dass nicht die besser Erzogenen an den schlechter Erzogenen schädliches Unschönes sehen, und dies ist auch wahr, und so muss man dieser Besorgnis etwas einräumen. Aber von welchen Vorteilen wird auch die Jugend abgehalten, wenn man sie isoliert? Da scheint denn doch das Mittel ärger zu sein als das Übel. Eine bestimmte Regel gibt es hier nicht, denn die Jugend zwar zurückzuhalten von der öffentlichen Erziehung, ihr aber doch die Vorteile derselben zu ersetzen, ist unmöglich, und es muss hier ein besserer Zustand der Dinge eintreten. Wir können hier nur von einem besonderen Gesichtspunkt aus Regeln geben, die aus der Kombination mit dem Übrigen hervorgehen werden.

Wir kommen zweitens zum Verfahren der Erziehung in Bezug auf zufällige Einwirkungen, welche die natürliche Entwicklung der Persönlichkeit hemmen. Hier ist die Frage, welche von beiden Maximen die rechte sei, entweder zu bewahren, oder nicht bewahrend die zufälligen Einwirkungen gewähren lassen und sie selbst gebrauchen, um das Rechte hervorzurufen. Das einzelne Leben ist überall eine bestimmte Kraft, die in einem Naturzusammenhange mit den übrigen steht. Dieser aber hat zwei Seiten, er ist fördernd und hemmend.

Das Letzte erscheint als ein Übel, aber es ist offenbar ebenso wesentlich zum Bestehen des einzelnen Lebens wie das Fördernde. Alles ist uns nur in diesem Gegensatze gegeben; er tritt aber erst heraus, wo das Selbstbewusstsein erwacht, denn dann erst fühlt man die Hemmung. Förderte alles den Menschen, so würde er nicht auf eine bestimmte Weise sich seiner selbst bewusst werden können, denn er könnte in sich nicht unterscheiden, was aus seiner Lebenskraft hervorging und was von außen kam. So sind wir z. B. im vegetabilischen Leben nicht so weit zu entscheiden (indem im Samen eine Kraft ist, die Pflanze zu entwickeln, weil erst fördernde Umstände hinzukommen müssen), ob etwa die Atmosphäre jene Kraft zum Ausbruche bringt oder ob das Leben schon im Samen liegt. So würden wir uns mit unserem Leben befinden, wenn uns alles förderte.

Dasselbe, was so allgemein wahr ist, gilt auch vom Verhältnisse des Einzelnen zum gemeinsamen menschlichen Leben. Wenn dieses überall den Einzelnen förderte, so würde er nicht bestimmt das gemeinsame und einzelne Leben unterscheiden können, und der Gegensatz zwischen dem einzelnen und gemeinsamen Leben, der stets hemmend ist, ist notwendig, um das Bewusstsein zu erwecken. Daher kann in der absoluten Demokratie und Despotie das Gefühl der persönlichen Freiheit nicht heraustreten, weil keine Differenz zwischen dem Einzelnen und dem Ganzen gesetzt ist. (Eben daher kommt das Gefühl des Fatums.) In anderen Regierungsformen ist jeder selbst das Ganze, und nur in dem Maße, als Streit entsteht, erwacht das Gefühl der persönlichen Freiheit. Der höchste Punkt der griechischen Blüte war stets dann, wenn das gemeinsame Leben am meisten bedroht war. Was daher das Bewusstsein der eigentümlichen Lebenskraft fördert, das fördert diese selbst, und so sind die Hemmungen notwendig. Dies gilt am meisten in der Zeit, wo sie sich enthalten soll; also, scheint es, soll man den Hemmungen freien Lauf lassen und sie nicht abhalten, damit der Mensch zum Bewusstsein komme. Die äußeren Lebenselemente sind das Erstere, und die Jugend bekommt wenig Kraft, wenn sie nicht Hemmungen findet.

Daher hat man die Theorie des Abhärtens aufgestellt,[8] das dem Leben eine größere innere Konsistenz geben soll, und wozu die Form der Gegenwirkung nötig ist. Aber es ist nicht zu leugnen, dass es hier Extreme gibt, indem, was wir verweichlichen nennen, als ein Extrem erscheint und es auch im Abhärten ein solches gibt. Folglich muss jene Maxime ihre Grenzen haben. Diese lassen sich nur danach bestimmen, je nachdem die Kraft eine Gegenwirkung leisten kann. Wenn der Mensch geboren wird, so ist sein Leben noch gar nicht isoliert. Hier könnte der Übergang aus dem sicheren Zustande vor der Geburt in einen solchen, wo man das Kind den äußeren Elementen aussetzt, das Leben töten, weil es noch keine Kraft hat, um sie den äußeren Einwirkungen entgegenstellen zu können; es muss also erst isoliert werden und die Gewöhnung an die hemmenden Einwirkungen muss eine gewisse Stetigkeit haben, wobei wieder keine Grenze ist. Fast scheint die Ausführung dieser Maxime hemmende Einwirkungen selbst zu veranstalten. Denn das Kind ist nach der Geburt nur in einem größeren Raum, wo es auch Sicherheit findet; bringen wir es aber an die freie Luft, so veranstalten wir selbst Hemmungen.

Dies können wir auf das intellektuelle Gebiet anwenden, welches hier keinen Gegensatz bildet, sondern die fortgesetzte Lebensfunktion der animalischen ist. Alles Hemmende gibt den Kindern das Gefühl einer auf sie eindringenden Macht, und alles Fördernde gibt ihnen das Gefühl der

---

8 Die Bedeutung der Abhärtung nicht nur als Teil der körperlichen, sondern auch der moralischen Erziehung wird in der Neuzeit wohl am frühesten von John Locke in den ersten Paragraphen seiner „Some thoughts concerning education" (1693) formuliert. Das gezielte Herbeiführen von Hunger, Schmerz, ja sogar Krankheit, als legitimes Mittel einer natürlichen Erziehung hat danach Rousseau in seinem Emile ausführlich diskutiert (Rousseau 1762; [13]1998, S. 116 ff.). Spätere Autoren wie die Philanthropen oder Immanuel Kant, bei denen Abhärtung ebenfalls fester Bestandteil des Erziehungsprogramms ist, haben mit Rousseau und Locke die Annahme gemeinsam, Abhärtung führe nicht nur zu größerer körperlicher Gesundheit, sondern diene durch die Entwicklung von Selbstdisziplin auch der Charakterbildung.

[Allgemeiner Teil] 123

Liebe. Beides ist eigentlich eins und dasselbe. Wollen wir hier sagen: Man muss das Leben der Erwachsenen die Kinder oft als eine bloße Macht fühlen lassen, damit sie sich zur Gegenwirkung gewöhnen, so würde dies nicht das Richtige sein; auch ist dies nicht in der Analogie mit der leiblichen Behandlung, sondern die Analogie ist nur scheinbar.

Dass wir das Kind nicht im Hause halten können, ist natürlich, nicht nur nicht, wenn wir es hemmenden Einwirkungen aussetzen wollen, sondern auch nicht, wenn es sich auch nur an der Welt sättigen soll. Es wird nie nötig sein, dass man Hemmungen ausdrücklich veranstalte, sondern sie finden sich von selbst, und da soll man sie nicht scheuen, weil die Lebenskraft dadurch hervorgerufen und gestärkt wird. Ein intellektueller Druck soll nie von der Erziehung ausgehen in der Absicht, die Kinder zur Gegenwirkung aufzufordern, und ebenso verkehrt ist es, die Kinder zu tyrannisieren, um in ihnen das rechte Gefühl der Freiheit zu erwecken. Dadurch würde der höhere Zusammenhang des Lebens gestört werden, denn die absichtlichen Einwirkungen der Erwachsenen sollen die Kinder nur als hilfreiche Kraft fühlen und die Erwachsenen sollen sich ungeachtet des erwachenden Gefühls der Freiheit ihnen hingeben.

Das andere Extrem ist die Maxime der Behütung vor allen Berührungen mit Menschen, die einen Druck gegen die Kinder ausüben könnten. Hiervon kann auch nur Nachteil entstehen, denn nach der Erziehung findet es sich von selbst, dass einer auf den anderen drückt. Hat man also die Kinder früher davor bewahrt, so kommen sie unvorbereitet in diesen Zustand, und wissen sich wenig in der Welt zurecht zu finden. Jede Gewalt ist freilich etwas Falsches und Unvollkommnes, denn es soll keine nötig sein bei einem vollkommenen Zustande des gemeinsamen Lebens, wo das Gesetz, wie auch in den einzelnen Verhältnissen, wo die Liebe herrschen soll. Diese Unvollkommenheit der Gewalt ist aber da und kommt auch ins Gebiet der Erziehung hinein.

Die Gewalt ist stets hemmend und störend, aber eben darum ruft sie die Gegenwirkung hervor, und dies scheint ein Verhältnis der Gleichheit vorauszusetzen. Die Erfahrung beweist auch, dass, wo in einem ungleichen Verhältnisse Gewalt geübt wird, der Druck nicht die vorteilhafte Wirkung hervorbringt, das schwächere Leben zu stärken, sondern er schüchtert es ein. Die zarte Pflanze wächst nicht besser in schlechter Witterung, sondern sie verkümmert.

Wo bei großer Ungleichheit der Rechte die Höheren Gewalt üben, da werden die minder Berechtigten eingeschüchtert, bis es den Grad erreicht, wo die entgegengesetzte Gewalt herausbricht. Das Verhältnis der Kinder zu den Erwachsenen ist stets ein ungleiches und Gewalt ist hier stets etwas Unvollkommenes, und so könnte man die Maxime der Bewahrung rechtfertigen.

Aber es kommt hier darauf an, in welchem Maße die positiven Einwirkungen der Erziehung selbst fördernd sind; sind sie es im rechten Maße, so geben sie dem Kinde das Gefühl, es sei ein Teil des Ganzen, wovon es eingeschlossen wird, und dies stellt die Ungleichheit wieder her. Fühlt das Kind in sich die Eltern beleidigt, so wird es nicht mehr von der Gewalt erdrückt werden, und dieses Gefühl muss im Kinde erweckt werden, denn es ist der Anfang des Gemeingeistes. Dann wird das Kind nicht bloß sich, sondern ein gemeinsames Leben in sich fühlen, und in dem Maße es dann die Gegenwirkung gegen die Gewalt äußert, wird das eigene Leben desselben konzentrierter und stärker werden, desto leichter wird sich seine individuelle Eigentümlichkeit entwickeln.

20. Vorlesung (8. Dezember 1820)

Indem wir die ganze Erziehung im Allgemeinen betrachten und sie so ansehen, dass sie nur Unterstützung und Ergänzung dessen ist, was ohne Erziehung von selbst geschehen würde, und auf der anderen Seite Gegenwirkung [ist] gegen die ihrer Idee feindseligen äußeren Einwirkungen: haben wir so zuerst eine Seite der Gegenwirkung betrachtet und gesehen, wie in einer gewissen Beziehung man suchen müsse, die nachteiligen Einwirkungen selbst zu entfernen, wie man dies aber in einer anderen nicht dürfe, sondern sie selbst zur Hervorrufung des Richtigen brauchen könne.

Dann hatten wir den Begriff des Hemmenden und Drückenden erwogen, und gesehen, wie sich dies zum Vorigen verhielt. Indem aber diese Maximen nur im Allgemeinen bestimmt werden können und die Anwendung im Einzelnen dem Gefühl überlassen bleiben muss, so können sie bisweilen, falsch angewendet, etwas im Zögling hervorrufen, was der Idee der Erziehung zuwiderläuft.

Was wird denn nun dagegen für ein Widerstand geleistet werden müssen, wenn wirklich im Zögling etwas der Idee Widerstreitendes entstanden ist?

Doch hierzu kommt noch eine andere Betrachtung. Es würde gar keine nachteiligen Einwirkungen, d. h. Verleitungen von der rechten Form der Entwicklung geben, wenn nicht im Menschen diesem Verkehrten etwas entgegenkäme, was nur durch jene Einwirkungen beschleunigt und hervorgerufen wird. Dass dieses ist, geht schon daraus hervor, dass von anderen solche Einwirkungen geschehen, welche im Menschen das Verkehrte hervorbringen, was wir durchaus nicht allein als Werk anderer oder als Produkt der äußeren Natur annehmen können; der Ursprung des Unschönen liegt im Menschen selbst. Es ist also hier gleichviel, ob das Unschöne und Verkehrte aus nachteiligen Einwirkungen oder aus dem Menschen selbst hervorgegangen ist.

Zuerst muss man einige Einwirkungen abhalten, andere in eine bessere Richtung leiten, dann kommt die γένεσις⁹ des Unschönen aus dem Inneren hinzu, und wie wird dagegen gewirkt werden sollen? Aber was ist denn nun eigentlich das der Idee der Erziehung Zuwiderlaufende?

Die religiösen und sittlichen Prinzipien sind nicht überall in der menschlichen Gemeinschaft dieselben und wir können uns an sie allein also nicht halten. Wir betrachten daher die Sache aus unserem bestimmten Gesichtspunkte. Soll die Erziehung nicht anders als in jedem Menschen die menschliche Natur so viel wie möglich entwickeln in der Gemeinschaft und in der Persönlichkeit, so liegt darin eigentlich die Voraussetzung, dass alles, was sich in dem Menschen bildet, an und für sich gut sei. Denn es kann sich nichts aus ihm entwickeln, was nicht die menschliche Natur mit sich bringt.

Dies widerspricht aber der allgemeinen Erfahrung und Praxis und wir müssten daher hier nach einem medius terminus¹⁰ suchen. Wenn wir annehmen, alles, was sich aus der menschlichen Natur entwickelt, sei an und für sich gut, so betrachten wir es nur aus dem Gesichtspunkte eines einfachen Elementes der menschlichen Natur. Z. B. die Unmäßigkeit oder Unkeuschheit. Beides ist etwas Böses und der Erziehung zuwider, aber simpliciter betrachtet geht das eine, als einfaches Element angesehen, zurück auf Erweckung des Geschlechtstriebes, was an und für sich ein Gutes ist, das andere auf den Ernährungsprozess, auf Erweckung des Hungers und des Geschmacks. Das Resultat ist dennoch aber böse, und worin liegt hier nun das Böse? Ebenso ist es mit der Angewohnheit übler Stellungen bei Kindern. Dass einer jede Bewegung hervorbringen kann, ist notwendig; wenn sie aber etwas Mechanisches wird und nicht natürlich bleibt, so ist eben dies, dass sie sich als mechanisch festgesetzt hat, das Böse. Denn nichts Mechanisches soll sich festsetzen im Menschen, als was zum natürlichen Akte des Willens gehört. Das Böse in dem anderen Beispiel liegt im Verhältnisse und dann darin, dass diese physische Seite von der ethischen losgerissen ist, denn simpliciter ist nichts böse, sondern nur im Verhältnisse zu anderem.

---

9 γένεσις: Entstehung.
10 Der medius terminus (Mittelbegriff) übernimmt in der aristotelischen Logik die Funktion der Verknüpfung von Allsatz und Schlusssatz; vgl. Aristoteles: Erste Analytik, Erstes Buch, 41b–42a.

Wie sollen wir nun dieses Verhältnis konstruieren, um das der Erziehung Feindselige zu finden? Hier haben wir kein anderes Mittel, als dass wir das Mannigfaltige uns auf wenige Gegensätze zurückführen. Denn fragen wir, welches die Ursache sei, warum man manche Erscheinungen im Leben als verkehrt ansieht, so tritt hier gewöhnlich zuerst der Gegensatz der niederen und höheren Vermögen des Menschen auf. Das Verkehrte besteht darin, wenn das Verhältnis der Unterordnung umgekehrt oder aufgelöst ist. Darin liegt, dass die niederen Vermögen an und für sich gut sind. Aber wir sehen leicht, dass dieser Gegensatz nicht ausreicht. Denn wenn ein Mensch von etwas Verkehrtem oder Bösem keine Vorstellung hat, so rechnen wir es ihm auch nicht zu; wo kein Gesetz, da auch keine Sünde.[11] Diese Vorstellungen, welche Gesetze aussprechen, bilden den menschlichen Verstand, und die Vorstellungen, insofern sie in Tat ausgehen, den menschlichen Willen. Irgendeine Störung des Verhältnisses der niederen und höheren Vermögen ist doch noch nicht böse, wenn nicht im Menschen selbst hinzukommt ein Widerstreit des Verstandes und Willens. Allem demjenigen, was zu dem niederen Vermögen gehört, dürfen wir keinen Widerstand entgegensetzen, weil alles notwendig ist und auch die Entwicklung der höheren Vermögen unnötig[12] sein würde bei Zurückhaltung der niederen. Denn sonst hätten sie keine Organe.[13] Da ist der Ort der Gegenwirkung also nicht.

Denn das Missverhältnis kann nur entstehen, wenn die höheren Vermögen in der Entwicklung zurückbleiben. Da aber muss die Erziehung unterstützen und nicht entgegenwirken. Entwickeln sich die niederen Vermögen früher als die höheren durch die Form des Lebens, z. B. die Nahrung, so liegt der Fehler in der Anordnung des Lebens, also außerhalb der Erziehung, insofern sie Gegenwirkung sein soll. Diese bezieht sich ja nur auf den anderen Gegensatz. Ist denn aber der Wille das Tätige und der Verstand das Leidende? In einem gewissen Sinne ist dies falsch, denn das Denken und Vorstellen ist ebenso sehr eine Tätigkeit wie das Handeln nach außen. Aber gehen wir einmal von der Möglichkeit eines solchen Widerspruchs aus. Was ein Mensch tut, ohne dass sich in seiner Vorstellung etwas dagegen regt im Gefühl oder im Verstande, das kann man ihm selbst nicht als verkehrt anrechnen, sondern es wird verkehrt, wenn man jene Vorstellungen in ihm erregt und dann doch die Disharmonie stehen bleibt. Denken wir uns also, man könne etwas in seiner Vorstellung erre-

---

11 Vgl. Römerbrief 7, 8 und 5, 13: „Denn die Sünde war wohl in der Welt, ehe das Gesetz kam; aber wo kein Gesetz ist, da wird Sünde nicht angerechnet."
12 Zu lesen wohl: unmöglich.
13 Platz (SW III/9, S. 735): „und ohne die Entwikklung der niederen Vermögen würden die höheren müßig sein; jene sind Organe dieser."

gen, was mit seinem Willen in Widerspruch steht, so fragen wir: Ist dies seine eigene Produktion? Nein, denn Verstand und Wille können an und für sich nicht in Widerspruch stehen. Der Widerspruch besteht nur, wenn man die Vorstellung als ein Empfangenes, Leidentliches ansieht. Was in seiner Vorstellung seiner Handlungsweise widerspricht, ist eben deswegen etwas Fremdes und Empfangenes. Der Gegensatz reduziert sich also auf den gewissen zwischen Selbsttätigkeit und Rezeptivität.

Wenn der Wille und das Gefühl im Widerspruch sind, so können Urteile des Gefühls nur unter der Form der Rezeptivität angesehen werden, als empfangen und nicht von innen produziert, sonst könnte es mit der Tätigkeit, die von innen produziert wird, nicht im Widerspruch stehen. Das Niedere darf nicht reprimiert werden, sondern man muss das Höhere unterstützen, denn jenes gehört der menschlichen Natur an. Allerdings ist jener Widerspruch zwischen Rezeptivität und Spontaneität etwas Verkehrtes. Beides soll eins sein. Dies ist auch ein Missverhältnis zwischen diesen beiden Formen des geistigen Daseins. Aber ist hier die Gegenwirkung anzubringen?

21. Vorlesung (12. Dezember 1820)

Denken wir uns, es würde sich das Verhältnis bei weiterer Ausbildung wieder ins Gleichgewicht bringen, oder es besteht in jedem ein bestimmtes Verhältnis zwischen beiden und dies gehöre mit zu seiner Eigentümlichkeit, so ist beides wahr – das Erste insofern, als nicht alle Funktionen sich gleichmäßig entwickeln, das Zweite wegen der Verschiedenheit der Temperamente. Inwiefern ein solches Verhältnis zum Eigentümlichen des Menschen gehört, ist es nicht einmal eine pädagogische Aufgabe, dies zu ändern. Denn das fiele in das Gebiet der Willkür. Alle Mannigfaltigkeiten, welche durch die Mischung der Funktionen möglich und der menschlichen Natur gemäß sind, sollen bestehen; in der Verbindung mit dem allgemeinen[14] Leben findet sich die nötige Ergänzung von selbst. Die Erziehung hat also kein Recht, diese persönlichen Konstitutionen zu ändern.

Jeder soll sie zur höchsten Vollendung bringen, so wie sie in besonderer Art die menschliche Natur ausspricht. Von dem ersten Gesichtspunkte aus, dass die eine das andere überwiegt, sollte man denken, man müsste hier entgegenwirken. Allein dies wäre wieder Unterdrückung eines Natürlichen. Daher haben viele dieses in der Theorie ausgesprochen: Man müsse das Böse sich selbst überlassen und nur auf die Hervorbringung

---

14 Platz (SW III/9, S. 737): „gemeinsamen Leben".

jener Funktionen hinarbeiten, durch deren Zurückbleiben das Böse entstanden ist. So müsse man die Entwicklung des Lebens unterstützen; eine eigentliche Gegenwirkung aber sei nicht nötig. Allein nun treten hier zwei Punkte ein, die wir nicht übersehen können.

1) Jede einzelne Handlung ist nicht etwas für sich, sodass man sie isoliert betrachten könnte und sie spurlos aufhört. Wäre dies, so wäre jene Theorie richtig. Denn die einzelnen Verkehrtheiten würden nachher durch andere Handlungen verdrängt werden. Dies ist aber nicht der Fall, sondern es gibt eine Gewöhnung, d. h. eine durch die Wiederholung selbst zunehmende Leichtigkeit gewisser Handlungen, wodurch sie am Ende den Charakter des Willkürlichen verlieren und mechanisch erfolgen. Diese Wirkung ist vorzüglich in den niederen Funktionen der menschlichen Seele. Wenn nun in der Folge das sittliche Verhältnis sich entwickelt, so kann dies nicht zur Darstellung gelangen, sondern findet ein Hindernis in der Gewöhnung, welches nicht wäre, wenn man früher auch nur die äußeren Handlungen verhindert hätte. Indem man so das Unschöne sich selbst überlässt, so erschwert man für die Folge die äußere Darstellung des richtigen Verhältnisses und bereitet dem Menschen für die Zeit seiner richtigen Einsicht einen Kampf mit dem Mechanismus in sich vor. Daher entsteht die Aufgabe, Gegenwirkungen anzubringen, die aber keinen anderen Zweck haben dürfen, als den Ausbruch der Handlungen zu verhindern, in denen sich das Unschöne kundtut.

2) So wenig die Handlung isoliert ist, sondern in die ganze Entwicklung eingreift, ebenso wenig ist der Mensch selbst isoliert, sondern beständig im Zusammenhange mit anderen. Alles Unschöne im einzelnen Menschen hat doch einen störenden Einfluss auf das gemeinsame Leben, dem er angehört, denn das, wodurch der Mensch mit sich selbst in Harmonie steht, ist auch das, wodurch er mit dem gemeinsamen Leben harmoniert. Die Jugend ist allerdings für das öffentliche Leben null, aber in Beziehung auf die Störung des gemeinsamen Lebens ist sie es nicht, und sei es im häuslichen Leben oder in der öffentlichen Erziehung, so wird alles Verkehrte nachteilig wirken; also auch um des gemeinsamen Lebens willen müssen hier Gegenwirkungen angebracht werden; aber diese haben wieder keinen anderen Zweck, als die einzelnen störenden Handlungen zu verhindern.

Dies sind die eigentlichen Arten von Gegenwirkungen, die hier stattfinden. Die erste Art ist das, was man eigentlich Zucht nennt, die andere Art ist die Strafe. Aber nur in der ersten ist ein pädagogisches Element. Strafen sind nichts Pädagogisches; sie gehören dem gemeinsamen Leben an und haben hier ihren Ursprung und Zweck.

[Allgemeiner Teil]

Dieser Punkt liegt am meisten an der Grenze unserer Untersuchung und gehört nur mittelbar in unsere Theorie. Wenn wir auf die Jugend eine Gegenwirkung ausüben, sie zu hindern, etwas zu tun, so ist dies ein Druck, eine Hemmung, und inwiefern der Zweck derselben nicht im Zöglinge selbst liegt, so ist dies nichts Pädagogisches. Ein solcher Druck ist nicht dasjenige, wovor man die Jugend behüten müsse, sondern man muss sie gewähren lassen in dem Maße, als sich Widerstandskraft in ihr entwickelt. Vor Strafen also dürfen wir die Jugend nicht bewahren, weil sie aus dem gemeinschaftlichen Leben kommen, aber das Maß ist hier nicht anzuwenden, da die Jugend keinen Widerstand gegen die Strafe äußern soll. Wenn irgendeine als Strafe der Jugend zugefügte Unannehmlichkeit ihr auf einem anderen Wege zustößt und sie sich darum nicht stören lässt in Verfolgung ihrer Zwecke, so freuen wir uns darüber. Aber strafen wir damit, so wollen wir die Handlung dadurch verhindern. Dies ist ein Widerspruch, vor dem man sich hüten muss. Verachtet die Jugend körperliche Schmerzen, so tun wir nicht weise, sie als Strafe anzuwenden.

Aber wir finden dasselbe bei allen Gegenwirkungen. Strafen machen die Jugend weichlich und feig, und dies ist dem Hauptzweck der Erziehung zuwider. Nun aber kann die Gegenwirkung doch nur an einem sinnlichen Teile angebracht werden, z. B. durch Entbehrung, aber auch dies widerstreitet unserem Zwecke, denn auch diese Entbehrung soll der Mensch verachten. Daher ist man auf ein nicht sinnliches Gebiet gegangen und hat alle Strafe auf dem Ehrtrieb angebracht. Allein auch diesem Triebe soll der Mensch nicht absolut nachgeben, sondern sich durch eine Gegenwirkung gegen denselben nicht stören lassen. Was sollte sonst aus ihr werden, solange die öffentliche Meinung über das Gute und Böse noch so schwankend und verschieden ist? Diese allgemeine Meinung soll immerfort gebildet werden durch Einzelne. Dadurch kommen die Einzelnen in Widerspruch mit der allgemeinen Meinung und werden für Schwärmer und Phantasten gehalten, bis sich die Meinung geändert hat. Wollte der Mensch also jedem Druck gegen den Ehrtrieb nachgeben, so wäre keine Fortbildung der Welt möglich. Menschen, die nur mechanisch mit der Gemeinschaft zusammenhängen, können ohne Ehrtrieb sein. Denkt man sich die Gesellschaft aber ohne solche Klasse, aber solche dagegen, die durch ihre ganze Bildung angehalten ist, dass sie einen fortbildenden Einfluss auf das Ganze üben könne, so hat diese niemals nötig, dem Ehrtrieb entgegen zu handeln, weil sie nie in Widerspruch mit der öffentlichen Meinung kommt. Aber so bestimmt sind die Grenzen niemals gezogen.

In welchen Ort soll sich nun die Strafe flüchten? Man hat gesagt, man müsse die Gegenwirkung anbringen auf dem Tätigkeitstrieb und durch

Hemmung der Aktion den Menschen strafen, und nun wird man freilich jenen früheren Einwurf nicht machen können, dass der Mensch sich auch darüber erheben soll und in der Untätigkeit seine Befriedigung suchen. Allein wir können den Menschen nie ganz außer Tätigkeit setzen. Auch
5 die größte Langeweile kann den Tätigkeitstrieb im Inneren nicht hemmen, ja er kann eine Befriedigung darin finden, sich an der inneren Tätigkeit zu entschädigen und die Strafe zu verachten. Dann würde die Strafe die Folge haben, dass sie eine Gewöhnung hervorbringt, und zwar eine für das öffentliche Leben sehr nachteilige, nämlich sich mit der inneren Tätig-
10 keit zu begnügen.

Daher ist auch diese Strafform nicht besser als jede andere, und es scheint so, dass die Strafe stets ein Entgegenhandeln gegen den Zweck der Erziehung sei, dass es gar keine Strafe geben müsse und diese bloß in die Theorie des gemeinsamen Lebens gehöre und dass man auf eine andere
15 Weise bei der Jugend die Störung des gemeinsamen Lebens verhindern müsse. Gäbe es eine solche Weise, dann würden wir mit beiden Händen zugreifen.

Aber wir dürfen auf ihre Entdeckung nicht warten, sondern wenn die Jugend jedoch eingreift in das öffentliche Leben, so kann man der Strafe
20 nicht entübrigt sein, und die Aufgabe bleibt also immer: Wie muss die Strafe eingerichtet werden, um so wenig wie möglich nachteilig zu wirken für den Zweck der Erziehung?

22. Vorlesung (13. Dezember 1820)

Kann man nun die Strafe aus dem Gebiete der Erziehung gänzlich ver-
25 bannen? Sie geht nicht aus dem Interesse der Erziehung hervor; es wird dadurch nichts erreicht, was die Erziehung beabsichtigt, und sie hat an und für sich keinen Wert.

Sie wird nur durch andere Bewegungsgründe hervorgelockt und soll die Erziehung befördern, aber nicht hemmen. Aus dem Bisherigen sahen
30 wir, dass wir's nicht in unserer Gewalt haben, dass die Strafe nicht gegen das Interesse der Erziehung wirke. Aber wo sollen wir denn die Gegenwirkung gegen das Unschöne und Unrichtige anbringen?

An der sittlichen Richtung im Menschen selbst. Da nun diese im Selbstbewusstsein auch unter der Form des Gefühls ist und am Gegensatz
35 des Angenehmen und Unangenehmen teilnimmt, so muss die Gegenwirkung angebracht werden unter der Form des eigenen sittlichen Unwillens an dem, was unrecht ist. Hier ist Folgendes zu bemerken: Wenn man eine solche Gegenwirkung anbringen kann, so hört sie auch auf, bloße Strafe

zu sein, denn das eigentliche sittliche Gefühl wird nicht durch die äußere Tat bedingt, sondern durch die inneren Motive.

Der Ehrtrieb dagegen wird durch die äußere Tat bestimmt. Denken wir uns einen Menschen rein dem Ehrtriebe folgend, so kann es kommen, dass er sich worüber schämt, wobei er selbst ein gutes Gewissen hat, insofern er fürchtet, dass die Menschen seiner Tat ein anderes Motiv unterlegen könnten. Indem also ein Unwille und eine Scham vor sich selbst nicht mehr die äußere Tat affiziert, sondern vom inneren Zustande ausgeht, so wirken sie auch auf das Innere zurück, welches so modifiziert wird, dass eine solche Tat nicht wieder entsteht. Inwiefern also die Gegenwirkung in diesem Gebiet ausschließend angebracht wird, insofern hört die Strafe auf, Strafe zu sein, und sie wird Zucht, weil sie auch auf das Innere wirkt, und dann können alle Bedenklichkeiten beseitigt werden, die uns aus Strafe als Strafe entstehen.

Wenn eine Strafe die Form eines Schmerzes hat, so wagen wir es darauf, dass sie entweder nicht gelingt, wenn der Zögling den Schmerz überwindet, oder dass die Scheu vor Schmerz gestärkt wird; wenn aber mit dem Schmerze sich ein unangenehmes sittliches Gefühl verbindet, so kann dieses das andere überwiegen. Wenn die Gegenwirkung aus einem sinnlichen und sittlichen Faktor besteht, so kann offenbar die Wirkung sehr groß sein, und wir können daher den sinnlichen Faktor sehr klein machen. Dasselbe gilt, wenn die Strafe die Form des verletzten Ehrtriebes annimmt, d. h. die Form der Beschämung. Wird hiermit ein rein sittlicher Faktor verbunden, so kann auch dieser verstärkt jenen übertragen. Das Hinzukommen eines sittlichen Faktors macht also allein die Strafe in der Erziehung möglich, sodass kein Nachteil zu besorgen ist; im Gegenteil[15] haben wir den Nachteil nicht in unserer Gewalt.

Hieran knüpft sich eine zweite Betrachtung: Die nachteiligen Wirkungen von den verschiedenen Formen der Strafe werden immer erst von einem gewissen Entwicklungspunkte anfangen, und also ist es auch von diesem aus erst möglich, etwas anzubringen, was der nachteiligen Wirkung vorbeugt. In der ersten Lebensperiode ist das Gedächtnis noch gleich null zu setzen und es bekommt erst allmählich Sicherheit und Umfang. Ehe nun das Gedächtnis so groß ist, dass die Kinder aus einer gewissen Reihe sich eine Analogie bilden können, so kann keine Besorgnis sein, dass die Strafe nachteilig wirken möchte, und es fragt sich nur, ob vor dieser Besorgnis Nutzen der Strafe eintritt. Kann z. B. ein Schmerz eine Wirkung tun, sodass das Kind instinktartig und unbewusst dasjenige unterlässt, worauf der Schmerz erfolgt ist, ehe es einen Begriff von Schmerz und also

---

15 also ohne „Hinzukommen eines sittlichen Faktors".

eine Scheu davor hat? Dies ist unleugbar wahr. In dieser Periode würden also körperliche Strafen von Nutzen sein können. Sobald aber das Gedächtnis aus der Analogie schließen kann, so fangen die Besorgnisse an, das Kind möchte aus der Strafe den Schmerz scheuen lernen. Dieses Verhältnis findet auch statt in dem Gebiete der Strafen, die auf Beschämung basiert sind, obgleich dies erst später geschieht, wo das Gedächtnis stärker ist. Hier kommt es darauf an, dass das persönliche sittliche Gefühl noch nicht als etwas Eigenes existiert, und solange kann auch aus der Anwendung der Beschämung noch nicht der Nachteil entstehen, dass die Kinder sich scheuen, eine verkehrte öffentliche Meinung gegen sich zu reizen.

Nun wollen wir wieder zurückgehen und fragen: Gibt es eine Zeit für beide Hauptformen der Strafe, wo sie nützlich sein können? Wenn die Gefährlichkeit der Beschämung erst anfängt, so gibt es eine Zeit, wo sie, ohne gefährlich zu sein, heilsam sein kann. Sobald aber das persönliche sittliche Gefühl erwacht ist, so ist es gefährlich, die Beschämung als Strafe zu brauchen, sondern dann muss ein sittlicher Faktor hinzukommen, sodass die Strafe Zucht wird.

Was die Strafen, die auf dem Schmerz beruhen, betrifft, so fragt es sich auch: Gibt es eine Zeit, wo sie nützlich sind, ohne nachteilig zu sein? Können wir in der Erfahrung einzelne Kombinationen zwischen einzelnen Tatsachen und dem unangenehmen Gefühl, das dadurch veranlasst wird, nachweisen und kann sich dieses Gefühl noch nicht verallgemeinern? Hier finden wir eine Analogie mit den Tieren. Bei denselben wirkt besonders der Schmerz und sie sind keiner allgemeinen Vorstellungen fähig, sondern nur einzelner Kombinationen. Daher geht hier die Wirkung nie über den Zweck hinaus. Können wir nun beim Menschen einen ähnlichen Zustand nachweisen, so dürfen wir annehmen, dass die körperlichen Strafen nützlich sein können in Bezug auf solche individuellen Vorstellungen. Das Vermögen des Menschen dazu verrät sich nun nur durch die Sprache und wir haben keine Ursache, dem Menschen allgemeine Vorstellungen zuzuschreiben, ehe sich die Sprache in ihm entwickelt.

Das Resultat dieser Betrachtung ist dieses: Es können körperliche Strafen heilsam sein, ohne dass man eine andere Vorkehrung dabei zu treffen braucht, nur in der Zeit, ehe sich der Mensch der Sprache bemächtigt; sobald er allgemeiner Vorstellungen fähig ist, so findet sich in ihm eine allgemeine Scheu vor unangenehmen Empfindungen, und dann tritt die Besorgnis ein, dass die Feigherzigkeit durch körperliche Strafen vermehrt werde. Die Strafe der Beschämung wird auf dem Ehrtrieb basiert und sie kann unbedenklich in der Zeit heilsam sein, ehe das Gewissen im Menschen erwacht. Denn bis dieses erwacht ist, solange kann er keinen Unterschied machen zwischen Richtigkeit und Unrichtigkeit in der Meinung der Menschen und solange ist die Beschämung auch gefahrlos. Beides nimmt einander auf, sodass, sobald die körperlichen Strafen bedenklich werden, und ein sittlicher Faktor nötig ist, der Ehrtrieb erwacht, wo dann die auf Scham basierten Strafen eintreten, bis das Gewissen erwacht. Dann ist die Beschämung an und für sich bedenklich und gefährlich, weil das Gewissen mit ihr in Streit kommen kann. Was soll aber nach erwachtem Gewissen werden, wenn beide Arten von Strafe an und für sich bedenklich sind?

Wenn wir hier von der Idee der Erziehung ausgehen, so müssen wir Folgendes sagen: Wenn das sittliche Gefühl im Menschen seine natürliche Stärke erlangt hat, aber der Mensch dadurch nicht geleitet werden kann, so ist die Erziehung bankrott, denn sie hat kein Mittel mehr. Freilich ist noch ein Unterschied zwischen dem ersten Erwachen des sittlichen Gefühls, wo Strafen gefährlich sind, und zwischen[16] der Vollendung jenes Gefühls. In diesen Zwischenraum würde die Notwendigkeit fallen, einen sittlichen Faktor mit der körperlichen Strafe oder der Beschämung zu verbinden, und so hätten wir eine vollständige Entwicklung der Sache. Hier ist noch zu entwickeln, dass der Ehrtrieb erwacht, wenn allgemeine Vorstellungen erwachen. Dies ist aber durch die Erfahrung deutlich. Denn die Strafe gibt auch indirekt die allgemeine Form der Gegenstände wieder, und dadurch wird auch der unmittelbare Ausdruck der Gemütszustände verständlich. Billigung und Missbilligung haben ihren Ausdruck in der Physiognomie, welche aber das Kind erst nach Verständnis der Sprache versteht. Dann ist das Kind fähig, selbst affiziert zu werden durch den Eindruck, den es auf andere gemacht hat, und so kann man auch schon durch die Beschämung wirken.

23. Vorlesung (15. Dezember 1820)

Man könnte glauben, dass, sobald die Erregung eines sittlichen Gefühls möglich ist, die Strafe weichen könne, weil schon im Inneren des Menschen ein Prinzip liege, wodurch die strafbaren Handlungen aufhören. Aber hier ist zu bemerken, dass dies nur allmählich geschieht, und zwischen der Einsicht von der Verkehrtheit der Handlung und dem Vermögen, die Handlung zu unterdrücken, ein Zwischenraum ist. Es muss also noch eine Gegenwirkung stattfinden, und so ist die Verbindung eines sittlichen Elements mit einer Strafe möglich. Die Voraussetzung muss aller-

---

16 Der sprachliche Fehler des doppelten „zwischen" war schon in der Goethezeit häufig.

dings sein, dass allmählich durch die Stärkung des Sittlichen auch die Gewalt des Unsittlichen überwunden wird. Daher darf die Strafe nicht ganz aufhören, sobald das Sittliche erwacht; aber von diesem Augenblick an muss die Strafe als etwas Abnehmendes gedacht werden. Dasselbe gilt von der früheren Periode. Wir unterscheiden zwar verschiedene Knoten in der Entwicklung des Menschen, aber nicht so, dass etwas plötzlich ist, sondern dass alles vorbereitet wird. Die Strafe wird daher auch nur allmählich abnehmen. Dies ist ein wichtiger Grundsatz, um sich eine gesunde Theorie darüber zu entwerfen. Die eigentlichen Strafen liegen also nicht auf dem Boden der Erziehung, sondern sind nur geduldet und haben ihr Fundament im gemeinsamen Leben.[17]

Hier findet sich eine Analogie mit der bürgerlichen Gesellschaft, wo die Theorie der Strafe ebenso schwierig ist. Man mag die bürgerlichen Strafen so oder so einrichten, so bessern sie an und für sich den Menschen nicht, vorzüglich bei uns. Denn Amerikas Beispiel passt für uns nicht, denn dieses ist frei und alle Bürger zusammen entwerfen die Strafgesetze und streben zum Besseren; wir aber werden monarchisch regiert. Auch im Altertum sind die Strafen nicht von der Tendenz zu bessern ausgegangen. Unsere Strafen vertrauen auf das religiöse Element in Ansehung der Besserung. Betrachten wir die Strafgesetzgebung, so liegt es in der Erfahrung, dass die Strenge der Strafen abnimmt; und daraus lässt sich auf die Vervollkommnung der ganzen Gesellschaft schließen. Im Ganzen ist nie eine Strafgesetzgebung geschärft worden. Bei anarchischen Zeiten herrscht zwar eine andere Verfahrungsweise, doch hier ist die Strafe nicht Strafe, sondern kriegerische Operation. Ebenso wenn ein Staat zerfällt oder unterjocht wird, dann ist das Misstrauen vorherrschend und die Strafen werden geschärft. Im Ganzen nehmen die Strafen ab, denn bei einer strengen Gesetzgebung nimmt die Genauigkeit der Ausführung ab und endlich wird die Gesetzgebung selbst gemildert. Die reine Strafe ist folglich eine Sache der Not, und wenn sich der Mensch gegenüber der äußeren Natur über den Notstand erhebt, so soll auch gegenüber der mensch-

---

17 Die Auffassung, dass eine Besserung des Menschen nicht mit Strafen zu erreichen sei, steht im Einklang mit Kant und Herbart und unterscheidet sich von Hegel, der verlangt, dass der sich zunächst beim Kinde äußernde Wille gebrochen und vernichtet werden müsse (Hegel 1965, S. 102). Kant plädiert dafür, den Willen des Kindes frei zu lassen („Über Pädagogik" 1803). Herbart ordnet die „Regierung der Kinder" im Vorhof der eigentlichen Erziehung an und begrenzt sie auf schadenabwendende Maßnahmen. Wenn er zwischen Regierung und Zucht unterscheidet, so sieht Herbart in der Zucht keine Strafen, sondern nur Beratung vor und bindet eine Rückkehr in die „Regierung" an Schadensvermeidung zurück (Herbart 1806; 1965).

lichen Natur jener Notstand abnehmen. Die gemeinschädlichen Handlungen werden immer zufälliger und dann könnte überhaupt schon früher die Strafgesetzgebung gemildert werden.

So ist auch in der Erziehung die reine Strafe Notsache, und je länger sie erfordert wird, desto unvollkommener ist die Erziehung, weil sie nicht genug beiträgt, die Strafe überflüssig zu machen. In diesem Sinne müssen wir davon ausgehen, dass, angenommen, die Strafe sei unentbehrlich, sie in der Erziehung als eine abnehmende Größe erscheinen muss, und sie muss so konstruiert werden, dass dies schon aus ihr selbst hervorgeht.

Wir haben gesehen, dass die Strafe, welche auf den Schmerz basiert ist, auf eine rein mechanische Weise durch die Erinnerungsfähigkeit wirkt, welche in jener Periode auf das Einzelne beschränkt ist. Die Strafe kann also nur durch Wiederholung wirken; muss aber damit eine wirkliche Schärfung verbunden werden, so ist das unvollkommen. Wenn wir nun die Strafe im Allgemeinen betrachten, so müssen wir sagen: Es ist dasjenige, was wir die Verbindung des Sittlichen mit dem Sinnlichen genannt haben, wodurch die Strafe im Ganzen abnimmt. Denn wirkt die Strafe auf das Innere, so ist im Inneren etwas, das strafbare Handlungen verhindert, und lässt sich also mit der Strafe der sittliche Faktor verbinden, so muss die Strafe schon von selbst abnehmen. Dass es eine Zeit gibt, wo die Strafe noch notwendig ist, nachdem sich schon das sittliche Element damit verbinden lässt, ist schon gezeigt; und es fragt sich nun, wie die postulierte Verbindung eines sittlichen Faktors mit dem sinnlichen Element der Strafe besteht?

Setzen wir, wie wir offenbar müssen, die Strafe sei eine Handlung des Strafenden, so hat jede verständige Handlung zwei Seiten. Die eine ist, dass jede Handlung die Äußerung eines Inneren ist; die andere, dass sie strebt, einen gewissen Erfolg hervorzubringen.

Zwar gibt es Handlungen, die wir stets nur von der einen Seite anzusehen pflegen, aber bei genauerer Betrachtung ist dies unrichtig. So scheinen z. B. Gemütserschütterungen auf keinen Erfolg berechnet zu sein, aber an und für sich müssen sie doch mit dem Willen zusammenhängen, und dieser ist stets auf einen Erfolg gerichtet, welcher ist, dass sich ein solcher Gemützustand dem Gedächtnisse fester einprägt. Umgekehrt scheint z. B. die Geschäftsführung im Leben nur auf den Erfolg gerichtet zu sein, der hier hervortritt; aber auch solche Handlungen können nicht ohne etwas Charakteristisches sein, wodurch sie als reine Äußerungen erscheinen. So hat folglich auch die Strafe beide Seiten.

Einerseits ist sie auf den Erfolg berechnet; aber sie wäre unnatürlich, wenn sie nicht auch Äußerung eines Inneren wäre, und es gibt keine unnatürlichere Forderung, als dass ein Vater oder Lehrer mit der vollkommensten Gleichgültigkeit strafen soll. Dann wäre der Strafende gleichsam nur die Fortsetzung des Stockes. Jede Strafe im Gebiete der Erziehung wäre völlig unrechtmäßig, die nicht zugleich, wenn nur der Zögling fähig ist, eines anderen Gefühl aufzufassen, angesehen würde als Äußerung des reinen sittlichen Unwillens, denn sonst wäre sie von der Absicht der Erziehung ganz abgesondert.

Denn es erscheint als etwas Unsittliches, dass man mit Wissen und Willen einem anderen etwas Unangenehmes zufügt, und es ist nur dadurch gutzumachen, dass er selbst es sich gefallen lässt, weil es mit seinem Willen geschieht, und dass es durch etwas Sittliches bedingt ist. Dies kann aber nur geschehen, wenn die Strafe eine Äußerung eines Innerlichen ist. Auf der niedrigen Stufe des Menschen findet also eine mechanische Seite der Strafe statt; beim erwachenden Sittlichen ist Unterordnung unter Ordnung und Gefühl der Rechtmäßigkeit des sittlichen Unwillens bei einer sträflichen Handlung. Die Äußerung des sittlichen Unwillens muss mit der Strafe selbst verbunden werden und dadurch ist der Anfang ihres Verschwindens gemacht, indem in den Zögling beides kommt, Schmerz oder Beschämung und der Eindruck des sittlichen Unwillens. So kann keine Scheu vor unangenehmen Empfindungen entstehen, sondern nur eine Scheu vor sittlich unangenehmen Empfindungen, und der Schmerz wird nur geheilt durch den sittlichen Unwillen.

24. Vorlesung (18. Dezember 1820)

Die beiden Hauptformen des Lebens der Kinder sind das häusliche Leben und das Leben in der Schule. Jenes hat eine unmittelbare Naturgewalt, die einem künstlichen Institut fehlt, welches daher auch in Beziehung auf die Strafe eine genauere Konstruktion erfordert. Der Natur der Sache nach ist es offenbar, dass sich ein Kind leichter in die Ordnung findet, worin es sich ursprünglich findet und woraus sich allmählich die Selbstständigkeit des eigenen Lebens löst. Im öffentlichen Leben tragen die Zöglinge die Naturgewalt in sich und können nur durch die Intelligenz geleitet werden. Daher ist dieser ganze, die Strafen betreffende Teil der Erziehung im häuslichen Leben freier zu behandeln; die Schule hingegen muss mehr organisiert sein und eine störende Handlung muss mit Gewalt unterdrückt werden. Daraus folgt, dass das ganze Strafsystem in der öffentlichen Erziehung imposanter sein muss als im häuslichen Leben. Hieraus ist die Differenz beider am besten zu übersehen.

Besonders wichtig sind folgende Punkte: Man pflegt einen Unterschied zu machen zwischen natürlichen und willkürlichen Strafen; die ersten fallen aber gar nicht unter den Begriff der Strafe. Wir müssen nämlich hier von dem Grundsatz ausgehen, dass alles Verkehrte auch zerstörend auf das Leben selbst einwirkt und Übel zur Folge haben muss, und dass im gemeinsamen Leben jeder verkehrte Punkt diese Folgen ins Ganze trägt. Wenn diese üblen Folgen auf einen anderen Punkt hinfallen als auf den, worin das Verkehrte liegt, so sind sie unverschuldetes Leiden. Überhaupt hat jedes Verkehrte üble Folgen. Nennt man diese als solche natürliche Strafen, so hat man insofern Recht, als es ein Gesetz der Providenz ist.[18] Denkt man sich diese natürlichen Folgen so gewendet, dass das Übel auf den Punkt zurückfällt, wo die Schuld ist, so nennt man sie mit Recht natürliche Strafen. Setzen wir diesen willkürliche Strafen entgegen, so verstehen wir darunter diejenigen Übel, welche keinen Naturzusammenhang haben mit dem Bösen, worauf sie zurückfallen; könnte man stets das Gegenteil bewirken, so würden keine willkürlichen oder positiven Strafen nötig sein. Aber indem wir schon früher betrachtet haben, dass es nicht zu rechtfertigen ist, wenn man jemandem eigentliche Übel zufügt, so ist, wenn kein Zusammenhang der Strafe mit dem zu Bestrafenden da ist, eine rein willkürliche Strafe nie zu rechtfertigen. In jeder richtigen Strafkonstruktion muss der Unterschied zwischen natürlichen und willkürlichen Strafen aufgehoben werden.

Ein anderer Gesichtspunkt ist folgender: Jede Tat ist aus zwei Elementen zusammengesetzt, aus einer äußeren Seite, dem Erfolg, und einer inneren, dem Motiv. Eine Tat würde nicht gestraft werden, wenn sie jene äußere Seite nicht hätte. Hat die äußere Tat keine innere Seite, so wird sie nicht gestraft. Diese Beziehung der Tat auf den Willen des Täters ist die Zurechnung. Wenn wir davon ausgehen, dass jede Strafe auf gewisse Art auf einem Gesetze beruht, so ist sie, weil sie nichts rein Einzelnes ist, immer etwas, was mehrere betreffen kann, und dies gilt in der Erziehung wie auf anderen Gebieten. Die Zurechnung ist aber verschieden nach der äußeren und nach der inneren Seite der Tat hin. In Beziehung auf die äußere Seite ist jeder Erfolg derselbe, in Beziehung auf die innere kann der Erfolg derselbe sein, aber ein anderes Motiv haben. Daher können hier zwei entgegengesetzte Handlungsweisen stattfinden. Einige sagen, der strafende Richter habe sich nicht um die psychologische Seite der Tat zu bekümmern, sondern müsse nur die äußere Seite ins Auge fassen; andere sagen, dies sei barbarisch, man müsse vielmehr die Tat psychologisch betrachten.

---

18 Platz (SW III/9, S. 749): „Nennt man die Uebel als solche natürliche Strafen: so hat man in sofern Recht als dies ein Gesez der Providenz [Vorsehung] ist daß jedes verkehrte seine üblen Folgen hat."

Über diesen Gegensatz im Allgemeinen zu entscheiden, geht über unsere Aufgabe; wir wollen ihn nur in Bezug auf die Erziehung betrachten. Aber auch hier ist eine große Differenz möglich, wenn wir auch sagen, man müsse auf beides Rücksicht nehmen. Wir haben hier also zwei Gegensätze, wonach wir die Strafen konstruieren müssen. Jede Strafe muss natürlich sein, aber auch den Charakter des Positiven an sich tragen. Wie werden wir jene Differenz in Bezug auf die beiden Hauptformen des Lebens der Kinder auszuteilen haben?

Offenbar ist im häuslichen Leben der sittliche Naturcharakter, das Gefühl einer Zusammengehörigkeit, woher das Leben seine Einheit hat, das Vorherrschende. Hier ist also die Gleichmäßigkeit in der Behandlung am wenigsten notwendig. Wenn wir in derselben Beziehung eine öffentliche Erziehung betrachten, so ist hier jenes Gefühl nicht, und vor aller Erfahrung hat der Zögling schon das Gefühl, dass der Lehrer sich leichter über sein Inneres irren kann als Vater und Mutter, wenigstens denkt er dies in hypothesi, welche richtig ist, obgleich es in thesi ganz anders sein kann. Da ist dann die Gleichmäßigkeit der Bestrafung für die Schule weit wesentlicher als für das Haus. Nach dem Gefühl kann in der Schule weit weniger gestraft werden; nur durch feste Gleichmäßigkeit in der Bestrafung erhält die Handlung des Strafens selbst den gesetzlichen Charakter, und dies darf der Schule nicht fehlen. Nur muss jene Gleichförmigkeit nicht pedantisch festgehalten werden, denn die Schule steht in der Mitte zwischen dem häuslichen Leben und dem Staate.[19] Wenn es in einem Hause Strafgesetze gibt, so ist das schrecklich, denn da ist der Charakter des häuslichen Lebens vernichtet, indem es aus einer natürlichen Anstalt eine künstliche geworden ist. Eltern, welche Strafgesetze geben, vernichten ihre natürliche Autorität, denn sie binden sich selbst; die Kinder aber dürfen nie das Gefühl haben, dass die Eltern gebunden sind, denn sie sollen die freie Seele des Hauses sein.

Ebenso wollen wir den anderen Gegensatz, die Verbindung des Natürlichen mit dem Willkürlichen in den Strafen, in beiden Verhältnissen betrachten. Das häusliche Leben hat hier den Vorzug, dass es ein Naturganzes ist, wenn auch kein reines; es muss also hier leichter sein, die na-

---

19 Vgl. auch Hegels am Nürnberger Gymnasium gehaltene Schulrede, in der er eine Legitimation der staatlichen Schule entwickelt, welche zwischen den Aufgaben privat-familiärer Erziehung und öffentlicher Erziehung unterscheidet und die Schule als eine gesellschaftliche Einrichtung des Übergangs der Heranwachsenden aus dem Kreis der Familie in die „wirkliche Welt" anerkennt: „Die Schule steht nämlich zwischen der Familie und der wirklichen Welt und macht das verbindende Mittelglied des Übergangs von jener in diese aus." (Hegel 1811; 2006, S. 484)

türlichen Folgen auf den Täter zurückzuwerfen. Im Strafsystem des Hauses darf von keiner willkürlichen Strafe die Rede sein, sondern die Strafe muss den Kindern stets als die natürliche Folge von demjenigen erscheinen, was sie getan haben, und diese Aufgabe ist nicht schwer zu lösen. Im zusammengesetzten gemeinsamen Leben der Schule ist das nicht möglich. Aber hier ist auch weniger daran gelegen, dass die Strafe als natürliche Folge erscheint, sondern sie muss schon als Ergänzung der Unmöglichkeit erscheinen, die natürlichen Folgen stets auf den Täter zurückfallen zu lassen. Denn diese haben schon den Lehrer und die anderen Schüler getroffen, und die Strafe ist nur davon wieder Rückwirkung. Weil aber diese Strafen schon gleichmäßig sind, dürfen sie willkürlich sein, aber eben darum müssen sie auch wieder gesetzlich sein. Im Falle ein Vater seine Kinder selbst unterrichtet, muss im Hause schon der Charakter der Schule vorwalten.[20]

25. Vorlesung (19. Dezember 1820)

Die Folgen sind auffallend nachteilig, wenn jene Regel überschritten wird. Eine Ungleichmäßigkeit im Verteilen der Strafe in der öffentlichen Erziehung und ebenso Willkürlichkeit im häuslichen Leben bewirken eine Art von Verstockung. Die Strafe will ja auf die Zukunft wirken, was nur geschehen kann, wenn der Gedanke an die Strafe zum Trieb auf eine gewisse Handlung gezogen wird; hierzu ist aber eine gewisse Sicherheit dieses Zusammenhanges nötig. Ist diese nicht da, so sucht der Zögling das Unangenehme für sich so leicht als möglich zu machen, sowohl den Schmerz als die Beschämung. Verstockung ist stets ein Zeichen davon, dass das Strafsystem nicht richtig konstruiert ist, denn das Band zwischen dem Sittlichen und Sinnlichen in der Strafe ist dann gewiss sehr geschwächt.

Indem wir nun jene beiden Klassen von Strafen angenommen, die dritte aber, die gegen den Tätigkeitstrieb gerichteten Strafen, als hemmend vorläufig verworfen haben, so ist das Materiale der Strafen durch diese Klassifikation noch sehr unvollkommen bestimmt und es gibt noch eine Menge Strafen in diesen beiden Gattungen. Es muss aber einen Grund geben, um die Strafen zu bestimmen, denn eine völlige Gleichgültigkeit dagegen ist unmöglich.

---

20 Bei Platz (SW III/9, S. 753) folgt: „Im Fall die Schule zugleich Erziehungsanstalt ist, muß sie noch mehr den Charakter des Hauses an sich tragen."

Worauf beruht nun der Unterschied der Strafen? Hier müssen wir darauf zurückgehen, dass eigentlich stets ein sittlicher Faktor an der Strafe haftet, wenngleich er anfangs gleich null zu setzen ist. Die äußere Handlung der Strafe ist zugleich ein reiner Ausdruck des Gefühls der Missbilligung, und diese symbolische Seite bestimmt die Beschaffenheit der Strafe selbst. Denn es ist nur etwas Willkürliches, wenn wir sagen, das Schlagen sei das Natürlichste, denn die Kinder schlagen selbst, um etwas von sich abzuwehren. Alles andere erscheint mehr als etwas Absichtliches und ist deshalb von mehr leidenschaftlichem Charakter. Es gibt hier einen natürlichen, durch die Sitte anerkannten Zyklus, aus dem man sich nicht herausbewegen darf.

Können wir auch nicht überall die Sitte auf das Natürliche zurückführen, so muss doch ein solcher Zusammenhang stattfinden, daher sich auch hier Differenzen finden, die sich auf den Zustand der menschlichen Bildung beziehen, der alles, was symbolisch ist, modifiziert. Wenden wir dies auf die Strafen an, die auf den Ehrtrieb basiert sind, so irrt man sich offenbar, wenn man glaubt, durch lange tadelnde Reden einen Eindruck auf die Jugend zu machen. Da aber der Ehrtrieb am meisten durch Reden getroffen wird, und hier symbolische Handlungen zwar auch an ihrer Stelle sind, aber nur als Nebensache erscheinen, so müssen wir sagen: Je kürzer eine den Ehrtrieb angreifende Rede ist, desto kräftiger müssen die einzelnen Elemente sein, und auch hier kann das Schimpfen oft nicht leicht unterschieden werden. Dennoch kann in einem einzigen Worte ein Urteil ausgesprochen sein und es ist doch nicht das, was wir Beschimpfung nennen. Äußerlich ist hier die Grenze schwer festzuhalten und das Natürliche hat sich ganz hinter die Sitte versteckt.

Hebt man die Gemeinschaft des zu tadelnden Menschen mit den anderen auf, so ist der Zusammenhang aufgehoben, worauf sich die Strafe gründet. Reduzieren wir dies auf die symbolische Natur der Menschen, so können wir fragen: Was soll dasjenige im Strafenden sein, das sich durch eine symbolische Handlung zu erkennen gibt? Je mehr der sich äußernde Zustand ein leidenschaftlicher ist, um desto sicherer geht die Strafe aus ihrem rechten Gebiete heraus; je mehr es das beleidigte Rechtsgefühl ist, das sich im Strafenden äußert, desto sicherer wird die Strafe in ihren Schranken bleiben. Je mehr eine Ehrtriebsstrafe den Charakter der aufgehobenen Gemeinschaft trägt, desto mehr ist das Verhältnis der Ungleichheit zwischen dem Erzieher und Zögling aufgehoben, und dann fühlt sich der so Gestrafte in einem Zustande des Krieges, wodurch das ganze Verhältnis der Erziehung aufgehoben ist. Dies ist also von dieser Seite die ganz bestimmte Grenze.

[Allgemeiner Teil]   141

Ebenso auf der anderen Seite, wenn sich im Erziehenden ein persönlich leidenschaftlicher Zustand verrät, so ist auch dadurch das eigentliche erziehende Verhältnis aufgehoben, denn in der persönlichen Leidenschaft kann ein Mensch nicht mehr die vernünftige Sittlichkeit repräsentieren und alles dies muss in der Strafe vermieden werden. Überall muss die Strafe den Charakter haben, auf ihren Zweck auszugehen, nämlich auf die Hemmung der Wiederholung dessen, was verboten ist. Hieraus entsteht nun leicht die falsche Regel, dass man Strafen in der Leidenschaftslosigkeit verfügen solle.

Die Beschaffenheit der Strafe hat noch einen anderen Gesichtspunkt, sowohl qualitativ als quantitativ (welches beides stets zu vereinigen ist), nämlich den Gesichtspunkt der Wirksamkeit der Strafe. Eine Strafe, die ihren Zweck nicht erreicht, ist stets nachteilig, weil nichts so offenbar wie eine solche als falsche Maßregel erscheint und dem Zögling Gelegenheit zum Tadel gibt. Denn bei der Strafe soll der Zögling den Zweck derselben kennen; erfährt er nun selbst, dass sie ihren Zweck nicht erreicht, so setzt ihn dies in den Fall, seine Erzieher zu beurteilen, was nur geschehen kann, wenn die Erziehung anfängt, in ein rein freundschaftliches Verhältnis überzugehen. Die Wirksamkeit der Strafe aber beruht 1) auf der Sicherheit der Erinnerung, 2) auf der Stärke des Eindrucks. Wo beides nicht ist, da sind die Strafen vergeblich und nachteilig, weil sie eine Gewöhnung an dasjenige hervorbringen, was man als abhaltendes Mittel ansehen will, und geschieht das, so muss man die Strafen steigern, statt dass sie abnehmen sollten. Daher müssen sie von Anfang an so eingerichtet sein, dass sie ihren Erfolg nicht verfehlen; dann kann das Materielle derselben abnehmen, bis sie endlich zur edlen Zucht werden.

Worauf beruhen denn nun jene beiden Momente? Das Letzte, die Stärke des Eindrucks, ist keine Folge von der materiellen Seite der Strafe. Denn ist auch im Menschen noch nicht das sittliche Gefühl erwacht, so hängt er doch auch nicht von dem bloß Materiellen der unangenehmen Empfindung ab, sondern die Wirkung der Strafe ist doch schon viel zusammengesetzter, indem der Zustand des Strafenden selbst wirkt. Der Zustand des Erziehers ist für den Zögling stets eine Macht, und wie die Macht, wenn sie sich als Güte zeigt, ein unbestimmtes Vertrauen erregt, so erregt die strafende Macht außer der unmittelbaren unangenehmen Empfindung eine allgemeine Furcht, welche umso mehr ein notwendiges Element der Strafe ist, als auf ihr zugleich die Sicherheit der Erinnerung beruht. Denn je mehr in einem Moment alles zu einem Eindruck zusammenstimmt, um desto sicherer prägt er sich ein. Nähert sich der Zustand des Zöglings schon dem Erwachen des sittlichen Gefühls, so kommt es nicht aufs Materielle der Strafe an, sondern das Formelle derselben mit jenem macht einen großen Eindruck, und je größer dieser ist, desto mehr kann man von jenem nachlassen; beide zusammengenommen müssen aber den gehörigen Eindruck machen.

Das andere Moment der Wirksamkeit der Strafe, die Sicherheit der Erinnerung, beruht auf dem Gedächtnisse, das sich auch im Menschen erst allmählich entwickelt. Hier kommt es darauf an, dass die Kombination, die der Zögling machen soll zwischen Handlung und Strafe, ihm erleichtert wird. Die Lust zu einer gewissen Art von Handlungen steht stets im Zusammenhange mit der Erinnerung an ähnliche Fälle. Daher ist es für die frühere Periode der Erziehung eine wichtige Regel, dass die Strafe so schnell wie möglich auf die Tat folgen muss, denn je mehr beide der Zeit nach zusammenfallen, desto mehr wird jene Kombination erleichtert. In der späteren Zeit, wo die Strafen seltener werden sollen, und das Gebiet jeder, wofür sie als Warnungszeichen gilt, größer wird, kommt es darauf an, dass die Kombination das ganze Gebiet umfasse. Hier ruht das ganze Übergewicht auf dem sittlichen Faktor und die Strafe geht über in das Gebiet der Begriffsbildung, sodass das Kind denkt: Diese Handlungsweise hat diese Strafe.

26. Vorlesung (20. Dezember 1820)

Wenn wir das Gesagte ans Ende der Erziehung knüpfen, so soll denn das sittliche Prinzip im Zögling eine Macht geworden sein, die das Sinnliche in ihm überwältigt. Sonst fällt er der Zucht des Lebens auf der einen Seite und der Strafe der Gesetze auf der anderen anheim. Ist er so, wie ihn die Erziehung abliefern soll, so wird er fühlen, dass er es den Strafen selbst verdankt, wenn das Sittliche eine solche Macht in ihm geworden ist; er muss dann auf die allmähliche Veränderung des Strafsystems zurücksehen und es billigen. Ist es nun die Absicht der Erziehung, wie sie es ist, dass der Mensch nach ihrer Vollendung so sein soll, wie wir eben auseinandersetzten, so muss es auch ihre Absicht sein, dass er am Ende das ganze Strafsystem billige, und daher ist dies der richtige Maßstab der Prüfung alles dessen, was Strafe in der Erziehung ist. Dies lässt sich weiter verfolgen.

Denkt man während der Erziehung selbst immer daran, dass jene Billigung am Ende der Erziehung eintreten soll, so muss deshalb jede Strafe so geordnet sein, dass man dabei die künftige Bewilligung dessen, der gestraft wird, supplieren[21] kann, und dies ist der beste Kanon, um zu prüfen,

---

21 Supplieren hier: hinzudenken, voraussetzen.

ob nichts Ungehöriges und Unzureichendes ins Strafsystem gekommen ist.

Nach derselben Regel muss man auch die genannten allgemeinen Regeln für die Strafen prüfen können, ob sie recht sind. Wenn wir gesagt haben, man müsse mit einer mechanischen Gegenwirkung anfangen, so muss diese Strafe zugleich Vorarbeit für die späteren höheren Organe sein, und indem wir selbst die Strafen aus dem Gesichtspunkte der künftigen Billigung ansehen, so muss denn der Gegensatz zwischen Strafe und Zucht und der Gegensatz zwischen Erziehung als Gegenwirkung und als Unterstützung sich rechtfertigen lassen. Denn reine prohibitive Strafe ist zugleich Zucht, insofern dadurch eine Vorübung der Gewalt jeder höheren Kraft über die niedere geschieht, denn der Zögling gibt ja immer der Vernunft nach (zuerst des Erziehers). Gegenwirkung ist aber auch zugleich Unterstützung, denn die noch nicht erwachte sittliche Kraft wird unterstützt,[22] sodass ihr schon vorgearbeitet ist, wenn sie erwacht.

Gehen wir auf die weitere Entwicklung der Sache, so ist der Ehrtrieb nur eine Subsumtion des Selbstbewusstseins unter die Gemeinschaft, der man angehört, und der Übergang zum freien sittlichen Selbstbewusstsein. Um dies zu bewirken, gehen auch alle Strafen in den Begriff der Zucht über. So haben wir noch von dem zu handeln, was als Zucht von der Strafe unterschieden worden ist. Vorher denken wir noch einmal daran, wie wir den relativen Gegensatz konstruiert haben, dass die Strafe nur pädagogisch zu dulden ist, die Zucht aber ursprünglich darauf geht, durch asketische Gewöhnung die gesamte Sittlichkeit zu einem Organ der sittlichen Kraft auszubilden.

Sehen wir nun, dass alle Strafe eigentlich nur als Zucht zu billigen ist, so kann die Frage entstehen, ob man denn nicht an der bloßen Zucht genug haben und eigentliche Strafen ganz unterlassen könne? Für die Erziehung müsste dies ganz dasselbe sein, denn die Strafe wirkt doch nur als Zucht von dem Augenblick an, wo die Zucht recht gut neben ihr bestehen kann, und früher ist die Strafe noch gar nicht pädagogisch wirksam; was aber der Mensch in der Zeit tun kann, wo er keiner Zucht fähig ist, ist nur etwas Geringfügiges, – so könnte man sagen, und dann gäbe es gar keine eigentliche Strafe in der Erziehung. Es ist so vieles, was im Gefühl für diese Ansicht spricht, und diesem kommt auch die Erfahrung zustatten vom Missbrauch der Strafen und dem Gewagten, was darin liegt.

Bei der Prüfung dieser Ansicht wollen wir uns den Gegensatz zuerst zwischen dem häuslichen Leben und dem Leben in der öffentlichen Er-

---

22 Platz (SW III/9, S. 760): „wird durch Gegenwirkung gegen das verkehrte unterstützt".

ziehung vorhalten. Beide Zustände haben miteinander gemein, dass diejenigen, welche erzogen werden sollen, in einem Verhältnisse untereinander und gegen den Erzieher stehen. Die Differenz beider Zustände ist, dass der Zögling in der öffentlichen Erziehung in einem Verhältnisse gegen solche steht, die geradezu erziehen, was im häuslichen Leben nicht der Fall ist; ferner sind die Verhältnisse derer, die erzogen werden, unter sich in der öffentlichen Erziehung von größerem Umfange als im häuslichen Leben, und dort ist also eine größere Menge nachteiliger Wirkungen abzuwehren. Wenn wir in der häuslichen Erziehung vom Verhältnisse der Kinder unter sich ganz abstrahieren, so sollten im Verhältnisse derselben zu den Erwachsenen keine Strafen stattfinden, denn sie können die Erwachsenen nur wenig stören. Daher ist auch im häuslichen Leben das Gebiet der Strafen weit geringer, ja hier ist es möglich, aller Strafe zu entbehren. Sehen wir ferner auf die Verhältnisse der Kinder unter sich, so könnte man auch sagen, die Störungen des einen gegen das andere lassen sich als Übungen gebrauchen, indem ihnen aufgelegt wird, dass sie sich nicht stören lassen sollen. So wäre es im häuslichen Leben möglich, der Strafen ganz zu entbehren.

Aber in der öffentlichen Erziehung muss man die Unmöglichkeit davon zugestehen. Was das Verhältnis der Kinder zu den Erziehern betrifft, so ist es dasselbe wie zu den Eltern, denn jene sollen keine Strafe gebrauchen wegen desjenigen, was gegen sie selbst geschieht. Etwas unmittelbar gegen sie Gerichtetes kann durch Strafen gar nicht gut gemacht werden, sondern es ist ein unheilbarer Schade, der bloß verhütet werden muss. In dem Verhältnisse der Kinder unter sich muss man sie freilich zeitig daran gewöhnen, dass sie lernen, sich über Störungen, die ihnen begegnen, hinwegzusetzen. Aber dieses Vermögen bildet sich nur allmählich aus und ist in den ersten Perioden der Erziehung sehr gering. Da nun die Masse auf den unteren Stufen der Erziehung viel größer ist als nachher und also Störungen viel leichter vorfallen, so muss hier ein Strafsystem zu Hilfe kommen, welches aber natürlich bei steigender Erziehung abnimmt, denn die Lust zu störenden Handlungen muss dann hinweggenommen sein. Zwar braucht man sich nicht von Anfange an vorzunehmen, alles durch Strafen auszurichten, sondern man muss vom Anfange an auch die Widerstandskraft bei den Kindern in Tätigkeit setzen.

Sehen wir nun zurück auf das häusliche Leben und bemerken, dass die andere Seite der Erziehung der Strafen nicht entbehren kann, so müssen wir fragen, ob es denn gut wäre, dort gar nicht zu strafen, wenn man dies auch nicht brauchte. Bald würden die Kinder fühlen, dass sie Herren im Hause wären; dies darf aber nicht sein, denn sie müssen den Unterschied zwischen sich und den Erwachsenen stets empfinden. Wie sie untereinander leicht für Störungen empfänglich sind und sehen, dass sie das Störende in Beziehung auf die Erwachsenen, das ihnen so unangenehm ist, frei ausüben können, so bemerken sie bald die Gewalt, die sich die Erwachsenen ihretwegen antun, und halten sich daher für die Herren im Hause.[23]

Der Charakter eines Hauswesens kann verschieden sein und hier sind die größten Modifikationen möglich, ohne unrichtig zu sein. Die Erziehung nun muss mit dem herrschenden Charakter des Hauswesens in Übereinstimmung stehen. Herrscht im Hauswesen ein strenges, abgemessenes Wesen, so muss dies auch in der Erziehung sein; herrscht im Hauswesen ein heiterer, fröhlicher Charakter, der nachsieht, so wäre es wieder nachteilig, in der Erziehung streng zu sein, und bald würden die Kinder es fühlen. Das Einzige, was sich hier pädagogisch bestimmen lässt, ist die Notwendigkeit der Übereinstimmung der Erziehung mit dem Gesamtcharakter des Hauswesens, der von der allgemeinen Ethik bestimmt werden muss. Haben wir nun eingestanden, dass die Notwendigkeit der Strafen im häuslichen Leben nicht so groß ist wie im öffentlichen der Kinder und dass die Organisation der Strafen dort nicht so ausgebildet zu sein braucht, wie sie hier sein muss: Was ist denn die Grenze, die man in Ansehung der Gelindigkeit nicht überschreiten darf? Objektiv ist sie, dass die Freiheit der einzelnen Erwachsenen gesichert sei und durch die Kinder nicht gestört werde; subjektiv in Beziehung auf die Kinder, dass sie stets in dem Bewusstsein erhalten werden, dass die Erwachsenen, nicht sie das Hauswesen konstituieren.

In der öffentlichen Erziehung ist das natürliche Gefühl von der Unentbehrlichkeit der Strafen in der Analogie der Erziehung mit einem gesetzlichen Zustande begründet, und die natürliche Neigung einer guten Organisation geht stets auf die Seite der größeren Strenge. Allein korrespondierend mit jenem Gesichtspunkte in der häuslichen Erziehung ist hier ein anderer Gesichtspunkt aufzustellen. In der öffentlichen Erziehung, wo kein unmittelbarer Naturzusammenhang zwischen dem Erzieher und Zögling sich findet, muss die Achtung des Letzten gegen den Ersten ein Maximum sein, weil der Abhängigkeit, worin der Zögling gehalten werden muss, nichts Physisches zum Grunde liegt; durch eine große Meinung des Zöglings von der intellektuellen und sittlichen Kraft des Erziehers steht dieses Verhältnis am sichersten. Ferner soll die öffentliche Erziehung eine Vorübung dafür sein, dass sich einer durch den anderen so wenig wie

---

23 In der Pädagogik-Vorlesung von 1826 werden Strafen und „Geseze" für den Bereich der häuslichen Erziehung entschieden abgelehnt (SW III/9, S. 151). Vgl. auch Schleiermachers „Christliche Sitte": „Wir leugnen, daß Strafe und Belohnung der christlichen Hauszucht angehören" (SW I/12, S. 234 f.).

möglich stören lasse; ist in dieser Beziehung das Strafsystem so strenge, dass das gemeinsame Leben gar keine Gelegenheit zu dieser Übung geben kann, so ist es zu strenge. Ferner muss der Erzieher gar nicht beleidigt und gestört werden können, denn durch Strafen kann dies gar nicht gut gemacht werden, indem die Zöglinge stets das Gefühl haben werden, etwas gegen ihn ausgerichtet zu haben. Es muss daher gar keine Strafe geben in Beziehung auf das, was gegen den Erzieher begangen wird, sondern dies muss nur insofern gestraft werden, als es eine Wirkung auf die Mitzöglinge hat. – Auf diese Weise wird sich der Übergang von dem, was in der häuslichen Erziehung das Rechte ist, zu dem, was es in der öffentlichen ist, am besten konstituieren.

27. Vorlesung (8. Januar 1821)

Die Zucht ist Gegenwirkung mit der Absicht, das innere Verhältnis im Zöglinge selbst zu ändern, d. h. die ihr entgegenwirkenden Potenzen nicht eben zu schwächen, sondern den höheren zu unterwerfen. In dieser Hinsicht bildet die Zucht den Übergang zwischen der reinen Gegenwirkung und den unterstützenden Tätigkeiten der Erziehung.

Denn alle untergeordneten Verrichtungen sollen Organe des Idealen im Menschen sein, indem die Idee der Zucht darin liegt, die Richtungen aller Tätigkeiten so zu modifizieren, dass in demselben Maße, wie das Höhere im Menschen erwacht, es seine Organe vorgebildet findet. Um dies zu fassen, müssen wir uns versetzen in den Tatbestand, wie er sich findet: Für alle natürlichen Triebe und Funktionen des Menschen gibt es eine Befriedigung, aber diese koinzidiert nicht immer mit dem, was aus derselben Tätigkeit entsteht, insofern sie als Organ des Höheren im Menschen betrachtet wird. Dieses Höhere ist in der Erscheinung ein Späteres, weil es sich später unter der Form des Bewusstseins entwickelt. Die sinnlichen Verrichtungen werden geleitet, indem sie ihrer Befriedigung nachgehen, und entwickeln sich auf diesem Wege. Je mehr das der Fall ist, desto mehr werden sie fixiert, diese Richtung zu erreichen, und das steht oft im Widerspruch mit demjenigen, was sie als Organe der intellektuellen und moralischen Tätigkeit leisten sollen. Indem wir nun davon ausgehen, dass der Mensch in einer Gemeinschaft steht, so wird dadurch das suppliert, dass seine höhere Tätigkeit erst späterhin erwacht, und die Vernunft derer, die das Gemeinsame leiten, vertritt so die Stelle seiner Vernunft.

Alle Leitungen der Seele, die von diesen die Vernunft repräsentierenden Mittelpunkten des gemeinsamen Lebens ausgehen, alle Gebote und Befehle repräsentieren die Forderungen der Vernunft überhaupt und müssen harmonieren mit demjenigen, was die Vernunft des Zöglings selbst einst fordern wird. In dem Maße er also gehorsam ist und der Gehorsam auch realisiert wird, werden alle seine Funktionen zur Harmonie mit seiner Vernunft hingeleitet werden. Was in der Erziehung anders geboten wird, ist verkehrt.

Insofern nun der Zögling gehorsam ist, findet das, was wir Zucht nennen, keine Stelle, sondern die Notwendigkeit derselben wird erst durch den Ungehorsam gefordert. Daher kann man den ganzen Begriff der Zucht auf dieses Gebiet beziehen. Hier entsteht also die Aufgabe, die Richtung gewisser Tätigkeiten zu verändern, und inwiefern diese hier als Organe betrachtet werden,[24] kann die Veränderung nicht anders geschehen, als auf dem Wege der Gewöhnung oder Entwöhnung, und alle Zucht geht in diesen beiden Formen auf.

Hier hängt alles ab von dem Widerstreit zwischen der Befriedigung der untergeordneten sinnlichen Tätigkeiten und ihrer Angemessenheit für den Organismus der Vernunft. Die Befriedigung der sinnlichen Tätigkeiten als Triebe ist zurückzuführen auf den Gegensatz des Angenehmen und Unangenehmen im Allgemeinen, auf das Suchen des Angenehmen und Meiden des Unangenehmen. Betrachtet man die sinnlichen Tätigkeiten als Organe der höheren, so kommt es nicht auf diesen Unterschied an, denn ihren Dienst als Organe können sie stets nur in der Form der Anstrengung leisten und dies ist ein Hinüberstreifen ins Unangenehme. Betrachten wir sie als Organe für die höheren Tätigkeiten, so soll der Zweck der höheren erreicht werden, aber dieser kann für die Befriedigung der niederen ganz indifferent sein und unter der Form des Unangenehmen erscheinen, und es ist nur zufällig, wenn die Erreichung der Aufgabe der Befriedigung der höheren Vermögen auch die niederen Tätigkeiten befriedigt. Im Ganzen ist also immer schon eine Unangemessenheit in der ganzen Richtung dieser Tätigkeiten gesetzt, insofern sie durch das Angenehme oder Unangenehme bestimmt werden. Dies können wir aber nur durch Tatsachen erfahren, d. h. der Erzieher kann zwar wissen, wie es in dieser Hinsicht um seinen Zögling steht, aber diese Ahnung, dieses Mitwissen kann ihn zu keiner bestimmten Tätigkeit veranlassen, und diese erscheint selbst dem Zögling nicht unter der Form der Zucht, denn er fühlt sie nicht als Gegenwirkung.

Nun kann dem Zöglinge selbst das Bewusstsein davon, dass seine niederen Tätigkeiten mit der Vernunft im Missverhältnisse stehen, nur durch

---

24 Platz (SW III/9, S. 766): „In wie fern nun die niederen Functionen zu Organen der höheren ausgebildet werden sollen, in wie fern wir also jene Thätigkeiten als Organe betrachten".

die Erfahrung deutlich werden. Und so hängt die Zucht mit der Strafe zusammen, die sich nur an solchen Handlungen übt, die gegen ein aufgestelltes Gebiet verstoßen. Indem hier der Gehorsam vorausgesetzt wird, kann man dem Zögling nachweisen, wo er ungehorsam gewesen ist. Aus dieser Veranlassung derselben, woraus die Strafe entsteht, entsteht auch die Zucht. Die Strafe betrachtet die Handlung in ihrem Zusammenhange mit dem gemeinsamen Leben, die Zucht betrachtet sie nach ihrem Motiv.

Wenn wir nun bei der Voraussetzung bleiben, worauf alle Erziehung beruht, dass der Gehorsam der Jugend etwas Natürliches, nämlich das Resultat von Abhängigkeitsgefühl ist, so müssen wir sagen: Wir müssen es als die permanente Willensrichtung der Jugend ansehen, dass sie gehorsam ist, und der Ungehorsam ist nur eine augenblickliche Unterbrechung ihres Willens. Alle Momente des Ungehorsams sind nur Ausnahmen und in und durch sich vergänglich, sodass mit dem konstanten Bestreben des Zöglings auch die züchtigende Tätigkeit des Erziehers zusammentrifft.

Kann nun der Zögling die Paroxysmen, die ihn gegen die Zucht aufbringen, mit dem permanenten Bestreben des Gehorsams vergleichen, so fühlt er jenes Vorübergehende als ein Ungehöriges und also etwas mit seinem konstanten Bestreben Streitendes, also als πάθημα, einen leidenden Zustand, als eine Unterbrechung seiner Selbsttätigkeit. In dem Zustande, wo er von seiner leidenschaftlichen Tätigkeit beherrscht wird, fühlt er sich als ein Unfreier. Dieses Gefühl muss bald in ihm erwachen, wenn die Zucht von rechter Art ist, und ihm jenen Zustand, weshalb er gezüchtigt wird, als einen unfreien darstellt. Daraus geht eine Regel hervor, worin wir die große Differenz zwischen Zucht und Strafe erkennen können: Die Strafe, je mehr sie als reine Strafe nötig ist, muss unmittelbar auf die gestrafte Handlung folgen. Für die Zucht ist es entgegengesetzt, sie wird in solcher Identität von Tat und Bestrafung erschwert, weil dann noch die widerstrebende Richtung im Zögling selbst ist und so eine Opposition gegen die Zucht rege wird. Dadurch wird die Wirkung derselben sehr geschwächt, mehr als bei der bloßen Strafe. Die Zucht darf nur eintreten, wenn der Zögling wieder zu der Besinnung gekommen ist, welche eine klare Einsicht möglich macht.

Hiermit hängt zweitens Folgendes zusammen. Da die Strafe sich zugleich auf das gemeinsame Leben bezieht, so bezieht sie sich auf eine solche Ansicht des einzelnen Daseins, wo dieses nicht selbstständig ist; sie straft darum, weil der Einzelne nicht als Organ des gemeinsamen Lebens tätig gewesen ist. Die Zucht hingegen geht auf die Ansicht zurück, dass bei der Handlung etwas zum Grunde gelegen hat, was mit der eigenen Freiheit des Zöglings streitet, und sie wird angewandt, weil er etwas getan hat, was er selbst nicht will, also um seine Tätigkeiten dem besseren Willen zu unterwerfen. Strafe wendet sich an das Gemeingefühl, Zucht an das Gefühl der Persönlichkeit.

Die Zucht findet also gar nicht die Opposition im Zögling, welche die Strafe findet, sondern bei ihr kommt alles darauf an, dass sie sich auf eine bestimmte Weise an das Freiheitsgefühl wende. Je leichter sich aber der Zögling die Zucht gefallen lässt, je mehr sein Freiheitsgefühl erregt ist, desto strenger kann die Zucht sein ohne allen Nachteil. Dies bestätigt sich in der Erfahrung.

Fragen wir nach dem Hauptunterschied zwischen den höheren und niederen Klassen in der Gesellschaft, so ruht er darauf, dass in jenen das Freiheitsgefühl, das Gefühl des persönlichen Wertes erregt, in diesen unterdrückt ist. Setzen wir uns in eine solche Lage der Dinge, wo die Ungleichheit in einem gewissen Maße existiert, so ist davon die Folge, dass bei der liberalen Jugend derselbe Grad der Strenge mit großem Vorteil angewandt wird, der bei der illiberalen Jugend sehr nachteilig ist. Hier wirkt die Zucht nur als Strafe, denn die Jugend fühlt, dass sie für einen fremden Willen gebildet werden soll, nicht für ihren eigenen. Eben daher kommt das große Wohlgefallen einer gutartigen Jugend an einer vernünftigen Strenge, weil sie das Bildende darin fühlt und mehr ihre eigentliche Freiheit empfindet. Wo dagegen das Freiheitsgefühl unterdrückt ist, da ist die sinnliche Befriedigung oder doch die eigennützige Befriedigung das Höchste im Menschen. Dieses ist der allgemeine formale Charakter der Zucht und darauf beruhen alle Prinzipien derselben.

Um uns dies genauer vorzustellen, wollen wir es auch von der materialen Seite betrachten. Hier kommt es auf den Gegensatz des Angenehmen und Unangenehmen an. Wenn sich ein Ungehorsam von trägem Charakter zeigt, so liegt ihm zum Grunde die Scheu vor der Anstrengung, welche der Zögling nicht überwinden kann, um einem einzelnen Gebot zu genügen. Ein sthenischer[25] Ungehorsam ist dagegen der, welcher durch den Reiz des Angenehmen entsteht. Offenbar ist hier schon eine große Differenz der Naturen zu bemerken, denn beide Arten des Ungehorsams sind nie in demselben Subjekt zusammen. Jene werden nicht vom Reiz des Angenehmen beherrscht; diese können nicht das Unangenehme ertragen.[26] Daraus entstehen differente Arten der Zucht: 1) Abhärtung gegen das Unangenehme, 2) Entsagung, indem man das Angenehme entfernt und es nicht bis zur Befriedigung darin bringt. Dies sind die beiden Arten der ἄσκησις,[27] worauf alle Zucht zurückgeht.

---

25 Sthenisch: aus Kraft.
26 „Jene" sthenischen Naturen, „diese" asthenischen (aus Schwäche, kraftlos).
27 ἄσκησις: Übung (in Tugenden und in der Enthaltsamkeit).

28. Vorlesung (9. Januar 1821)

Worauf beruht die Notwendigkeit einer Gegenwirkung, die die Zucht will? Wir meinen, die Anerkennung der Notwendigkeit vonseiten des Zöglings hängt davon ab, dass das Kind das, was der Erzieher für verkehrt erkennt, auch dafür erkenne. Denn in jedem Menschen ist ein Gemeingefühl und dieses kann sich gegen seine eigene Person leicht aufwerfen, und hieran kettet sich das Erkennen selbst,[28] insofern das Gemeingefühl erwacht. Dies ist etwas allmählich zum Vorschein Kommendes. Aber die Zucht muss deshalb, um zu wirken, von der Strafe unterschieden werden und in dem Zögling muss die Differenz beider gefühlt werden. Das kann nur beruhen auf dem Verhältnisse des Vertrauens; die Strafe ist Sache der Notwendigkeit, in der Zucht aber ist der Zögling ein Zweck und das muss er fühlen. Indem die Zucht ihm widerstrebt, so muss er fühlen, dass sein ganzes Dasein vom Erzieher umfasst werde, und davon muss er überzeugt sein, und dies ist das Vertrauen.

Jedes solche Verfahren muss ohne Veranlassung angeknüpft werden. Die Strafe muss sich auf eine bestimmte äußerliche Tat beziehen, die Zucht nicht. Da muss man nicht eine solche Tat erwarten, wo man sie anlegen könnte. Weil also auf eine äußerliche Veranlassung nicht gewartet wird, so kann also nur der Zögling jenes Verfahren an das Vertrauen anknüpfen. Es muss also erst befestigt sein, ehe die Zucht beginnt. Das Misstrauen hat das Fundament, dass einer den anderen bloß als Mittel für sich ansieht.

Worauf beruht die Möglichkeit eines solchen Verfahrens? Die Zucht muss subsumiert werden unter die Begriffe der Abhärtung und Entsagung. Jene ist die Gegenwirkung gegen den Reiz des Unangenehmen und diese die Aufopferung gegen den Reiz des Angenehmen. Diese also müssen wirklich im Leben vorhanden sein. Denken wir uns den Menschen im Zustande der Not, so kann die Erziehung unter dieser Form nicht auftreten, da kein Angenehmes ist, dem entsagt werden kann, sondern das Unangenehme ist schon gegeben. Also ist es bedingt durch die Lebensverhältnisse und tritt erst ein, wo das Leben Fülle und Reichtum hat. Also innere Freiheit muss da sein. Die Zucht hat die Grenze, dass sie die Freiheit unterstützt.

Dies führt uns auf die beiden Punkte, auf der einen Seite, was das Gelingen anbetrifft, dass die Zucht ihren Zweck erreicht, so hängt dies ab vom erwachenden Freiheitsgefühl, dass nämlich der Mensch eine Herrschaft über sich selbst will, dass er das Höhere unterscheidet und das Or-

---

28 Platz (SW III/9, S. 771): „das Erkennen seiner selbst".

gan für dieses sei. Denn darauf geht alle Zucht aus, dass nicht die sinnliche Funktion das Wollen bedinge, dass sie nicht hemme und nötige. Vorausgesetzt muss werden, dass der Wille erwacht. Erwacht der Wille nicht, so kann er[29] nur ein Organ für etwas anderes werden. Die Erziehung soll auch das Erwachen des Willens begünstigen, aber dieses wird nur gelingen, wenn die Zucht das gehörige Maß hält.

Unter beiden Formen ist die Zucht eine Gegenwirkung gegen den sinnlichen Reiz. Darin aber kann man vereinigen das Für-sich-sein-Wollen des Einzelnen und das organische Wesen für alle.[30] Man kann leicht in Abhärtung und Entsagung zu weit gehen. Wenn es leicht ist, dieses Extrem einzusehen, so ist es schwer, zu bestimmen, wie man es erkennt, und es lässt sich keine Formel darüber zusammenfassen. Wir haben gesagt: Die Zucht soll sich anschließen an die Freiheit[31] und an den Willen. Aber den Willen können wir nicht von der Totalität der Existenz des Menschen trennen, sondern der Wille erwacht nur bei einer gewissen Festigkeit der organischen Kraft, und man muss bei der Zucht wohl sehen, wie es mit der Abhärtung steht. Bleibt kein physisches Leben übrig, sodass der Wille sich nicht so entwickelt, so hat man daran einen Maßstab, wonach man sieht, es ist zu weit gegangen worden. Bleibt das innere Leben frisch mit dem physischen, so ist keine Gefahr. Wir haben nun im Allgemeinen auf das Materiale hinzuweisen, dass die Zucht Gegenwirkung sei gegen den sinnlichen Reiz. Wir sagen noch etwas über einzelne Punkte.

Man findet in der Erziehung, besonders bei den Deutschen, eine solche züchtigende Tendenz, die gegen den Willen ist, gegen das, was man Eigensinn zu nennen pflegt. Dies ist ein schwieriger Punkt. Es gibt eine Periode, wo die Kinder desselben noch nicht fähig sind. Dieses ist Instinkt[32], wo das Leben noch an der Mutter hängt, und dies setzt sich fort, solange kein Zwiespalt zwischen der persönlichen Existenz und der erhaltenden Kraft des Lebens eintritt. Dann kommt eine Zeit, wo man sich keinen Eigensinn denken kann, wo Verstand und Gesinnung vollkommen erwacht sind. Was dazwischen liegt, nennt man gewöhnlich Eigensinn.

---

29 Statt „er" Platz (SW III/9, S. 772): „der Mensch".
30 Platz (SW III/9, S. 772): „Gegenwirkung gegen den sinnlichen Reiz. Dieser kann aber als ein Fürsichseinwollen aufgefaßt werden, aber zugleich als Organ für das höhere. Das was die Sinnlichkeit reizt in ihrem Fürsichsein, dient zugleich zu ihrer Erhaltung; nicht unterdrückt sondern erhalten muß das sinnliche werden, damit das geistige sein Organ habe".
31 Platz (SW III/9, S. 773): „an das Freiheitsgefühl".
32 Platz (SW III/9, S. 773): „die Zeit des reinen Instinctes"; Göttinger Nachschrift, S. 55r: „Dieß ist die Zeit des Instincts."

Einmal ist es der erwachende Wille selbst, dann das Schattenbild des Willens, das wir Willkür nennen. Der Wille muss seiner Natur nach sich der Identität des persönlichen Lebens und dem Anteil, den es am gemeinsamen Leben hat, nähern. Der Zögling kann sich diese Identität anders konstruieren als der Erzieher.

Die Willkür gerät in Zwiespalt gegen den Anteil des gemeinsamen Lebens und damit kann der Wille nicht bestehen.[33] Ist es wirklich die Willkür, so muss der Pädagog wohl darauf sehen. Gestaltet sich die Willkür in jemandem, so geht sie entweder aus von einer Leidenschaft, oder sie substituiert sich unter der Form der Launen und dann widerstrebt sie der Gesetzmäßigkeit im Leben. Ist es wirklich die Willkür, dann ist die Notwendigkeit der pädagogischen Einwirkung gegeben; ist es aber der erwachende Wille selbst, wie steht es dann mit dem fälschlich so genannten[34] Eigensinn?

Es kommt darauf an, wie sich der Mensch das Gemeinsame[35] konstruiert. Strebt er mit seiner Konstruktion dagegen, so fällt dies zu seinem Nachteil aus. Daher sagt man, dass man den Willen der Kinder beugen müsse. Man kann sagen: Das Verhältnis ist ein wandelbares, und in jeder Gesellschaft[36] kann sich eine Forderung auftun, die früher nicht da war, und so unterdrückt man die Fortschreitung selbst. Hier nähern wir uns der Politik.

Wo die Neigung ist, alle Änderung im Gemeinwesen zu scheuen, da wird die pädagogische Strenge natürlich sein; in dem Maße man sieht, dass das persönliche Verhältnis noch anders werden muss, so wird auch die Pädagogik anders werden,[37] und da kommt oft Streit zwischen der Pädagogik und bürgerlichen Gewalt. Die Extreme sind: 1) Der kastenmäßige Charakter der Erziehung, der alles beim Alten lassen will. Je mehr diese Maxime feststeht, bleibt es beim Alten. Das andere Extrem ist das besorgliche Halten an einem schon entwickelten Zustande der persönlichen Freiheit.

---

33 Platz (SW III/9, S. 774): „Bei der Willkühr geräth der Mensch in Zwiespalt mit sich und dem Antheil den er am gemeinen Leben zu nehmen hat, und damit kann der Wille nicht bestehen."
34 Statt „so genannten" in der Nachschrift: „genannten".
35 Platz (SW III/9, S. 774): „das Gemeinwesen".
36 Platz (SW III/9, S. 774): „in jedem Geschlecht".
37 Platz (SW III/9, S. 775): „In dem Maaß dagegen als man einsieht daß das Verhältniß der persönlichen Freiheit zum Gemeinwesen ein anderes werden muß, wird auch die Erziehung freier werden."

29. Vorlesung (12. Januar 1821)

In der Ausübung muss man immer darauf zurückkommen, dass die Erziehung ein kunstmäßiges Handeln ist.[38] Ein anderer Punkt liegt auf dem entgegengesetzten Ende: Die Entwicklung des Temperaments. Dies liegt auf dem Gebiete der Natur. Es findet aber auch da eine Zucht statt, nicht aber gibt es einen Schein, sondern, inwiefern jedes Temperament ein Extrem hat, welches wir überall unter den Begriff des Wahnsinns stellen müssen, der die losgelassene Einseitigkeit des Temperaments sein kann. Dies entwickelt sich zeitig, und in jedem Menschen sind die Keime des Wahnsinns vorhanden. Es kann freilich scheinen, als ob nur bei einer großen Heftigkeit des Temperaments dieser Wahnsinn heraustrete. Aber in der Erziehung[39] kann die Heftigkeit ohne dieses heraustreten, wenn der Wille noch nicht entwickelt ist. Daher ist klar, dass der positiven Form der Erziehung zur Seite eine negative stehen muss, welche die Stelle des Willens vertritt.

Es ist in der Erfahrung, dass wir bei Kindern im Einzelnen die Ausbrüche des Temperaments finden. Hier liegen schon Indizien in der Natur der Sache für die Gegenwirkung. Der cholerischen Einseitigkeit ist am meisten die Gegenwirkung notwendig und analog ist hier die Strafe. Der phlegmatischen Einseitigkeit fällt die aufhelfende Form der Erziehung zu, weil dieses eine Unbehilflichkeit ist, der man zu Hilfe kommen muss. Das sanguinische und melancholische Temperament muss auf beiden Seiten aufgefasst werden. Wir haben es hier mit dem Gebiete der Zucht zu tun. Der ist das Sanguinische und Melancholische entgegen. Man muss die Zerstreuung hemmen und das In-sich-hinein-Wirken der Phantasie zwingen, d. h. man muss eine Ablenkung von einem Gegenstande auf den anderen hervorbringen. Aber nur die Gewöhnung muss gehemmt werden, nicht jeder Moment. Je mehr das ganze Leben ordnungsmäßig eingeteilt ist, desto weniger ist es möglich, dass die Kinder sich beiden Tempera-

---

38 Platz (SW III/9, S. 775 f.): „Auf dem Zettel, der diesem Abschnitt zum Grunde liegt, steht wörtlich, ‚über die Bändigung der Fröhlichkeit ebenfalls verschiedene Maximen'. Dann erst folgt, ‚über die Temperamente'. In den Vorlesungen selbst folgt unmittelbar der Entwicklung über die Bändigung des Willens die Betrachtung über die Differenz der Temperamente. Es wird aber wol leicht sein die verschiedenen Maximen in Beziehung auf die Bändigung der Fröhlichkeit zu beurtheilen, wenn man das, was Schleiermacher in Bezug auf Eigensinn und die Temperamente gesagt hat, berücksichtigt. Nur freilich wird man, nicht nur wenn man Fröhlichkeit abgesehen von ihrem Verhältniß zu den Temperamenten, sondern auch in ihrem Verhältniß zu diesen betrachtet, die Differenz in der religiösen Lebensanschauung nicht dürfen unbeachtet lassen."
39 Statt „Erziehung" Platz (SW III/9, S. 776): „Periode der Erziehung".

menten überlassen können. So hat die Ordnung das Gewicht des gemeinsamen Lebens für sich. Inwiefern dieses aber unabhängig von der speziellen Erziehung konstruiert wird, so muss man doch Modifikationen in dieser zulassen. So müssen wir sagen, dass wir das gemeinsame Leben so konstruieren müssen, dass den Einseitigkeiten vorgebeugt wird.

In dem Maße der Widerstand gegen das gemeinsame Leben gewachsen ist, muss die Zucht wieder zurückkommen. Was Abhärtung und Entsagung betrifft, so will das hier nicht viel sagen. Hier soll ein innerer Widerstand gegen die Einseitigkeiten hervorgebracht werden. Indem dieses als fest angesehen wird, so nennen wir es Abhärtung, wenn der Zögling gewohnt wird, gegen die Temperamente Widerstand zu leisten. Ebenso ist es mit der Entsagung. Es ist offenbar, je größer die Gewalt der Konstitution ist, desto mehr muss man dem Zögling den Widerstand erleichtern.

Es gibt noch ein anderes Hauptgebiet, welches wir berühren müssen, dasjenige, was sich weniger aus der eigenen Natur, sondern aus Nachahmung sich aus den Kindern erzeugt. Der Wille ist das, was die Erziehung befördern will; die Nachahmung wirkt ihr entgegen. Wenn wir den jetzigen Zustand der Jugend vergleichen mit dem früheren, so finden wir die stärkste Differenz. Damals wurden die Kinder zur Nachahmung angehalten, jetzt legt man auf das, was ins Gebiet der Sitte fällt, keinen großen Wert mehr. Offenbar rührt dies von einer veränderten Ansicht des Lebens her. So wie jenes das Extrem war, so kann auch auf der anderen Seite auf das Extrem gegangen werden.

Das Äußerliche in der Sitte hat auch immer einen inneren Grund, und die Jugend muss sie auch repräsentieren. Es fällt, wenn es nicht geschieht, eine große Kraft des gemeinsamen Lebens weg. Es lässt sich aber auf keine bestimmte Formel bringen. Es ist wahr, dass alle Sitte einen inneren Grund hat; alles Äußere ist ja ein Widerschein des Inneren. Nun aber könnte man sagen, man müsse gar nicht darauf sehen, dass irgendetwas, das zum Äußeren gehört, zur Nachahmung in der Jugend gebracht werde, und man müsse nur auf das Innere sehen, dann fände sich jenes von selbst. Die Nachahmung des Äußeren nach dem Inneren hat immer etwas Sklavisches.[40] Hat sich das Kind schlechte Haltung angewöhnt, so muss man positiv dagegen wirken. Dieses ist die Zucht, und es erscheint größtenteils im Einzelnen bei den Kindern als Sache der Nachahmung.[41] Alles, was gegen die Sitte anstößt und nicht so bleiben soll, hat in der inneren

---

40 Platz (SW III/9, S. 779): „Es ist wahr, die Nachahmung des äußeren ohne ein correspondirendes innere hat immer etwas sclavisches."
41 Platz (ebd.): „die Zucht tritt ein. Diese wird allerdings – wie die schlechte Gewohnheit meist aus der Nachahmung entstanden ist – die bessere Gewohnheit oft nur hervorrufen können wenn sie sich an den Nachahmungstrieb wendet."

Natur keinen Grund, sondern nur in einer spezifisch fehlerhaften Richtung oder in der Nachahmung. Das Letzte ist das Häufige und dagegen muss die Erziehung wirken. Hier tritt die Differenz ein, die wir in der Willkür betrachtet haben. Manches, was sich in der Jugend entwickelt, kann als Korrektion in der herrschenden Form angesehen werden, und das ist die Schwierigkeit, worauf wir aufmerksam gemacht haben. Die Jugend soll gebildet werden für das Leben, aber nicht für die Unvollkommenheit. Man sieht, wie nötig es ist, dass die Erziehung in den Händen wissenschaftlicher Leute sei.

Dies lehrt die Geschichte. Es ist daher kaum zu denken, dass die Erziehung den Fortschritten eines Volkes zu Hilfe kommen kann, außer unter diesen zwei Bedingungen. Ist das Volk sklavisch, so bedarf es großer Institute, die in den Händen wissenschaftlicher Männer sind. Ist das Volk liberal, so kann dies in den Händen der Familie sein. Das Wesentliche der Anwendung beruht aber immer nur auf der Anschauung[42] und kann nur in einer sittlichen Seele sein, die mit Liebe in das Göttliche dringt.

Wir gehen über zu der Form, wie die Erziehung auftritt als Unterstützung desjenigen, was sich im Zöglinge selbst entwickelt und von außen auf ihn einwirkt, also die Erziehung als Mitwirkung betrachtet.

Wir können eine kräftige Konstitution des einzelnen Menschen denken und in solchem Zustande ist die Erziehung überflüssig. Der Mensch entwickelt sich von selbst auf eine richtige Weise und das innere Leben begünstigt diese Entwicklung. In diesem Nullpunkt haben wir das Maximum der Erziehung gefunden. Die Erziehung soll den Menschen nicht weiterbringen, als er von selbst gekommen sein würde.

Es ist etwas Gekünsteltes, wenn die Erziehung aus dem Menschen etwas machen will, was er nicht geworden sein würde. Damit ist das Divinatorische gesetzt, indem der Erzieher eine Ansicht von der ihm vorliegenden menschlichen Natur und von dieser überhaupt hat und von demjenigen, was der Zögling nötig hat.

30. Vorlesung (16. Januar 1821)

Es hat freilich das Ansehen, als ob durch die Erziehung mehr geleistet wird, was ohne sie nicht geleistet werden könnte durch das gesellige Leben und die natürlichen Anlagen, wie z. B. die Wissenschaft. Aber es kommt hier zweierlei in Betrachtung: 1) Dass auch auf diesem Gebiete das Höhere nur entsteht in der auf die eigentliche Erziehung folgenden Periode.

---

42 Göttinger Nachschrift, S. 56v: „inneren Anschauung".

2) Dass wir unseren gegenwärtigen Zustand nicht als einen natürlichen ansehen können, als einen, der aus einer ursprünglich und rein fortgeschrittenen Bildung selbst entstanden wäre. Es ist ein künstlicher Zustand, eine nicht natürliche, sondern eingeimpfte Bildung. Weil kein natürlicher Zusammenhang in der Bildung der jetzigen Völker ist, so haben wir die Bildung eines fremden Volkes aufgenommen, nämlich die klassische, und um diese sich anzueignen, dazu gehören andere Anstalten als die natürlichen.

Denken wir uns ein Volk, das seine Bildung aus sich selbst vollendet, so wird ohne alle eigentliche Erziehung jeder, wenn das gesellige Leben wohl gestaltet ist, zur Zeit der endenden Erziehung so viel allgemeine Bildung haben, wie er braucht. Belehrende Mitteilungen aller Art finden sich im Leben selbst und auch Übung; weil die Jugend immer gebraucht wird als dienstleistend u. s. w., so wird jeder eine große Menge von Fertigkeiten erwerben, ohne unmittelbare Anschauung der Theorie des Geschäfts selbst zu haben. Sobald wir also auf einem natürlichen Gebiete bleiben, lässt sich unser Satz rechtfertigen. Nur da, wo die Bildung eine künstliche, nicht frei natürliche ist, wird etwas hinzukommen.

Die Menschen erwerben allmählich eine Menge von neuen Kenntnissen, Tätigkeiten und Fertigkeiten von Geschlecht zu Geschlecht. Wer in einem späteren Geschlecht geboren wird, steht nun an und für sich auch auf demselben Punkte wie der, dessen Leben in ein früheres Geschlecht fällt. Er soll nun aber alles durchmachen, was alle früheren Generationen erworben haben. Denken wir uns diese Fortschreitung, so muss das Leben, das in die Erziehungsperiode fällt, immer reicher werden; die verschiedenen Völkerstämme sind von vornherein gesondert in der Geschichte. Da gibt es auch keine andere Kenntnis und Beherrschung der Natur als diejenige, die sich im Vaterlande findet. So lange ist die Bildung sehr einfach.

Aber allmählich nähern sich die Menschen, und so erwerben sie von anderen neue Kenntnisse. Dies sind alles natürliche Fortschritte der Bildung. Aber die Aufnahme der klassischen Bildung liegt nicht rein in dem nationalen Gange, und sie kann nicht erreicht werden ohne besondere Anstalten dazu. Indessen ist auch dies nicht ganz von der Erfahrung entlegen, denn das Maß von besonderer Erziehung, die auf diese Gegenstände verwendet wird, ist nicht bei allen Völkern dasselbe. Inwiefern also die Erziehung Mitwirkung ist zu demjenigen, was sich auch ohne sie aus dem Menschen teils von innen, teils von außen entwickeln würde, kann sie kein höheres Ziel haben, als zu ergänzen, was auf diesem natürlichen Wege den Einzelnen abgehen könnte, teils vermöge der unzureichenden Gestaltung des Gemeinwesens selbst, teils der unzureichenden Anlagen wegen.

Legen wir dies zum Grunde und nehmen noch dazu, dass es nicht bei allen Völkern und Klassen ein gleiches Maß von Erziehung gibt, so müssen wir das Letzte auf zwei Faktoren zurückführen. Die Differenz kann liegen in einem verschiedenen Interesse, das an der Jugend genommen wird. Dieses Interesse ist ein rein natürliches und kann eigentlich nirgends fehlen. Aber wir müssen bedeutende Differenzen annehmen, eine Stumpfsinnigkeit, die dem tierischen Interesse an den Kindern sich nähert. Von diesem Minimum steigen wir hinauf bis zu einem Maximum, wo der Blick und die Liebe des Volkes nicht nur das ganze gegenwärtige Geschlecht, sondern auch das zukünftige umfasst, und auch dieses zu bilden sucht durch getroffene Anstalten, welches strebt, in alle Teile des Lebens eine absichtliche Erziehung hineinzubringen. Der zweite Faktor ist umgekehrt. Es kann an zwei Punkten dasselbe Interesse sein an der Jugend; wenn aber an dem einen die Mangelhaftigkeit des Gemeinlebens geringer ist, oder weniger empfunden wird, und ebenso die Mangelhaftigkeit der Einzelnen, so werden hier die Differenzen stärker heraustreten. Der erste Faktor ist ein rein sittlicher. Das Maximum jenes Interesses lässt sich freilich nicht denken ohne einen gewissen Grad von Bildung. Das höchste sittliche Motiv hängt hier von der höchsten geistigen Kultur ab. Der andere Faktor ist ein eigentliches Bedürfnis. Die Liebe ist hier auch das Leitende, aber sie wird hier bestimmt durch das Erkennen von Unvollkommenheiten.

Worin liegt denn eigentlich der Grund zu einem technischen Verfahren, wie die eigentliche Erziehung ist? Denken wir uns eine menschliche Gesellschaft auf einem hohen Grade der Bildung, sodass sie kein Bewusstsein der Mängel haben kann, und auch auf einem so hohen Grade der Gesundheit, dass auch die Erzeugung gesund ist, so wird in einem solchen [Zustand] dieses Bedürfnis eines technischen Verfahrens geringer sein. Im Gefühl der Zulänglichkeit ihres Lebens hat sie auch das Gefühl, dass sie die Jugend so imprägniere, dass die Bildung aus dem Leben von selbst entsteht. Die eigentlich technische Erziehung geht am meisten aus von dem Bewusstsein der Mängel in der zu erziehenden Jugend und in dem gegenwärtigen Geschlechte. Da fühlt man das Bedürfnis besonderer Anstalten für die Erziehung des künftigen Geschlechts.

Wenn wir dies voraussetzen und fragen: Was hat die Erziehung als Ergänzung eigentlich zu leisten, so müssen wir diese beiden Fälle sehr unterscheiden: Den, wo man dem künftigen Geschlechte zu einem vollkommenen Zustande verhelfen muss, und den, wo man es auf den Zustand der vorliegenden Bildung emporheben will, damit es in ihm selbstständig stehe. Das Letzte ist das Allgemeinste und Gewöhnlichste. Denken wir uns die Gesamtbildung eines Volkes, so ist offenbar: so wie nicht jeder Einzelne die Gesamtbildung in sich trägt, so soll sie nicht jeder Einzelne im künftigen Geschlecht so haben, sondern sie soll in ihm auch so verteilt sein, jeder soll etwas davon haben, und zu diesem Etwas ein allgemeines Komplement, das ihn fähig macht, in die anderen Teile der Bildung einzugehen. Hierum[43] muss die Totalität der Jugend in Berührung kommen mit der Totalität der Bildung und sie selbst erwerben gegen die Zeit der vollendeten Erziehung, und so auch jeder Einzelne mit gewissen Teilen derselben.

Aber freilich, 1) geschieht dies im unmittelbaren Leben nur auf eine chaotische und fragmentarische Weise, dies ist ja der Charakter der Erfahrung und des Gemeinlebens. Dieses Chaotische ist allerdings unzureichend. Kann nun jeder Einzelne in das Chaos den gehörigen Zusammenhang bringen und mit einer gewissen Schnelligkeit eine solche fremde Reife bekommen, dass er selbst bald ein anschauliches Bild des Ganzen entwirft, dann ist keine Nachhilfe der Erziehung nötig. Aber je unvollkommener dies geschieht, desto nötiger ist sie, um das Chaotische zu ordnen und in ein Ganzes zu verwandeln.

2) Im unmittelbaren Leben kommt dem Menschen das meiste auf eine ganz unmerkliche Art. Er hat es, ohne dass er es weiß, und eignet es sich durch Wiederholung auf eine relativ unbewusste Weise an. Hätte nun jeder Einzelne solche Kraft der Reflexion, sich alles Bewusstlose in ein Bestimmtes zu verwandeln, so wäre auch hier keine Ergänzung nötig. Aber da dies am allermeisten vorausgesetzt werden kann, so ist das zweite Hauptgeschäft der Erziehung, dass sie in das Bewusstlose Bewusstsein hineinbringe und dadurch dasjenige, was der Mensch hat, in einem höheren Grade zu seinem Eigentum macht. In dem Maße, als die Erziehung dieses leistet, ist sie vollkommen.

31. Vorlesung (17. Januar 1821)

Wäre das Leben vollkommen, so teilte jeder dem anderen im freien Umgange das mit, wovon er wüsste, dass es dem anderen zur Bildung dienen würde. Dies geschieht aber nicht, und dass dies nicht geschieht, hält uns in Entfernung von der Meinung, als könne die Erziehung aus dem Menschen machen, was sie wolle.

Die Erziehung muss nur so viel ergänzen, wie die Unvollkommenheit des Lebens dem Menschen nimmt, darf ihm aber nicht mehr geben, als er

---

43 Lies: Darum.

[Allgemeiner Teil]   159

nach seiner Beschaffenheit im vollkommeneren Leben gewonnen haben würde. Dies veranlasst wieder ein künstlerisches Verfahren.

Hier ist ein Unterschied zwischen einer Gesamtheit des Lebens, wie sie vollkommen wäre, und zwischen dem, wozu die unvollkommene sich steigern soll.[44] Je größer diese Differenz ist und je klarer sie eingesehen wird, desto mehr scheint es, eine Erziehung müsse leisten, was das Leben selbst nicht leistet.

Freilich muss sie in die Jugend den Keim zu einer künftigen höheren Vollkommenheit des Lebens legen und in dieser Hinsicht hängt sie von zwei Motiven ab: von dem Interesse an der Bildung der Jugend und dem Gefühl von den jedesmaligen Mängeln jedes Zustandes, die durch die Erziehung ergänzt werden müssen. Das erste Motiv belebt die Erziehung überhaupt, das andere gibt ihr eine bestimmte Richtung. Und was ergibt sich aus dem Letzten? Was sind das für Mängel in den Einflüssen des Lebens, die durch die Erziehung ergänzt werden müssen?

Um diese so ganz ins Allgemeine gestellte Frage zu beantworten, müssen wir die Identität in der bürgerlichen, wissenschaftlichen und religiösen Erziehung berücksichtigen. Was nun in der Gesellschaft, insofern sie auf die Einzelnen wirkt, von Bildung in jener Richtung vorkommt, das kommt in gewissem Maße in jedem Einzelnen vor, und auf dem natürlichen Wege der Nachahmung wird sich alles in eigenem Maße wieder in ihm entwickeln. Was ist denn nun aber das Mangelhafte in den Einflüssen der Gesellschaft auf die Totalität der Jugend?

1) Das gemeinsame Leben ist etwas Chaotisches auf allen jenen drei Gebieten; die Erfahrung desjenigen, was dem Menschen allmählich kommt, ist chaotisch; in dem, was den Menschen anregt, ist keine Ordnung. Wo nun etwas Verworrenes ist, da ist auch ein Gebiet des Zufalls, welcher den einen begünstigt und den anderen beeinträchtigt, wie denn auch überhaupt der Mangel an Unterstützung in diesem chaotischen Gebiete liegt. Diese chaotischen Wirkungen müssen in ein Ordentliches verwandelt werden.

2) Was sich im Menschen selbst von innen entwickelt, das steht in der Jugend vereinzelt und verborgen unter einer großen Masse. Betrachtet man aber die Jugend in größeren Zwischenräumen, so haben sich in jedem Einzelnen Tätigkeiten und Neigungen entwickelt, ohne dass er sich selbst oder anderen Rechenschaft zu geben weiß, wie – auf bewusstlose Weise. Dasselbe geschieht auch durch die Wirkung der Masse auf den

---

44 Göttinger Nachschrift, S. 57v: „Es ist wieder ein Unterschied zwischen der Gesammtheit des Lebens, wie sie in ihrer Art vollkommen wäre, wohinter sie aber immer zurück bleibt, und bis auf welchen Punkt man sie steigern soll."

Einzelnen, und das ist in der Ordnung, denn das einzelne Leben ist stets im ganzen eingehüllt. Da aber das Bewusstlose etwas Unvollkommenes ist, so ist es die zweite Hauptaufgabe der Erziehung, das Bewusstlose in ein Bewusstes zu verwandeln.

Wie verhält sich nun hierbei die Tätigkeit der Erziehung zu dem, was von selbst gegeben ist? Es gibt hier zwei verschiedene Ansichten, die aber zu zwei argen Extremen führen. Die eine ist, dass es doch endlich des Menschen eigenes Werk sei, das Bewusstlose in ein Bewusstsein zu verwandeln, wenn man ihn früher bloß dem Leben überlassen hat, und dies möge man also immerhin tun. Auf der anderen Seite sucht man alles durch die Erziehung zu bewirken; aber gäbe es nichts für die Jugend als Erziehung, so würde sie vielmehr nur abgerichtet werden. Diese beiden Extreme entstehen, wenn man nicht die Einflüsse des Lebens und der Erziehung voneinander sondert. Gibt es nämlich neben der kunstmäßigen Behandlung keinen freien Spielraum für die Einflüsse des Lebens, so ist dies die pedantische Erziehung, im Gegensatz jener laxen, wo das Leben selbst erziehen soll. Offenbar sind beides gefährliche Extreme, denn das eine führt die Erziehung auf null; das andere ist jedoch von manchen empfohlen worden.

Wir wollen versuchen, beide Ansichten miteinander zu vereinigen, und sie daher an bestimmten Gegenständen betrachten. Wie soll sich z. B. in der Jugend der Geschmack entwickeln? In der Sache selbst ist schon viel Bewusstloses, und es ist eine Aufgabe für viele künftige Geschlechter, dieses Bewusstlose zum Bewusstsein zu bringen. Die Produktionen selbst sind ganz frei, ja sie sind das Freieste und daher kann beim Auffassen nicht auf Ordnung und Zusammenhang gesehen werden. Hier kann also durch Übertreibung des Absichtlichen die Absicht selbst vernichtet werden, und so gibt es schon etwas, was man ohne Absichtlichkeit den natürlichen Ereignissen des Lebens überlassen muss.

Anders ist es mit der Entwicklung des sittlichen Gefühls. Hier kann man nicht sagen, dass der Erziehung nichts zukommen könne, sondern hier muss eine gewisse Fortschreitung und Methode sein, um Ordnung in die Entwicklung zu bringen. Aber Methode im sittlichen Gefühl ist abgeschmackt, weil hier die Absicht, sobald sie sich als solche zeigt, nie erreicht wird. Hier ist scheinbar eine Differenz und wir wollen versuchen, sie auf etwas Bestimmtes zurückzuführen.

Dies geschieht so: Die Seite des objektiven Bewusstseins lässt die stärkste Einwirkung der Erziehung zu; auf der anderen Seite aber liegt das subjektive Bewusstsein, das Gefühl und alle Tätigkeit, worauf dieses hinausläuft, und hier darf von nichts Kunstgerechtem die Rede sein. Zwar muss die Erziehung hier helfen, aber nur negativ. Das Leben bietet z. B.

das Schöne und Unschöne, das Reine und Unreine durcheinander dar und nun besteht die negative Unterstützung der Erziehung darin, das Unschöne und Unreine, was die Erziehung hindern konnte, abzuwehren und das Schöne und Sittliche herbeizuziehen, aber – dies darf nicht den Charakter des Absichtlichen haben. Das Schöne und Sittliche können wir aber sehr gut von einer positiven Seite ansehen, weil wir hier an kein allgemeines negatives Bewahren zu denken haben, sondern dies nur in Beziehung auf die absichtliche Seite der Entwicklung eintritt. Dasselbe ist's in gewisser Beziehung mit dem klaren Bewusstsein im ästhetischen Gebiet. Hier haben wir das klare Bewusstsein selbst noch nicht, sondern nur ein unklares Gefühl, denn die Grenzen des allgemein und relativ Schönen sind noch nicht bestimmt, daher können wir auch kein klares Bewusstsein mitteilen, sondern müssen nur die Bewusstlosigkeit zum Bewusstsein bringen, und der Jugend zeigen, dass wir davon nichts wissen. Im Sittlichen ist jedoch das Bewusstlose häufig dem Bewusstsein vorzuziehen und es gibt hier ein Heiligtum der Bewusstlosigkeit, das man nicht zerstören muss[45]. Beim Reflektieren kann aber die Klarheit des Bewusstseins nie groß genug, die Ordnung und der Zusammenhang nie klar genug sein.

32. Vorlesung (19. Januar 1821)

Wir haben gesehen, dass die positive Seite der Erziehung – die Hervorbringung der Ordnung und des Bewusstseins – auf der objektiven Seite des Bewusstseins ihren Sitz hat; allein auch hier gibt es etwas dem Pädagogen Unerreichbares. Das Höchste des objektiven Bewusstseins ist die Wissenschaft, und die Darstellungen darin sind Kunst. Wissenschaft wird aber elementarisch beigebracht. In einer gebildeten Erziehung gibt man sich Mühe, die Fähigkeit der Komposition zu erwecken, nicht hervorzurufen. Nur das Unschöne und Unrichtige kann man durch Erziehung eliminieren, und die positive Seite der Erziehung kann nur diesen untergeordneten Wert haben und hier wirkt nur das freie Leben. Die Erziehung kann zwar dazu beitragen, das Schönheitsgefühl zu erwecken, aber das freie Leben muss es vollenden. Was ist aber die höchste Vollkommenheit des freien Lebens, welches das Sittliche und Ästhetische wecken soll? Es muss in sich ein Kunstwerk sein. Allerdings ist dies Wort weit, aber Kunst ist Gestaltung von einem Prinzip aus, welches sich durch eine äußere Erscheinung wiedergibt. Beobachten wir die Begrenzung des natürlichen

---

45 Lies: darf.

Lebens, so finden wir auch im Einzelnen alles chaotisch und erst im Großen einen festen und angestammten Charakter.

Die allgemeinsten sittlichen Verhältnisse des pädagogischen Bestrebens

Betrachten wir im Großen die Geschichte jedes gemeinsamen Lebens z. B. in der Kunst, Religion, Politik, so finden wir bei einem geschichtlich abgelaufenen Ganzen eine Periode des Steigens, der Blüte und des Verfalls. Auf alle diese Punkte müssen wir auch auf unserem Gebiete Rücksicht nehmen.

Was ist nun das Verhältnis jedes Geschlechts zum folgenden in der Periode des Steigens? Offenbar ist jedes besser als das vorige. Das Verhältnis des Fallens ist, dass das künftige Geschlecht immer schlechter wird als das vorige. Geschähe dies nicht, so könnte auch kein Staat verfallen. Fragen wir nach dem Verhältnis der Periode der Blüte, so ist es das Mittlere zwischen diesen oder der partielle Wechsel zwischen diesen.

Das frühere Geschlecht ist das erziehende, das spätere das erzogene; ist dies nun schlechter als jenes, so ist die Erziehung schlecht gewesen. Aber fragen wir, wie das spätere Geschlecht besser wird, so scheint die Wirkung nicht größer sein zu können als die Ursache. Wir müssen daher eine andere Erklärungsweise hiervon suchen. Es muss in der Natur liegen und das spätere Geschlecht ist von Natur besser, könnte man sagen. So kann ja aber die Natur auch schlechter werden. Nun fragt sich, was hiervon richtig sei. Hier kommt manches in Betrachtung, was außer dem Gebiet der Pädagogik liegt.

Zuerst bietet sich uns die Frage dar: Liegt es in der Natur und ist es denkbar, dass ein Geschlecht von Natur besser sei als das andere? Dies können wir nicht leugnen. Der Mensch ist ja in einem Gegensatz gegen die Natur, und so ist der Mensch in einem Teil der Erde fest geworden, so wird sein Leben freier, jener Gegensatz schwindet immer mehr und jenes freie Leben wirkt auch auf die Quellen der Erzeugung unter günstigen Umständen. Auf der entgegengesetzten Seite muss man sagen: Wenn einmal ein Keim von Korruption im Menschen liegt, so wirkt er auch auf die Erzeugung und die Menschen werden schlechter. Wenn wir Steigen und Fallen ganz auf diese Rechnung schreiben und die Ursache davon ins Lebensprinzip selbst hineinlegen, so wird die Bedeutung der Erziehung etwas sehr Geringes und Überflüssiges – außer in der Zeit der Blüte.

Wenn wir eine Gesellschaft im Entstehen betrachten und fragen, ob sie schon eine Erziehung habe, die auf den Zweck der Gesellschaft be-

[Allgemeiner Teil] 163

rechnet ist, so müssen wir dies verneinen. In jedem Volk ist ursprünglich keine Erziehung, sondern das Leben selbst hat eine feste Gestaltung, wohinein die Jugend gebildet wird. Erst allmählich findet sich ein künstlerisches Verfahren, und dies ist ein Zeichen der Vollkommenheit der Gesellschaft. Betrachten wir die Periode des Verfalls, so werden wir sagen müssen: Ehe sie eintrifft, hat ein gemeinsames Leben schon sein Erziehungssystem, und nun richtet man die Erziehung auf den Punkt, wo der Verfall zu befürchten ist. So ist der revolutionäre Charakter des Erziehungswesens ein Zeichen von dem eingetretenen Verfall einer Gesellschaft und je mehr diese Erneuerungen den Charakter der Einseitigkeit haben, desto mehr deuten sie auf einen solchen hin.

So erblicken wir überall den Gang des Erziehungswesens. Von null fängt sie[46] an, ihr Dasein ist ein Zeichen vom Festgewordensein des gemeinsamen Lebens, das Verlieren der Festigkeit ist ein Zeichen vom Verfall. Dies gibt uns eine traurige Ahnung über uns selbst. Seit 50 Jahren bemerkt man im Erziehungswesen lauter einseitige Neuerungen. Sollen wir nun daraus schließen, dass unser gemeinsames Leben im Verfall sei? Allerdings. Doch leuchtet uns eine Hoffnung: Das Leben eines Volkes ist etwas sehr Langes, Wechsel aber ist auch in seiner Blüte, und so können wir uns die Hoffnung machen, dass wir in dieser Zeit stehen. Aber es muss nun eine andere Zeit in der Erziehung folgen und der Wechsel in derselben muss ein Ende nehmen.

Hierzu kommt noch eine tröstliche Betrachtung. Jedes gemeinsame Leben hat einen individuellen Charakter und ist dadurch jedem anderen entgegengesetzt und stößt es als ein Fremdartiges ab. Dies finden wir beim ersten Anfange, wo sich das eine oder das andere organisiert.[47] Wenn aber ein gemeinsames Leben zur Blüte gekommen ist und der Charakter fest geworden ist, so verliert sich das Abstoßen des Fremden und es öffnet sich der Sinn für dieses. Liebe zum Fremden ist dagegen etwas anderes und ein Zeichen des Verfalls, indem man im eigentümlichen Charakter nicht mehr bestehen kann. Wir stehen jetzt auf dem Punkt, dass uns der Sinn fürs Fremde geöffnet ist und die Liebe zum Fremden ist vorübergegangen. Dies ist ein Symptom vom Steigen. So können wir hoffen, dass sich auch der Wechsel im Erziehungssystem wieder verlieren wird, aber nur auf dem Wege des vollständigen Beschauens, der genauen Theorie.

---

46 Lies: die Erziehung.
47 Platz (SW III/9, S. 783): „wo sich ein gemeinsames Leben organisirt".

Jene Ansicht vom Steigen und Fallen der Menschen durch die Natur ist also nur einseitig und es muss zur Erklärung dieser Erscheinung noch ein Faktor hinzukommen.

33. Vorlesung (23. Januar 1821)

Jede Veränderung, jede Revolution in der Erziehung, welche die Tendenz hat, durch eine veränderte Form die lebendige Berührung der Extreme in der Gesellschaft zu bewirken, trägt zum Steigen der Gesellschaft bei;[48] und haben Veränderungen in der Erziehung diese Tendenz, so zeugen sie vom Steigen der Gesellschaft.

Wir hatten uns eine Abstufung gebildet für die Wirksamkeit dieser positiven Seite der Erziehung im Vergleich mit den Einwirkungen des gemeinsamen Lebens überhaupt: Je mehr etwas, das Gegenstand der Erziehung werden kann und sich im Menschen entwickelt, eine Technik zulässt, desto mehr kann es Gegenstand der Erziehung werden.[49] Je weniger das zu Entwickelnde eine Technik zulässt, desto weniger kann es Gegenstand der Erziehung sein, und desto mehr kommt auf die richtige Gestaltung des Lebens an. Halten wir uns dies vor und fragen uns nach dem, was an diesen beiden Extremen liegt, so können wir es uns nach den Hauptzweigen der Erziehung abmessen.

Offenbar ist die wissenschaftliche Erziehung die, welche am meisten positiv sein kann, wo alles sich Entwickelnde einer Technik fähig ist, außer wo es in die freie Produktion übergeht, die nicht durch Erziehung gelernt werden kann. Die religiöse Erziehung ist das andere Extrem und kann nicht auf kunstmäßige Weise entwickelt werden; hier kommt es auf das Gesamtleben an und die Erziehung kann nur negativ wirken.

Zwischen diese hatten wir uns die Erziehung in Bezug auf das bürgerliche Leben gestellt und dies liegt auch in der Mitte. Etwas darin geht rein von der Gesinnung aus und liegt in der Religion, ein anderes lässt Technik zu, und beide Zweige werden durch die Sitte verbunden, die ein Inneres und Äußeres zugleich ist. Lebt ein Mensch ganz in der vaterländischen

---

48 Platz (SW III/9, S. 784): „Jede Veränderung, jede Revolution in der Erziehung, welche die Tendenz hat den Einfluß der ausgezeichneten auf die Masse zu befördern und durch eine veränderte Form die Annäherung und sogar die lebendige Berührung der Extreme in der Gesellschaft zu bewirken, trägt zum Steigen der Gesellschaft bei."

49 Platz (SW III/9, S. 784): „Je mehr etwas was sich im Menschen entwickelt eine Technik zuläßt, in desto größerem Maaße wird es Gegenstand der Erziehung sein."

Sitte durch Gewöhnung, so ist das eben nicht wertvoll; geht dies aber aus seiner inneren Gesinnung hervor, so ist es würdig.

Unsere Aufgabe nun ist, nachdem wir erkannt haben, worauf es bei der unterstützenden Erziehung ankommt, ein Prinzip für diese entwickelnde Erziehung zu finden. Dies ist schwer, und die meisten Differenzen im pädagogischen Verfahren rühren daher, dass man sich diese Aufgabe verschieden löst. Wir müssen die Momente aufsuchen, wodurch sie gelöst werden kann.

Die Erziehung soll durch alle Unterstützung kein anderes Resultat bewirken, als dass das heraustrete, was, wenn wir uns den Menschen vollkommen konstruiert denken, von selbst erfolgt sein würde. Hieraus folgt, dass die Erziehung nichts anzufangen hat, sondern dass die Anfänge schon da sein müssen in der Naturanlage und im gemeinsamen Leben. Wirken diese beiden Tätigkeiten fort, so muss das Resultat, das durch die Erziehung bewirkt werden soll, auch ohne Erziehung hervortreten.

Die Erziehung muss also dahin sehen, wo etwas ins Stocken gerät, und dann nachhelfen; sie muss den Gang beobachten, den die Entwicklung selbst nimmt. Nun haben wir schon festgestellt, dass das menschliche Leben aus mannigfaltigen Funktionen besteht, welche sich jede für sich mit einer gewissen Unabhängigkeit allmählich entwickeln. Alle diese haben einen gewissen Gegenstand, sie sollen sich desselben bemächtigen; die Beziehungen mit diesem Gegenstande sollen selbsttätig sein und diese Selbsttätigkeit in ihrer Vollständigkeit ist Fertigkeit. Der Entwicklungsgang lässt sich also in die Faktoren zerfällen, dass sich jede Richtung ihres Gegenstandes bemächtigt und dass die Behandlung desselben eine Fertigkeit wird. Ist dies der Fall, so ist der Mensch gebildet.

Dagegen könnte man einwenden, wenn alle Beziehungen einer Richtung auf den Gegenstand selbsttätig sein sollen, so gehe ja die Empfänglichkeit leer aus. Allein der Gegensatz zwischen Rezeptivität und Spontaneität ist nicht über Gebühr hoch anzuschlagen. Die Sinne z. B. beziehen sich auf Rezeptivität und doch wird niemand leugnen, dass man Sehen und Hören doch zugleich als Fertigkeiten ansehen kann und dass, wenn man sie auf der ersten Entwicklungsstufe betrachtet, sie mehr rezeptiv sind. So hängen Spontaneität und Rezeptivität genau zusammen. Der Einfluss der Erziehung auf die Entwicklung der Sinne ist ebenso groß wie auf die Entwicklung der freiwilligen Bewegungen, obgleich diese mehr die Spontaneität und jene mehr die Rezeptivität repräsentieren.

Im Fortschritt unserer Betrachtung ist zu unterscheiden 1) die extensive Entwicklung, wodurch sich die Funktion ihres Gegenstandes bemächtigt, und 2) die intensive Entwicklung, wodurch sie zur Fertigkeit wird.

Nehmen wir z. B. die Sprache in ihren Elementen, so sind das Töne. Ist das Sprechen eine Funktion, so sollen die einfachen Töne durch die Sprachorgane hervorgebracht werden. Dies ist die extensive Entwicklung; Leichtigkeit der Aussprache ist die intensive. So entsteht für die Erziehung eine zweifache Aufgabe, nämlich die Erziehung soll die extensive und intensive Entwicklung in jeder menschlichen Funktion ergänzen.

Alle diese Funktionen aber bilden wieder ein Ganzes unter sich; und sehen wir den Geist als innere Einheit an, so scheinen jene Funktionen als Organismus der Gegenstand zu sein, dessen sich der Geist bemächtigen muss. Dies ist also die extensive Entwicklung des Geistes. Die Lebendigkeit und Leichtigkeit des Willens dagegen, womit der Geist diesen Organismus beherrscht, ist die intensive Entwicklung des Geistes. Beides zugleich kann aber nicht gefördert werden.

Die Natur und die Einwirkung des Lebens bewirken hier einen beständigen Wechsel und sind deshalb chaotisch; die Erziehung aber, die sich durch Bewusstsein charakterisieren soll, darf auch hier nicht bewusstlos sein. Wenn aber beides nicht zugleich gefördert werden kann, jedes aber ein Unendliches ist, so entsteht ein Streit zwischen beiden Aufgaben, worin eben der Grund zu den differenten Maximen liegt. Bei welcher Entwicklung soll man anfangen, und wie von der einen zur anderen übergehen?

Freilich wenn die Erziehung nur ergänzen soll, was das Leben schon bietet, so könnten wir uns jener Frage überheben. Aber weil die Einwirkungen des Lebens chaotisch sind, so lassen sie sich in ihren Wirkungen[50] nicht sogleich beurteilen, und die Erziehung muss daher, obgleich ergänzend, ihren eigenen Weg gehen, erhaben über die chaotischen Einwirkungen des Lebens. Daher müssen wir tun, als sollte die Erziehung allein alles bewirken, und dadurch nur können wir ein Prinzip für ihre Einwirkung auffinden.

Nun kommen wir auf jene Frage zurück, welche von beiden Entwicklungen vorherrschen solle. Beide sind notwendig ineinander und ursprünglich einerlei. Die Fertigkeit kann ja nur am Gegenstand bewiesen werden und der Gegenstand kann nicht angeeignet werden ohne Fertigkeit. Aber fragen wir nach der Fortschreitung bei beiden Entwicklungen, so entsteht ein doppeltes[51] Interesse. Die extensive Entwicklung geht von einem Gegenstand zum anderen, bis das Ganze erschöpft ist; das Interesse der intensiven Entwicklung ist es, die Fertigkeit zu vervollkommnen, und also, wenn die Beziehung einer Funktion auf einen Teil des Gegen-

---

50 Platz (SW III/9, S. 787): „Folgen".
51 Platz (SW III/9, S. 788): „entgegengeseztes".

standes nicht vollkommen ist, diese erst zu vervollkommnen, ehe man zu einem anderen Gegenstand übergeht. Ein reines Gleichgewicht zwischen beiden Entwicklungen ist nicht denkbar, und die eine Seite der anderen unterordnen, ist nichts Unrechtes, sondern unvermeidlich. Gibt es aber ein Übergewicht der einen Seite über die andere oder nicht?

Offenbar ist es unrecht, wenn das Unterordnen der einen unter die andere bis zur gänzlichen Vernachlässigung der einen Seite geht. Denken wir uns nun die wesentlichen Funktionen des Menschen, und hat sich die Erziehung auf eine einzelne Funktion geworfen und nicht eher losgelassen, als bis diese Fertigkeit war, so entsteht daraus Einseitigkeit, obgleich Virtuosität. Ein solcher Mensch wäre Organ, aber ohne leitendes Prinzip. Dies ist nichts, aber auch das Entgegengesetzte ist nichts. Denn die Bildung eines extensiv entwickelten Menschen wäre mannigfaltig, aber schlecht, wie bei jenen die größte Vollkommenheit, aber im Einzelnen, herrschen würde.

34. Vorlesung (25. Januar 1821)

Methode ist eine gewisse Regel in Beziehung auf jene zwei verschiedenen Richtungen: Auf der einen Seite, sich den ganzen Gegenstand[52] anzueignen und auf der anderen, die größte Fertigkeit hervorzubringen. Hier entsteht die Frage, ob sich über die Methode etwas Allgemeines festsetzen lässt für alle Gegenstände der Erziehung. Zuerst aber müssen wir sehen, wie sich beide Richtungen gegeneinander verhalten. Es kommt hier darauf an, ein Gesetz zu finden, wonach beide Zwecke zugleich erreicht werden können. Wäre der eine dem anderen untergeordnet, so wäre jenes Gesetz leicht aufzustellen. Da dies aber nicht der Fall ist, so müssen wir beide Richtungen in ein bestimmtes Verhältnis zueinander setzen.

Denken wir uns nun eine geistige Verrichtung, so können wir behaupten, dass sie, wenn sie sich ihres ganzen Gegenstandes bemächtigt hat, von selbst zu einer gewissen Intension gelangt ist, denn die Fertigkeit ist Folge der Wiederholung, und je öfter etwas bei gleichem natürlichem Vermögen verrichtet wird, desto größer wird die Fertigkeit. Wiederholung ist Hauptsache und ist mit ihr das extensive Ziel erreicht, so ist auch das intensive erreicht. Arbeitet man rein auf die Intension, so wird dadurch nicht die Extension bewirkt, obgleich dies auch wohl mittelbar geschehen kann. Denn wenn dieselbe Handlungsweise auch nur in einem Teil eines Gegenstandes so wiederholt wird, dass eine große Fertigkeit entstanden

---

52 Platz (SW III/9, S. 788 f.): „die Totalität der Gegenstände".

ist, so hat man dadurch zwar nicht den ganzen Gegenstand, aber doch die Leichtigkeit, sich alle anderen Teile desselben auf eine sehr leichte Weise anzueignen.

Zum Beispiel diene das Sprachvermögen: Die Totalität des Gegenstandes ist die Gesamtheit aller Sprachen. Setzen wir den Fall, dass das Sprachvermögen in einer Sprache in jeder Beziehung vollkommen angeeignet ist, so hat dieser Mensch zugleich eine allgemeine Sprachlehre im Kopfe und ihm bleiben bei anderen Sprachen nur noch die mechanischen Schwierigkeiten übrig. Halten wir uns an intellektuelle Verrichtungen, so müssen wir davon dasselbe sagen.

Insofern es nun auf beiden Seiten gleich steht, ist der Vorteil aufgehoben, der uns zu erwachsen schien, wenn die eine Seite der anderen untergeordnet wäre. Jetzt müssen wir zwischen beiden wählen oder beides miteinander verbinden. Jene Gleichstellung geht aber nur daraus hervor, dass wir uns von der einen Seite die absolute Vollkommenheit dachten. Da aber dieses Treiben doch nur ein ideales Ziel ist, so scheint die Frage in die unendliche Mannigfaltigkeit zu zergehen, sodass sie uns in Bezug auf jeden Gegenstand gelöst werden zu können scheint. Also müsste man dabei auf die Beschaffenheit des Gegenstandes und auf die Individuen sehen.

Ein gewisser Grad von Fertigkeit ist bei der Erziehung immer schon gegeben.[53] Brauchte man nun nur eine von beiden Richtungen zu verfolgen, so müssten wir sagen, wenn uns ein Zögling gegeben wäre, der schon Fertigkeit und mehrere Gegenstände hätte,[54] dass wir das eine vernichten und die andere Seite hervorheben müssten. Wie möchten[55] wir das aber? Wenn z. B. im Gesange jemand schon eine Fertigkeit hätte und wir nun jener Ansicht gemäß statt ganzer Passagen auf das Einfache zurückgehen wollten, so wäre dieses ein Ton.[56] Aber auch dieser ist noch nicht das Einfachste. Jeder Ton wird bestimmt durch Höhe und Tiefe, Crescendo und Decrescendo, und es kommt dabei auch noch auf den schnelleren und langsameren Übergang von einem Ton zum anderen an. Folglich

---

53 Platz (SW III/9, S. 790): „Die Erziehung macht nie den Anfang, sondern findet immer schon ein gegebenes vor, auch einen gewissen Grad von Fertigkeit."
54 Platz (SW III/9, S. 790): „der schon eine gewisse Fertigkeit in einem Gegenstand und mehrere Gegenstände sich angeeignet hätte".
55 Lies: könnten.
56 Platz (SW III/9, S. 790): „Nehmen wir an, es habe jemand im Gesange schon eine gewisse Fertigkeit, eine Geläufigkeit in der Production der Töne, und es habe sich dies so von selbst ergeben durch die τριβή [Übung, häufiger Gebrauch]: so müßten wir um methodisch zu Werke zu gehen nach jener Ansicht diese Fertigkeit vernichten, auf das einfache zurükgehen, statt ganzer Passagen den einfachen Ton singen lassen."

[Allgemeiner Teil] 169

müsste die Übung noch in diese drei Operationen zerfällt werden, welche sich aber gar nicht voneinander trennen lassen.

Sehen wir die Sache so an, so geht daraus hervor, dass sich die ganze Kunst der Methode in die Aufgabe auflösen lasse, überall die rechten Elemente zu finden. Methode ist immer das Gesetz für die Behandlung der Elemente. Es gibt aber wenig Gegenstände, die auf ein Element zurückgehen. Können wir auf einem Gebiete, wo beide Richtungen vereinigt sind, nur dann etwas Zusammengesetztes produzieren lassen, wenn erst beide Richtungen befolgt sind, so müssten wir beide Richtungen erst trennen, was jedoch unmöglich ist. Entweder muss man also die Übung nach allen Seiten richten oder man bringt ein der Idee unadäquates Element in die Richtung auf das Einzelne, und dieses kommt leider doch stets hinein und etwas wird doch immer vernachlässigt.[57] Daher die Frage: Lassen sich allgemeine Prinzipien für die Methode aufstellen ohne alle Beziehung auf den Gegenstand?[58]

Etwas hierzu ist hier schon getan und wir müssen also das Ganze zugeben.[59] Das Erste ist die richtige Auffindung der Elemente: Diese können wir aber nicht bestimmen, ohne auf die einzelnen Gegenstände einzugehen, und so muss uns dazu eine wissenschaftliche Kenntnis der Gegenstände vorliegen.

Im Allgemeinen müssen wir sagen, dass überall, wo es eine Mehrheit von Elementen gibt, ein Ganzes auch ein Zusammengesetztes ist und auf diese Weise die verschiedenen Richtungen schon darin sind. Die Übung z. B., von einem Ton in den anderen rasch überzugehen, ist nur einseitig. So muss man bei dem einen immer vom anderen abstrahieren und nicht darin unterrichten.[60] Wir müssen also ein Gesetz finden, diesem Mangel abzuhelfen oder ihn so klein zu machen wie möglich. Hierbei müssen wir uns an die allgemeinsten Verhältnisse halten. Sobald eine Mehrheit von Elementen gegeben ist, so fragt es sich, ob sie in gleichem Range stehen

---

57 Platz (SW III/9, S. 791): „Entweder muß man also die Uebung nach allen Seiten richten, oder man bringt ein der Idee inadäquates Element in die Richtung auf das einzelne; dies kommt immer mit hinein in die Uebung, so daß die Idee der Erziehung nur jedesmal in dem sich ausspricht was geübt wird, in dem anderen nicht, und etwas wird dann vernachlässigt."

58 Platz (SW III/9, S. 791): „abgesehen von der Beziehung auf bestimmte Gegenstände?"

59 Platz (SW III/9, S. 791): „So geht aus dem vorigen hervor, daß wir die Frage im allgemeinen bejahen können, aber auch nur im allgemeinen."

60 Platz (SW III/9, S. 792): „Da überall wo es eine Mehrheit von Elementen giebt, auch das einzelne was geübt werden soll schon ein ganzes ist, zusammengesetzt aus beiden Richtungen, so daß man das eine übend von dem anderen immer abstrahiren muß".

oder nicht. Wo nicht, so ist das eine auf das andere gerichtet, und sie sind nicht in einem vollkommenen Sinne Elemente, sondern es ist darin schon eine Fortschreitung vom Einfachen zum Zusammengesetzten. Man muss also bei den ursprünglichsten Elementen anfangen. Sind diese völlig gleich wie in dem obigen Beispiel, so muss man sie gleichzeitig produzieren.[61] Aber auch dies ist ein schwankendes Maß und bedarf der Kunst zur Lösung, indem man noch auf die verschiedenen Anlagen Rücksicht nehmen muss. Also kann das Gesetz nur ganz unbestimmt aufgestellt werden und man muss sagen, die nähere Bestimmung beruhe auf dem Gegenstande, und je nachdem die Erziehung eine Privaterziehung ist oder eine gemeinsame.

35. Vorlesung (26. Januar 1821)

Allgemeine Prinzipien können nur sehr unbestimmt gegeben werden. Gesetzt nun, die Elemente seien gefunden, so fragt es sich nach der weiteren Regel der Fortschreitung. Diese können wir nicht finden, wenn wir nicht Anfang und Ende verknüpfen. Das Ende war zweifach, die intensive und extensive Vollkommenheit. Wenn wir nun eine von beiden in absoluter Vollendung denken, so ist die andere zugleich mit gesetzt; aber wir haben auch beantwortet, dass dies nicht vom untergeordneten Punkt[62] gilt, und das gibt uns Aufschluss über die Regel der Fortschreitung.

Wenn man von den Elementen aus in einer gewissen Gleichmäßigkeit nur auf die extensive Vollkommenheit hinarbeitet, so folgt daraus noch nicht, dass dadurch auch gleiche intensive Vollkommenheit gewonnen sei; es bleibt immer eine unbestimmbare Differenz. Ebenso kann umgekehrt durch absolute Fertigkeit jeder Teil des Gegenstandes angeeignet werden. Aber auch dies gilt nur von der absoluten Vollendung der Fertigkeit. Jeder untergeordnete Grad von Fertigkeit kann auch hinter dem zurückbleiben, was ihm bei der extensiven Vollkommenheit parallel wäre; – d. h., auf der Seite der extensiven Vollkommenheit verhalten sich die einzelnen Teile nicht gleichmäßig zur Erwerbung der Fertigkeit, und die Grade der Fertigkeit verhalten sich nicht gleich zur Aneignung aller Teile des Gegenstandes.

---

61 Platz (SW III/9, S. 792): „Sind diese völlig gleich, wie bei dem obigen Beispiel vom Ton: so kann man das eine ohne das andere üben; z. B. das bloße Zeitmaaß für sich u. s. w.; und dann combiniren; oder gleichzeitig das eine mit dem anderen produciren, lezteres dann, wenn das Nacheinander durchaus nicht möglich ist."

62 Platz (SW III/9, S. 793): „von untergeordneten Punkten" und Göttinger Nachschrift, S. 61r: „in untergeordneten Punkten".

Betrachten wir z. B. auf dem musikalischen Gebiet speziell ein Instrument. Die Totalität besteht darin, in allen Arten von Tönen spielen zu können; die Fertigkeit besteht in der Leichtigkeit und Sicherheit der Produktion. Sagt nun jemand, er habe alle Passagen in seiner Gewalt, so hat er sich die Totalität des Gegenstandes angeeignet, und dann muss er auch eine absolute Fertigkeit haben. Ebenso muss er umgekehrt, bei der Fertigkeit, alles zu spielen, was ihm vorgelegt wird, alle Passagen in seiner Gewalt haben. Bei einem untergeordneten Punkt ist es nicht mehr so. Es kann jemand viel gespielt haben, ohne viel Fertigkeit zu besitzen, und bei einem ziemlichen Grade von Fertigkeit braucht ihm auch nicht der ganze Gegenstand eigen zu sein.

Daraus folgt, dass die Differenzen bestimmt werden durch den verschiedenen Gang, der von den Elementen aus genommen worden ist. Wenn sich nun alle möglichen Fortschreitungen von dem Element an gleich verhalten,[63] es aber zweierlei Fortschreitung gibt, so werden wir festsetzen, dass wir, wo diese beiden Fortschreitungsweisen sich bestimmt unterscheiden lassen, keiner einen unbedingten Vorzug vor der anderen geben, aber sagen werden, jede sei nur so die Beste, dass sie auf die andere die vollkommenste Rücksicht nimmt. Nun ist offenbar, dass verschiedene einzelne Teile eben deshalb, weil sie solche sind, ein verschiedenes Verhältnis zum Ganzen haben müssen, d. h., wenn man auf der extensiven Seite anfängt, so muss man sagen: Es ist nicht einerlei, zu welchen Teilen des ganzen Gebietes man von dem einen übergeht, sondern die Fertigkeit muss auch berücksichtigt werden; und nicht alles, was um der Fertigkeit willen getan wird, wirkt auf die Leichtigkeit, sich den ganzen Gegenstand anzueignen, sondern die Fertigkeit muss von einem zum anderen geleitet werden. Beim Realen kommt es nun auf die Kunst an, diejenige Fortschreitung zu finden, die auf der anderen Seite das meiste tue. Diese Kunst ist zusammengesetzt aus der pädagogischen Kunst und der Sachkunde selbst. Hierfür ist die allgemeine Formel: Wenn die Fortschreitung einen zweifachen Charakter haben kann, so ist das allgemeine Gesetz auf der extensiven Seite diejenigen Übergänge zu suchen, wodurch zugleich am meisten auf der intensiven Seite gewonnen wird, und umgekehrt die Übung der Fertigkeit zu suchen, wobei auf der extensiven Seite am meisten gewonnen wird.[64]

---

63 Göttinger Nachschrift, S. 61r: „Wenn sich alle möglichen Fortschreitungen von den Elementen angleichen".
64 Platz (SW III/9, S. 793): „und umgekehrt, bei Uebung der Fertigkeit diejenigen Uebergänge zu wählen bei denen auf der extensiven Seite am meisten gewonnen wird".

Hierzu kommt noch eine rein pädagogische Betrachtung. Die rechten Methoden bestimmt zu finden, ist nur durch Sachkunde möglich. Aber allgemein pädagogisch möglich ist es, die Aberrationen bald zu finden an den Folgen, die sie hervorbringen.[65] Dazu können wir eine allgemeine Anleitung geben, wenn wir die Sache im Großen betrachten. Wir nehmen an, dass es auf jedem Gebiet der Erziehung die extensive und die intensive Seite gibt. Nun haben wir gesehen, dass es auch zwei Fortschreitungsweisen geben kann, sodass ein Maximum der Fertigkeit und Extension entsteht. Woran zeigt sich nun, dass das eine oder das andere geschehen sei?

Derjenige, welcher mit dem ganzen Gegenstande einer Tätigkeit bekannt ist, und nur ein Minimum von Fertigkeit hat, wie dies wohl möglich ist, hat den Gegenstand nicht, sondern nur den Schein, ihn zu haben, den δοξοσοφία (Weisheitsdünkel) – die Folge einer extensiven Methode bei vernachlässigter intensiver. Hier entsteht bei dem Zöglinge Eigendünkel, z. B., wenn jemand in der Philologie viel gelesen hat, ohne grammatische Sicherheit zu besitzen.

Auf der anderen Seite kann man viel Zeit verwenden, um die Fertigkeit zu üben, ohne dass daraus ein Gewinn für die Extension entsteht. Jede Fertigkeit nun ist eine organische Tätigkeit und der Mensch hat immer nur beschränkte Gewalt über seine Organe, daher entsteht aus der unendlichen Wiederholung Ekel und Unlust. Hierin fehlt besonders die pestalozzische Methode. Überhaupt bekommt man auf diese Weise doch nur ein Minimum der Totalität.

An diesem Kriterium also kann man die Aberrationen erkennen: Ist in der Methode gefehlt, so werden die Zöglinge entweder eitel oder ekel[66]. Kommt man aber zwischen Ermüdung und Eitelkeit hindurch, so ist die Methode gut.

Allein bei der großen Masse der Zöglinge und auch bei verschiedenen Methoden, die dessen ungeachtet nicht alle gleich gut sind, findet man weder das eine noch das andere. Hier sind zwei Faktoren zu berücksichtigen, die vom Gange der Erziehung abhängen: Die Langsamkeit oder Schnelligkeit der Fortschritte, und inwiefern diese den Zöglingen selbst bemerklich wird.

---

65 Platz (SW III/9, S. 794): „So läßt sich doch im allgemeinen als rein pädagogisch noch eine Anleitung geben, die Abberationen zu entdekken an den Folgen welche die falsche Methode hervorbringt."

66 Göttinger Nachschrift, S. 61v: „Die Wiederholung kann hier also ins Unendliche getrieben werden, und hier muß die Wiederholung den Zögling, der schon einen Begriff von der Totalität hat, anekeln, und er hierdurch die Lust zum Gegenstand verliert."

[Allgemeiner Teil]

Unsere Unterrichtsmethoden z. B. haben sich seit 30 Jahren[67] sehr geändert, und wenn wir in Beziehung auf manche Gegenstände fragen, ob die Zöglinge, als die Methode schlechter war, eitler oder träger waren als jetzt, so müssen wir dies verneinen. Damals aber hatten sie einen anderen Maßstab und bekamen durch die Methode selbst nicht einen so baldigen Überblick über das Ganze des Gegenstandes. Ebenso mutet man auf der anderen Seite jetzt den Zöglingen mehr Beharrlichkeit bei demselben Dinge zu, während sie schon sehen, wo hinaus es will, und dennoch sind sie nicht träger als damals. Dies liegt darin, dass jetzt in der Erziehung auf das Bewusstsein ein größerer Wert gelegt wird als damals.

Der andere Punkt ist, dass jene Fehler weniger zum Vorschein kommen können, in dem Maße die Masse größer ist. Bei der einzelnen Erziehung kommt beides, Stolz und Ekel zum Vorschein, das gemeinsame Leben hat eine erregende Kraft und hält die Ermüdung länger zurück.[68]

---

67 Platz (SW III/9, S. 794 f.): „seit fünfzig Jahren".
68 Platz (SW III/9, S. 795): „Bei Privaterziehung kommt beides Eitelkeit und Ueberdruß mehr zum Vorschein, ebenso in kleineren Erziehungsanstalten; dagegen in den größeren Instituten das gemeinsame Leben seine erregende Kraft beweiset, Stolz und Ermüdung zurückhaltend; in der Masse wird das Gefühl des einzelnen zurückgedrängt durch das Gemeingefühl."

36. Vorlesung (29. Januar 1821)

Da die verschiedenen Beziehungen auf das gemeinsame Leben sich eigentlich erst an das Ende der Erziehung anschließen, so müssen wir die periodische Differenz der Erziehung voranschicken.[1]

---

1 Für die 36. und 37. Vorlesungsstunde lag Platz ein eigenhändiger Zettel Schleiermachers vor, den er (in SW III/9, S. 258–260) abdruckt: „Der Anfangspunkt ist die Geburt; Umfang der Kinderjahre; Grenze erstes Eintreten der Geschlechtsdifferenz in das Bewußtsein durch gegenseitiges Abstoßen; Charakter propädeutisch zur Bildung des Gehorsams, der in der zweiten am meisten regiert und in der dritten dem Willen Plaz macht. – Mehr auf die Erhaltung gerichtet, als auf die Entwicklung. – Von Natur durch den Instinct an das Haus gewiesen. Uebergang durch Ammen in die französische Art, von da in die platonische. Der Grund der lezteren in der Voraussezung angeborner Stufendifferenz, die aber nicht angeerbt ist. Allein das Verhältniß der Intelligenz zur Sinnlichkeit entwikkelt sich noch nicht, sondern nur organische Talente. Und wenn es sich auch entwikkelte, könnte es nicht erkannt werden. Auch kann der Naturzusammenhang zwischen Aeltern und Kindern nicht durch das vaterländische Gemeingefühl ersezt werden. Der Uebergang aber zur öffentlichen Erziehung muß vorbereitet werden, welches ohne Störung nur geschehen kann bei gehöriger Durchdringung des häuslichen und öffentlichen Lebens. – [*37. Vorlesung:*] Die Beziehung auf die drei Hauptrichtungen ist noch sehr beschränkt. Es kann noch im eigentlichen Sinn weder religiöse noch bürgerliche Erziehung geben. Aber doch entwikkelt sich das religiöse Bewußtsein, wenn es in der Familie regiert; und je mehr sich in dieser der Volkscharakter durch die Sitte spiegelt, leben sich auch die Kinder hinein nur unbewußt. Auch eigentliche Erziehung zum Erkennen giebt es noch nicht, wiewol die Fortschritte hier am größten sind und größer als je hernach. Der Charakter ist also so zu fixiren. Die positive Seite ist ursprünglich auf die Erhaltung dessen gerichtet was entwikkelt ist, woraus die weitere Entwikklung von selbst erfolgt und also die Sorgfalt für die Erhaltung sich steigert. Die Entwikklung ist ein Werk des Lebens, und die unterstützenden absichtlichen Einwirkungen treten nur einzeln auf, in Masse bleiben sie der zweiten Periode aufbewahrt. Daher gehört auch in diese erst der positive Gehorsam. Der Gehorsam gegen Verbote ist aber auch hier wesentlich, da den Menschen der Instinct sehr bald verläßt. – Da die Entwikklung bis zum Ende der Kinderjahre so bedeutend ist, müssen wir uns die Periode theilen, da schwerlich alles nach Einer Regel kann behandelt werden. Einen Abschnitt dazu giebt a. Sprachfertigkeit. Freilich nicht bestimmt zu begrenzen, da die Gewalt über die Sprache das ganze Leben hindurch zunimmt. Der wesentliche Punkt aber ist, daß sie durch die Sprache der Begriffe fähig werden und dadurch der Gehorsam möglich ist. (Wiewol er leider immer der falschen Dialektik der Kinder bloßgestellt bleibt.) Es kann also eine wesentlich verschiedene Behandlung eintreten in jedem Gebiete wo sie Begriffe erhalten. b. Entwikklung des Assimilationsprocesses; der Zeit nach ziemlich mit jenem zusammenfallend, bedingt durch die Zahnbildung. Erst wenn ein Kind die gewöhnlichen menschlichen Nahrungsmittel vertragen kann, ist sein äußeres Leben in selbständige Berührung mit der ganzen Natur gebracht. Für diesen ersten

[Besonderer Teil] 175

Was die allmähliche Entwicklung der Erziehung betrifft, so haben wir zwei Hauptpunkte, die uns die wesentlichen Differenzen derselben zu bezeichnen scheinen. Der letzte ist, wo die Gesellschaftsfunktionen vollständig entwickelt sind, und wo auch zugleich die Eigentümlichkeit des Einzelnen entwickelt ist.

Das Abstoßen der Geschlechter schien oben nur auf einer äußerlichen Beziehung zu beruhen, allein dies ist natürlich kein isolierter, sondern nur ein physischer Punkt. Dieser Punkt ist das Ende der Kinderjahre, jedoch nicht mathematisch bestimmbar.

Was liegt nun der Erziehung in Bezug auf diese Fortschreitung ob? Zu berücksichtigen ist hier die Eigentümlichkeit des einzelnen Lebens und der durch die Natur ausgesprochene Anfang der Mündigkeit und persönlichen Freiheit. Von hier an ist die Erziehung im Abnehmen. Die mittlere Periode ist die eigentliche Zeit der bestimmten allgemeinen Ausbildung in Erwartung der sich entfaltenden Eigentümlichkeit, dass diese einen möglichen ausgebildeten Organismus vorfinde. Diese Periode ist die des vorwaltenden Gehorsams, weil auch die Entfaltung des Willens erst erwartet wird und auch dafür der Organismus vorbereitet sein soll. Die erste Periode ist die pädagogische, wo sich die Erziehung mehr an das Chaotische des Lebens anschließt. Aber indem man dabei schon auf eine zweite Periode sehen muss, so ist ihr Hauptcharakter, dass die Kinder zum Gehorsam gebildet werden sollen, damit sie in die zweite Periode übergehen können. Dies sind die Hauptgesichtspunkte bei Entwicklung der Fortschreitung der Erziehung.

Genau genommen fängt die Erziehung mit dem Leben zugleich an, und zwar nicht gerade als ein Minimum, denn das Kind besteht nur durch Erziehung, und ohne fortwährende Sorge würde das Leben gar nicht wurzeln. Aber diese Art von Sorge unterscheiden wir von der späteren und so können wir sagen: Die Erziehung tritt hier als ein Minimum auf, sie erhält nur, entwickelt nicht.

Erst in der zweiten Periode wird entwickelt. Man sagt daher: Die erste Periode ist die der physischen Erziehung, die zweite die der intelligenten, und die dritte die der ethischen Erziehung.

Allein aus diesen Ausdrücken können leicht Missverständnisse entstehen, denn alle Erziehung ist ethisch, und will man auch nur erhalten, so will man nur ein freies Wesen und Leben erhalten. Eine überwiegend physische Erziehung gibt es eigentlich auch in der ersten Periode nicht. Das

---

Abschnitt haben wir vornehmlich zwei Fragen zu beantworten, 1) Was ist Gegenstand der Erhaltung? und 2) was vertritt die Stelle des Gehorsams und bereitet ihn vor? ad 1. der Geist verbirgt sich noch. Verstand ist an die Sprache gebunden. Liebe zeigt sich zuerst. Außerdem nur die durch die Organe bedingten Sinne."

Wesentliche aber liegt darin, dass die Hauptsorge auf die Ethik gerichtet ist, denn indem man in der ersten Periode zur Entwicklung wenig beitragen kann, so soll doch der Mensch erhalten werden als ein selbst Entwickelndes und um der Entwicklung willen.

Hier entsteht die Frage: Welche Form soll in Beziehung auf die natürliche Existenz die Erziehung in dieser Zeit haben? Hier fällt der Gegensatz zwischen der Erziehung im Einzelnen und in Massen ganz weg. Denn es liegt in der Natur, dass die Kinderzeit ganz ans Hauswesen gewiesen ist, weil die Erhaltung auf einem Lebenszusammenhange beruht, der durch nichts anderes ersetzt werden kann. Zwar gibt es im Einzelnen wohl Ausnahmen, und man übergibt wohl die Kinder einer Amme; dann ist aber der Naturzusammenhang gelöst, und nimmt dies überhand, so wird die französische Sitte bei uns Mode, worin ein böses Gewissen liegt, ein Gefühl von Unfähigkeit oder Unlust, die mütterlichen Pflichten selbst zu übernehmen. Man findet sogar Theorien von dieser Art aufgestellt, dass alle Mütter ihre Kinder gleich nach der Geburt der bürgerlichen Gesellschaft übergeben und dann erwarten sollen, ob ihnen ihre eigenen Kinder oder andere zugeteilt werden, z. B. in Platons Republik.[2] Diese Theorie hat eine aristokratische Wurzel im edelsten Sinne des Wortes. Sie geht davon aus, große Differenzen anzulegen, welche jedoch angeboren sind. Allein es ist immer ein Schade, dass auf diese Weise gemeine Naturen edle Eltern bekommen. So kann durch die Erziehung nicht so viel Gutes erreicht werden, wie wenn die Erziehung gleich vom Anfange an eine gemeinsame wäre.

Es gibt angeborene Differenzen unter den Menschen und die Erziehung kann nicht das im Menschen entwickeln, was sie will, sondern was in ihm liegt. Aber diese Differenzen sind sehr wandelbar und daher geht auch das allgemeine Bestreben des Ethischen darauf, diese Differenzen allmählich abzustumpfen. Jene Theorie setzt aber das Talent voraus, diese Differenzen zu erkennen, um ihnen abhelfen zu können. Ist das nun möglich oder nicht, dass man sie schon in der ersten Periode der Erziehung erkenne?

Fragen wir zuerst, worin denn diese Differenzen bestehen, so sind es nicht Differenzen der Talente, sondern der eigentlichen Intelligenz im

---

[2] Vgl. Politeia, 5. Buch (besonders 460 b-d). Bereits in seiner Akademierede „Über den Beruf des Staates zur Erziehung" (1814; Druck 1835) greift Schleiermacher diesen Aspekt auf: „Denn bekannt ist die Platonische Theorie nach welcher die Kinder schon von Geburt an Kinder des Staates sind und die persönliche Beziehung ganz in Schatten gestellt ja möglichst ignoriert und verborgen gehalten wird, so daß eigentlich alle Mütter nur Ammen und Kinderfrauen und alle Väter nur Vormünder und Versorger sind." (KGA I/11, S. 129).

Verhältnisse zur Sinnlichkeit. Dies hat eine theoretische und eine praktische Seite. Die Letzte besteht im Übergewicht des Willens über die Triebe. Nun fragt es sich, ob es möglich ist, diese Differenzen schon in der ersten Periode der Erziehung zu erkennen?

Nehmen wir die Kinderjahre bis zum sechsten oder achten Jahre, so geht unterdes eine so erstaunliche Entwicklung bei den Kindern vor, dass keine folgende Periode damit Schritt hält, und so können diejenigen, die den Zögling mit Neigung verfolgen, schon Anzeichen über dasjenige haben, was aus ihm werden wird. Aber fragen wir danach, was sich in dieser Zeit am meisten entwickelt, so sind es die Talente. Auf ihrem Gebiete liegen die größten Differenzen der Kinder, z. B. auf dem musikalischen, philologischen, mathematischen Gebiete. Aber über das Verhältnis zwischen der Intelligenz und Sinnlichkeit kann man am Ende der Kinderjahre noch gar nicht urteilen. Hier erfolgen die schnellsten Umkehrungen erst mit den Zeiten der Mannbarkeit. Folglich braucht in der ersten Periode die Erziehung keine gemeinsame[3] zu sein. Auch kann der Naturzusammenhang zwischen Kindern und Eltern in dieser Zeit durch nichts anderes ersetzt werden. In der Folge treten aber Aufgaben ein, die nicht mehr in der häuslichen Erziehung, sondern nur in der öffentlichen gelöst werden können. Aber die Aufgabe über die Grenzbestimmung zwischen beiden Perioden und Erziehungsarten lässt sich nur unbestimmt lösen.

37. Vorlesung (30. Januar 1821)

In keinem Zeitraum wird das Bewusstsein so erfüllt wie in den Kinderjahren; der Entwicklung in dieser Periode kann man nur zusehen, nicht sie leiten. In den Kinderjahren entwickelt sich auch schon das religiöse Bewusstsein, auch schon durch das Hauswesen. Ebenso wird die politische Anlage entwickelt durch das Hineinleben in die häusliche Sitte. Nun muss das Verhältnis bestimmt werden zwischen den verschiedenen Formen der Erziehung in dieser Periode, inwiefern sie positiv sein kann und negativ sein muss.

Im Allgemeinen können wir feststellen, dass die Erziehung mehr negativ ist in Ansehung der Entwicklung, insofern diese sich weniger von dem gemeinsamen Zusammenleben unterscheidet. Nachher tritt auseinander, was Resultat des Lebens und einer absichtlichen Einwirkung ist. So kann hier von keiner Methode die Rede sein in allem, was zur Entwick-

---

3 „keine gemeinsame", d. h.: keine gemeinschaftliche, öffentliche Erziehung.

lung gehört, und so sind alle Vorschriften in dieser Beziehung mehr negativ.

Dies stimmt damit überein, dass die Erziehung hier ans Hauswesen gewiesen ist, an ein gemeinsames Zusammenleben, welches von selbst lehrt. Bei der öffentlichen Erziehung muss weit mehr Methode sein.

Auf ähnliche Art ist zu bestimmen, inwiefern diese Periode auch in Beziehung auf den Gehorsam pädagogisch ist. Denn beim Anfang der Erziehung ist auch keine Verständigung möglich, weil das Kind noch nicht reden kann. In der zweiten Periode ist der Gehorsam herrschend, er kann aber nicht mit einmal hervorgebracht, sondern muss vorbereitet werden. Daher darf er in der ersten Periode auch noch nicht die strenge Form haben. Der Gehorsam gegen Verbote muss aber in seiner ganzen Stärke da sein, weil sonst die Erziehung nicht auf die Erhaltung gerichtet sein kann.

Diese erste Periode kann nicht genau begrenzt werden, denn eine frühe Entwicklung ist immer krankhaft, sie sei durch die Natur oder durch falsche Behandlung erzeugt. Manches Kind entwächst der Kindheit mehr in der einen als anderen Beziehung, und so haben wir in einem lebendigen Ganzen nur verwaschene Grenzen. Daher müssen wir ins Einzelne gehen. Wenngleich die Erziehung in ihrer strengen Form noch nicht hervortritt, so ist doch die Differenz zwischen dem eben geborenen Kinde und dem Erwachsenen so groß, dass wir hier noch einen Abschnittspunkt suchen müssen. Dieser kann nun in Beziehung auf das Hervortreten der Erziehung selbst gefunden werden. Dieses geschieht durch das Werk des Gehorsams, denn darauf beruht das Gelingen der ganzen Erziehung. Dieser beruht aber auf der Verständigung und diese auf der Sprache.

Denn diese wirkt auf das Denken, das den Geboten und Verboten zu Hilfe kommen muss. Aber auch dieser Punkt ist ungewiss. Die Kinder vernehmen offenbar schon, ehe sie selbst sprechen, und sie sprechen schon selbst, ohne dass sie die Sprache ganz verstehen. Doch die ganze Entwicklung des Menschen auch nach der Periode der Erziehung ist ein beständiges Innebekommen der Sprache, und wir unterscheiden die Menschen selbst, je nachdem sie dieselbe mehr oder weniger innehaben. So können wir auch im Anfange der Erziehung keinen bestimmten Abschnitt machen, sondern nur im Begriffe die Scheidung bestimmen: Alle Verständigungsmittel vor der Sprache, das Pantomimische und Musikalische, sind mehr auf das Gefühl [gerichtet], aber das Wesen der Sprache ist der Begriff, woran auch der Gehorsam gebunden ist. Denn die Vorschrift muss in ihrem bestimmten Maße verstanden sein, und für die Erziehung ist sehr unbequem, wenn die Kinder über die Vorschriften selbst skeptisieren und dialektisieren. Durch die Sprache muss also ein gemeinsames Leben der

Begriffe gegeben sein. So ist es ja auch in der Gesetzgebung. Mit dem Besitz der Sprache tritt erst die Periode der eigentlichen Erziehung ein.

Wir müssen also sondern die Behandlung der Kinder, ehe sie sprechen können, von der Behandlung derselben, wenn man durch das Medium der Erziehung auf sie wirken kann. Hierbei haben wir zweierlei zu betrachten. 1) Das Geschäft der Erhaltung; 2) in Beziehung auf die Entwicklung ist a) zu unterscheiden das Fragmentarische technischer Erziehung, das sich aber nur an der Einwirkung des Lebens äußert, b) das Verbot. Das Erste ist offenbar im ersten Teile dieser Periode dasselbe wie im Zweiten. In Beziehung auf das Zweite kann es vor dem Besitze der Sprache keine Erziehung geben. Was ist aber das, was vor der Sprache die Stelle des Gehorsams vertritt, sodass dieser nachher bald hervorgebracht werden kann?

Also 1) was ist in Bezug auf die Erhaltung zu tun? Sie kann nicht von der Entwicklung getrennt werden, und diese erfolgt von innen von selbst, und daran knüpft sich die wenige positive Unterstützung in dieser Periode und die Hemmung des Schädlichen an. Was gibt es aber in dieser Zeit zu erhalten? Offenbar das, was schon entwickelt ist, d. h. schon der Mensch selbst in seinem Anfange von der Erzeugung an. Der ganze Mensch in dieser ersten Zeit kommt noch nicht zur Wahrnehmung, denn die geistigen Funktionen verkündigen sich uns erst durch die Sprache. Zuerst tritt das Ethische, die Liebe hervor – das Anerkennen des Lebenszusammenhanges; das Intelligente verbirgt sich noch. Doch öffnen sich nach und nach die Sinne und nehmen aktiv die Gegenstände auf, und diese Funktionen müssen behütet und erhalten werden. Die Sinne hängen aber an ihren Organen, und wie der Verstand nicht eher bemerkt wird, als bis die Sprache entwickelt ist, so manifestiert sich auch der ganze Geist nur am Leibe, und so tritt in dieser Zeit das Leibliche hervor. Hier entsteht die Frage, ob auch in Beziehung auf die Erhaltung im Materialen der Erziehung eben da ein natürlicher Abschnitt eintritt, wo wir in der Form einen gefunden haben. Das leibliche Leben hängt vom Assimilationsprozesse ab, d. h. es muss sich Stoff aneignen. Bei der Geburt nun sind die Kinder von den Erwachsenen wesentlich verschieden, denn sie sind an die Muttermilch gewiesen, und so ist die Selbstständigkeit ihres Lebens noch nicht ausgesprochen. Erst wenn das Kind Nahrungsmittel zu sich nimmt, ist das einzelne Leben selbstständig. Dies hängt aber ab von der Zahnbildung und diese von der Sprachentwicklung. Und so fallen beide Momente, der eine physische und der andere intellektuelle, wesentlich zusammen.

38. Vorlesung (2. Februar 1821)

Die Ernährung des Kindes vor der Geburt ist unwillkürlich, nach der Geburt willkürlich. Doch soll die Mutter das Kind so lange nähren, wie sie es in sich getragen hat. Allein hier kommt auch der Gesundheitszustand sehr in Betrachtung, worüber der Arzt entscheiden muss. Kann die Mutter ihr Kind nicht selbst ernähren, so muss sie entweder eine Amme nehmen, oder dem Kinde andere Nahrungsmittel geben. Hier tritt ein ethisches Moment ein. Weil die Muttermilch für Affekte sehr empfänglich ist, so ist es bedenklich, das Kind mit der fremden Person in Verbindung zu setzen. Dazu kommt noch, wenn man von dem Unterschiede zwischen edleren und gemeineren Naturen ausgeht, dass das Kind leicht in eine geistige Analogie mit der Ernährerin hineingezogen werden könnte. Es ist offenbar, dass die instinktartige Liebe der Kinder zur Mutter nicht so groß ist, wenn sie dieselben nicht selbst nährt. Hiernach wäre es vorzuziehen, das Kind an fremde Nahrungsmittel zu gewöhnen. Aber es gibt hier eine andere Ansicht, wonach man sagt, das könne durch die Erziehung aufgehoben werden, wenn sich eine mehr geistige Seite der Liebe entwickelt.

Das Zweite, wodurch sich in Bezug auf das physische Leben der Zustand des Kindes nach der Geburt vom Zustande vor derselben unterscheidet, ist die unmittelbare Berührung der Atmosphäre, der Zusammenhang mit der äußeren Welt. So wirken alle Bewegungen in ihr auf das Kind ein. Hier geht die Differenz an zwischen einer abhärtenden oder verweichlichenden Erziehung, und es kann in dem einen wie in dem anderen zu viel getan werden. Man kann unstreitig ein Kind zu früh der Einwirkung der Atmosphäre aussetzen und dann kann die schwache Lebenskraft des Kindes noch nicht im Stande sein, den nötigen Widerstand zu leisten. Aber auch die Verweichlichung kann zu früh angehen. Jeder bildet sich eine eigentümliche Atmosphäre oder Wärme und die Kraft dazu muss durch die Notwendigkeit, den Widerstand zu reizen, erregt werden. Aber hier lassen sich gar keine bestimmten Vorschriften geben, sondern nur Beobachtungen machen.

Nun folgt die weitere Entwicklung des Lebens, die von innen ausgehen muss, und wozu die Erziehung nichts tun kann. Doch gibt es etwas zu verhindern. Die leibliche Seite des Lebens ist noch die vorherrschendste, und von den mehr geistigen Funktionen entwickeln sich nur die Sinne.[4] In dieser Zeit herrschen die freien Bewegungen der Muskeln

---

[4] Göttinger Nachschrift, S. 64r: „und von den leiblichen Functionen entwickeln sich jetzt erst die Sinne". Mit den „leiblichen und geistigen Functionen" beschäftigt sich Schleiermacher im „Elementarischen Theil" seiner Psychologie-Vorlesungen (SW III/6, S. 60–286).

und die Entwicklung der Sprache vor. Wir können dies zusammenfassen unter dem Gegensatz von Rezeptivität und Spontaneität. Was jene betrifft, so kann die Erziehung eigentlich gar nichts dazu tun. Die Welt muss allmählich in das Kind eingehen und dabei kann man nur die Spontaneität in Betrachtung ziehen. Das z. B., wodurch das Bewusstsein zuerst erfüllt wird, ist das Gesicht. Indem die Augen vor der Geburt geschlossen sind, das Öffnen derselben aber schon eine zusammengesetzte Bewegung ist, da teils der Reiz des Lichts einwirkt, teils es eine willkürliche Handlung ist, so findet sich hier das Zusammensein von Rezeptivität und Spontaneität.

Was kann nun zur Beförderung dieser Entwicklung auf eine absichtliche Weise geschehen? Wollten wir dem Mechanismus des Naturreizes noch etwas hinzufügen, so würden wir der Entwicklung schaden. Die Kinder müssen daher nach der Geburt wieder in die Dunkelheit zurück und man muss hier hemmend einwirken. Zum Anfüllen des Bewusstseins durch den Gesichtssinn können wir auch nichts tun, es hilft nichts, Gegenstände vor sie zu führen, denn diese sind ihnen chaotisch. Die Erziehung muss hier auf die Einwirkung des Lebens selbst warten.

Ebenso verhält es sich mit den willkürlichen Bewegungen und der Entwicklung der Sprache. Es ist keine Frage, dass beides beschleunigt werden kann, aber weil die Sprache schon jetzt das Intellektuellste ist, so entzieht man, wenn man sie beschleunigt, die zu ihrer Erlernung nötigen Kräfte der physischen Seite der Entwicklung. Spricht man in der Absicht mit den Kindern, dass sie das Sprechen lernen sollen, so kann man sie leicht überreizen und so der physischen Seite der Entwicklung schaden.

Dasselbe findet statt in Ansehung der willkürlichen Bewegungen, die gewöhnlich dem Sprechenlernen vorangehen. Lernen die Kinder eher sprechen als gehen, so ist dies ein Zeichen, dass die physische Entwicklung hinter der geistigen zurückbleibt. Die willkürlichen Bewegungen kann man auch beschleunigen und man könnte daher denken, dass man, wenn man auch das Sprechen beschleunigte, einen doppelten Vorteil haben würde. Aber hier ist gerade ein doppelter Nachteil in der Überreizung. Denn will man die beschleunigende Erziehung schon jetzt anfangen, so bringt man gewiss einen krankhaften Zustand hervor. Dagegen hat man hier auch eine hemmende Einwirkung zu vermeiden, die ebenso nachteilig sein kann wie jene; man wickelt z. B. die Kinder so ein, dass alle willkürlichen Bewegungen untersagt werden. Allein hier zeigt sich übertriebene Ängstlichkeit, wie überhaupt in der verweichlichenden Erziehung. Man lasse überall das Leben frei und suche kein forciertes Treibhauswesen.

Ferner lässt sich schon auf der ersten Lebensstufe die Differenz des Temperaments wahrnehmen. Offenbar muss man auch hier der Entwicklung freien Lauf lassen, um nichts Widerwärtiges zu tun. Auch der Glaube an die freie Entwicklung der Natur bringt es schon mit sich, dass man sie hier sich selbst überlässt, und nur nachhilft. Wollen z. B. die Kinder gehen, so leite man sie. Überhaupt muss man hier erst Beobachtungen sammeln. Zu große pädagogische Tätigkeit in dieser Periode verdirbt die ganze Erziehung, weil sie die Reinheit des Subjekts trübt. An den ersten Schritten, die hier die Natur von selbst tut, muss der Erzieher ihre Art und Weise erkennen, damit er danach weiterwirken könne.

Gibt man nun zu, dass man auch die Sprachentwicklung nicht beschleunigen darf, sondern sie abwarten muss, so ist doch hier eine bedeutende Differenz möglich. Denn ein anderes ist es, das Lernen der Sprache beschleunigen, ein anderes, es leiten, wenn es beginnt. Das Sprechen kommt rein von innen heraus und ist keineswegs eine bloße Nachahmung, sondern mehr Freiheit, als man selbst glaubt. Denn die Kinder bilden sich ihre eigenen Zeichen, die nicht Verstümmelungen, sondern ursprüngliche Produktionen sind. Auf diese darf man jedoch keinen so hohen Wert legen wie manche, die daraus die Natursprache bilden wollen, denn man kann in keinen ersten Versuchen die Vollendung der Sprache erkennen wollen. Wahrscheinlich sind die ersten allgemeinen Vorstellungen auch anders als diejenigen, worauf unsere Begriffe basiert sind, und so bezeichnen die Kinder ihre Vorstellungen auch anders, bis sie die Muttersprache verstehen. Soll man aber diesen Prozess beschleunigen, sodass sie so bald wie möglich in die eigentliche Muttersprache hineinkommen? Auch dies kann eine Störung der Reinheit des inneren Prozesses sein.

Die größte Verkehrtheit aber ist es, den Kindern in ihrem System nachzusprechen, denn das ist ein verkehrtes Hinablassen zu den Kindern, wodurch man nur ihre Entwicklung hemmt. Selten sprechen die Kinder auch alle Buchstaben rein aus, sondern substituieren dem einen mehrere andere unreine. Hier könnte man denken, sei eine Methode zu üben, und die einzelnen Laute den Kindern so lange vorzusprechen, bis sie dieselben nachsprechen. Aber die Sprachwerkzeuge bilden sich wohl selbst erst nach und nach zu den gehörigen Lauten aus und man warte also darauf, denn es ist noch nicht Zeit, in diesem Alter eigentliche Übungen mit den Kindern vorzunehmen. Denn gewöhnlich werden sie unnötig, oder ziehen ein für das Kindesalter zu großes Interesse auf sich. Man sorge nur dafür, dass die Kinder stets rein sprechen hören, dann werden durch das Ohr die Sprachwerkzeuge nach und nach zum Besseren gebildet.

39. Vorlesung (5. Februar 1821)

Welches ist nun das Kriterium der Richtigkeit der Verfahrungsart in der ersten Periode? Die Entwicklung darf nicht übereilt werden, aber man darf ihr auch nicht aus Verweichlichung Hindernisse in den Weg legen. Das Leben in seinen einzelnen Momenten ist zusammengesetzt aus dem, was von innen heraus geschieht, und aus dem, was von außen hineinkommt, und das Wohlbefinden der Kinder beruht auf der Übereinstimmung von beiden. Die Erziehung der ersten Periode soll nun den Einwirkungen von außen etwas hinzufügen oder davon abschneiden.

Ist nun ein Kind gesund, so muss es heiter sein, und ist es das nicht, so ist das stets ein Zeichen, dass etwas in der Einwirkung von außen ist, was nicht sein sollte; und diese[5] stehen ja hier stets in der Gewalt der Erziehung. Bei einiger Aufmerksamkeit lässt sich hier der Fehler leicht auffinden, sowohl ein Fehler der Überreizung als der Hemmung sowohl von körperlichen als psychischen Phänomenen.

Von einer anderen Seite kommt Folgendes in Betrachtung. Wo in der Erziehung etwas versehen wird, muss dies auch nachteilige Folgen haben. Was kommt nun am Ende dieses Zeitraums als nachteilige Folge der Erziehung vor? Auf welcher Stufe der Entwicklung befindet sich ein Kind in dieser Zeit und was für Abweichungen zeigen sich jetzt in das Schlechtere hinein? Hier müssen wir wieder auf den Gegensatz von Rezeptivität und Spontaneität sehen, worüber jedoch die reine Einheit des Lebens steht. Was zuerst diese betrifft, so können wir noch nicht sagen, dass jetzt schon eine Kontinuität des Bewusstseins vorhanden ist. Denn hierfür nimmt man mit Recht den Zeitpunkt an, wo die Kinder anfangen, „ich" zu sagen.

Dies geschieht aber am Ende unsers Abschnittes noch nicht. Daher kommt man auf die Betrachtung, dass man für diesen ersten Abschnitt der Erziehung sich große Sorgen macht und denkt, dass, weil die Entwicklung jetzt so rasch ist, auch der Grund gelegt werde zu allem Verkehrten, was in der Folge der Erziehung zum Vorschein kommt. Aber dies ist nicht der Fall, eben weil das Bewusstsein noch gar nicht oder nur sehr schwach vorhanden ist. Was aber dasjenige betrifft, was sich auch am Ende der Bewusstlosigkeit fixieren kann, so ist es schlimm, dass wir nicht eher wissen, was in dieser Zeit im Kinde vorgeht, als bis sich die Wirkungen davon äußern, was aber erst in einer späteren Zeit geschieht. Einiges zeigt sich aber doch schon am Ende dieses Zeitpunktes, und das zu erläutern, müssen wir in den Gegensatz von Rezeptivität und Spontaneität hinabsteigen.

---

5 Lies: diese äußeren Einwirkungen.

In diesem Zeitraum entwickeln sich zunächst die Sinne, und da man nun in der Folge eine Verschiedenheit in der Stärke und Reinheit der Sinne wahrnimmt, so entsteht die Frage, ob diese Differenz ursprünglich ist oder von der Erziehung abhängt. Im Gesichtssinn z. B. gibt es eine bedeutende Differenz, wenn man nachher physiologische Symptome findet und sie dann der ursprünglichen Anlage zuschreibt. Aber hierzu ist die Differenz viel zu groß und nur gewissen Klassen eigen, z. B. dem Gelehrten im Gegensatz gegen den Bauer. Dennoch ist gewiss vieles Sache der Gewohnheit, und sobald daher üble Gewöhnungen einreißen, so muss man sie schon bei der Erziehung zu verhindern suchen. Doch fällt dies erst in den zweiten Teil der Erziehung. Man kann aber doch schon Achtung geben, ob sich ein Kind lange mit demselben Gegenstand beschäftigt. Stumpfheit oder Schärfe des Auges aber kann durch das Licht hervorgebracht werden, was genauer zu bestimmen, dem Arzte überlassen bleibt.

Was das Gehör betrifft, so liegt dieses uns näher, denn nur durch das Gehör kommen die Kinder zum Aneignen der Muttersprache. Sprechen also die Kinder unvollkommen, so kann das seinen Grund haben in einer Unvollkommenheit der Sprachorgane, aber auch in einem unvollkommenen Auffassen. In dieser Zeit lässt sich aber noch nichts Bestimmtes tun, obgleich man schon sehen kann, ob das schwere Auffassen an einem organischen Fehler liegt. Dem falschen Hören kann aber in dieser Zeit schon abgeholfen werden, und sprechen die Kinder unrichtig, so muss man stets durch den Sinn des Gehörs auf sie wirken.

Bei der Angewöhnung an natürliche und gewöhnliche Nahrungsmittel kommt der Geschmackssinn in Betrachtung, der hier sehr wichtig zu sein scheint. Aber hier muss man das Objektive von dem Subjektiven unterscheiden. Abneigung gegen Übelgeschmack und Zuneigung gegen Wohlgeschmack ist in diesem Zeitraum etwas Widernatürliches, was für die Zukunft angedeutet sein mag. Was aber die objektive Seite, das Erkennen der Gegenstände am Geschmack betrifft, so ist dies ein Fortschritt, der sich an den Gebrauch der Nahrungsmittel selbst anschließen muss. Die Trennung zwischen beiden Seiten muss aber sogleich praktisch gemacht werden, und man muss den Kindern nie einen Übelgeschmack ersparen und ihnen etwa die Arzneimittel angenehm machen. Dies ist etwas sehr Wichtiges für unseren Übergangspunkt zur folgenden Zeit.

Hieran schließt sich noch der Tastsinn und der Hautsinn. Mit beiden und mit dem Geruche hängt ein Punkt zusammen, der jetzt schon wesentlich wird: Die Reinlichkeit, welche ihre medizinische und ethische Seite hat. Befindet sich ein schmutziges Kind wohl, so ist das ein sehr übles Zeichen. Dagegen kann eigentlich nur medizinisch gewirkt werden, indem man der Haut die gehörige Reizbarkeit zu geben sucht, was durch das Baden erreicht wird. Dieses kann aber auch übertrieben werden und die Reinlichkeit zum Pedantismus ausarten. Dann wirft sich die Empfindelei auf diesen Sinn hin. Man muss, um dies zu verhüten, die Kinder sich schmutzig machen lassen, dann aber müssen sie wieder zur Reinlichkeit zurückkehren.

Die willkürlichen Bewegungen werden in dieser Zeit auch bis auf einen gewissen Grad entwickelt. Sobald nun ein Kind den freien Gebrauch seiner Gliedmaßen hat, so verrät das eine darin eine gewisse Anmut, das andere das Gegenteil. Ist dies nun angeboren oder kann darauf durch die Erziehung gewirkt werden? Eigentlich müssen wir sagen, ist die natürliche Anmut in der Bewegung etwas, das sich mit der Bewegung zugleich entwickeln muss, denn sie ist nur Darstellung der menschlichen Gestalt in den verschiedenen Bewegungen, und ungraziöse Bewegungen sind fehlerhaft. Wo das Gegenteil der Anmut positiv heraustritt, ist etwas Krankhaftes, sei es nun körperlich oder psychisch. Mancherlei Bewegungen weisen auf Anlagen zu organischen Fehlern, worauf sehr zu sehen ist, was wir jedoch den Ärzten überlassen müssen. Aber das Ungraziöse hat auch einen ethischen Grund, wogegen sich in dieser Zeit noch nichts tun lässt, woraus man aber etwas erkennen kann. Alle ungraziösen Bewegungen sind entweder aus Heftigkeit oder aus Unbeholfenheit ungraziös, was auf Temperamentsdifferenzen hindeutet.[6] Denn für jede Temperamentsverschiedenheit gibt es eine Schönheitslinie, und weicht das Temperament davon ab, so kann man erkennen, zu welcher Temperamentseinseitigkeit die Kinder sich hinneigen; aber darauf nun einzuwirken, muss man sich für die spätere Zeit versparen[7].

40. Vorlesung (7. Februar 1821)

Der Gegensatz zwischen Gewähren und Abschlagen tritt ein, wenn die Kinder sich willkürlich bewegen können. Gibt es nur ein Extrem von Gewähren und ein Extrem von Abschlagen? Das Letzte würde die Tätigkeit zurückdrängen, jenes eine Verwöhnung, eine Gewohnheit des Herrschens hervorbringen. Beides ist nachteilig, denn im Extrem liegt durchaus nicht eine Mittelstraße. Aber auch diese ist hier leer, denn sie führt zur

---

6 Zu dieser Passage vgl. Heinrich von Kleists vom 12. bis 15. Dezember 1810 in den ‚Berliner Abendblättern' publizierten Essay „Über das Marionettentheater". – Verbindungen zwischen Schleiermacher und Kleist sind in der Forschung bislang nicht nachgewiesen worden.
7 „versparen", aufsparen oder verschieben.

Willkür. Man muss daher jedes Mal auf die Sache sehen und sich dabei nicht die geringste Abweichung und Inkonsequenz erlauben. Liebe aber muss sich sowohl im Gewähren als im Abschlagen manifestieren, und so werden sich die Kinder über ein Abgeschlagenes nicht betrüben, weil sie das Bewusstsein der Liebe nicht verlieren. Hierbei ist es unwahrscheinlich, dass eine beständige Folge von Gewähren oder von Abschlagen stattfinden sollte, und daher ist die Hilfsmaxime des Gewährens nach mehrerem Abgeschlagenen nicht nötig. Man glaubt auch, wenn man den Kindern etwas abschlagen muss, so müsste man sie auf etwas anderes ablenken, damit sie jenes vergessen. Aber das Ablenken ist nicht nötig bei lebhaften Kindern; bei anderen (sanguinischen) aber ist es gut, weil es ihre Tätigkeit zu etwas anderem treibt. Aber ein Fehler ist es, wenn man ihnen statt eines Abgeschlagenen einen Genuss darbietet, indem man sie von einer Tätigkeit ablenkt. Im Großen[8] wäre dies ja ein verächtlicher Zustand. Es wird dadurch nur Genussfähigkeit hervorgelockt, die Kinder werden gewöhnt, die Tätigkeit auf den Genuss zu beziehen, und das ist gemein.

Ein anderer Punkt, von dem sich die Spontaneität entwickelt, ist die Liebe, welche eigentlich Instinkt ist und sich auf den physischen Lebenszusammenhang bezieht. Am Ende dieses Abschnitts nimmt aber die Liebe schon einen freieren Charakter an. Bei den Tieren hört die Liebe auf, wenn die Jungen sich selbst ernähren können. Beim Menschen ist aber das höhere, intelligente Moment schon vom Anfang an darin. Das Kind erkennt aber auch schon andere Menschen und liebt sie. Das kommt daher, weil das Kind ins gemeinsame Leben aufgenommen ist. Aber hier entstehen schon Differenzen. Offenbar haben manche Kinder in dieser Zeit Blödigkeit[9] und Menschenscheu, wie auch Abneigung oder Zuneigung zu einzelnen Menschen bei gleicher Nähe und Entfernung. Das Letzte kann man nicht gewähren lassen, denn jeder persönliche Widerwille hat etwas Einengendes und muss weggeschafft werden. Jenes aber ist ein langsameres oder schnelleres Gefühl von der Identität aller Menschen, und es ist nicht zu entscheiden, dass das eine besser sei als das andere. Die Kinder, die sich an jeden anschließen, haben für die Nächsten weniger Zuneigung, und je mehr sich die Liebe ausbreitet, desto mehr verliert sie an Tiefe. Dies aber muss man gewähren lassen. Die spezifischen Zu- und Abneigungen sind großenteils unerklärlich und selbst für die Erwachsenen etwas Geheimnisvolles, das im Unbewussten liegt. Die Erfahrungen über den unmittelbaren Eindruck sind sehr entgegengesetzt. Macht bei man-

---

8   Platz (SW III/9, S. 302): „Im großen angesehen, z. B. wenn ein Volk für die Freiheit Genuß sich bieten läßt, ein verächtlicher Zustand."
9   Hier: Furchtsamkeit, Zaghaftigkeit, Schüchternheit (Adelung).

chen Charakteren jemand zuerst einen unangenehmen Eindruck, so bleibt er; bei anderen aber ist der erste Eindruck ungewiss, und sie finden nachher jemanden widerwärtig, der sie anfangs reizte, und so umgekehrt. Bei Kindern lässt sich nicht entscheiden, ob bei ihnen das eine oder das andere stattfindet, so wenig wie bei den Erwachsenen. Das Nicht-entscheiden-Können bei den Kindern gibt hier den Maßstab und man muss es ihnen nichts gelten lassen, dass sie gegen jemand Abneigung äußern, sobald andere Gründe da sind, und ihnen nie das Gefühl geben, dass spezifische Zu- oder Abneigungen berücksichtigt werden.

Wir kommen jetzt zum zweiten Abschnitt der ersten Periode, woran wir eine Menge Fäden angeknüpft haben, die wir nur fortzuspinnen und das Neue hinzukommen zu lassen brauchen. Wir wollen gerade da fortfahren, wo wir im ersten Abschnitt aufgehört haben. Es kommen hierbei nicht die beiden Seiten der Rezeptivität und Spontaneität allein und für sich in Betrachtung, sondern die Beziehung der einen auf die andere.

Die Rezeptivität ist das Aufnehmen, und ein Kind nimmt lieber von dem einen etwas auf als von dem anderen. Hier entsteht die Frage: Da die Kinder nun so vieles durch die Liebe aufnehmen müssen, soll man ihnen auch Menschen aufdringen[10], gegen die sie eine spezifische Abneigung haben? Dies hat großen Einfluss auf die ganze Entwicklung des Menschen, und es ist ein großes Unglück und Unrecht, Kinder in Lebensverhältnisse mit Menschen zu setzen, die ihnen widerwärtig sind. Auf der anderen Seite gibt es einen Übergang der Rezeptivität in die Spontaneität. Jene haben wir durch die Sinne repräsentiert. Gesicht und Gehör hängen am meisten mit der bewussten Spontaneität zusammen. Aber das Gesicht ist überwiegend der Sinn für das Wissen, weil er uns die Gegenstände vorführt, und die Begriffe gehen am meisten am Leitfaden dieses Sinnes.

Das Gehör ist mehr der Sinn des Gemüts, und dies hängt sich von der Sprachentwicklung an ganz an das Gehör, weil jene[11] die einzige menschliche Mitteilung ist. Damit hängt auch zusammen, dass das Kind immer mehr das Bewusstsein von der Abhängigkeit seines Daseins fühlt und sich also mit anderen in ein Verhältnis setzen muss, woher das Gefühl der Zuversicht und der Ängstlichkeit entsteht. Beides hängt sehr am Gehörsinn. Man wird z. B. nicht leicht finden, dass sich[12] ein Kind über eine fremdartige Gestalt erschrickt, sondern es wird neugierig, aber über einen Ton erschrickt es. Man hat gesagt, dies sei mehr physisch, als hier angegeben wird; allein diese Ansicht ist gewiss zu materialistisch. Aber es kommt

---

10 aufdringen oder aufdrängen.
11 nämlich die Sprache.
12 Der heute so beliebte sprachliche Fehler „sich erschrecken" statt „erschrecken" ist ein altehrwürdiger.

hierbei auf die Qualität, nicht auf die Quantität an. Inwiefern soll man hierauf einwirken? Offenbar kann hier der Grund zu Ängstlichkeit und Herzhaftigkeit gelegt werden. Ein Kind, das die Menschenstimme fürchtet, fürchtet leicht auch irgendeinen anderen Ton, und es ist ein Verderben in der Erziehung, dass man die Kinder durch die Stimme fürchten macht.[13]

41. Vorlesung (13. Februar 1821)

Am Ende der Kinderjahre tritt der Übergang in den öffentlichen Unterricht ein, welcher für die beiden Geschlechter nicht derselbe ist; für die Mädchen ist der öffentliche Unterricht nur eine Sache der Notdurft, wenn das Hauswesen nicht zu einem anderen die Mittel hergeben kann. Auch die freien Bewegungen sind am Ende der Kinderjahre schon zu Kunstfertigkeiten ausgebildet, und auch hier trennen sich die Geschlechter bestimmt. Im zweiten Teil der Kinderjahre muss daher auf eine vorbereitende Weise auf die Differenz der Geschlechter Rücksicht genommen werden.

Die ganze Volksbildung fängt erst später an, die Differenz der Geschlechter zu berücksichtigen. Bei den höheren Klassen ist dies notwendiger und geschieht früher. Beim Landvolk müssen die Weiber dieselben Arbeiten verrichten wie die Männer, also muss ihr Körper gleich ausgebildet sein; bei den gebildeten Ständen aber ist das nicht nötig, also muss hier mehr auf jene Differenz gesehen werden. Je größer also bei einem Volke die Entfernung der Stände ist, desto mehr muss man auf diese Differenz sehen.

Dasselbe gilt von der Vorbereitung für den öffentlichen Unterricht. Eine partielle Rücksicht muss auch schon in dieser Zeit auf die Differenz der Geschlechter genommen werden, aber nur in dem Maß, wie es für die folgende Periode nötig ist. Dies im Allgemeinen.

Wir wollen nun den Weg gehen, den wir uns schon vorgezeichnet haben. Wir sehen zuerst auf die Seite der Spontaneität. Am Ende dieser Periode müssen die Bewegungen schon zu Kunstfertigkeiten ausgebildet sein, und es entsteht daher die Frage, was in dieser Hinsicht die Erziehung zu tun hat. Unter Kunstfertigkeiten wird hier verstanden: 1) Die Analogie

---

13 Vgl. Schleiermachers 18. Aphorismus zur Pädagogik: „Das Ohr ist der Sinn der Furcht. Eben daher die Wirkung der Musik auf den Muth." (SW III/9, S. 677; vgl. auch den 81. Aphorismus, S. 687). In der Pädagogik-Vorlesung von 1813/14 heißt es: „Man sorge daß das Kind nie die Menschenstimme fürchte, so wird es auch nichts anderes fürchten." (SW III/9, S. 647).

der bildenden und 2) der darstellenden Kunst. In Rücksicht des letzten Punktes gibt sich schon früher ein Unterschied zu erkennen in Ansehung der Anmut, die sich auch bald in der Sprache offenbaren muss. Das Sprachorgan muss entwickelt sein, wenn das Kind lesen kann, und hierbei muss sich der Schönheitssinn zu erkennen geben.

Das andere ist, was in der Analogie der bildenden Kunst liegt, und dies ist sehr allgemein zu verstehen. Das Bildungsvermögen des Menschen liegt in der Hand, und wenn die Kinder die Hände nicht mehr bedürfen, um sich im Gleichgewicht zu erhalten, so wollen sie etwas mit denselben gestalten. Daraus müssen aber am Ende der Kinderjahre Fertigkeiten hervorgegangen sein, wodurch die Kinder sich ihrer Kräfte bewusst sind. Wie geschieht dies aber? Streng genommen ist in dieser Periode alles vorbereitend und ein Unterricht in Kunstfertigkeiten wie in wissenschaftlicher Hinsicht ist hier noch gar nicht an seiner Stelle. Die zwecklose aber doch zweckmäßige, die geordnete aber freie Bewegung führt dahin. Die Bewegungen müssen folglich so geleitet werden, dass etwas Geordnetes, woraus sich ein subjektives und objektives Bewusstsein entwickelt, entstehe. Der Mensch ist ein Agens, und der Tätigkeitstrieb entwickelt sich mit einer freien Bewegung. Täte man auch dazu nichts, so entstanden doch Versuche daraus.

Sobald die Kinder gehen können, entwickelt sich in ihnen die Idee des Raumes, nicht durch das Auge, sondern durch die freie Bewegung; nun bewegen die Kinder auch Gegenstände von einem Orte zum anderen und gestalten sie um. Aber da sie noch kein Maß der Gegenstände haben, so würden sie oft etwas anfangen, woran ihre Kräfte nicht reichten. Hier muss man ihnen also zu Hilfe kommen. Wollte man von dem Grundsatze, dass sie durch die Erfahrung klug werden sollten, ausgehen, so hat das einen großen Schein für sich, denn der Mensch ist dazu bestimmt, sich selbst zu entwickeln, aber er ist auch zu einem gemeinsamen Leben bestimmt und zur Liebe, die nicht bloß negativ sein darf, sodass sie bloß Schaden verhütet.

Beobachtet man die Kinder im Spielen, so äußert sich darin die Regung der bildenden Kraft, die Sehnsucht nach etwas Gebildetem. Es scheint also besser zu sein, ihnen etwas Gebildetes zu geben und ihnen die Versuche, sich selbst etwas zu bilden, zu ersparen. Aber diese Ansicht ist nur oberflächlich, denn die Kinder freuen sich nicht über das Gebildete, sondern über ihre Tätigkeit.[14] Wechsel von Gegenständen ist das Bedürf-

---

14 Bei Platz (SW III/9, S. 798) heißt es: „Wenn die Kinder etwas gebildet haben, so freuen sie sich nicht über das gebildete allein, sondern besonders über die dabei angewandte Thätigkeit."

nis der Kinder, aber dies vervielfältigt sich, wenn man ihnen in diesen früheren Jahren zu viel darreicht, und bei gebildeten Dingen zerstören sie wieder.[15] Was ist nun das Richtige zwischen diesen Extremen? Denken wir uns einen völlig gebildeten Gegenstand, so lädt er uns zur Betrachtung ein, besonders wenn er unter die Idee des Schönen fällt. Betrachten ist aber nicht die Sache der Kinder; das, was man ihnen darreicht, muss bildsam, muss ein Material sein, das sie bald handhaben können und das ihren Kräften angemessen ist.[16] Daher haben viele gesagt, das Kind brauche nur einen Haufen nassen Sand,[17] und die Formel ist richtig, obgleich die Kinder mannigfacherer Beziehungen fähig sind. Woraus sie festere Gestalten bilden können, das ist für sie das Beste.

Aber die Betrachtung soll auch sein, und da diese an die Sinne gebunden ist, so müssen auch sie geübt werden. Je mehr daher beides zusammenfällt, desto mehr wird das ganze Dasein befriedigt. Das Unterscheiden der Größenverhältnisse und das Unterscheiden und Zusammenstellen der Farben ist daher für das Kind das Beste, weil es dadurch am besten seine Sinne bilden kann.

Sehen wir auf die andere Seite, auf die Kunstfertigkeiten im Gebiete der Darstellung, so herrscht darin das Unbewusste vor, und es lässt sich also wenig dort tun. Wenn ein Kind freier Bewegung fähig ist, so kann darin hohe Grazie entwickelt werden; aber zerstört man das Unbewusste, so säet man Eitelkeit.[18] Hier ist also große Vorsicht nötig. Der Typus ist hier die Art, wie sich das Anmutige im Gebrauch der Sprache entwickelt, insofern sich diese an fremden Produktionen übt.

---

15 Göttinger Nachschrift, S. 68r: „Das Resultat wird hier sein, daß immer ein größerer Wechsel von Gegenständen den Kindern zum Bedürfniß wird. Je reichhaltiger man sich diese Dinge setzt, je näher kömmt man an das Ziel der Langeweile. Entweder diese oder die Zerstörungssucht ist die natürliche Folge von diesem Prozeß." – Platz (SW III/9, S. 798): „Bei einer ausgezeichneten Phantasie kann wol dies zweite Extrem ohne Nachtheil sein, wo aber diese fehlt wird der große Wechsel von schon gebildeten Gegenständen, der doch nöthig ist wenn das Kind seine Rechnung finden soll, eine Unbeständigkeit hervorrufen; es entsteht ein beständiges Verlangen nach neuen Gegenständen, die Fähigkeit sich zu langweilen, Reiz zum Müßiggang, oder auch Zerstörungssucht, zu der der Thätigkeitstrieb der Kinder die Veranlassung giebt."
16 Hier wird die Formbarkeit der Welt als Bildsamkeit bezeichnet. Damit entwirft diese Passage der Vorlesung mindestens drei, wenn nicht vier Begriffe der Bildsamkeit: die des Heranwachsenden, die seiner pädagogischen Anerkennung, die der Gesellschaft und die der Welt.
17 Vgl. z. B. Jean Paul (1963), § 53, S. 607 f.
18 Hier mag man einen erneuten Bezug zu Kleists „Marionettentheater" sehen.

42. Vorlesung (16. Februar 1821)

Die Alten teilten ihre ganze Erziehung in Musik und Gymnastik. Die Ausbildung der Sprache gehörte zur Musik, die anderen Fertigkeiten in körperlichen Darstellungen zur Gymnastik.[19] Indem nun gesagt ist, dass die Sprache das Schema zu allem[20] hergeben soll, so ist jener Gegensatz aufgehoben und wirklich hat er auf die neuere Erziehung keinen Einfluss. Beides fällt auch zusammen, denn sobald die Rede eine gewisse Energie bekommt, so stellen sich Gebärden dabei ein, und umgekehrt. Diese Identität zwischen Musik und Gymnastik führt aber weiter. Die Alten hatten für diese verschiedenen Zweige verschiedene Prinzipien und es fragt sich nur, mit welchem Recht? Die Musik hat den Namen von der Tonkunst, und die alten Grammatiker wollten auch die Sprache auf die musikalischen Prinzipien reduzieren, welche reine Mathematik waren, welche auf diese Weise das Zentrum bildete. Sie wurde auch für den Mittelpunkt der ganzen Bildung gehalten, was auch Platons Ausspruch beweist.[21] In der Gymnastik dominierte aber die Mathematik gar nicht, sondern die reine Idee der Schönheit unter dem Gesichtspunkt der plastischen Kunst, und wenngleich diese auch für die festen Verhältnisse Prinzipien hatte, so waren doch die Bewegungen nur als Begleiter der Musik der Mathematik unterworfen, wie z. B. die Bewegung eines Chors, nicht die Bewegung in der Palästra, wo Erfahrungsregeln herrschten.[22]

---

19 Vgl. z. B. Politeia, Buch 2, 376; Nomoi, Buch 6, 764c–765d.
20 Lies: zu diesen beiden (Musik und Gymnastik).
21 Platz (SW III/9, S. 801): „wie Platons Ausspruch beweiset, daß sie die Seele umwandele und zu dem seienden ziehe". Platz verweist auf Politeia, Buch 7, 521 und 526 und merkt hier zusätzlich an: „Die Musik erzieht nach Platon durch Gewöhnungen mittelst des Wohlklanges, eine gewisse Wohlgestimmtheit nicht Wissenschaft einflößend, ihr liegt die Mathematik zum Grunde (522). Die Mathematik selbst ist eine Hinleitung zum Wesen (524), die Seele in die Höhe führend (525), sie macht zu allen andern Kenntnissen geschickt (526), sie macht, daß die Idee des Guten leichter gesehen werde, sie ist Kenntnis des immerseienden (527)."
22 Im 3. Buch der Politeia diskutiert Platon das Verhältnis von musischer (regelgeleiteter) und körperlicher (erfahrungsorientierter) Erziehung – Musenkunst und Turnkunst, die in einem harmonischen Verhältnis stehen sollen. Ort der körperlichen Erziehung ist die Palästra, der antike Übungs- und Kampfplatz der Ringer. – Dass in der Gymnastik nicht die Mathematik herrschte, sondern die Schönheit im Vordergrund stand, läßt sich auf die Funktion der Mathematik in der Antike zurückführen. Schleiermacher will sagen, dass Natur hier noch nicht mathematisiert verkürzt wird im Sinne von Francis Bacon und Descartes, sondern in ihrer Naturschönheit betrachtet wird. Wo dies auf mathematische Begriffe gebracht wird, ist an Harmonie gedacht, die sich in mathematischen Maßverhältnissen äußert, nicht aber an mathematische Beherrschung und Berechnung.

Diese Differenz der Prinzipien nun ist geleugnet und so ein Gegensatz gegen die antike Denkweise konstruiert worden. Wie ist dies gemeint? Das mathematische Gebiet geht freilich auch durch alle bildende Kunst hindurch. Für die Zeichnung und Malerei z. B. ist die Perspektive das mathematische Prinzip. Aber das Mathematische ist doch immer in der Praxis beschränkt; z. B. der Kanon einer Bildsäule[23] braucht kein Kunstwerk zu sein. Es muss also Schönheit hinzutreten. Insofern ist die antike Ansicht wahr.

Die Notwendigkeit des Hinzutretens der Schönheit gilt auch von der Musik, denn durch die bloße Mathematik in derselben entsteht noch kein Kunstwerk (Kirnbergers Komposition durch Würfel[24]). Überhaupt sind die mathematischen Prinzipien nur kritisch und lehren die Fehler vermeiden. Ebenso verhält es sich mit dem Numerus im Periodenbau und mit der Metrik. – Wo also die eigentliche kunstmäßige Produktivität angeht, da ist sowohl in den bildenden als darstellenden Künsten das mathematische Gebiet zu Ende; dies aber ist für beide Künste das Gemeinsame.

Auf dem Stadium der Erziehung, welches wir jetzt betrachten, ist aber von der produktiven Kunst noch nicht die Rede, obgleich sich das musikalische Talent früh entwickelt. Und doch ist auch dieses anfangs nur Nachahmung und Fertigkeit in der Ausführung – nicht Produktion. Dieselbe Grenze ist uns auch für unser Schema gesteckt, für die Ausbildung der Sprache: Wenn ein Kind am Ende der Kinderjahre auch geistig sehr entwickelt ist, so wird es doch noch nicht bedeutende Ideenreihen zusammensetzen. Aber das richtige Verstehen und Darstellen des Verstandenen kann schon auf einen hohen Grad getrieben werden. Wir haben es also hier nur mit dem gemeinsamen Felde, der Mathematik, zu tun. Überhaupt könnte man in dieser Hinsicht die Ausbildung der Sprache zum

---

23 Lies: eine nach dem Kanon gefertigte Statue.
24 Johann Philipp Kirnberger (1721–1783) hatte 1757 in Berlin bei Winter unter dem Titel „Der allezeit fertige Polonoisen- und Menuettencomponist" ein musikalisches Würfelspiel publiziert (Nachdruck Mainz 1994). „Das Würfelspiel, womit Jeder, ohne etwas Musik zu verstehen, kleine Tonstücke componiren kann, besteht aus zwei Notentafeln u. vier Tabellen. Auf den Notentafeln befinden sich einzelne Takte, jeder mit einer Ziffer versehen. Diese einzelnen Takte passen in Hinsicht der Modulation genau auf einander. Man wirft nun mit zwei Würfeln, sucht die für den ersten Takt geworfene Zahl auf der ersten Tabelle u. findet daneben den Takt angezeigt, der von der Notentafel genommen werden soll. So fährt man fort, bis das Stück fertig ist. Das Kunststück beruht auf den Gesetzen der Combination, u. daher ist die Verschiedenheit der auf solche Weise hervorgebrachten Stücke unendlich." (Pierer's Universal-Lexikon, 1857 bis 1865, Bd. 11, S. 582 f.)

allgemeinen Schema für alle darstellenden Fertigkeiten machen. Wir wollen dies erläutern.

Hier drängt sich uns die Frage auf, was denn am Ende dieser Periode geleistet sein soll. Hier verschwinden uns die allgemeinen Bestimmungen immer mehr aus den Händen. Die vornehmeren Kinder werden am Ende dieser Periode in der Sprache weiter sein als die geringen, weil sie sich in einem Kreise bewegen, wo die Sprache eine größere Rolle spielt. Hat es nun Zeiten gegeben, wo dieser Unterschied nicht so allgemein war, so müssen wir fragen, womit dies zusammenhänge.

Das Volk in Athen und Rom hatte einen viel feineren Sinn für Sprachvollkommenheit als das unsrige. Diese Tatsache ist unleugbar. Denn die Theorie über die musikalische Vollkommenheit der Sprache war nur auf den mündlichen Vortrag vor der Volksmasse berechnet. Wenn nun das Volk einen so fein gebildeten Sinn hatte, ohne Ähnliches zu produzieren, so ist der Unterschied gegen uns hier so groß, dass auch schon in den Kinderjahren ein Unterschied zwischen den Alten und uns gewesen sein muss. Dieser Unterschied steht in einem nahen Zusammenhang mit dem öffentlichen Leben, denn durch die Sprache konnte man ja nur auf die Gemüter wirken. Dieses fehlt aber bei uns so gut wie ganz, und so sind wir hinter den Alten weit zurück. Der Unterschied zwischen den höheren und niederen Ständen tritt so bei uns stärker hervor als bei den Alten, wo nur die Virtuosität herrschte und einen Unterschied machte.

Wir müssen also in Bezug hierauf zwei Rücksichten nehmen, die in folgenden beiden Fragen ruhen: 1) Wie hat man in den beiden getrennten Gliedern der Gesellschaft die Erziehung einzurichten, insofern jene Differenz besteht, und 2) Wie muss man die Erziehung stellen, um jene Differenz aufzuheben?

Das Letzte ist nicht mehr rein pädagogisch, sondern trägt schon ein politisches Element in sich. Denn fragen wir, ob es wünschenswert sei, dass der Unterschied zwischen Hohen und Niedrigen bleibe, so ist dies eine politische Frage. Sie zu entscheiden, liegt nicht im Umfange unserer Untersuchung und wir müssen also einen Mittelweg einschlagen, indem wir untersuchen, wie man die Erziehung in dem einen und wie im anderen Falle einrichten müsse.

Aber auch hier ist die Antwort sehr schwierig, denn jene Differenz ist nicht als konstant denkbar, weil sie zum Bewusstsein gekommen ist. Hier können wir mit einfachen, allgemeinen Bestimmungen nicht mehr auskommen. Soll jene Differenz bleiben, so ist offenbar, dass man die Volksklassen immer mehr auf dem Gebiet des Mechanismus halten und das Intellektuelle so wenig wie möglich herausheben muss. Darin gibt es auch ganz löbliche Bestrebungen, aber diese Menschen verstehen sich selbst nicht. Man kann mit vollem Rechte die Frage aufwerfen: Wozu ist es nötig, dass das Volk lesen und schreiben lernt? Nun, von dem Standpunkte des Protestantismus aus möchte es nötig sein, die Notwendigkeit des Lesenlernens zu behaupten, aber auch nur um der Bibel willen braucht das Volk lesen zu können. Es bringt es ja doch nie so weit, dass es eine gute Rede verfolgen kann. Beides aber ist Nebensache für die intellektuelle Ausbildung, und nur der hat ein Recht zum Lesen und Schreiben, welcher eine Leichtigkeit in der Sprache hat. Durch das Lesen und Schreiben hört die Differenz zwischen den Ständen noch gar nicht auf, denn beides ist auch nur reiner Mechanismus, und man kann dadurch ebenso gut der intellektuellen Bildung entgegenarbeiten. Wo Annäherung der Stände sein soll, muss man das lebendige Verkehren in der Sprache hervorbringen, das Übrige findet sich von selbst. Wo man dagegen die Annäherung der Volksklassen verhindern will, braucht man nur den lebendigen Verkehr in der Sprache zu hindern und immerhin lesen und schreiben lassen.

43. Vorlesung (19. Februar 1821)

Weil in dieser Periode die Erziehung noch in den Händen der Familien ist, so müssen wir sagen, dass, weil in der großen Volksmasse der Sinn für die Sprache noch nicht erweckt ist, sie auch hier noch nicht leitendes Prinzip sein kann. Vom Mittelstande aus muss erst die Sprache der niederen Volksklasse mehr mitgeteilt werden, damit sie mehr Wichtigkeit gewinne. Überhaupt bildet sich erst, wenn der Erfolg der gemeinsamen Angelegenheiten vom Sprechen abhängt, die Sprache immer mehr und auch in der Jugend. Wir müssen uns daher nur an diejenigen Teile der Gesellschaft halten, wo die Sprache schon mehr kultiviert wird.

Den ersten Abschnitt in der Erziehung haben wir gemacht, wo sich das Sprachvermögen elementarisch entwickelt hat und wo das Kind sich auf seine Weise durch die Sprache verständlich macht. Was haben wir nun in dieser Periode weiter zu tun?

Die Sprache hat zwei Seiten, die wohl voneinander zu unterscheiden sind und sich aufeinander beziehen: die logische und die musikalische. Zur Letzten gehört alles, was das äußere Hervorbringen betrifft: Reinheit und Deutlichkeit und Richtigkeit der Töne und Zweckmäßigkeit der Betonung. Alles, was das Verhältnis der Gedanken unter sich betrifft, ist logisch, also alles Grammatische, das sich auf die Struktur bezieht. Das eine ist offenbar eine andere Fertigkeit als das andere. Dies ist nicht so zu verstehen, wie wenn jemand wohl einen Gedanken richtig gebildet haben, aber ihn doch unzweckmäßig vortragen könne. Das findet sich zwar, aber es ist nur eine falsche Gewöhnung. Sonst folgt stets das Musikalische dem Logischen, wenn nur Gewalt über den Organismus der Sprache da ist. Nehmen wir aber den Fall, dass jemand vortragen soll, was ein anderer gedacht hat, so ist nicht die ganze Produktion aus einem Stücke, sondern nach dem Aneignen der Gedanken hat das Musikalische eine Selbstständigkeit, und hier kann jemand richtig vortragen, was er nicht ganz gedacht und verstanden hat. Selbst bei den besten Schauspielern ist das richtige Vortragen oft nur Folge des Instinkts. Hier ist also das Richtige und Falsche gleich möglich.

Wenn wir nun in dieser Periode der Erziehung die Sprache zum allgemeinen Typus gemacht haben, so ist hier besonders ihre musikalische Seite gemeint. Wenn die Kinder häufiger und nicht mehr ganz abgebrochen sprechen, so muss man anfangen, darauf zu merken, wie sie sich dabei benehmen, und alles Unrichtige zensieren. Das Unrichtige kommt auf zweierlei hinaus, nämlich entweder darauf, dass der rechte Ton nicht getroffen wird, oder dass er nicht das rechte Maß hat. Beides liegt im Gebiete der organischen Bewegung. In jeder Sprache gibt es Töne, die ineinander übergehen und leicht miteinander verwechselt werden, weil der Unterschied in den Bewegungen der Sprachorgane ein Minimum ist; auch gibt es Einflüsse des Gemüts, die das rechte Maß verfehlen lassen. Hieraus entstehen dann schwer abzulegende Gewöhnungen, und dadurch verliert die Sprache die rein darstellende Kraft, und es entsteht ein falscher und schiefer Eindruck. Alles kommt darauf an, dies zu vermeiden.

Die Produktion der Sprache ist allemal mimisch. Jeder Mensch produziert zwar die Sprache ursprünglich, aber es ist ein Unterschied zwischen der Produktion im Allgemeinen und in einer bestimmten Sprache. Das Hineinfügen der allgemeinen Töne in die bestimmte Sprache ist nur mimisch und beruht auf dem nationalen Typus der einzelnen Sprachen. Die fremden Töne sind Folge einer feinen Eigentümlichkeit der Sprachwerkzeuge und der Nation selbst, nicht einer frühen Gewöhnung. Da nun das Kind in seiner Produktion an dasjenige gewiesen ist, was es hört, so muss man darauf merken, dass es richtig aufnehme. Unsere Sprache nun hat sich vielfach ausgebildet, aber im Kunstgebiet der Sprache ist die hochdeutsche Mundart herrschend. Denn die alemannischen und plattdeutschen Gedichte[25] werden nie volkstümlich werden, sondern sind wie die Gedichte, welche wie eine Axt oder Flasche aussehen,[26] und bilden durch-

---

25 Sowohl Johann Peter Hebels „Alemannische Gedichte" (1803) als auch Johann Wilhelm Jacob Bornemanns „Plattdeutsche Gedichte" (1810) wurden vielfach neu gedruckt.
26 Gemeint ist das aus der Antike, dem Mittelalter und besonders der Barockzeit bekannte Figurengedicht (carmen figuratum), ein „aus Versen gebildetes Gedicht,

aus keine Literatur. Wir finden aber eine gewisse Unbeholfenheit in der Sprache der Volksmasse auch in den Gegenden, die keine eigentümliche Mundart haben, und dies ist nur eine Folge des Mangels an Interesse an der Sprache selbst und eine Trägheit der Sprachorgane. Dem haben wir keine Aussicht abzuhelfen als durch einen vermehrten Umgang derjenigen Klasse, worin die Bildung ist, des Mittelstandes, mit der Volksmasse.

Unmittelbar lässt sich aber in dieser Periode der Erziehung nichts dazu tun, weil sie noch an das häusliche Leben gewiesen ist, sondern erst, wenn die öffentliche Erziehung angeht. Dann aber ist es schwer, üble Gewohnheiten abzugewöhnen, weil es zu spät ist. Aber auch die Kinder der gebildeten Klassen sind nicht außer Berührung zu setzen mit dieser Masse, worin das Unschöne der Sprache seinen Sitz hat, und es wäre auch Unrecht, diese Berührung gewaltsam zu hemmen. Wir können unsere Kinder gar nicht vom Gesinde getrennt halten. Die Mittel, dass die Mütter selbst Gesinde werden oder dass man die Kinder in einer fremden Sprache sprechen lernen und dann erst die Muttersprache erlernen lässt, sind beide unnatürlich und Leben zerstörend. Das Erste hemmt gänzlich die Annäherung der Masse an den gebildeten Kern des Volkes. Aber man muss auf ein Gegengewicht gegen den üblen Einfluss jener Berührung denken und keine Unrichtigkeit in der Sprache bei den Kindern aufkommen lassen, ohne sie auszurotten. Man muss die richtige Produktion hervorbringen und ihr über die unrichtige die Macht der Gewöhnung geben. Die Kinder müssen eine Fertigkeit im Ohre bekommen, das Falsche zu unterscheiden; sie müssen lernen, dem Ton das gehörige Maß zu geben. Dies sind die Hauptpunkte in dieser Zeit der Erziehung.

Wir kommen nun auf die Analogie zwischen der Bildung des Sprachvermögens und allem, was in der Bewegung des Lebens der Darstellung angehört. Was dies betrifft, so ist es wahr, dass, je mehr sich das Leben entfaltet, in allen Bewegungen das, dass sie einem Zwecke dienen, die Oberhand gewinnt. Tun sie das nicht, so haben sie etwas Unschönes an sich. In der Kindheit haben sie noch keinen Zweck und diesen freien Charakter müssen sie auch behalten. Man sagt bei uns gewöhnlich, man könne es jedem gemeinen Manne ansehen, ob er Soldat gewesen sei oder nicht. Dies liegt darin, dass im Soldatenwesen alle Bewegungen bestimmt einem Zwecke dienen; und hierin hat man unendlichen Tiefsinn aufgewandt. Durch das Soldatenwesen kommt ein zwar bestimmter, aber serviler Charakter in die ganze Darstellung. Hiernach müsste sich der gemeine Mann,

---

das typographisch eine Figur abbildet." (Literaturlexikon. Hg. W. Killy, Bd. 13, hg. von Volker Meid, Gütersloh 1992, S. 302–304). Schleiermachers klassizistisch strenges Urteil wird auch durch neuere Autoren (Apollinaire, Morgenstern, Jandl u. a.) in Frage gestellt.

der nicht Soldat war, besser darstellen; aber auch das ist nicht der Fall. Denn Trägheit ist das Element unsers Klimas. Beim gemeinen Mann, der nicht Soldat gewesen ist, kommt also noch das Unharmonische zur Zweckmäßigkeit, und so war oder ist die soldatische Darstellung noch eine bessere, nicht dem Ganzen nach, sondern weil es keine bessere gab. Dies geht auch bis in die höheren Stände, wo der Charakter der Geschäftsbewegung der dominierende ist. Jener liberale Charakter der Freiheit in den Bewegungen, der nur auf Darstellung gerichtet ist, muss schon in der Jugend erreicht werden.[27] Aber hier wird nichts Komödiantisches verstanden, denn eine darstellende Bewegung, die keinen anderen Zweck hat, als den Menschen angenehm zu zeigen, ist am Ende aber so servil, und dies gilt selbst von den höchsten Zirkeln. Die Bewegungen müssen aus dem Gedanken hervorgegangen sein, alle Kräfte zur Leichtigkeit der Disposition zu bringen.

Was also auf der Seite der Sprache die freie Ausbildung der Sprachwerkzeuge war, dies ist auch hier die Aufgabe in Rücksicht der freien Muskelbewegung. Insofern in der zweiten Periode die geordnete Zweckmäßigkeit angeht, muss man in dieser Periode[28] dahin arbeiten, die allgemeine Zweckmäßigkeit hervorzubringen, die nachher nicht mehr muss ausgetilgt werden können. Das Kind muss die ganze Mannigfaltigkeit aller Bewegungen richtig zu treffen lernen. Dieses ist die Basis alles Gymnastischen, insofern es in dieses Alter fällt. Von der Form, die durch bestimmte Übungen erreicht werden muss, ist hier noch nichts gesagt, sondern in dieser ersten Periode muss nur das Unrichtige abgewöhnt werden. Wie in der Sprache das Falsche auch vom Einfluss des Gemüts abhängt, so hängt auch das Unrichtige in der darstellenden Bewegung von körperlicher Beschaffenheit und Anlagen ab,[29] die man nicht vernachlässigen darf. Das Kind darf z. B. die Brust nicht eindrücken, denn das ist ein Zeichen einer fehlerhaften Beschaffenheit derselben, die durch das Vordrücken derselben gehoben[30] werden kann.

---

27 Platz (SW III/9, S. 809): „Der liberale Charakter der Darstellung wird nur hervortreten wenn die Freiheit der Bewegung nicht gefährdet wird und die Bewegungen wirklich auf die Darstellung gerichtet sind: darauf muß schon in der Jugend hingewirkt werden."
28 Lies: in der ersten Periode.
29 Platz (SW III/9, S. 810): „Das unrichtige in der darstellenden Bewegung hängt so wie das falsche in der Sprache theils von Gemüthszuständen theils von körperlichen Beschaffenheiten und Anlagen ab."
30 Lies: behoben oder aufgehoben; die vorgestreckte Brust bei zurückgenommenen Schultern war und ist eine bei Eltern, Erziehern und beim Militär beliebte Haltungskorrektur gegen die ‚eingefallene' Brust.

44. Vorlesung (20. Februar 1821)

Im Sprechen finden wir die ganze Wurzel des sittlichen Lebens und des Erkennens. Alle organischen Bewegungen gehen von einem inneren Impetus[31] aus, dem eine innere Vorstellung zum Grunde liegt. Den Kindern sind die Sprachorgane auch als etwas Chaotisches gegeben, und nur in welchem Maße sie sich in die bestimmte Sprache fügen, kommt erst Bestimmtheit in die produzierten Töne. Dasselbe kann man auf die übrigen Bewegungen der Kinder anwenden. Hierin[32] liegt nun die Wurzel der Sittlichkeit und Züchtigkeit. Wenn wir also in den Kindern den Sinn wecken, das Äußere jenem inneren Impetus gleichzusetzen, und daran Wohlgefallen zu finden, bereiten wir das sittliche Gefühl vor.

Es ist leicht vorherzusehen, dass Kinder, welche gegen die Virtuosität ihrer Produktion gleichgültig bleiben, auch gegen das Ethische gleichgültig sein werden. Ebenso ist es natürlich, dass, wenn in der Erziehung die reine Liebe herrscht, man auch alles in dem Maße beurteilt, das es in der Kindheit hat, und nicht in dem, welches es für uns hat. Es ist also Mangel an Liebe, dasjenige gering zu achten, was das Kind achtet; man sehe nur auf die Freude der Kinder bei gelungenen Bewegungen. Braucht[33] man diese Freude nicht, so verschulden nicht die Kinder ihre Stumpfsinnigkeit, sondern die Erzieher.

Auf der anderen Seite liegt hierin die Wurzel des eigentlichen Erkennens. Dies meint auch Platon, wenn er sagt, dass in jedem Denken so viel Wissenschaft sei, wie darin Mathematik sei,[34] d. h., insofern man sich über das Maß darin Rechenschaft zu geben weiß. Aufs Unterscheiden und Vergleichen, auf Identität und Gegensatz kommt alles an. Mathematik ist überall die Theorie des abstrakten Maßes, und dies ist die Basis für alles andere Erkennen, denn wir brauchen überall Zahl und Maß, um uns die Verhältnisse zu versinnlichen. Nun gibt es aber nichts Trockeneres als die mathematischen Elemente, hingegen in ihrer Ausübung nichts, was einen mehr magischen Reiz auch für die Kinder hat, sodass man sie in die mathematische Ausübung ganz vertiefen kann. Dies kommt daher, weil ihnen dadurch, was im Leben selbst wesentlich Bedingung ist, zum Bewusstsein kommt. Denn das Leben schreitet schon in der Natur auf gemessene Weise fort durch Pulsschlag und Atemzug, welches die Elemente des Lebens und Maßes sind. Aber die Trockenheit dieser Gegenstände kommt daher

---

31 Impetus: Anstoß, Impuls.
32 Lies: im Folgenden.
33 „Braucht" hier im Sinne von gebraucht oder nutzt (Göttinger Nachschrift, S. 239 und Platz, SW III/9, S. 811: „benutzt").
34 Vgl. Politeia, 7. Buch, 522b–527c.

[Besonderer Teil] 199

und entsteht dann, wenn das, was sie bezeichnen, dem Menschen noch nicht in der Praxis zum Bewusstsein gekommen ist. Denn die Praxis liegt überall der Theorie zum Grunde. Der Mensch muss alle Maßverhältnisse im Leben selbst mit Klarheit durchschauen können, dann interessiert ihn auch die Theorie, und in jenem liegt dann auch die Wurzel alles Erkennens. So ist es die richtige Fortschreitung, dass die ersten Elemente des Mathematischen in der Praxis vorangehen müssen. Aber auch hier ist diese Periode der Erziehung nur propädeutisch.

Nun müssen wir aber auch auf die logische Seite der Sprache übergehen. Das Musikalische ist als solches nur etwas Mechanisches, wenn es sich nicht auf das Verstehen gründet. Was ist nun in dieser Periode der Erziehung in Bezug auf den logischen Teil der Sprache dasjenige, was von selbst geschieht und was hinzugetan werden muss?

Die musikalische Seite kann nicht weiter geübt werden, wenn nicht das Verstehen der Sprache, das Logische, vorausgesetzt werden kann, denn sonst wird es etwas Totes. Betrachten wir die Kinder vom Spracherlernen bis zum Ende der Kinderjahre, so sehen wir, dass das Sprachvermögen eine große Evolution bewirkt. Was hier aber durch das Leben selbst geschieht, ist chaotisch. Soll man es nun dabei bewenden lassen oder das Chaotische ordnen und ergänzen?

Denken wir uns, dass die Kinder eine große Menge logischer Materialien sammeln, und wollen wir ihnen nun die Form selbst überlassen, so wird die Ergänzung des Chaotischen nur bei ausgezeichneten Talenten möglich sein. Schon das mittelmäßige Talent müsste unterstützt werden, denn sonst würde das Material zu drückend. Von selbst kommt also keine Ordnung in das Chaotische. Aber nehmen wir auch ein Maß der Selbsttätigkeit an, wodurch sich die Eindrücke verallgemeinern, so ist doch darin ein großes Übergewicht von Passivität, die man in Aktivität verwandeln muss. Freilich entwickelt sich der Mensch selbst, und die Erziehung bringt nur größere Klarheit in die eigene Entwicklung. Da erzeugt sich denn die entgegengesetzte Vorstellung von einem Maximum und Minimum der Erziehung und des Selbstüberlassens. Hierbei muss man die natürliche und künstliche Gestalt des Lebens unterscheiden. Soll man nun auch die Begriffsentwicklung sich selbst überlassen?

Betrachten wir den Menschen auf einer niederen Stufe der Bildung und in einem einfachen Zustande, so kommen wir schwer dahinter, wie weit auch bei den Erwachsenen eine gewisse Begriffsbildung zu Stande gekommen ist, und ob nicht meistens verworrene Bilder die Seele erfüllen. So befindet sich der Mensch in einem Zustande größerer Passivität und betrachtet alle seine Fertigkeiten und Ausübungen nur aus dem Gesichtspunkte des Abwehrens. Tritt ein positiver Gesichtspunkt ein, sodass die

Fähigkeiten des Menschen unter den Begriff der Kunst gebracht werden, so tritt Aktivität ein, die nur auf einer wahren Begriffsbildung beruht.

Dies klingt paradox, denn man meint, der Künstler sei auf keinen Begriff basiert. Aber dies ist ja eben jener unterste Standpunkt, wo die Praxis der Theorie vorangeht. Niemand behauptet aber wohl, dass es einen bildenden Künstler geben könne, der z. B. vom menschlichen Leibe keinen Begriff hätte. Wo wir nun im ganzen Leben den positiven Charakter der Tätigkeit, die Kunst, finden, da wird nicht mehr bloß das Bedürfnis abgewehrt, sondern da herrscht der Prozess der Begriffsbildung.

Wofür wollen wir nun den Menschen bestimmen – für Passivität oder Aktivität? Wollen wir ihn für jene bestimmen, so lassen wir die Begriffsbildung ruhen und führen die Bilder seines Inneren nur in die Tätigkeit wieder über. Wollen wir ihn für die Aktivität bestimmen, so entstehen die Fragen, ob man da der Begriffsbildung zu Hilfe kommen müsse und ob die große Masse auch emporgehoben werden solle? Das Letzte gehört in die politische Seite der Pädagogik. Nehmen wir aber unseren Standpunkt der Dinge an, so ist doch immer nur ein Teil der Nation bestimmt, sich höher zu erheben. Hier fragt sich wieder, ob das Leben so gestaltet sei, dass sich die Begriffsbildung von selbst entwickelt, oder so, dass ihr durch die Erziehung zu Hilfe gekommen werden muss.

45. Vorlesung (21. Februar 1821)

Bei dieser Untersuchung müssen wir darauf zurückgehen, dass, je mehr etwas im Menschen Selbsttätigkeit ist, desto mehr die Erziehung an das anknüpfen könne, was schon da ist. Mit den Wahrnehmungen, die auf der Rezeptivität beruhen, werden nun die Begriffe nicht gegeben, sonst würden nicht aus derselben Masse von Wahrnehmung verschiedene Systeme von Begriffen entwickelt werden können (das Volk und die Gelehrten haben einerlei Wahrnehmungen; in den verschiedenen Gegenden der Erde sind die Wahrnehmungen im Allgemeinen gleich; und doch wie verschieden die Begriffe!). Hier ist also Selbsttätigkeit nicht zu bezweifeln. Ist diese nun die einzige Genesis der Begriffe, so muss erst ihre Entwicklung abgewartet werden, und die Erziehung würde nur verderben, wenn sie ein System von Begriffen durch die Rezeptivität in den Menschen hineinbringen wollte.

Dieser Unterschied findet statt zwischen den verschiedenen Bildungsstufen in derselben menschlichen Gemeinschaft. Denn das Volk hat zwar Teil am System von Begriffen, produziert sie aber nicht selbst.

[Besonderer Teil] 201

Was ist nun der richtige Gang, den die Erziehung zur Bildung der Begriffe zu nehmen hat? Vorher müssen wir uns die Frage beantworten: Welches ist das Verhältnis der Begriffsbildung zu den sinnlichen Bildern, den allgemeinen Vorstellungen?

Die einen sind offenbar die Basis der anderen, denn nur da können sich Begriffe entwickeln, wo ein großer Vorrat von sinnlichen Bildern ist, und je größer dieser ist, desto mehr Reiz ist vorhanden, Begriffe zu bilden. Dies erhellt aus Folgendem: Die Funktion des Begriffes bildet schon den Übergang zur Wissenschaft. Nun aber finden wir selten Wissenschaft ohne eine große Erwerbung sinnlicher Bilder. Solange eine menschliche Gesellschaft auf ihre Heimat reduziert ist, ohne dass der Trieb erwacht, sich mit fremden Teilen der Erde bekannt zu machen, also ohne dass weder der historische noch der Migrationstrieb aufkeimt, solange hat sie keine Wissenschaft im doktrinellen und spekulativen Charakter.

Die Funktion der Begriffsbildung bedarf also einer großen Menge sinnlicher Bilder, und tut hierzu die Erziehung etwas, so bringt sie von innen einen Reiz hervor, dass zur Begriffsbildung übergegangen werde. Aber nun hängt es vom Inneren selbst ab, ob der Begriff sich bilde oder nicht. Setzen wir nun, es rege sich in den jungen Seelen der Begriff, so beobachten wir hier dasselbe, wie bei den ersten Versuchen der Sprache, dass nämlich etwas scheinbar Willkürliches in ihrer Begriffsbildung ist, das in der persönlichen Eigentümlichkeit und in der einseitigen Beschaffenheit des Stoffes liegt, der ihnen dargereicht wird. Erst allmählich werden sie in das um sie her allgemein geltende System von Begriffen hineingezogen. Wenn wir fragen, was denn nun der Charakter der Veränderung sei, die hierbei vorgeht, so kann man sie ansehen als eine Korrektion des Einzelnen, als eine freie Umbildung der Begriffe vonseiten des Kindes.

Dieselbe Operation können wir von einer anderen Seite betrachten. In den geltenden Begriffen einer menschlichen Gesellschaft ist eine Zusammengehörigkeit und sie bilden ein System. In den Begriffen der Kinder haben wir zwei Faktoren unterschieden, worauf die Differenz beruht. Die Begriffsbildung der Kinder hat nämlich einmal etwas Einseitiges, auf der anderen Seite wirkt dabei die eigentümliche Richtung des Geistes, und dies ist ein Typus, der in allem sein muss, was das Kind versucht. Halten wir die Korrektion dagegen, so ist der pädagogische Einfluss ein Einfluss auf die Gesetze, auf die Methode, wonach die Begriffsbildung geschieht. Diese Methode geht aufs Ganze und ist daher nicht unendlich, was sie wäre, wenn sie aufs Einzelne ginge. Auf die beiden Punkte der Herbeiführung sinnlicher Bilder und der Methode bei Unterstützung der Begriffsbildung drängt sich also die pädagogische Tätigkeit auf diesem Felde zusammen. Kann und muss nun aber wohl das, was in abstracto etwas Verschiedenes ist, in der Wirklichkeit eins und dasselbe sein? Wir wollen diese Frage beantworten, indem wir vorzüglich auf den ersten Punkt sehen, darauf nämlich, was die Erziehung tun kann, die Basis der Begriffsbildung zu vergrößern.

Aber erst wollen wir uns den Gang unserer Untersuchung wieder deutlich vor die Augen stellen. Wir wollten sehen, was in dieser Periode von selbst geschieht und was von der Erziehung geschehen muss. Hier haben wir von der Spontaneität angefangen, welche die ersten Regungen des Bildungs- und des Darstellungstriebes in der Sprache und die übrigen Bewegungen in sich fasst. Die Darstellung des Inneren geschieht durch die Sprache, deren musikalische Seite nicht von der logischen zu trennen ist. Hieran knüpft sich die Begriffsbildung, welche auf der Rezeptivität ruht, die wir vorhin liegen ließen. Wir betrachten also jetzt das, was auf der Seite der Rezeptivität von selbst geschieht und von der Erziehung in dieser Periode zu leisten ist, und werden sehen, inwiefern dies zugleich den unterstützenden und verbessernden Einfluss in der Methode der Begriffsbildung zugleich äußert.

Wie geht denn nun das Aufsammeln der sinnlichen Bilder in dieser Periode weiter? In der vorigen Periode sagten wir, das Bedeutende in der Sprache sei erreicht, wenn das Kind das Ich in Sprache und Bewusstsein aufgenommen hat. Darin liegt 1) das Beharrliche im Verhältnis zu dem Wechselnden der Wahrnehmung, und 2) das Unterscheiden der beiden Richtungen des Bewusstseins selbst, der Empfindung und des Objektiven. Erst indem sich dieses allmählich befestigt, schreitet die Bestimmtheit der sinnlichen Bilder fort. Offenbar ist es, dass in der ersten Zeit die Tätigkeit des Sinnes doch nur ein Chaos produziert und sich keine bestimmten Gegenstände sondern. Das Bestimmen des Ich ist erst der Anfangspunkt für das Bestimmen der Gegenstände. Von hier müssen wir anfangen.

Nehmen wir nun an, dass mit diesem Punkte zugleich die sinnlichen Bilder bestimmt werden und die Gegenstände sich sondern, so geht die Aufsammlung jener Bilder nur chaotisch vonstatten und es ist keine Methode in der Folge der eingesammelten Bilder.

Nun haben wir von Anfang an gesagt, dass das ganze Erziehungsgeschäft sich auf die beiden Punkte zurückführen lasse: Ordnung ins Chaotische zu bringen und das Bewusstlose zum Bewusstsein zu erheben. Hier finden wir das Chaotische im Leben selbst entstehend. Kann nun die Erziehung hier etwas tun, das Chaotische in ein Methodisches zu verwandeln?

Unmittelbar nicht. Zwar tut man es auf eine gewisse Weise in dieser Periode, indem man dem Kinde zur Ergänzung dessen, was es wahrnimmt, das Fehlende in Bildern gibt. Fängt man aber zu früh hiermit an, so schadet man nur, wie dieses einer der mehrsten³⁵ Grundsätze im Allgemeinen ist. Es ist wahr, dass man auf jenem Wege viel tun kann, die Masse der sinnlichen Bilder zu vergrößern; aber es ist nicht mehr Bereicherung der Masse als Ergänzung des Chaotischen. Sagt man entweder: „Die Kinder müssen erst ein gewisses Naturgebiet kennen, ehe man zu einem anderen fortschreitet", so wird doch dadurch das Chaotische nicht aufhören, denn im Leben selbst kann man nicht abhalten, Gestalten anderer Bilder zu gewinnen. Oder will man von den einfachen Formen zu den zusammengesetzten fortschreiten, so wird doch auch so durch das Leben das Chaotische befördert. Von jenen beiden Zwecken von Erziehung wird also auf diesem Wege keiner erreicht. Man lasse also die Bereicherung ebenso chaotisch fortgehen wie die Anschauung. Dies kann uns zum Schema für alles Ähnliche dienen. Alles, was bloße Bereicherung ist, kann nicht die Anleitung sein, das Chaotische in ein Geordnetes zu wandeln und das Unbewusste zum Bewusstsein zu bringen.

Dem Extensiven steht hier nur das Intensive entgegen, das innere Durchschauen der Bilder, und nur auf diesem Wege können die beiden Zwecke der Erziehung erreicht werden. Chaotisch vermehren sich die Bilder im Leben; aber die Auffassung ist auch etwas Chaotisches, und das Kind ist selten im rein betrachtenden Zustande, sondern es steht stets in einer Beziehung zum Gegenstande und fasst ihn nur von dieser aus einseitig auf. Hier nun steht es in der Gewalt der Erziehung, das Chaotische im Auffassen eines einzigen Gegenstandes in ein Geordnetes zu verwandeln. Und auch hier fallen beide Richtungen der Erziehung zusammen. Denn sind die Kinder nur gewöhnt, einen einzelnen Gegenstand allseitig aufzufassen, so werden sie auch geneigt sein, ein ganzes großes Gebiet ebenso methodisch aufzufassen, und so wird auch ihr Bewusstsein klarer. Dies ist die Tendenz aller Vorübungen in der Erziehung, die im Gebiete der Begriffsbildung vorangehen.

46. Vorlesung (26. Februar 1821)

Die Methode Pestalozzis in seinem Buch der Mütter³⁶ ist zu bezweifeln. Es müssen nur die Prinzipien recht gefasst werden. Wir haben gesagt: Alles Ergänzen der Masse kann auch nur chaotisch geschehen, wie sie

---

35 Lies: meisten, häufigsten.
36 Vgl. J. H. Pestalozzi: Elementar-Bücher. Buch der Mütter oder Anleitung für Mütter ihre Kinder bemerken und reden zu lehren. Heft 1. Zürich 1803. Dieses Buch befand sich in Schleiermachers Bibliothek (vgl. KGA I/15, S. 787, Nr. 1451 und S. 909, Nr. 2692).

selbst dem Kinde chaotisch wird, denn das Ordnen der Gegenstände geht schon auf die Wissenschaft, die erst später entwickelt werden kann. Sobald ein Gegenstand unter einem Verhältnisse zu einer Stimmung des Betrachtenden erscheint, so kann er nur einseitig aufgefasst werden. Das Übrige nun muss ergänzt werden. Dies kann nur dadurch geschehen, dass die Betrachtung, die eine bloß relative ist, in eine methodische verwandelt wird. Was ist aber die wahre Methode der Betrachtung und ist sie für alle Gegenstände dieselbe?

Die wahre Methode der Betrachtung ist die, dass man jeden Gegenstand in seinem natürlichen Zusammenhange auffasst, und da es hier auf die in den Gegenstand hineingehende Betrachtung abgesehen ist, so muss man dahin streben, dass die Kinder den inneren Zusammenhang der Gegenstände einsehen. Den Kindern kommen Natur- und Kunstgegenstände vor. Aber ein Kunstgegenstand ist in sich selbst auf andere Weise bestimmt als ein natürlicher, obgleich auch dieser Gegensatz nicht absolut ist, denn man kann die Natur selbst als bildende Kunst ansehen oder auch umgekehrt sagen, dass die Kunst Natur sei, weil sie diese nachahmt. Indessen werden Natur und Kunst in vielen Punkten auseinandergehen und es ist immer ein Gegensatz zwischen der Konstruktion der Natur und der Kunst. Es gibt aber eine Betrachtungsweise, die in beiden dieselbe ist und auf die Differenz der Konstruktion nicht Rücksicht nimmt, und dies ist die mechanische Betrachtungsweise, welche sich besonders an die äußere Gestalt hält. Aber besser als diese Betrachtungsweise ist die Erregung der Aufmerksamkeit auf die Konstruktionsprinzipien des Gegenstandes. Denn durch die mechanische Betrachtungsweise wird den Kindern viel Unverständliches gegeben – bloße technologische Namen. Bei Naturgegenständen muss man aber auch Vorübungen zur Physiologie anstellen und zeigen, wozu alles nötig ist. Überhaupt muss man aber den Kindern nichts beibringen, was sie nicht verstehen können.

Diese Maxime lässt sich jedoch nicht vollständig durchführen, da der Erzieher vieles selbst nicht verstehen und also auch nicht das Missverstandene mitteilen kann. Es gibt also hier ein Maximum, worauf wir keinen Anspruch machen können. Offenbar kann hier alles nur Annäherung sein, und es gibt eine zwiefache Fortschreitung: Die eine, welche aufs vollständige Verstehen geht, und die andere, welche auf das Fortschreiten im Auffassen dessen geht, was wieder für die andere Operation Problem ist. Dies geht in unserem ganzen Leben so. Es fragt sich aber: Soll man nicht die Operation so teilen, dass man das, was noch nicht verstanden werden kann, dem Leben überlässt, und nur das zu vervollkommnen sucht, was die Kinder schon aufgefasst haben? Dann müsste die Erziehung alle

Übungen unterlassen, die auf ein mechanisches Auffassen gehen, weil man dies doch oft nicht erklären könnte.

Doch dieses Verfahren würde nicht richtig sein, denn nur das Äußere lenkt den Menschen auf das Innere, und eine Gewöhnung, alle Gegenstände mechanisch ins Auge zu fassen und alle Differenzen in möglichst kurzer Zeit wahrzunehmen, ist ein Hilfsmittel, das Verstehen des inneren Zusammenhanges zu erleichtern. Alle Übungen im mechanischen Auffassen sind also gar nicht zu verwerfen, und man lasse die Kinder z. B. den menschlichen Körper mechanisch auffassen, ohne auf das Physiologische zu gehen. Aber die Auffassung darf hier keinen Sprachapparat haben, weil die Sprache nur der Begriffsbildung dienen soll. Das bloß mechanische Anschauen kann keinen anderen Zweck haben, als nur die sinnliche Anschauung zu vervollkommnen. Bloße Namen und Namenerklärung zu geben, bewirkt nur eine δοξοσοφία, und das Verstehen des Inneren wird dadurch nur gehemmt. Das Nichtverstandene muss stets als ein Nichtverstandenes bemerklich gemacht werden, was durch den bloßen Namen so wenig geschieht, dass es sogar als ein Verstandenes erscheint, denn durch jenes Verfahren wird der Reiz im Verstehen selbst befördert.

Wir müssen daher jenen mechanischen Übungen solche zugesellen, in welchen ein merkliches Verstehen ist. Zwar kann das kindliche Alter nur wenig verstehen, aber unter den Naturgegenständen gibt es doch solche, wo man schon einem Kinde das Verhältnis der Gestalt und Verrichtung auf gewisse Art zur Anschauung bringen kann. So wird in den Kindern die Wissbegierde geweckt und sie wollen dann das äußerlich Aufgefasste auch verstehen. Im bloß mechanischen Auffassen liegt keine Fortschreitungsregel, weil es nur äußerlich ist. Daraus erhellt, dass dadurch allein der Zweck dieser Übung nicht erreicht werden kann. Im organischen Auffassen liegt aber eine natürliche Fortschreitung, weil die Kinder von vornherein das Verhältnis der Gestalt zur Verrichtung auffassen können: Z. B., wenn ein Kind den menschlichen Körper erst mechanisch auffassen soll, so kann man entweder von den größeren Teilen zu den kleineren fortschreiten oder man macht einen einzelnen Hauptteil erst ganz deutlich. Beide sind verschiedene Fortschreitungen und beide sind gleich zweckmäßig. Jene mechanische Anschauung ist also willkürlich und deshalb unwesentlich.

Wir kommen nun zu der Untersuchung über die Form, welche das, was die Erziehung in dieser Periode besonders tun kann, haben müsse. Den ganzen Zeitraum der Kindheit haben wir als propädeutisch angesehen und gesagt, die Beziehung der Erziehung trete darin noch nicht auseinander. Diese Periode ist also die Periode der chaotischen Erziehung. Auf der anderen Seite geht aber nach dieser Periode die bestimmte Form der Erziehung an, wo alles, was Übung des Verstehens und Fertigkeit ist, gesondert wird. Sollen wir hier nun einen Sprung annehmen und sagen, solange, bis wir an diesen Wendepunkt kommen, soll die Erziehung chaotisch bleiben und dann mit einem Male völlig organisiert auftreten? Dann geht ja aber nachher eine gewaltige Revolution vor, welche die Quelle von großen Schwierigkeiten wird. Es scheint daher deutlich zu sein, dass wir auch hier Übergänge annehmen und sagen müssen, die Erziehung müsse hier an dasjenige anschließen, was das Leben bringt, aber auf der anderen Seite eine Vorbereitung sein auf das, was mit den Kindern nachher angefangen werden soll. Die chaotische Form muss jedoch insofern in dieser Periode vorherrschen, als man die Fähigkeit, sich anhaltend mit einem Gegenstande zu beschäftigen, bei den Kindern erst bilden muss. Aber auch hierzu muss man nur nach und nach etwas tun, indem man die Kinder auf eine Zeit lang mit einem und demselben Gegenstande sich beschäftigen lässt.

47. Vorlesung (27. Februar 1821)

Es lässt sich hierüber keine Regel geben; nur einen Fehler kann man erkennen und dann wieder auf den rechten Weg einlenken. Das Kennzeichen der verfehlten Tätigkeit ist nichts anderes als das Missbehagen der Kinder. Die absichtliche Tätigkeit des Anschauungsvermögens ist mit begriffen unter dem Gesichtspunkt der Betrachtung. Hier muss man darauf achten, wie viel ohne Überreizung geschehen kann. Weil in dieser Zeit sich die verschiedenen Richtungen und Fähigkeiten erst entwickeln, so muss man die Kinder auch als indifferent ansehen gegen die verschiedenen Gegenstände. Die Fähigkeit der Kinder, sich anzustrengen und eine gewisse Ausdauer zu haben, muss also nach allen Seiten hin ziemlich gleich sein. Nur gewisse an einzelnen Sinnen hängende Tätigkeiten sind es, wo die Differenzen größer sind und sich zeitiger entwickeln. An Auge und Ohr nun sind die Differenzen schon in den Kinderjahren entwickelt. Hat in Folge davon ein Kind gewisse Liebhabereien, denen es sich stets ergibt, so ist dies etwas Krankhaftes, das man abwenden muss. Denn in dieser Periode zeigt sich das Gesunde in der Gleichförmigkeit der Entwicklung.

Das Propädeutische ist Übergang zur folgenden Periode. Soll dieser aber plötzlich sein oder nicht? Wir haben diese Frage noch in Rücksicht auf andere Punkte zu beantworten, denn die Vorbereitung auf den Unterricht liegt in den beschriebenen Vorübungen zur Begriffsbildung. Begriffe unterscheiden sich von Bildern dadurch, dass diese sich durch Übergänge

[Besonderer Teil] 207

ineinander verlieren, jene aber durch Gegensätze voneinander geschieden sind. In den Tätigkeiten sind Richtungen ausgesprochen, und bringen wir die Gestalten in Komposition mit den Richtungen, so bereiten wir zur geistigen Tätigkeit überhaupt vor.

Wir wollen jetzt jene Frage in Bezug auf die religiöse und gesellschaftliche oder sittliche Bildung beantworten.

Bei der religiösen Bildung sind die Ansichten sehr verschieden und haben sich in verschiedenen Zeiten entgegengesetzt entwickelt. In den früheren Zeiten glaubte man, es verstehe sich von selbst, dass, wie die religiösen Empfindungen in der Sprache ausgedrückt sind, so sie auch in den Kindern durch das Verkehren mit dieser erweckt werden müssten. Mit der Sprache lernten daher die Kinder schon Sprüche, die religiösen Sinn hätten.[37] In der Folge ist eine entgegengesetzte Ansicht aufgekommen, wo man davon ausging, man müsse den Kindern nichts lehren, was sie nicht verstehen.[38] Es sei daher jenes Erlernen religiöser Sprüche etwas ganz Mechanisches, und man müsse dagegen den Kindern alles Religiöse verbergen, bis sie es verstehen könnten, damit nichts Äußerliches in sie hineinkäme, bis das lebendige Gefühl sie beseele.[39] Diese Ansicht hat lange geherrscht. Jetzt scheint man jedoch zur ersten zurückzukehren.

Wir müssen uns über das Verhältnis beider Ansichten verständigen. Was den letzten Kanon betrifft: Man soll den Kindern nichts beibringen, das sie nicht verstehen, so haben wir gesehen, dass dies nicht überall möglich ist. Vieles kommt mehr an der Leitung des Gefühls als des Verstehens

---

37 Vgl. z. B. die im Kontext des Pietismus praktizierte religiöse Bildung als Erziehung des Gemüts und des Willens (August Hermann Francke: Kurtzer und einfaeltiger Unterricht Wie die Kinder zur Wahren Gottseligkeit und Christlichen Klugheit anzuführen sind, zum Behuf Christlicher Informatorum entworffen, 1702). Der Unterricht sollte schon im Kindesalter beginnen und sich zunächst auf katechetische Unterweisung, Bibellesen und Sprücheelernen erstrecken.

38 Im Emile (S. 267) schreibt Rousseau: „Wenn ich die Dummheit in ihrer ganzen Ärgerlichkeit darstellen müßte, so würde ich einen Pedanten malen, wie er den Kindern den Katechismus beibringt." Religiöse Bildung soll Rousseau zufolge erst einsetzen, wenn der menschliche Verstand fähig ist, sie zu begreifen.

39 Vgl. die 40. Stunde der Pädagogik-Vorlesung von 1813/14: „Bildung zur Religion. Entgegengesetzte Maximen. Die eine bringt zeitig asketische Elemente in das Leben, aus der alten superstitiösen Zeit entsprossen, will die Religiosität aus der Gewöhnung entstehen lassen und ist gleichgültig, wenn etwas zurückhaltend wirkt, wie tief es gehe. Die andere, aus dem neuen Libertinismus entsprossen, will die Kinder von aller Religion entfernt halten, damit sie ihnen nicht durch Gewöhnung mechanisch werde, bis sie sie hernach verstehen können." (SW III/9, S. 659). Vgl. die Ausarbeitung dieser beiden „Maximen" in der Pädagogik-Vorlesung von 1826 (SW III/9, S. 347–355).

zum Bewusstsein. Kurz, jener Kanon ist lebenszerstörend und nicht ausführbar und also keine richtige pädagogische Regel.[40]

Auch für den Menschen im Zustande seiner Vollendung hat das Religiöse nicht dadurch seinen Wert, was wir eigentlich Verstehen nennen, sondern es knüpft sich mehr an das Gebiet der Empfindung an. Verstehen denn die Kinder wohl ihr Verhältnis zu ihren Eltern und was Gehorsam und Liebe ist? Nein, das Verstehen kommt erst später; aber sie leben darin und haben es. Das Verstehen tritt erst mit dem Sündigen ein, denn dann wird durch den Gegensatz die Reflexion gereizt. Freilich haben die Kinder im religiösen Gebiet keinen solchen Besitz, und folglich fängt die Entwicklung des Religiösen nicht mit dem Verstehen an, und also ist kein Grund vorhanden, das Nicht-verstehen-Können als Grund anzugeben, dass die religiöse Entwicklung noch nicht angehen könne. Eigentlich religiöse Zustände kommen in diesem Lebensalter noch nicht vor, und so gibt es auch keine Tätigkeit der Erziehung in Bezug auf dieses Gebiet. Aber das Religiöse erscheint den Kindern im Leben von außen her, und wo nicht, so würde es verkehrt sein, sie darauf hinzuführen. Was ist aber hier zu tun?

Mag auch in der Familie selbst das Religiöse weniger hervortreten, so ist es doch in der Sprache eingewurzelt, und kommt in dieser Sprache vor, und so kommen auch den Kindern Schattenbilder des Religiösen vor und erregen ihr Interesse in sehr hohem Grade. Dies ist überhaupt nicht leicht zu erklären und kann auch nicht auf eine und dieselbe Art bei allen Kindern erklärt werden. Besonders geschieht es, wenn sie religiöse Anlage in sich haben oder Sinn dafür, was ins Gebiet der Phantasie gehört. Soll man die Kinder nun mit allen ihren auf das Religiöse sich beziehenden Fragen abweisen?

Das würde umso verkehrter sein, je mehr das Religiöse im Leben der Familie selbst hervortritt. In diesem Maße sind es nicht bloß Wörter, die ihnen in die Ohren tönen, sondern sie bemerken den Zusammenhang zwischen der Sprache und den Gemütszuständen. Soll und kann man sie nun da abweisen oder muss man nicht vielmehr versuchen, wie weit sich das religiöse Element auch ihnen mitteilen lässt? Es heißt, ihnen wahrlich den Schlüssel zu ihrem eigenen Leben entziehen, wenn man ihnen die Gewalt des Religiösen in den Gemütern der Erwachsenen zu verbergen sucht. Dieses Extrem also trägt eine Verschuldung in sich.

---

40 Bereits in seiner dritten Rede „Über die Religion" (1799) plädiert Schleiermacher dafür, die „Sehnsucht junger Gemüther nach dem Wunderbaren und Übernatürlichen" vor der „Wuth des Verstehens" der praktischen und verständigen Menschen zu schützen. (KGA I/2, S. 252 f.).

[Besonderer Teil] 209

Verfällt man aber in das andere Extrem, sodass das Religiöse nur mechanisch wird, so kann dies auch eine Verschuldung sein, indem man den Kindern den Sinn für die Zeit verdirbt, wo sie es recht genießen können. Es ist eine natürliche Neigung des Menschen, das ihm Bedeutendste mitzuteilen und fortzupflanzen, und so wäre es auch Verschuldung gegen die Kinder, die freie Mitteilung des Wichtigsten hemmen zu wollen. Man muss also die Kinder nicht Sprüche und Gebete auswendig lernen lassen; haben aber die Kinder einen Drang dazu, so wage man es nicht, sie zu hindern, und denke, dass, was nicht auf einem Hergebrachten beruht, sondern aus einem lebendigen Interesse hervorgeht, nicht schädlich sein kann. Die Kinder werden zwar nicht verstehen, was sie nachsagen, aber doch ahnen, was in den Gemütern der Erwachsenen vorgeht, die ihnen die Sprüche vorsagen. So kann hier ein guter Grund gelegt werden.

Übrigens ist ja das Verstehen in Bezug auf Gott und Unsterblichkeit nicht einmal in uns selbst.

48. Vorlesung (5. März 1821)

Über die entgegengesetzte Ansicht, das Religiöse den Kindern zu verbergen, weil sie es nicht verstehen, ist das Allgemeine schon erklärt worden. Das Gefühl selbst lässt sich nicht abgesondert denken von einer Richtung aufs Verstehen. Es hat daher viel für sich, wenn man sagt: Immerhin mögen die Kinder das Richtige empfinden, aber man leite sie noch nicht auf das Verstehen, denn dadurch entstehe nur Veranlassung zu falschen Ansichten im Verstande, die den Skeptizismus befördern. Wir kommen nämlich nie, wenn wir unsere religiösen Zustände in Begriffe umsetzen, ohne etwas Menschenähnliches im höchsten Wesen aus.

Freilich kann man dieses bei völlig erwachten Gemütskräften auf ein Minimum reduzieren und sich bewusst werden, dass man Menschenähnliches in Gott setzt. Sobald wir uns aber diese Vermenschlichung der Gottheit auf einer niedrigeren Stufe denken, so kann man leicht dahin kommen, dass man in der Folge dieses Menschliche erkennt, sich aber nicht anders helfen kann, als dass man mit dem Menschlichen das rein Göttliche wegwirft.

So entsteht die Freigeisterei. Ebenso geht es bei den Kindern, wenn die unvollkommenen Vorstellungen von Gott in ihnen konstant und dann erkannt werden. Aber dies kann nicht erfolgen, wenn das Religiöse selbst in den Gemütern tiefere Wurzel geschlagen hat.

Die Schuld eines solchen Verderbens ist also nicht in einer frühen Mitteilung des Religiösen zu suchen, sondern darin, dass diese Mitteilung nicht tief genug gewesen ist und nachher ausgerissen wurde. Wir haben also keine Ursache, das zu frühe Eindringen des Religiösen in den Gemütern der Kinder zu verhüten, sondern nur darauf zu sehen, dass das unmittelbar Religiöse tiefere Wurzel schlage als die Vorstellungen von Gott, die sich nachher immerhin ändern mögen, wenn nur jenes bleibt. Wer dies mit unbefangenem Auge ansieht, der wird bemerken, wie das Religiöse in gewissen Kreisen auch oft auf kindische Weise wurzelt und sich doch, wenn nur das übrige Leben gesund ist, an das Sittliche so fest anhängt, dass es unverändert bleibt – selbst bei nachher veränderten Vorstellungen von der Gottheit. Sobald also die Kinder fähig sind, ein sittliches Gefühl in sich aufzunehmen, so können sie auch ein religiöses aufnehmen.

Wir kommen jetzt auf die Erziehung für die Gesellschaft. Wenn die Kinderjahre vorüber sind, so entsteht in der Erziehung eine besondere Richtung auf die Gesellschaft, welcher die Kinder angehören werden, damit sie sich auch für diese angemessen darstellen mögen. Dies ist ein an und für sich sehr schwieriger Punkt, und wir müssen uns erst den Gegenstand selbst klarmachen, um die Vorbereitung darauf im Zustande der Kindheit zu verstehen.

Das Zusammenleben der Menschen ist überhaupt auf dem geschichtlichen Gebiet der Menschheit zusammengesetzt aus dem Natürlichen und Wesentlichen auf der einen Seite und aus dem Willkürlichen und Zufälligen auf der anderen. Versetzen wir uns in Regionen, wo die Menschen Jahrhunderte lang auf einer Stelle sind, so werden wir finden, dass sie so zusammenbleiben, wie sie von Natur zusammengehören und zusammengekommen sind. In dem eigentlich geschichtlichen Gebiet aber gehen so viele störende Veränderungen vor, dass, wenn man eine große Menschenmasse ansieht, man nicht sagen kann, sie sei rein natürlich. Rein natürlich verbindet die Menschen die Sprache und die Konstitution des Menschen selbst. Aber betrachten wir ein Ganzes im geschichtlichen Gebiet, einen Staat, so weichen alle Einzelnen nach beiden Seiten hin ab. Menschen von derselben Sprache gehören nicht zum Ganzen.[41] Diese Differenz ist aber auch überall schwankend, und so finden wir, dass die Bestrebungen zum Ausdehnen und zum Konzentrieren die Gründe aller Unruhen sind.

Soll nun die Jugend zur Angemessenheit für ein solches Ganzes gebildet werden, so finden wir, es könne bei diesem schwankenden Zustande kein bestimmtes Maß und keine Formel geben. So wird unsere Aufgabe

---

41 Der (in der Göttinger Nachschrift fehlende) irritierende Satz wiederholt anscheinend nur, dass alle Einzelnen auch sprachlich voneinander abweichen und es also keine Individuen mit genau gleicher Sprache gibt.

im Ganzen schwer. Freilich geht die Erziehung für die Gesellschaft erst an, wenn die Kinderzeit vorüber ist, aber auch hier ist kein Sprung möglich und deshalb muss das Sein der Kinder für die Gesellschaft vorbereitet werden.

Dieses seiner Art und seinem Maße nach zu bestimmen, ist nun überaus schwierig. Hier drängt sich uns nun erst der Gegensatz auf zwischen den Differenzen, die im Gebiete des historischen Lebens vorkommen, und dem Zustande der Menschen, der außerhalb dieses Gebietes liegt. In der letzten Region wollen wir uns in das ganze Leben einer kleinen Gesellschaft, die stets auf derselben Stufe stehen geblieben ist, versetzen. Hier müssen wir sagen, gibt es in keinem Zeitpunkte der Erziehung irgendeinen Unterschied, sodass in dem einen Zeitpunkte mehr auf die Gesellschaft Rücksicht genommen würde als in dem anderen, denn die Gesellschaft ist ja höchst einfach.

Sehen wir aber auf die entgegengesetzte Form des menschlichen Daseins, die mehr zusammengesetzt ist, wie die unsrige, so trägt ja schon die Sprache einen bestimmten Charakter in sich. Doch trägt sie nicht den Charakter einer bestimmten Gesellschaft in sich, nicht den Charakter des Politischen, wie z. B. in Deutschland, wo eine Sprache mehrere Staaten umfasst. Hier entsteht nun die Frage, ob der Mensch für sein Volk oder für seinen Staat gebildet werden soll.

Dies ist schwer zu entscheiden. Wir sind freilich, solange Deutschland existiert, in Lösung der Aufgaben begriffen, dass jene Frage keine Alternation erhalten soll, aber sie ist noch nicht gelöst und jetzt sind wir ebenso weit von ihrer Lösung entfernt wie sonst. Es ist bedenklich, hierüber zu reden, denn die Politiker wollen den Menschen durchaus für seinen Staat bilden, denn die Einheit des Volks sei eine eingebildete und leere, und nachher werde ja der Mensch doch in den Staat hineingezogen und müsse mit ihm sein, um nicht wider ihn zu sein. Aber indem wir es gar nicht mit dem Politischen zu tun haben, sondern mit einem weit engeren Kreise, so stehen wir zugleich auf einem viel höheren Standpunkte, denn wir können den Politikern nur sagen: Ja, wenn ihr nur die politischen Einheiten festhalten könnt, bis unsere Erziehung beendigt ist, so ist das recht schön; aber wenn nun z. B. ein Kind auf der Grenze wohnt und mit abgetreten wird? Es ist also auf der einen Seite das Bestreben, das Erziehungswesen dem Staat unterzuordnen, auf der anderen, es vom Politischen so viel wie möglich zu trennen.

Solange nun der Zustand von Unsicherheit der politischen Bande dauert, solange hat auch dieser Zwist in der Pädagogik kein Ende und wir werden hier noch lange Kämpfe zu bestehen haben. Je mehr eine menschliche Gesellschaft in jenen Zustand verflochten ist, desto schwieriger ist eine Theorie über das Verhältnis der Erziehung zum Volk und Staat aufzustellen.

So ist gegenwärtig vonseiten der Politik eine Reaktion gegen das Deutschtum[42] an der Tagesordnung, und sie haben auf ihrem Standpunkte Recht, denn in dem Interesse für die Einheit des Volks geht das Interesse für die politischen Differenzen zu Grunde. Haben aber jene Recht, so haben diese doch nicht Unrecht. Die pädagogische Richtung auf das Deutschtum ist äußerst jung und erst seit der Zerstückelung und Unterdrückung Deutschlands entstanden.[43] Die Politiker fanden sie vortrefflich, und mit Recht. Nun sie aber ihren Zweck dadurch erreicht haben, ist es auch nötig, dass sie davon zurückkehren und die einzelnen Staaten bestehen lassen wollen. Aber hierin ist viel Kurzsichtiges. Denn ist dieselbe Gleichförmigkeit in allen deutschen Staaten, so wird der Partikularismus verhindert, aber das politische Band wird darum doch nicht aufgelöst, sondern nur die Leichtigkeit der Opposition gefährdet durch die Einheit der Sitte. Allein es ist zu hoffen, dass sich diese verschiedenen Ansichten endlich ausgleichen werden.

49. Vorlesung (6. März 1821)

Das meiste scheint darauf zu beruhen, wie sich Volk und Staat zueinander verhalten. Das Volkssittliche muss in jedem Hauswesen lebendig sein und so auch in den Kindern lebendig werden. Auf diese Weise gehört hierzu keine besondere Vorrichtung in dieser Periode der Erziehung. Je mehr aber Volk und Staat differieren und der Staat ein vom Volkstümlichen verschiedenes Prinzip hat, desto eher verhält sich dies anders. Wenn ein Volk in eine Mehrheit von Staaten zerfällt, ohne dass ihr eine natürliche Einteilung zum Grunde liegt, sondern es willkürlich ist, dass der Staat so wurde, wie er ist, so gestaltet sich die Frage, was der Staat in seiner Differenz vom Volkstümlichen sein könne. Im Staat und durch ihn werden immer Differenzen fixiert, die sonst nicht fixiert würden, und dies ist die

---

42 In der auf die „Karlsbader Beschlüsse" von 1819 folgenden Zeit wurde die Studenten sogar wegen ‚altdeutscher' Tracht verfolgt. Auch Schleiermacher wurde Objekt polizeilicher Maßnahmen; seine Briefe wurden beschlagnahmt und seine Vorlesungen von Spitzeln observiert. Siehe oben die Einleitung der Herausgeber.

43 Die Orientierung auf das „Deutschtum" hatte vor allem durch Johann Gottlieb Fichtes „Reden an die Deutsche Nation" (1808) einen prominenten Ausdruck erhalten. Im Angesicht der französischen Besatzung Preußens wurde die Nation zu einer ideellen Größe, welche auf dem Wege einer Nationalerziehung erreicht werden sollte.

politische Ordnung. Wenn aber außerdem der Staat different ist von der natürlichen Volkseinheit, so ist es seine Sorge, ein Zusammenhaltendes und ein Trennendes zu formieren. Sehen wir auf dieses Element, so kann nicht leicht schon in dieser Periode der Erziehung eine Veranlassung entstehen, etwas, was sich auf die politische Anordnung bezieht, hineinzubringen, denn dies ist dem kindlichen Leben fremd.

Und doch finden wir dies in gewissen Verhältnissen. Nämlich überall, wo wir im Staate das aristokratische Element dominieren finden, d. h. angeborene und angeerbte Differenzen,[44] da finden wir das Bestreben, dies so früh wie möglich in die Erziehung hineinzubilden. Es ist dies stets das Bestreben des Adels, das Bewusstsein von der politischen Standesverschiedenheit so bald wie möglich zu entwickeln. Beim ersten Anblick scheint dies unnatürlich, aber wir, die wir hier mitbeteiligt sind, können nicht unparteiisch darüber urteilen. Wir müssen uns auf die Mitte zu stellen suchen, um zu sehen, was in diesem Punkte der Erziehung obliegt. Diese Differenzen können im kindlichen Alter noch nicht verstanden werden, das Bewusstsein davon kann nichts innerlich Lebendiges sein, sondern es wird nur mechanisch erreicht und kann auch nur eine mechanische Haltung haben durch das Gefühl der Bedeutung, die auf die mechanische Seite gelegt wird. Auf diese Weise ist es ein störendes Element in der Erziehung und wir können ganz frei fragen, ob es nicht besser wäre, dies von der Jugend entfernt zu halten, und ob sich nicht nachher doch dieses Verhältnis lebendig machen ließe. Die Erfahrung zeigt, dass dies ohne Schaden geschehen kann. Wo jene Hineinbildung schon früh geschieht, da geschieht sie entweder aus einer unbefangenen und unbewussten Lebensweise, aus einem Gefühl von innerer Notwendigkeit, das auf einer wirklichen Trennung der verschiedenen politischen Zweige beruht. Dies geschah vor 30 oder 40 Jahren und war in der Ordnung der Dinge.

Dasselbe kann aber auch unter anderen Verhältnissen vorkommen, wenn die politischen Differenzen wankend geworden sind und man nach Befestigungsmitteln sucht. Dann will man die künftige Generation recht früh in das Bewusstsein des Standes hineinzwängen. Dann wird aber etwas Verschrobenes daraus und es entwickelt sich eine starke Opposition,

---

44 Bei der Diskussion der Frage: „Ist jeder Mensch fähig auf gleiche Weise wie der andere in Staat Kirche etc. einzutreten, oder nicht? und ist jeder Mensch einer gleichen Bildung zur Individualität fähig wie der andere, oder nicht?" unterscheidet Schleiermacher in der Pädagogik-Vorlesung 1813/14 die „aristokratische Ansicht" von der „demokratischen Ansicht", die vom Gleichheitsgrundsatz ausgeht (SW III/9, S. 593 ff.). Vgl. dazu auch die Vorlesung von 1826 (SW III/9, besonders S. 53–70).

wie jetzt. Hier ist die Erziehung aus politischen Prinzipien zu bestimmen und muss dahin sehen, dass die Differenz der Stände nicht so bald zum Bewusstsein kommt.

Wenn wir von diesem Prinzip ausgehen, so müssen wir sagen, dass in die Periode der Kindheit nichts gehört, was die Entwicklung der Sitte positiv angeht, und dass sie sich vom Leben selbst in die Kinder hinüberbilden muss. Dasselbe gilt vom eigentlich Sittlichen und Moralischen, denn dieses ist auch nicht überall und zu allen Zeiten dasselbe, sondern auch hier gibt es eine Differenz zwischen dem Natürlichen und Volkstümlichen und dem Historischen und Willkürlichen.

Dies ist die Antwort auf die Frage vom Propädeutischen zur zweiten Periode der Erziehung, wo die Bildung für Religion, Erkenntnis und das gesellschaftliche Leben in bestimmten Formen vorkommt. Wir gehen jetzt über zur

Zweiten Periode der Erziehung selbst.

Wir wollen einiges Allgemeine voranschicken. Die Erziehung in der Periode der Kinderjahre ist wesentlich häuslich und deshalb sind darin die Geschlechter noch nicht voneinander getrennt. Am Ende der Erziehung finden wir die Geschlechter verschieden ausgebildet und auch nachher einen anderen Lebensweg einschlagend. Folglich muss auch die Erziehung auseinandergehen.

Diese Differenz der auseinandergehenden Erziehung der Geschlechter ist aber nicht in allen Teilen der Gesellschaft gleich stark und die Erziehung braucht auch nicht in allen Teilen der Gesellschaft zu gleicher Zeit auseinanderzugehen. Unter uns ist der Zustand folgender: In der Erziehung der Volksmasse finden wir, dass auch nach vollendeten Kinderjahren beide Geschlechter nicht voneinander getrennt werden, wogegen in den gebildeteren Teilen der Gesellschaft dies bald geschieht, natürlich nicht im häuslichen Leben, sondern wie sich die Erziehung jedes Geschlechts besonders gestaltet.

Nun entsteht die Frage: Hat dies einen Grad von Allgemeingültigkeit und worauf beruht es? Die eigentliche Volksmasse unterscheidet sich aber darin, dass die Geschlechter in ihrer Lebensweise nicht weit voneinander gehen und ihre Beschäftigungen gleichmäßig teilen. Weiber ersetzen die Stelle der Männer im Arbeiten. Dies muss aber auch einen inneren Grund haben und dieser ist, dass die Geschlechtsdifferenz in der Masse nicht so heraustritt wie in den gebildeten Teilen eines Volkes. Sehen wir auf die große Masse, so finden wir weniger, dass man eigentümliche Ansprüche

[Besonderer Teil] 215

an das eine oder das andere Geschlecht macht, oder dem einen gewisse
Fehler mehr zur Last legt als dem anderen.

Nun kommt es darauf an, wie in den öffentlichen Institutionen der
Unterschied zwischen der Masse und dem gebildeten Teil eines Volkes
anerkannt ist, und danach wird auch die Erziehung verschieden gestaltet
sein können.

Hierzu kommt noch das Bedürfnis: Der Apparat zur Erziehung kann
in der Masse nicht so zusammengesetzt sein wie in den gebildeten Teilen
der Gesellschaft. Man sieht dies gewöhnlich so an, als müsse das Volk
seine Kinder bald zum Erwerb anhalten und deshalb die Erziehung derselben schneller beendigen. Dies wäre ein beklagenswerter Zustand. Sehen
wir aber darauf, dass man recht viel von allgemeiner Bildung in das Volk
hineinzubringen sucht und doch dadurch wenig Vorzügliches und Löbliches bewirkt wird, so müssen wir daraus abnehmen, dass die Bildungsfähigkeit selbst im Volke geringer und kein Verlangen nach einer ausgebreiteten Bildung da ist. So wird durch den Mangel dieses Verlangens und
durch jene äußerlichen Umstände, welche die rasche Vollendung der Erziehung notwendig machen, diese weniger umfassend.

Denkt man nun daran, dass in den höheren Ständen mehr und länger
erzogen wird, so entsteht die Frage, ob die erste Stufe der Erziehung von
Kindern aus den höheren Ständen mit den Kindern des Volkes gleich
oder verschieden sein soll? Auch hier hängt viel vom Politischen ab.

50. Vorlesung (7. März 1821)

Die ganze Ansicht vom Leben ist bei den untern Ständen nicht so verzweigt wie bei den höheren. Dieselbe Differenz der Stände findet bei der
religiösen Bildung statt. Auch die religiösen Empfindungen in der großen
Masse sind weniger fein gespalten; sie fasst nur die Hauptpunkte in die
Augen und vieles erscheint ihr mehr mechanisch oder wird von ihr gänzlich ignoriert. Dieser Unterschied der Bildung nach den Ständen geht also
durch das ganze Gebiet der Erziehung und folglich ist die Frage allgemein,
ob bei der Erziehung auf die Differenz zwischen den Ständen überhaupt
Rücksicht genommen werden soll.

Ehe wir zur Beantwortung dieser Frage schreiten können, müssen wir
noch mehreres vorausnehmen. Es ist offenbar, dass jene Frage in praxi
nicht vorkommt, wo die Erziehung nur Privatsache ist. Denn denken wir
uns, dass die Erziehung in der einzelnen Familie fortgesetzt wird, so hat

jeder nur diejenige Form von vorn an im Auge, in welche die Erziehung[45] übergehen soll, und unter diesen Umständen wird die Jugend der gebildeten Stände anders erzogen werden als die Jugend aus dem Volke. Grenze wird nur die natürliche Entwicklung selbst sein. Die Volkserziehung hat auch kein Interesse, sich hier der Erziehung der höheren Stände zu nähern, denn sie befördert die Jugend so bald wie möglich ins tätige Leben.

Es ist also nur die Voraussetzung der öffentlichen Erziehung, welche die Antwort auf jene Frage nötig macht. Um sie zu beantworten, müssen wir auf die darin enthaltene Frage eingehen: Was werden die Wirkungen sein, die in der öffentlichen Erziehung aus dem einen oder dem anderen System entstehen können, wenn man beide in ihrer Schärfe einander entgegensetzt? Auch diese Frage kann jetzt noch nicht beantwortet werden, sondern wir wollen vorher sehen, auf welche Prinzipien die Antwort darauf sich stützt. Die eine Ansicht ist, der Unterschied der Bildung der Stände müsse so zeitig wie möglich eintreten, die andere, es müsse solange wie möglich die Gleichförmigkeit fortgesetzt werden.

Der Sinn der letzten Ansicht ist die größte Opposition gegen eine spezielle Bildung. Denn will man die Jugend aus allen Ständen so lange wie möglich zusammen behandeln, so liegt darin nichts anderes, als dass man sie sehr spät in einen besonderen Gesichtskreis eintreten lassen wolle. Die andere Art, jene Frage zu beantworten, hat das Entgegengesetzte im Sinn und will die spezielle Bildung erweitern und alles darauf richten. Hieraus geht noch eine andere Ansicht der Differenz zwischen beiden Ansichten hervor. Denken wir uns nämlich das eine als eine höhere Bildung, so werden bei einer verschiedenen Erziehung der Jugend der verschiedenen Stände die zu den niederen Ständen Gehörenden von jener höheren Bildung ausgeschlossen. Der zweiten Ansicht liegt also das ausschließende Prinzip zum Grunde und die Beschleunigung der Erziehung auf das Spezielle hin und der ausschließende Charakter sind identisch. Das Letzte ist wieder etwas, das ins Politische hinübergreift.

Doch können wir hier noch einen rein pädagogischen Entscheidungspunkt finden. Dieser Punkt entdeckt sich, wenn wir auf den Gegensatz zwischen dem Formellen und Materiellen in der Erziehung Rücksicht nehmen, welcher Gegensatz von allgemeiner Geltung auf dem religiösen und gesellschaftlichen Gebiet ist. Wenn wir die verschiedenen Punkte der Erziehung von materieller Seite betrachten, z. B. die Menge der Kenntnisse und die verschiedenen Empfindungsweisen, so kommt die Sache so zu stehen: Wenn man die Jugend der verschiedenen Stände gleichförmig behandelt, so bekommt der eine etwas in sein Leben, das ihm nichts nützt,

---

45 Statt „Erziehung" Platz (SW III/9, S. 358): „Jugend".

und der andere kommt dabei zu kurz. Z. B. die Kenntnis mehrerer Sprachen, deren Anfangsgründe zeitig beigebracht werden müssen, bedarf die Volksmasse nicht, müsste sie aber, damit die Jugend nicht getrennt würde, mitlernen. Von materieller Seite betrachtet ist dies verkehrt, denn der andere hätte mehr bekommen gekonnt in der Zeit, welche mit dem Unterricht einer größeren Masse hingeht. Ebenso ist es in der gesellschaftlichen Erziehung. Aus diesem Gesichtspunkte muss man also für die Sonderung sein. Aber dies ist ein einseitiger Gesichtspunkt, der nur gelten könnte, wenn man so zeitig zu bestimmen im Stande wäre, in welches Gebiet des Lebens der Einzelne gehört.

Je mehr man aber glaubt, dies durchaus nicht zeitig bestimmen zu können, desto mehr ist das Interesse der Gesellschaft dahin gerichtet, diese Sonderung zu verhüten, bis man beurteilen kann, wozu der Einzelne sich passt.

Es gibt aber noch einen anderen Gesichtspunkt. Man sagt nämlich: Das Materielle ist überhaupt nur untergeordnet und die Hauptsache ist das Formelle, die Leichtigkeit, welche in gewissen Operationen erworben wird, und auch dies geht durch alle Gebiete der Erziehung. Der so gebildete Mensch kann immer in ein verschiedenes Material geworfen werden und er wird es sich doch zu unterwerfen wissen. Die Bestimmung des Einzelnen im Leben beruht aber auf dem Materiale. Ist nun aber die Erziehung rechter Art, sodass das Materielle nur um des Formellen willen da ist, so wird der Einzelne dieses zugleich erreicht haben, und dann wird es gleich sein, ob er das Material aufgefasst oder nicht, und die Übung im Formalen wird ihm stets die Auffassung des Materialen erleichtern. Je mehr man also das Materiale vorwalten lässt, desto mehr wird die Erziehung etwas Mechanisches, denn durch die Erziehung soll nur das Leben des Menschen herausgebildet und die verschiedenen Funktionen des Geistes sollen zur Einheit gebildet werden. Auf diese Weise muss das Materielle dem Formellen untergeordnet werden. So haben wir eine rein pädagogische Formel zur Entscheidung jener Frage gefunden, nämlich insoweit man allem Materiale einen eigentümlichen formellen Zweck geben kann, der durch nichts anderes besser erreicht wird, so braucht man nicht zu berücksichtigen, inwiefern der Mensch das Materiale brauchen kann oder nicht, wenn er nur das Formale im Leben ebenso gut brauchen kann. Freilich ist jene Frage nicht bestimmt zu beantworten, und die Praxis wird auch der Theorie nie folgen, und politische Rücksichten werden immer auf die Behandlung dieses Teils der Erziehung Einfluss haben.

Mit dieser unbestimmten Vorstellung von dem, was im gemeinsamen Leben nach beendigten Kinderjahren geschieht, müssen wir nun zur Behandlung der Erziehung selbst in ihren verschiedenen Zweigen übergehen. Vorher müssen wir uns noch im Allgemeinen aus einer Anschauung von dem Anfangs- und Endpunkt dasjenige, was zwischen beiden liegt, konstruieren.

Der Anfangspunkt ist ein ziemlich gemeinsamer. Nach beendigten Kinderjahren sind noch keine großen Differenzen im Menschen herausgebildet. Der Endpunkt der Erziehung ist aber gar nicht derselbe, denn diejenigen, welche erzogen werden sollen, teilen sich in zwei Klassen. Die Erziehung der einen ist in zwei Entwicklungsperioden zerspalten, die Erziehung der anderen ist mit der ersten beendigt. Wir nehmen aber an, wir wüssten nicht, ob der Zögling von der einen oder der anderen Art ist, sondern das sollte sich erst im Verlauf der Erziehung entwickeln. Nun fragt es sich, ob diese Annahme im Allgemeinen richtig sei, und da findet sich, dass dies wirklich sehr verschieden ist, denn bei uns ist hier ein großer Unterschied zwischen den städtischen und ländlichen Verhältnissen, obgleich der niedrige Grad der ersten Klasse mit der letzten gleich ungebildet sein mag. Es gehört wirklich ein Wunder dazu, wenn sich aus dem Landvolk einer entwickelt, der in die höheren Kreise übergeht, und auf diese seltenen Fälle ist hier nicht Rücksicht zu nehmen, weil wir vom Allgemeinen reden. Dagegen ist es ganz anders in den städtischen Lebensverhältnissen, weil diese sich sehr berühren und es hier häufig geschieht, dass sich einer aus der niederen Klasse in die höhere erhebt. Hier muss also schon eine verschiedene Behandlungsweise angehen und die Erziehung für die Städtebewohner anders sein als für das Landvolk. Bei jener tritt die Gefahr ein, dass bei zu zeitiger Sonderung eine Menge aufkeimender Talente unterdrückt werden könnte, und auch nur bei ihnen ist es wahr, dass sie manches Material nicht mögen brauchen können, und es ihnen nur in Rücksicht auf das dadurch erlangte Formale nützt. Es findet also ein Unterschied statt zwischen der Erziehung der Städter und des Landvolks.

51. Vorlesung (9. März 1821)

Wir müssen noch ferner auf das Gemeinsame in der Erziehung eher sehen, als wir auf das Besondere kommen. Das Sittliche kann vom Materiellen nicht getrennt sein, und es ist also nicht möglich, ohne Übereinstimmung mit den Wirkungen des Lebens den Menschen zur Sittlichkeit überhaupt zu erziehen. Die mächtigsten sittlichen Motive, z. B. das Freiheits- und Ehrgefühl, verhalten sich in dem einen Volke ganz anders zueinander als beim anderen, und es gibt daher keine allgemeine sittliche

Erziehung, sondern sie muss sich stets dem Volk und Zeitalter anschmiegen.

Aber hier tritt wieder das Verhältnis des Volkstümlichen zum Geschichtlichen oder Politischen ein. Geht die Erziehung von der Familie aus, so muss in einem Volke der nationale sittliche Charakter in jeder Familie sein und sich in der Erziehung reproduzieren. Das Politische hingegen ist nicht so tief eingreifend in jedes Hauswesen; es ist das, was der Jugend fremd bleibt, bis sie sich den Verzweigungen, welche die politische Gestaltung des Volks hervorgebracht hat, nähert. So muss die sittliche Erziehung gleich beginnen, aber die Beziehung des Politischen kann erst später eintreten.

Hier fragt sich zuerst, wie wir uns den Zweck der Erziehung in diesem Gebiete zu konstruieren haben, und dann müssten wir sehen, inwiefern daraus die Methode, zu diesem Zwecke zu gelangen, hervorgeht. Was den Anteil betrifft, den der Einzelne an der Aufgabe des gemeinsamen Lebens nimmt, dasjenige, was sich auf Kultur bezieht, so haben wir's damit hier nicht zu tun, sondern mit der Art, wie er sich selbst bestimmen soll, damit seine Handlungsweise im Allgemeinen in Übereinstimmung mit dem Ganzen sei.

Jedes gemeinsame Leben, z. B. eines Volkes, besteht nur, wenn ein Trieb auf dasselbe in allen Einzelnen ist, welcher das Gemeingefühl oder die Vaterlandsliebe ist. Dies ist der Punkt der Gesinnung und der erste Teil unserer Aufgabe, dass der Einzelne mit einem starken Gemeingefühl ins gemeinsame Leben trete. Der zweite Punkt ist, dass ein solches gemeinsames Leben nur ist, insofern die Tätigkeiten der Einzelnen zusammenstimmen und sich nicht etwa aufheben. Hier kommt es auf ein bestimmtes Verhältnis an, in welchem der Einzelne gegen die anderen Einzelnen stehen soll. Indem alle zusammen das Ganze bilden, so scheint doch der eine die anderen zu beschränken, insofern der Einzelne sich in der Abstraktion für sich hingestellt ansieht, und es kommt hier darauf an, entweder dass der Einzelne nie in diese Abstraktion komme, oder dass dieses Beschränktsein etwas ist, wozu er seine Einwilligung gibt. In diesen beiden Punkten zusammen ist die ganze sittliche Aufgabe gefasst.

Aber nun haben wir in Bezug auf den zweiten schon eine doppelte Auflösung, und es fragt sich, welche von beiden die richtige sei. Das, was hier als Abstraktion aufgestellt ist, ist nichts anderes, als was wir sonst wohl das Gefühl der persönlichen Freiheit nennen. Können wir nun sagen, dass es unter gewissen Umständen gut ist, wenn der Mensch zu diesem Gefühl gar nicht kommt, unter anderen wieder gut, dass er dazu kommt, oder unter allen Umständen gut, dass er dazu kommt oder dass nicht?

Der Einzelne kann sich seiner nur bewusst sein, inwiefern er sich seiner freien Tätigkeit bewusst ist, und so ist dies eine notwendige Basis, ohne welche es kein Gemeingefühl geben kann. Im Zustande der geselligen Unschuld ist keiner durch den anderen beschränkt, aber dieser Zustand ist nie vorhanden, sondern nur ein Punkt, von dem alle Menschen ausgehen und wonach sie hinstreben, ohne ihn zu erreichen. Der Mensch im Naturstande oder vielmehr im vorbürgerlichen mag jene Unschuld haben, darin ist das ganze Beisammensein instinktartig, aber auch ohne Gegensätze, und keiner hat das Gefühl einer Unbeschränktheit, denn keiner ist Obrigkeit oder Untertan, und so kann der Schein einer Beschränkung nie entstehen. Aber dies ist eigentlich gar kein Zeitverlauf. Wenn wir uns auf der anderen Seite die bürgerliche Gestaltung im höchsten Grade der Vollendung denken, sodass jeder seine natürliche Stelle findet, worauf er sich wohl befindet, dann wird wieder der Schein der Beschränkung aufhören; aber hierhin gelangen die Menschen wieder nicht. Zwischen beiden Punkten aber muss der Schein der Beschränkung eintreten, weil der Fall nicht denkbar ist, dass jeder über seine Stelle zum Ganzen dasselbe Gefühl hat wie alle anderen.

Soll man nun sagen, es sei in gewissen Fällen gut, dass dieser Schein der Beschränkung nicht ins Bewusstsein kommt? Ja, wenn nur einige kein Gefühl vom unvollkommenen Zustande des Ganzen hätten. Der Mangel dieses Gefühls kann aber nie gut sein, weil sonst der Zustand der Gesellschaft nie vollkommen würde. So also kann es nie gut sein, dass dieser Schein der Beschränkung und das Gefühl der persönlichen Freiheit, verbunden mit dem Bewusstsein der Beschränkung derselben, nicht entsteht. Durch die Erziehung muss aber dieses Gefühl so geleitet werden, dass der Einzelne doch jenen Zustand sich gefallen lässt. Hierin ist die Totalität der sittlichen Aufgabe ausgesprochen. Aber auch der zweite Punkt (des Handelns) lässt sich auf den ersten reduzieren. Warum soll sich der Mensch den beschränkten Zustand gefallen lassen?

Weil er Verbesserung wirken kann durch das Gemeingefühl. Wir können uns unsere Aufgabe auch so ausdrücken: Der Mensch, wenn seine Erziehung vollendet ist, soll gelernt haben, frei sein und gehorsam sein. Denn das Letzte ist eigentlich, sich die persönliche Beschränkung gefallen lassen. Frei muss er sein, wenn das gemeinsame Leben aus ihm selbst hervorgehen soll, denn sonst ist er nur ein Werkzeug, das von anderen getrieben und angestoßen werden muss.

Nun wollen wir versuchen, die Methode zu finden, um dies zu erreichen. Wir müssen hier an das Resultat der bisherigen Betrachtungen anknüpfen. Solange der Mensch in den Kinderjahren nur in dem Hauswesen lebt, so bedarf er in der ersten Zeit nicht des Gehorsams. Zwar ist auch da schon eine Art von Gehorsam vorhanden, aber er ist nicht von derjenigen Art wie derjenige, welcher ins gemeinsame Leben gehört, wenn der Mensch vollendet erzogen ist. Im Hauswesen darf eigentlich kein gesetzlicher Zustand sein, sondern hier tritt das belebende Prinzip nur auf unter der Gestalt eines herrschenden Willens.[46] In der großen Gestaltung des gemeinsamen Lebens aber soll das Gesetz der herrschende Wille sein, und ehe dies nicht der Fall ist, existiert gar kein bürgerlicher Zustand. Denn, wo die Regel herrscht, ist nur eine erweiterte Familie und noch kein gemeinsames Leben. Wo ein Organismus ist, muss das Gesetz herrschen, und wo gesetzliche Formen sind, da verrät der herrschende Wille das Misstrauen in sich selbst. Die Erziehung kann also nicht in der Familie allein vollendet werden.

Dies erhellt auch aus der Differenz der Geschlechter. Das weibliche Geschlecht nimmt keinen Anteil am bürgerlichen Leben, und also tritt bei ihm die Notwendigkeit nicht ein, sich unter das Gesetz zu fügen. Davon zeigt sich aber als Folge, dass es ihm an Gehorsam fehlt. Denn den inneren Respekt vor Gesetz und Recht haben die Weiber nicht.

Beim Mann würde aber dieser Mangel das Leben zerstören, und daher kann die männliche Jugend nicht stets in der Familie erzogen werden. Öffentliche Erziehung und wahrhaft bürgerliche Erziehung treffen auch in der Geschichte stets zusammen. Für die gesellschaftliche Erziehung ist also die Aufgabe diese, die männliche Jugend in Verhältnisse zu bringen, wo sich der Gegensatz von Gehorsam und Freiheit entwickeln muss, und in der Zeit der Jugend schon die ganze große Form des Lebens repräsentiert. Hier ist aber wieder kein plötzlicher Übergang vom herrschenden Willen im häuslichen Leben unter das Gesetz tunlich, und als eine solche Mischung von beiden Elementen erscheint auch die ganze öffentliche Erziehung.

52. Vorlesung (12. März 1821)

Gesetzt, die Erziehung bliebe immer im häuslichen Leben, so würde doch der Gehorsam zurück- und ein Gefühl von Gleichheit hervortreten, welches der Ehrfurcht keinen Abbruch tut. Gehorsam ist nur da, wo die Gewalt wirkt, ohne vorhergegangene Überzeugung. Wenn nun im Ganzen oder in einzelnen Teilen der Erziehung andere an die Stelle der Eltern treten, so haben sie nicht die natürliche Autorität für sich, sondern müs-

---

46 Diesterweg 1835, S. 11: „unter der Gestalt des (gemeinsamen) herrschenden Willens".

sen sie sich erst erwerben. Wenn wir nun fragen, was hier Ersatz gibt, so müssen wir die verschiedenen Fälle untersuchen. Je weniger in der Gesellschaft das Individuelle heraustritt, desto weniger ist jene Aufgabe schwierig. Denn, wenn das Individuelle vorherrscht, so ist der Einzelne Repräsentant der Gemeinheit[47] und desto leichter kann der eine die Stelle des anderen vertreten. Überhaupt aber ist es umso schwieriger, sich jene Autorität zu verschaffen, je mehr die Jugend auf dem Punkte steht, wo die väterliche Autorität noch vorherrschen sollte. Wo nun das Individuelle vorherrscht, da ist die Erwerbung der Autorität sehr schwierig, und doch ist diejenige Form des Staates, wo das Individuelle vorherrscht, die vollkommenere. Hier entsteht wieder obige Frage: was hier Ersatz gewähren soll? Es ist hier ein anderes, wenn der Einzelne nur einen gewissen Teil der Erziehung für sich hat oder wenn er im Ganzen an die Stelle der Eltern treten soll. In jenem Fall ist es viel leichter, sich Autorität zu verschaffen, denn da kann es wahrgenommen werden, dass eine besondere Virtuosität sehr hilfreich ist. Aber schwieriger ist es, wenn das Ganze der Erziehung in andere Hände übergeht als ein Ganzes, sodass die natürliche Autorität ersetzt werden soll. Da kann dieser Ersatz nur geschehen durch die möglichst größte Annäherung an das ursprüngliche natürliche Verhältnis, durch Nachbildung der elterlichen Sorgfalt und Liebe.

Was das Entgegengesetzte, den Gegensatz zwischen Beschränkung und Freiheit, betrifft, so kommt es hier 1) auf das Verhältnis der beiden Glieder gegeneinander an, in welchem Maße jedes herausgearbeitet und in welchem Maße der Zögling in die Beschränkung gewöhnt und die Freiheit in ihm entwickelt werden soll, und 2) dann auf die Form, wodurch dies geleistet werden soll.

Über das Erste können keine allgemeine Vorschriften gegeben werden, weil das künftige Leben nach der Erziehung darüber entscheidet. Was das andere betrifft, wie beides, die Entwicklung der Freiheit und die Gewöhnung in die Beschränkung, zu erreichen ist, so ist dies rein pädagogisch, wo eine bestimmte Technik hervortreten muss. Hier müssen wir von der Betrachtung des Lebens, das die Erziehung vorbereiten soll, ausgehen, und hier stellen sich uns zwei Gesichtspunkte dar.

1) Die Beschränkung erscheint als die Bedingung der Freiheit. Sollten die Menschen zusammenleben, so kann jeder nur einen gewissen freien Spielraum haben, indem die anderen durch ihn beschränkt sind. Aber dieser Gesichtspunkt, allein und einseitig gefasst, geht auf die Zerstörung des gemeinsamen Lebens aus, weil jeder das Maximum der Freiheit zu erhalten suchen wird. Was ist denn aber das Positive, welches der negati-

---

47 Gemeinheit: Gemeinschaft.

ven Beschränkung zum Grunde liegt, und was ist das Negative der Freiheit, die uns positiv erscheint? Dass die Beschränkung die Bedingung eines gemeinsamen Lebens ist, dies ist das Positive.

Dieses entsteht nur durch die Selbsttätigkeit der Einzelnen; diese ist bedingt durch die Freiheit des Einzelnen; das Resultat des gemeinsamen Lebens ist aber dasjenige, um dessentwillen die persönliche Freiheit nötig ist, und also ist hier die persönliche Freiheit die Bedingung des gemeinsamen Lebens. Daher kann auch z. B. in Despotien kein gemeinsames Leben aufkommen. Die Freiheit des Einzelnen an sich erscheint aber auf der anderen Seite als etwas Geringes in Bezug auf das große gemeinsame Leben, und so ist wieder Beschränkung Bedingung der persönlichen Freiheit, und diese ist wieder Bedingung dessen, wozu die Beschränkung führt, des gemeinsamen Lebens. Wird die Beschränkung ertragen als Bedingung der Freiheit, so wird sie nicht gewollt; sie muss aber freiwillig ertragen werden in Bezug auf das gemeinsame Leben.

Dieses Allgemeine wollen wir nun auf die Erziehung anwenden und für sie allgemeine Maximen finden. Die Hauptpunkte sind: Die fortschreitende Entwicklung der persönlichen Freiheit zu leiten und die Bedingungen, unter denen allein ein organisches Zusammenleben bestehen kann, beliebt zu machen, sodass der Einzelne mit seinem Willen hineingeht. Es müssen sich vor ihm die Resultate einer größeren Gemeinschaft entwickeln und er muss sie lieben lernen. Wir sehen beständig, und es ist eine bestimmte Erfahrung, dass es leicht ist, sobald die Jugend in Massen beisammen ist, den Organismus des Beisammenseins in jedem lebendig zu machen, mag die Form auch streng sein, wenn nur Liebe für dasjenige vorhanden ist, was unter dieser Form geschieht. Wo dies nicht ist, da lebt man nur unter unsicheren Kunststücken.

In der Erziehung ist es in diesem Punkt ebenso wie im freien Leben selbst und kann auch nicht anders sein. Zwar kann auch hier durch große persönliche Zuneigung viel erreicht werden auch ohne lebendiges Interesse am Gegenstand; aber dies ist etwas Ungewisses, weil das persönliche Verhältnis immer mehr verschwinden soll, denn in der künftigen Lebenszeit käme ja doch dieses Verhältnis nicht wieder.

Ebenso verhält es sich 2) mit der Leitung der persönlichen Freiheit. Diese ist auch nicht sicher hervorzubringen, als inwiefern Tätigkeiten zum Grunde liegen, in denen sich die Freiheit manifestiert, und es wird leicht sein, die Freiheit zu leiten, wenn Interesse an den Tätigkeiten vorhanden ist.

Das Gefühl von Freiheit manifestiert sich nur in der Produktivität und ist zerstörend, wenn eine falsche Produktivität an die Stelle der geforderten tritt. Die Untätigkeit ist absoluter Mangel der Freiheit, und hier nähert sich der Mensch dem Mechanischen. Da muss denn das Selbstgefühl lebendig gemacht werden. Wo eine falsche Produktivität entsteht, bedarf sie einer Leitung. Die Produktivität schweift in der Jugend sehr leicht aus; doch kann dies nur bei einem Mangel an Interesse für den Gegenstand oder bei einem Mangel an Verteilung der Gegenstände geschehen. Diesen Mängeln muss man abhelfen, denn alle anderen Mittel zur Belebung der Produktivität sind in sich selbst verkehrt und nachteilig.

Weder Belohnungen noch Strafen noch fremdartige Reize können in der Produktivität etwas hervorbringen. Denn indem es hier auf Leitung der freien Tätigkeit ankommt, so kann die Hervorbringung eines knechtischen Zustandes, d. i. Strafe, nie das rechte Mittel dazu sein.[48] Mit den Belohnungen verhält es sich ebenso, denn die freie Tätigkeit, dies Höchste, erscheint dann nur als das Mittel zur Belohnung. Überhaupt kann sich in beiden Fällen die Tätigkeit[49] nicht einpflanzen, sondern entsteht schon als etwas Totes.

53. Vorlesung (13. März 1821)

Es kommt hier alles an auf Erregung eines Interesses 1) an demjenigen, was überhaupt das Motivierende und zugleich das Resultat ist, und 2) an dem Zusammenleben und ein lebendiges Gefühl davon, wie durch das Zusammenwirken weit mehr geleistet wird als durch die Kräfte der Einzelnen. Durch andere Mittel wird das organische Leben nicht erreicht, und hier sehen wir auch, worauf es beruht, dass, sobald die Jugend aus der Familie heraustritt, irgendein anderer die Stelle der Eltern ersetzen könne. Er muss nämlich fähig sein, ein solches Interesse zu erregen und als Mittelpunkt eines solchen Zusammenlebens sich realiter darstellen.

Alle anderen pädagogischen Kunststücke sind Notbehelf und Flickwerk. Indem aber einer sich darstellt als einen solchen Mittelpunkt eines Zusammenlebens, wodurch das Dasein und die Tätigkeit gesteigert wird, so tritt er gegen die Jugend als eine lebendige Macht auf und schützt dadurch zugleich seine eigene Autorität, indem er ein Interesse am Zusammenleben erregt. Er ist zugleich eine wohltätige Macht, indem er das Leben der Jugend dadurch erhöht und steigert. Die natürliche Autorität geht im Wesentlichen von den Eltern aus. Die Autorität der Eltern ist stets eine wohltätige, da das Leben der Kinder auf allen Seiten von ihnen abhängt

---

48 Platz (SW III/9, S. 543): „Indem es hier auf Leitung der freien Thätigkeit ankommt, so kann die Strafe und die Belohnung nur einen knechtischen Zustand hervorrufen."
49 Diesterweg 1835, S. 15: „die lebendige Thätigkeit".

und sie als dasselbe befördernd erscheinen. Bei dem, der ihre Stelle vertritt, muss das Resultat zu Hilfe kommen. Es ist nicht zu erkennen, dass die eigentlichen Motive, durch welche eine solche übertragene Autorität sich geltend macht, nicht überall dieselben sind, und das gibt der sittlichen Erziehung ein verschiedenes Kolorit.[50]

Das Interesse, das in der Jugend erregt werden soll, setzt ein Interesse in demjenigen voraus, der als Mittelpunkt ihres Lebens auftritt, aber es braucht nicht gerade dasselbe zu sein. Erstlich kann es ein reines Interesse der Liebe sein, der Freude am kindlichen Leben. Dies ist das, was am unmittelbarsten jeden in die Nähe der Eltern bringt. Dann ist kein Unterschied, als dass das Interesse in den Eltern an die Persönlichkeit gebunden ist. Das Interesse in den anderen aber heftet sich an die Jugend überhaupt und besonders an diejenigen, zu denen der Erzieher geführt wird. Dann aber kann man sich denken ein Interesse an gewissen Gegenständen, an bestimmten Zweigen der menschlichen Tätigkeit, welches er auf die Jugend fortzupflanzen sich bemüht. Ein Drittes kann das eigentlich Technische, Methodische sein, welches weder auf die Jugend selbst gerichtet ist, noch auch an den Gegenständen haftet, sondern an der Kunst der Behandlung, der eigentlichen pädagogischen Virtuosität. Dieses Letzte wird ein rein Allgemeines sein, und insofern dem Ersten nahe kommen; aber es ist in sich doch ein anderes. Das Verhältnis wird sich in jedem dieser Fälle etwas anders gestalten.

Was soll denn nun in diesem Ineinandersein von Leitung des Freiheitsgefühls und Bewirkung des Gehorsams eigentlich bewirkt werden? Auf den rechten Standpunkt gestellt, erscheint beides als eines und beides wird durch dasselbe erreicht. Hier müssen wir überall ausgehen vom Gesichtspunkte des geselligen Lebens, dem Zusammensein. Indem wir aber das Zusammenleben bilden sollen, so muss auch etwas dadurch bewirkt werden, durch die zusammentreffende und übereinstimmende Tätigkeit. Dabei ist nun die erste Aufgabe, dass die Jugend gewöhnt werde, irgendetwas zu einer bestimmten Zeit und während derselben mit einer gewissen Beharrlichkeit zu verrichten.

Dies bezieht sich nicht auf den Unterricht allein, sondern trifft alle Zweige des Lebens. Für das ganze Leben ist es höchst nachteilig, wenn der Mensch nicht eine bestimmte Herrschaft über sich selbst in dieser Beziehung hat; nur in ihr kann er sich frei fühlen, sonst hat er immer das Gefühl der Abhängigkeit. Auch ist dies immer der wesentlichste Nachteil

---

50 Göttinger Nachschrift, S. 82v: „Die eigentlichen Motive, worauf die übertragene Autorität beruht sind allenthalben dieselben." Platz (SW III/9, S. 543): „Die übertragene Autorität kann aber durch verschiedene Motive sich geltend machen, und das giebt der sittlichen Erziehung ihr verschiedenes Colorit."

der bloß häuslichen Erziehung. In der Familie darf das Gesetz nicht herrschen. Zwar muss man sich nicht „zur bösen Stunde quälen", aber das hat nur Wahrheit für eine gewisse Beschäftigung, die nicht in der Gewalt des menschlichen Willens steht, und Goethe hat die Produktivität der Kunst im Auge gehabt bei jenem Ausspruch.[51] Dies ist seiner Natur nach isoliert, in dem Maße aber, als etwas in die gemeinschaftliche Produktivität fällt, ist es auch nötig, sich an solche Freiheit zu gewöhnen, etwas zu einer bestimmten Zeit tun zu können. Das Gegenteil davon ist Fehler der Erziehung.

Bei der weiblichen Jugend[52] fordern wir dies nicht; eher muss man umgekehrt sie gewöhnen, sich in jedem Augenblick ohne Unbequemlichkeit unterbrechen zu können, denn sie ist für das häusliche Leben bestimmt, in dem nicht das strenge Gesetz walten kann und das auch aus lauter kleinen Einzelheiten zusammengesetzt ist. Aber der Mann, der zu einem größeren Umkreis seiner Tätigkeit berufen ist, da liegt es in der Natur der Sache, dass sich alles an eine gewisse Zeit bindet, wenn nicht allgemeine Unordnung entstehen soll. Diese Freiheit also muss sich jeder erwerben, wodurch er allein ein lebendiges Glied des Ganzen sein kann. Dieser höchst wichtige Punkt fällt ebenso sehr in das Gebiet des Gehorsams als der Freiheit. Das Unterworfensein unter allerlei Launen muss der Mensch als Abhängigkeit und das Fügen in die gesellige Ordnung als Freiheit fühlen und dieses Gefühl muss in der Jugend erregt werden.

Der zweite Punkt von gleicher Wichtigkeit ist der, dass jeder gewöhnt werde, mit anderen zusammenzuwirken, ohne ein persönliches Interesse an ihnen zu haben. Denn sobald die Jugend in ein größeres gemeinsames Leben eintritt, so sind im Augenblicke des Eintritts die Elemente einander relativ fremd, aber das Zusammenwirken muss mit diesem Augenblick da sein, abgesehen von allem persönlichen Interesse. Entstehen soll allerdings ein solches und wird auch immer entstehen, da es der Natur angemessen ist, aber darin, dass es sich erst entwickeln muss, liegt schon die Indikation, dass das Zusammenwirken nie vom persönlichen Interesse abhängig gemacht werden darf; und wenn man dieses versäumt, so tut man der Erziehung einen wesentlichen Schaden; sonst kommt die Willkür und Laune wieder in das gemeinsame Leben. Die Abstufungen des persönlichen Interesses müssen unabhängig sein vom Zusammenwirken. Nur so wird die persönliche Freiheit erhalten.

---

51 Ein solches Zitat Goethes ließ sich nicht auffinden, doch ist seine Auffassung von der mühelosen, geschenkhaften künstlerischen Produktion bekannt, wohingegen Schiller sich auch zu böser Stunde quälen musste.
52 Statt „Jugend" in der Nachschrift: „Erziehung".

[Besonderer Teil] 227

Das Leben in der Erziehung ist die Vorbereitung zum Leben in der Freiheit. Was in dem einen notwendig ist, muss in dem anderen auch gelten. Wodurch dieses möglich gemacht und vorbereitet wird: Dies ist eine wichtige, aber schwierige Aufgabe. Auf der einen Seite muss man die Entwicklung des persönlichen Interesses begünstigen, auf der anderen Seite aber nicht das Zusammenwirken davon abhängig werden lassen. Mit Freiheit muss der Mensch auch mit solchen, die er nicht liebt, zusammenwirken können.

Neben der positiven Seite kommt nun auch die negative in Betrachtung. Mit dem persönlichen Interesse entwickelt sich auch etwas Abstoßendes, eine Antipathie. Das eine ist nicht ohne das andere; aber es ist auch nicht zu leugnen, dass Antipathien sich von selbst entwickeln, wenngleich sie untergeordnet sind. Wie sind nun diese zu behandeln? Wenn etwas rein Natürliches in dieser Erscheinung liegt, so muss man sie ebenso walten lassen wie das persönliche Interesse, nur einmal in der Unterordnung unter das Gemeingefühl und zweitens in der Unabhängigkeit vom Zusammenwirken. Dies Letzte wird als reine Entwicklung der Freiheit erscheinen. Auch in diesen dunklen Naturverhältnissen muss die Kraft des Willens aufrecht erhalten werden, und dies wird der Fall sein, sobald das Interesse am Gemeinsamen das Herrschende ist.

Fassen wir dies nun in eine allgemeine Formel zusammen, so stellt sie uns den vollständigen Kanon der sittlichen Seite der Erziehung dar, dass nämlich im Zusammenwirken zu irgendeinem rein menschlichen Zweck die persönliche Zuneigung und Abneigung zwar frei entwickelt werde, aber stets in der Unterordnung bleibe. Wir dürfen dies nun auf die persönliche Selbstliebe beziehen, so haben wir den ersten Punkt darunter gefasst.

54. Vorlesung (14. März 1821)

Alle anderen Motive zur Hervorbringung eines sittlichen Zustandes außer den angeführten sind selbst unsittlich, worunter auch die Beziehung auf Glückseligkeit gemeint ist. Auch das Prinzip der Ehre ist unsozial und unsittlich, in welchem Sinne es gewöhnlich verstanden wird. Sagt man: Die Ehre ist die gute Meinung anderer von Einzelnen und ist ein großes Gut, so ist dies wahr. Aber wo ist die Meinung anderer über den Einzelnen anzutreffen? Doch nicht in den Einzelnen, sondern es gibt nur insofern eine Ehre, als es eine Organisation der öffentlichen Meinung gibt, und insofern kann sie auch in die Erziehung gebracht werden, jedoch nicht als Motiv. Wenn die öffentliche Meinung sich gegen dich ausspricht, so musst du etwas gefehlt haben, und dann musst du mit deinem Gewissen zu Rate gehen. Sie ist zwar auch dem Irrtum unterworfen, aber doch unparteiischer als der Einzelne gegen sich.

Es muss daher unter der Jugend auch eine Organisation der öffentlichen Meinung geben und diese muss sich vor dem eigenen Gewissen des Einzelnen bestätigen. Aber nimmt man die Sache wie gewöhnlich, dass der Einzelne die Elemente der öffentlichen Meinung aus anderen heraussuchen und sie selbst sich konstruieren soll, so ist dies verkehrt. Es gibt nur eine öffentliche Meinung von Wert für den Einzelnen, nämlich wenn sie sich frei entwickeln kann und nicht von ihm erzwungen wird. Spricht sie sich vorteilhaft für ihn aus, so kann er mit Wahrscheinlichkeit glauben, dass er dem Geiste des Ganzen gemäß, dem er angehört, handelt. Will aber der Einzelne durch Überredung oder Gewalt die öffentliche Meinung für sich erzwingen, so hat sie keine Gewalt und keinen Wert mehr, und die Sache wird auf den Kopf gestellt. Was für die Erziehung hieraus hervorgeht, ist Folgendes:

Man muss durch den ganzen Gang der Erziehung die Reizbarkeit des Gefühls für die einzelnen Elemente der öffentlichen Meinung mehr abzustumpfen als zu erhöhen suchen, nicht um das Ehrgefühl zu schwächen, sondern um den Gegenstand desselben rein zu erhalten. Alle Selbsthilfe in Bezug auf Kränkungen Einzelner gegen Einzelne darf nicht gestattet werden. Denn wenn auch in einem Zusammenleben dadurch ein richtiger Gang der öffentlichen Meinung zu erreichen wäre, so wird doch auf diese Weise das Ganze aufgehoben. Auf diesem Gebiet verhält es sich ebenso wie im bürgerlichen Leben, denn auch hier ist das größte Verderben das Missverstehen des Ehrgefühls und so muss es auch in der Erziehung richtig geleitet werden. Nichts ist verkehrter, als wenn im geselligen Zusammenleben der Jugend der Einzelne zur Selbsthilfe aufgefordert und diese organisiert wird.[53]

Dies ist nur eine Analogie mit dem gemeinen Zustande, und hier müsste die Erziehung selbst eine andere Gestaltung der Dinge hervorbringen. Ja, wenn wir uns eine bedeutende Energie des Einzelnen für das Gemeinleben denken, so ist dazu die erste Bedingung, dass er unrichtige Urteile zu verachten wissen muss, wenn er nur in seinem eigenen Gefühl über dieselben sicher ist. Wenn wir uns eine solche Geringschätzung falscher Urteile nicht denken, so können die Erbärmlichsten der Gesellschaft die anderen im besten Wirken aufhalten. Daher hat auch jenes Prinzip der

---

53 Göttinger Nachschrift, S. 83v: „Es ist nichts verkehrter, als daß in neueren Zeiten die Jugend ordentlich zur Rächung der Kränkungen, die einer dem anderen zubereitet hat, aufgefordert wird."

Selbsthilfe nie da aufkommen gekonnt, wo es ein kräftiges gemeinsames Leben gegeben hat, denn hier fühlt man die Verderblichkeit jener Ansicht am meisten. Wo sie minder oder gar nicht gefühlt wird, da ist man in einem gewissen Naturzustande, und hier ist auch nicht Ehrgefühl das wirkende Prinzip, sondern ein Halten auf Unverletzlichkeit, die man erhalten zu müssen glaubt. Wo aber ein gemeinsames Leben in einem großen Stil zusammengekommen ist, da finden wir jenes Prinzip weit weniger herrschend.

Je größer nun der Abstand der zu erziehenden Jugend von den Erziehern ist, desto mehr müssen diese die Organe des Gemeingefühls sein und aussprechen, wie sich der Einzelne gegen das Ganze verhält. Es ist ein Verderben, wenn die Jugend unter sich einen anderen Maßstab für sittlichen Wert hat als die Erzieher, und diesem Übel muss man zuvorkommen durch freie Entwicklung der öffentlichen Meinung in der Jugend und in den Erziehern.

Wo aber Selbsthilfe ist, da wird die Verletzbarkeit des Einzelnen durch den Einzelnen gesteigert, und so kann keine öffentliche Meinung zu Stande kommen. Selbsthilfe darf im pädagogischen Leben nicht organisiert, ja nicht einmal toleriert, sondern muss durch das Prinzip der wahren Freiheit besiegt werden. Und dies ist nicht schwer. Denn jener Zustand ist ein knechtischer, worin die Besten den Schlechtesten unterworfen werden können. Warum toleriert aber der Staat die Selbsthilfe? Weil er das rechte Freiheitsgefühl nicht weckt. Sobald nur im Menschen das Übergewicht der tätigen Zustände über die leidentlichen erweckt ist, so fällt die Selbsthilfe weg und die wahre Freiheit erscheint.

Nun wollen wir mehr ins Spezielle gehen. Dieses Prinzip der Freiheit im richtigen Verhältnisse des Einzelnen zum Ganzen ist das allgemeine Sozialprinzip, worauf alle Entwicklung beruht; es ist der Exponent in der geselligen Entwicklung, aber auch an und für sich unbestimmt und in jedem geselligen Zustande anders modifiziert. Denn das Gefühl des Menschen schließt sich stets an das Gegebene an, und hier muss man die Fortschreitung anknüpfen. Wollte hier jemand sagen: In unserer Verfassung hat der Mensch keine unbedingte Freiheit, und da kann man ihn leicht durch die Erziehung in eine Richtung bringen, die er nachher nicht verfolgen kann: So ist dies eine leere Besorgnis, denn kein Mensch kann sagen, in welcher Form das Maximum von Freiheit des Einzelnen als eines organischen Teiles des Ganzen sei. Hier kann man weder die verschiedenen Formen der bürgerlichen Gesellschaft vergleichen noch sagen: Da, wo die bestehende Form am besten verwaltet wird. Dem Menschen wird also im rechten Freiheitsgefühl kein Ideal gegeben, das ihn feindselig gegen das

Leben macht, denn die Freiheit des Einzelnen ist ja nicht unbedingt, sondern nur gesichert in seiner Verbindung mit dem Ganzen.

Die Erziehung muss nun aber nicht allein für den vorhandenen Zustand der Gesellschaft erziehen, sondern auch für einen besseren. Wird nun das Ehrgefühl zum sittlichen Prinzip gemacht, so hindert dies am meisten das Besserwerden, denn es setzt etwas Bestehendes voraus, ohne einen Keim des Vollkommenen zu haben. Je mehr man also am Bestehenden hält, desto mehr herrscht das Prinzip der Ehre. Dies besteht aus dem Übergang zum Folgenden.

Das Freiheitsgefühl ist also das Sozialprinzip. Aber denken wir uns die Erziehung fortgehend bis zu dem Punkte, wo der Einzelne in die Gesellschaft als ein tätiges Glied derselben eingehen soll, so wird er auf diesem Punkte vom gegebenen bürgerlichen Zustande ergriffen. Dies wäre ein großer Sprung, und doch darf auch hier kein Sprung sein. Wie weit darf man also dem jedesmaligen positiven Zustand der Gesellschaft auf die Erziehung selbst einen Einfluss gestatten?

Hier finden wir in praxi zwei entgegengesetzte Maximen. Die eine spricht aus: Man soll die ganze Verschiedenheit der politischen Verhältnisse und Stände schon in die Erziehung hineinbringen; die andere: Man soll diese Differenz in der Erziehung ganz ignorieren. Am besten betrachten wir zuerst, wie es um diese beiden Extreme steht.

Das Erste führt ganz von der Idee eines Zusammenlebens der Jugend im großen Sinn ab, denn es ist dann nur ein Übel, wenn die Jugend verschiedener Stände zusammen vereint ist. Konsequenterweise müssen aber auch die Lehrer von demselben Stande sein, von welchem die zu bildende Jugend ist. Dieses Verfahren schlägt aber ins Kastenwesen um und hat nicht die Wirkung, dass die politischen Differenzen erhalten werden, sondern die einzelnen Teile der Gesellschaft werden auf diese Weise immer mehr voneinander entfernt. Jenes Prinzip ist das Prinzip einer Anarchie, obgleich es den umgekehrten Anschein hat.

Das zweite Prinzip ist das, die politischen Differenzen zu ignorieren. Dies ist aber nur in dem Maße möglich, wenn man die Jugend von allen geselligen Beziehungen entfernt halten kann. Allein, was geschieht für das Gemeinwesen, wenn die Jugend, welche die politischen Differenzen ignoriert hat, dann in dieselben hineingeworfen wird? Dieses Ignorieren wird überhaupt nur in den Mittelstufen der Gesellschaft möglich sein, gibt aber auch hier einen nachteiligen Sprung.

Beide Extreme können also nicht befolgt werden, wenn sie nicht die bürgerliche Gesellschaft unmittelbar begünstigt.

55. Vorlesung (16. März 1821)

Im Familienleben spiegelt sich stets der bürgerliche Zustand ab, also auch das Bewusstsein der politischen Differenzen, welches also auch in der Jugend nie ganz verschwinden kann. Jedes Zusammenleben der Jugend besteht aus verschiedenen Elementen, und auch aus solchen, die sich dem politischen Leben nähern, und diese wirken auch auf die Jugend, ohne dass man dies hemmen kann. In allen Zuständen einer bestimmten Tätigkeit, auch im Spiel, kann eine bestimmte Berücksichtigung der bürgerlichen Differenzen nur störend sein. Insofern eine Ahnung von den bürgerlichen Differenzen in die Jugend kommt, kann sie sich nur auf die Jugend untereinander beziehen, darf aber nie auf ihr Verhältnis zum Lehrer Einfluss haben. Dieser muss ihr in absoluter Ranglosigkeit erscheinen und das muss von allen Erwachsenen gelten, welche in der Erziehung irgendeine leitende Stellung haben. Wenn es der Jugend auch nur einfallen kann, dass die, die ihre Erziehung leiten, in der Gesellschaft in einem untergeordneten Verhältnis stehen, so ist die Autorität tot.

Freilich ließe sich eine andere Rücksicht gegen das hier Gesagte aufstellen, nämlich dass die Jugend in dieser Zeit in den Staat selbst hineingebildet werden soll, dass ihr der Staat also nichts Fremdes sein darf und dass ihr, je mehr sie sich dem Ende der Erziehung nähert, desto mehr das bürgerliche Leben vergegenwärtigt werden muss. Das erste Eintreten in die bürgerliche Gesellschaft ist aber stets ein untergeordnetes, und so kann derjenige, der in sie tritt, ohne Schaden als ein Neuling hineintreten; und man kann eher auf dieser Seite mehr tun als auf der anderen. Der politische oder bürgerliche Zustand darf nicht einmal der Jugend besonders vergegenwärtigt werden, denn ihr darf in der Erziehung nichts vorgehalten werden, als damit sie es erkenne oder damit es ein Gegenstand ihrer Tätigkeit werde. Hält man der Jugend nun den Zustand der bürgerlichen Gesellschaft vor, so kann sie dabei keines von beiden, denn sie kann nicht einmal die Verhältnisse derselben schon genau fassen, geschweige denn handelnd auftreten, und man vermehrt nur die Anmaßungen der Jugend durch ein solches Vorhalten. Auch ist dies gegen das allgemeine sittliche Prinzip, denn wenn das Freiheitsgefühl in einer großen Gemeinschaft erweckt werden soll, so kann dies nur geschehen, indem der Wille auch von unten auf dient und bei dem Verstande in die Schule geht, wie es denn höchst verderblich ist, wenn man dem Menschen eher einen Willen zumutet, als er desselben fähig ist.

Ein solches Entfernthalten der Jugend von dem Bewusstsein der Differenzen in der Gesellschaft findet aber in der jetzigen Gestaltung des Lebens ein großes Hindernis. Wir sind hier von einem Extrem ins andere gegangen, von gänzlicher Abgeschnittenheit der Jugend vom Treiben der Erwachsenen zu einer zu großen Teilnahme derselben an demselben, und so wie durch das Erste Jugend und Alter trocken gemacht wurden, so geschieht es durch das Letzte, dass die Erwachsenen in eine Art der Abhängigkeit von der Jugend kommen und in dieser eine gewisse Anregung genährt wird. Die Jugend hört jetzt viel zu viel von dem, was die Erwachsenen bewegt. Dies kann nur durch ein großes Zusammenleben der Jugend verhindert und nur dadurch kann sie vom Politischen geschieden werden.

Wenn wir das Zusammenleben der Jugend aus dem nationalen Gesichtspunkte betrachten, so finden wir Bildungsplätze derselben, wo auf die Nationalität nicht Rücksicht genommen wird, besonders wo Nationalitäten zusammenstoßen. Ein Prinzip für solche Anstalten ist der Kosmopolitismus, welcher z. B. in den Philanthropinen das Nationale unterdrückte, aber von kurzer Dauer war.[54] Es gibt noch ein Prinzip für dergleichen: Wenn nämlich eine Nation überhaupt in ihrer Kultur von anderen abhängig ist und noch keine technische Bildung für die Erziehung hat. Ein drittes Prinzip kann die Sitte im äußeren Sinn sein, welche ein zusammenhaltendes Prinzip ist. Auch hier sind zwei Extreme gegeben, von denen das eine die Vernachlässigung aller Sitte in der Erziehung ist. Dieses gründet sich auf die Ansicht, dass die Sitte etwas Gemachtes ist, was keinen inneren Zusammenhang hat, der also auch der Jugend nicht anschaulich gemacht werden kann und was man ihr ersparen soll, bis sie selbst sich darin fügen muss. Freilich wohl – wenn nur die Sitte etwas willkürlich Gemachtes wäre!

Das andere Extrem ist eine große Sorgfalt für die Anbildung der Sitte. Die Maxime hierbei ist, auch die politischen Differenzen in die Jugend hineinzubilden. Man meint: Eben weil dies Sache der Gewohnheit ist, so kann man es nicht zeitig genug zur Gewohnheit machen, damit sich die Jugend den Eintritt ins Leben überhaupt erleichtere. Bei den Franzosen ist dies eigentümlich klassisch geworden, denn bei ihnen wird unterrichtet

---

54 Reinhold Bernhard Jachmann, der erste Schulleiter des reformpädagogischen Conradinums in Jenkau, und Wilhelm von Humboldt verstanden das Nationale als etwas über die Ständegesellschaft Hinausweisendes, das an Sprache, zum Beispiel die Deutsche Sprache, zurückgebunden ist. National bedeutet also nicht nationalistisch und stand auch nicht im Gegensatz zum Kosmopolitismus, den sie auf die Vielheit der Nationen und deren geselligen und kulturellen Verkehr gründeten. Demgegenüber überwiegt bei den Philanthropen zuweilen ein reiner Kosmopolitismus, der an eine Einheitsstruktur von Aufklärung anknüpft und das Problem der Transformation bestehender Kulturen überspringt. – Zum Dessauer Philanthropin und den weiteren Versuchsschulen zur Zeit der pädagogischen Aufklärung und des Neuhumanismus vgl. Benner, Kemper (²2003), S. 85–242.

nach den principes d'honnêteté chrétienne & civile.[55] Uns ist eine solche Zusammenwerfung nicht natürlich, und daher bestehen bei uns die Extreme nebeneinander.

Jene Voraussetzung, dass die Sitte etwas Gemachtes sei, ist falsch. Vieles zwar in unseren Gebräuchen ist Konvenienz[56], aber dieses sind nur Einzelheiten. Man muss sich vielmehr die ganze Sache im Zusammenhange in Anschauung bringen, und da hat die äußere Sitte wohl einen Grund, denn sie ist die äußere Erscheinung der geselligen Richtung, die davon ausgeht, wenn zwei Menschen zusammentreffen, das Interesse des einen dem Interesse des anderen gleichzusetzen, was nicht anders geschehen kann, als wenn der eine dem anderen ein unmerkliches Übergewicht zuerkennt. Hier kann aber das Wesentliche und Natürliche von dem Korrumpierten wohl unterschieden werden und dies zu bewirken, ist das zu leitende Zusammenleben der Jugend wichtig. Man darf die Sitte nicht vernachlässigen, denn sonst wird der Mensch roh, sondern sie muss in natürlicher Einfalt gepflegt werden.

Wir wollen nun die Differenz der Erziehung der Volksmasse und der gebildeten Stände betrachten. Die ganze Erziehung hat den Zweck, Gehorsam und Freiheit in der Identität darzustellen und dieser Zweck muss überall derselbe sein. Es ist nur eine verkehrte Ansicht, wenn man sagen wollte, die Volksmasse müsse nur zum Gehorsam gebildet werden und nicht zur Freiheit. Diese Maxime wird durch keinen bürgerlichen Zustand begünstigt, sondern kann nur vom Vorurteil eines Teils der bürgerlichen Gesellschaft herrühren. Hält man es für gefährlich, im Volke das selbstständige Bewusstsein in dem oben angegebenen Sinne zu entwickeln, so will man die Masse nur als Maschine, nicht als lebendigen Teil des Ganzen behandeln.

Dies kann aber nicht der Vorteil der Gesellschaft sein. Der Gehorsam wird auch im Volke durch Erweckung der Freiheit durchaus nicht unterdrückt werden, denn der Gegensatz zwischen Gebieten und Gehorsam geht durch alle Teile der Gesellschaft. Nur in einem korrumpierten Zu-

---

55 Buchtitel wie „Conduite pour la bienséance civile et chrétienne, recueillie de plusieurs auteurs, à l'usage des écoles chrétiennes" (Rouen 1776) sind im 18. und 19. Jahrhundert vielfach nachweisbar. – Im französischen Republikanismus sieht etwa Michel Lepeletiers „Plan einer Nationalerziehung" von 1794 die Einordnung der individuellen Interessen und Leidenschaften unter das Gemeinwohl vor, erzieherisch vermittelt über eine Art ‚Zivilreligion', welche die Nation als Einheit über Alles stellt. Im Gegensatz zu Condorcet weist Lepeletier nicht der Rationalität, sondern der Gewohnheit eine zentrale Rolle in der Erziehung zu, weshalb die Nationalerziehung für ihn auch so früh wie möglich – im Alter von fünf Jahren – einsetzen soll (vgl. Alt 1949 und Hellekamps 1997, S. 61–106).
56 Konvenienz: Übereinkunft.

stande lässt sich der Argwohn bei dieser Maxime rechtfertigen, sonst nicht. Ebenso braucht hier keine differente Behandlung bei Berücksichtigung der politischen Differenzen einzutreten, denn bei der Masse ist die Jugend stets aus einer und derselben Sphäre. Dasselbe gilt von der Bildung der persönlichen Sitte, des geselligen Lebens, obgleich da freilich die Formen verschieden sind; doch von diesen haben wir auch oben nicht gehandelt.

Wird nach diesen Prinzipien verfahren und ist in der Jugend ein unverdorbenes Material da, so kann es keine Reibungen geben, die eine außerordentliche Behandlung erforderten. Da aber jene beiden Vordersätze in der Praxis nicht realisiert werden können, so entsteht die Frage: Wie haben wir sittliche Abweichungen im Zusammenleben der Jugend zu behandeln und abzuwehren?

56. Vorlesung (19. März 1821)

Eigentliche Strafen sind hier nie anwendbar, denn sie beruhen auf dem Sinnlichen, dem Mangel alles Sittlichen, und können daher nicht bessern. Außer dem häuslichen Kreise sind sie wohl anwendbar, bis die sittlichen Motive hervorgerufen sind. Sie müssen berechnet sein auf die besondere Natur des störend wirkenden Sinnlichen und auf das reine Bedürfnis des Ganzen. Das Sinnliche und Leidenschaftliche trägt in den verschiedenen Perioden der Jugend einen verschiedenen Charakter, weshalb verschiedene Modifikationen der Strafe erforderlich sind und es barbarisch ist, wenn der Gang der Strafen dem natürlichen Entwicklungsgange nicht folgt; das Körperliche der Strafen muss zurücktreten, sobald ein gewisser Entwicklungspunkt und eine gewisse Abhärtung des Körpers da ist, denn sollten sie dann noch wirken, so wäre der abhärtende Teil der Erziehung nicht gelungen. Wie kann aber die sittliche Entwicklung, wenn sie zurückbleibt, ergänzt und ihr nachgeholfen werden?

Hier ist keine andere Erweckung möglich als die reine Mitteilung, sodass die Leitenden auf die Geleiteten wirken. Sittlichkeit in denen, welche die Jugend leiten, und die natürliche Äußerung derselben in ihnen ist nötig. So tritt hier also das Pädagogische zurück, und es wird auf das Leben selbst gewiesen. Was ist nun die natürliche Äußerung des Sittlichen gegen das Unsittliche?

Alles, was eine abwehrende und zurückdrängende Tendenz hat, ist nur gegen den Ausbruch des Unsittlichen und die Oberfläche gerichtet und dringt nicht ins Innere. Das Natürliche in jedem, dem das Unsittliche erscheint, ist der sittliche Unwillen, und je stärker dieser ist, desto mehr wird das sittliche Gefühl die Sittlichkeit erregen. Hier dürfen wir aber nicht isolieren das sittliche Gefühl der die Erziehung Leitenden von dem sittlichen Gefühl derer, die erzogen werden sollen, denn das gibt einen bedenklichen Zustand, indem, sobald nicht der Charakter der Gemeinschaft des sittlichen Gefühls da ist, die ganz falsche Ansicht entsteht, als ob es ein anderes sittliches Gefühl für die einen als für die anderen gäbe. Sobald die Jugend sich eine eigene Regel des Sittlichen macht und dasselbe von den sie Leitenden voraussetzt, ist das ganze sittliche Leben verdorben. Diese Ansicht trägt sich auch sehr leicht ins folgende Leben hinüber und ist das Verhältnis zwischen den Herrschenden und Gehorchenden noch nicht geordnet, so entsteht daraus nur offener oder versteckter Krieg, und dies geschieht auch schon in der Erziehung. Denken wir uns nun, dass in einem größeren Zusammenleben der Jugend stets eine Differenz des Alters ist und sich das sittliche Gefühl erst allmählich entwickelt, so müssen wir sagen, dass in der Jugend selbst eine Differenz entsteht zwischen denen, deren sittliches Gefühl entwickelt ist, und denen, deren Gefühl erst entwickelt werden soll, und dass jene dann herrschen. Wird dies gehemmt, so entsteht jener Gegensatz, wodurch das ganze sittliche Leben verdorben wird. Hier ist das einzig Natürliche und Richtige, dass die Äußerungen des sittlichen Gefühls nicht allein von denen ausgehen dürfen, welche die Erziehung leiten, sondern dass in einer Gemeinschaft das sittliche Gefühl sich frei muss äußern können, wo es immer ist. Diese Äußerung muss aber überall rein sein, und jeder, der persönlich affiziert ist, muss Verdacht haben, sein Unwille sei wohl nicht rein. Auch dies ist ein Gesichtspunkt, wonach alle Selbsthilfe verboten ist, denn in einem persönlich affizierten Zustande sind die Elemente nicht mehr zu unterscheiden und die Jugend hält hier den Unwillen für einen rein sittlichen, obgleich er ein persönlicher ist. Da sei es dann Grundsatz, dass, auch wo von keiner Kohibition[57] die Rede ist, das Urteil zurückgehalten werde, wo einer persönlich affiziert ist.

Zweitens ist ein großer Unterschied zwischen der Reinheit des sittlichen Gefühls und der Ansicht eines gegebenen Falles. Diese ist Sache des Urteils und der Menschenkenntnis und oft sehr kompliziert. Die Ansicht der Tatsache ist hier Hauptsache. Die eigene Anerkennung des Unrechts ist aber nicht Ursache, dass der Zögling nicht wieder sündigt. Daher bedarf es einer eigenen sittlichen Nachhilfe, und hierher gehört die Zucht, welche das Unsittliche durch eine höhere Kraft dem Sittlichen unterwerfen soll. Jede solche Nachhilfe wird die Gestaltung entweder der Abhärtung oder der Entsagung annehmen. Sie geht aber in die Strafe über, wenn

---

57 Kohibition: Behinderung, Beschränkung.

sie von dem, der ihrer bedarf, nicht gewollt wird, wenn dieses Nichtwollen auch nur momentan wäre.

Wir haben festgestellt, dass die Äußerung des sittlichen Gefühls gegen das Unsittliche etwas Gemeinsames sein muss, und darin liegt, dass die sittliche Behandlung des Einzelnen in einem gemeinsamen Leben nicht etwas Geheimes oder Isoliertes sein kann, sondern ebenso öffentlich sein muss, wie es das Unsittliche war. Dies betrifft aber nur die jedesmalige Äußerung des sittlichen Gefühls gegen das einzelne vorgekommene Unsittliche, und dies ist zu unterscheiden von dem Gefühl gegen ein Individuum, das sich aus der ganzen Totalität des Lebens herausbildet. Es ist eine allgemeine Erfahrung, dass die Jugend sehr reizbar ist gegen ein allgemeines Urteil, welches ein allgemeines und permanentes Gefühl ausspricht.

Ein solches darf man der Jugend unter sich und gegeneinander gar nicht gestatten, und nur, wenn sich das Verderben in einem Einzelnen sehr herausbildet, wird es schwer halten[58], das allgemeine Urteil zurückzuhalten. Durch das eigene Beispiel der Zurückhaltung muss man die Jugend hier zu einer heiligen Ehrfurcht und Behutsamkeit anleiten, wodurch allein gegenseitige Liebe bestehen kann. Denn jedes allgemeine Urteil hat den Charakter der Lieblosigkeit.

Nun haben wir aber in der öffentlichen Erziehung ein Verfahren, welches diese Regel zu verletzen scheint, nämlich die Zensur. Dessen ungeachtet ist diese in der Praxis nicht so nachteilig. Je mehr solche öffentlichen Urteile sich in Charakterschilderungen verlieren, desto nachteiliger werden sie wirken; je mehr sie aber nur Zusammenstellungen des Faktischen in einem Lebensabschnitt sind, desto vorteilhafter werden sie sein. Halten sie sich in diesen Grenzen, so kann niemand dadurch verletzt werden, dass den mit ihm Lebenden das Gedächtnis von dem Erlebten aufgefrischt wird. Gegenseitigkeit gleicht hier alles aus.

Ganz anders verhält es sich damit, dass es wohl besonders in entscheidenden Momenten sehr an der Stelle sein kann, dass der Erzieher einem Einzelnen seine ganze Ansicht von ihm einmal mitteilt; dies muss aber durch besondere Umstände hervorgerufen werden, wenn es nicht aus einem instinktartigen Gefühl hervorgeht. Allein auch hier ist Behutsamkeit nötig, denn hier kommt alles an auf die Intensität von Liebe und Vertrauen in dem Verhältnisse zwischen beiden. Selbst wenn der Zögling nicht die Wahrheit des Gesagten in sich fühlt, wird dies weniger gefährlich sein, wenn nur Liebe da ist, und der Zögling berichtigt, was er für nötig achtet zu berichtigen; denn bei der Beurteilung der Totalität eines Einzel-

---

58 Lies: sein.

nen hört die Autorität auf und der Erzieher muss selbst fordern, dass sein Urteil berichtigt werde.

Dies alles beruht darauf, dass unter allen Verhältnissen des geselligen Lebens der Jugend reine Wahrheit das erste Prinzip sein muss. Lüge und Unwahrheit wird oft durch die Behandlung der Jugend selbst hervorgelockt, denn gegen Gewalt kann nur List helfen. Wie soll denn nun der Wahrheitssinn selbst in der Jugend geweckt werden? Die Wahrheit kann nur durch sich selbst befördert werden und alles kommt hier von dem reinen Wahrheitssinn des Erziehers selbst. Äußere Hilfsmittel können gar nichts tun, sondern es muss in der Jugend das Gefühl geweckt werden, dass es die Wurzel aller Niedrigkeit ist, sich von der Wahrheit zu entfernen.

57. Vorlesung (20. März 1821)

Die propädeutischen Gesichtspunkte waren, das Chaotische zu systematisieren und durch Gewöhnung an Aufmerksamkeit und genaue Vergleichung Festigkeit in die Vorstellungen aller Art zu bringen. Zu dem Letzten reichte ein äußerer Faden hin, das Erste aber konnte nur durch organische Grundlagen erreicht werden. Von diesem Punkt aus wollen wir nun das ganze Gebiet des Unterrichts bis auf den Punkt überschauen, wo die höhere Bildung eine gewisse Selbstständigkeit erlangt hat, die nicht mehr zur Erziehung gehört. Hier sind die Verfahrungsarten sehr mannigfach und es ist unmöglich, sie zu kritisieren; es mag daher nur das Allgemeine gesagt werden.

Was zuerst das Material betrifft, so haben wir einen Anknüpfungspunkt in dem, was früher vom Unterschied des Verfahrens mit denen gesagt worden ist, die auf einer niederen Stufe des Erkennens stehen bleiben werden. Auch in dieser Hinsicht kann die Erziehung eine gemeinschaftliche sein, wenn man nur das zu Gegenständen des Unterrichts macht, worin eine entwickelnde Kraft liegt.

Vermöge dieses Prinzips muss zwar ein Unterschied gemacht werden zwischen den Volksschulen und den Schulen für diejenigen, welche ein äußeres Recht zu einer höheren Bildung haben. Dieser Unterschied besteht aber nicht nur darin, dass die Letzten schon von Anfang an Gegenstände aufnehmen müssten, welche die Ersten nicht brauchten, sondern auch umgekehrt darin, dass die niedere Jugend manches aufnehmen muss, was die höhere nicht braucht. Hier scheint das eine an und für sich selbst so richtig zu sein wie das andere.

Kann man es aber verantworten, dass schon durch die erste Anlage des Unterrichts ein solcher Unterschied als Vorherbestimmung festgesetzt wird?

Will man hier nicht den natürlichen Unterschied der Naturanlagen bei höheren und niederen Ständen gelten lassen, so ist es unverantwortlich. Aber dennoch hat die besondere Naturanlage eine so große Kraft, dass sie sich durcharbeitet, wenn sie nur keine positiven[59] Hindernisse findet. Nun kann aber überall der höhere Sinn angereizt werden und es ist daher barbarisch, wenn die Gegenstände des Unterrichts der Volksmasse so abgegrenzt sind, dass höhere Talente nie erregt werden könnten.

Das erste Prinzip ist also, dass die Gegenstände des Unterrichts, in denen die bildende Kraft liegt, für die Jugend der höheren und niederen Stände im Wesentlichen durchaus dieselben sein müssen. Welches sind aber diese? Es sind drei.

Zuerst die Natur, in welche der Mensch gesetzt ist und welche auch ohne Unterricht zu seiner Kenntnis kommt. Hierbei kommt es darauf hinaus, dass der Mensch das Leben im weitesten Sinne des Wortes verstehen lerne, worin freilich wieder verschiedene Stufen stattfinden. Wird dies überhaupt ausgeschlossen, so bleibt dasjenige, was von selbst kommt, nur chaotisch und wird nie geregelt. Jene Behandlung dieses ersten gemeinsamen Gegenstandes des Unterrichts knüpft sich an die sinnliche Anschauung, worin der Reiz zur Begriffsbildung liegt.

Alle Begriffe sind aber in der Sprache niedergelegt und auch das Verkehren mit den Gegenständen um uns wird nur durch die Sprache betrieben; auch die ganze intellektuelle Tätigkeit der Menschen liegt in ihr, und so ist die Sprache der zweite wesentliche Gegenstand des Unterrichts.

Nun ist aber ein dritter derjenige, welcher die Klarheit von den Verhältnissen alles dessen, was dem Menschen dargeboten werden kann, ins Bewusstsein bringt nach dem Grundsatze, dass überall nur so viel Erkenntnis ist wie Bewusstsein des Maßes. Auch diese Aneignung der Maßverhältnisse kommt dem Menschen von selbst, denn er lernt Raum- und Zeitverhältnisse abschätzen, was jedoch unterstützt werden muss. In diesen drei Gegenständen ist alles erschöpft, denn darin geht der ganze Schematismus unsers Daseins auf.

Was soll nun in Ansehung dieser drei Gegenstände für ein Unterschied gemacht werden in der Erziehung der Jugend der Volksmasse und derer, welchen eine höhere Bildung bevorsteht?

Im Allgemeinen kommen wir auf das Vorige zurück, dass keine von jenen Hauptklassen irgendwo ausgeschlossen sein darf; aber die Bearbei-

---

59 positiven oder aufgestellten.

tung des Materials ist sehr verschieden nach der Zeit, die man auf jedes verwendet.

Sehen wir zuerst auf die Sprache, so müssen wir sagen: Jede Sprache für sich ist nur ein Einzelnes, und das ganze Vermögen des Menschen zu sprechen ist nur in der Totalität der Sprachen. Nun wird aber das Verhältnis des Einzelnen zum Ganzen nicht zur Anschauung kommen, wenn nur eine Sprache Gegenstand des Unterrichts ist, sondern nur durch Vergleichung mehrerer kann man den Schematismus des Ganzen fassen. Ignoriert der Mensch den Unterschied zwischen Einzelnem und Allgemeinem, so ist dies ein Mangel an Freiheit, denn er ist dann als ein Einzelnes an das Einzelne gekettet. Vergebens aber wird man versuchen, unter das Volk die Erlernung verschiedener Sprachen einzuführen, und es scheint also, dass die Volksjugend von jener Freiheit ausgeschlossen ist.

Dies können wir nicht ändern, müssen es aber zu erleichtern suchen. Dies geschieht dadurch, dass in jeder Sprache selbst eine Mannigfaltigkeit gesetzt ist, die zur Vergleichung Anlass gibt, wodurch die Tätigkeit in der Sprache selbst hervorgerufen wird. Die gegebenen Differenzen sind zwischen der einzelnen Sprache, der Muttersprache, gegen die Sprachen anderer Völker und gegen die Gemeinheit des Sprechens, den Dialekt. In dem Letzten ist der Volksjugend die Vergleichung veranlasst, nämlich damit beides, die reine Muttersprache und der Dialekt, nicht gemischt, sondern auseinandergezogen werde. Ist nun unter der Volksjugend ein besonderes Sprachtalent, so wird es sich durch diese Vergleichung schon entwickeln.

Hiermit koinzidiert ein äußerer Punkt, nämlich der äußere Mechanismus der Mitteilung der Sprache durch das Auge, das Lesen und Schreiben. Dies können wir nicht ansehen als etwas der Volksmasse Angehöriges, denn das Auffassen durch das Buchwesen ist dem Volke gar nicht eigen, wenn nicht in religiöser Hinsicht der Protestantismus die Bibel zu lesen geböte. Auch die Gesetzgebung geschieht von den ältesten Zeiten an durch die Schrift, und folglich ist der Mensch auch als Staatsbürger an das Buchwesen geknüpft. Sagt man nun: Die Jugend kann nur durch großen Zeitaufwand das Lesen und Schreiben lernen, so wäre es freilich besser, diese Zeit zu sparen und diesen Unterricht durch einen lebendigen in der heiligen Schrift und Gesetzkunde zu ersetzen. Denn das Lesen und Schreiben bleibt dem Menschen aus der niedrigen Klasse stets schwerfällig. Um dies[60] zu realisieren, muss die Kenntnis des Lesens und Schreibens durch etwas anderes ersetzt werden. Was das Religiöse und Politische

---

60 dies, nämlich das im vorletzten Satz Genannte.

betrifft, so wird dabei ein Festhalten dessen vorausgesetzt, was im Bewusstsein ist, und dies wird durch die Gedächtnisübung bewirkt.

Auch nach Platon stände die Sache so, dass die Schrift der Tod des Gedächtnisses ist.[61] Dieses ist aber noch zu vielen anderen Dingen gut, als um das Lesen und Schreiben zu ersetzen, und muss überhaupt geübt werden. Die Gedächtnisübung geht auch aus jenem Schematismus hervor: Denn der Mensch erhält seine Vorstellungen auf eine chaotische Weise und hierauf sollten sie organisiert werden. Diese Organisation der Vorstellungen wird nun vermittelst der Gedächtnisübung auf eine produktivere Weise bewirkt als vermittelst des Lesens. Das Gedächtnis ist ja nur die Leichtigkeit, dieselbe Tätigkeit zu reproduzieren, die man einmal produziert hat. Besonders in Beziehung auf das Chaotische ist die Gedächtnisübung nötig, weil der Mensch jenes nicht produziert hat, aber ein solches, wenn es durch sein Bewusstsein gegangen ist, leicht behält. Aber wie soll man nun das Gedächtnis üben? Und ist hier nicht ein größerer Aufwand von Zeit und Anstrengung als beim Erlernen des Lesens und Schreibens? Das Letzte ist gleichgültig. Die Übung des Gedächtnisses durch mnemonische Künste[62] ist misslich, denn um das zu behalten, was man behalten will, muss man erst das behalten, woran man jenes behalten soll, und hier ist alles nur subjektiv. Es gibt keine bessere Gedächtnis-

---

61 Der Mythos von Theuth, dem Erfinder der Schrift, findet sich in Platons Phaidros 274–275: „Vieles nun soll Thamus dem Theuth über jede Kunst dafür und dawider gesagt haben, welches weitläufig wäre alles anzuführen. Als er aber an die Buchstaben gekommen, habe Theuth gesagt: Diese Kunst, o König, wird die Ägypter weiser machen und gedächtnisreicher, denn als ein Mittel für den Verstand und das Gedächtnis ist sie erfunden. Jener aber habe erwidert: O kunstreichster Theuth, Einer weiß, was zu den Künsten gehört, ans Licht zu gebären; ein Anderer zu beurteilen, wieviel Schaden und Vorteil sie denen bringen, die sie gebrauchen werden. So hast auch du jetzt als Vater der Buchstaben aus Liebe das Gegenteil dessen gesagt, was sie bewirken. Denn diese Erfindung wird der Lernenden Seelen vielmehr Vergessenheit einflößen aus Vernachlässigung des Gedächtnisses, weil sie im Vertrauen auf die Schrift sich nur von außen vermittelst fremder Zeichen, nicht aber innerlich sich selbst und unmittelbar erinnern werden. Nicht also für das Gedächtnis, sondern nur für die Erinnerung hast du ein Mittel erfunden, und von der Weisheit bringst du deinen Lehrlingen nur den Schein bei, nicht die Sache selbst. Denn indem sie nun vieles gehört haben ohne Unterricht, werden sie sich auch vielwissend zu sein dünken, da sie doch unwissend größtenteils sind, und schwer zu behandeln, nachdem sie dünkelweise geworden statt weise." (Platon: Werke I, 1; in Schleiermachers Übertragung)
62 Mnemonik: Erinnerungskunst. Vgl. den Artikel „Mnemotechnik" im Historischen Wörterbuch der Philosophie, Band 5, Darmstadt 1980, S. 1444–1448. Vgl. auch Yates (1990).

übung, als dass man die mehr leiblich aufgefassten Vorstellungen in mehr selbsttätige zu verwandeln sucht.

58. Vorlesung (21. März 1821)

Was das Erkennen der Natur betrifft, so knüpft sich das an die gegebenen Wahrnehmungen von der Außenwelt an. Hier ist offenbar, dass man den organischen Zusammenhang der Natur auch der Jugend des Volkes nicht entziehen kann, weil man sonst keine Begriffe in ihr entwickeln könnte; allein auch das Vorhandene lässt im organischen Zusammenhange viele Lücken. Hieran schließt sich, dass es wesentlich zur Befreiung des Menschen gehört, wenn er jedes Einzelne in seinem Zusammenhange mit dem Ganzen erkennen lernt. Daher ist es auch im Unterricht der Masse ein wesentlicher Punkt, dass ihr allgemeine Vorstellungen von dem Zusammenhange des Lebens überhaupt, auch von den klimatischen Differenzen mitgeteilt werden. Auf diese Weise muss man den Gesichtskreis der Jugend erweitern. Eine ausgeführte Geographie und Naturgeschichte ist jedoch zu weitläufig. Es dürfen nur die Anknüpfungspunkte gegeben werden, woran sich jene Kenntnisse anschließen können. Etwas ganz anderes und hierher nicht Gehöriges ist die praktische Behandlung der Naturgegenstände, die Kenntnis von der Art, wie sie der Mensch benutzt. Alles Technologische hat keinen zu hohen Wert und gehört gar nicht mit zum Gebildetsein, zur Ausbildung der Seele selbst, zur Erziehung.

Was das dritte Hauptobjekt betrifft, die Kenntnis der Größen oder Maßverhältnisse, worunter alles Äußere der Gegenstände überhaupt begriffen ist, so ist das, woran wir anknüpfen, dem Menschen von selbst gegeben. Sobald dieses Gegebene seinen chaotischen und empirischen Charakter verliert, wird es Mathematik. Sie verwandelt das Chaotische in ein Gesetzmäßiges, und insofern der Mensch dies schon von selbst tut, konstruiert er in sich die ersten mathematischen Elemente. Hier liegt auch der Gegensatz zwischen der diskreten und der stetigen Größe und Zahl, indem jeder Gegenstand in seinem Umkreise eine stetige Größe, im Verhältnis mit anderen aber eine diskrete Größe ist. Aus diesen Elementen, wenn sie rein ihrer γένεσις[63] nach als etwas unter Gesetze zu Bringendes behandelt werden, lässt sich die ganze Mathematik bis in ihre höchsten Punkte entwickeln, und nur die Anfangspunkte brauchen hier gegeben zu werden. In dem höheren Unterrichtskreise kann man nun gleich auf das Ganze Bezug nehmen, in den niederen aber muss man sich mit den ersten

---

63 γένεσις: Entstehung.

Elementen begnügen. Das Darstellen der Größenverhältnisse in der Abbildung wird mehr als Kunstfertigkeit angesehen. Ohne dieses, was die produktive Seite des Auffassens selbst ist, lässt sich manches auch in den ersten Elementen nicht verständlich machen. Gemeinschaftlich zu beiden Fächern, der mathematischen und physischen Seite des Unterrichts, gehört als Probe für die Richtigkeit der Auffassung, dass das innere Bild äußerlich hingeworfen werde, und die Reduktion des Arithmetischen auf das Geometrische und umgekehrt ist eben dieses Darstellen der Figuren. Hier braucht nichts von der schönen Kunst hineinzukommen. Das sicherste Mittel, festzuhalten und die Auffassung zu befördern, ist eben dieses sinnlich Darstellen in der Figur. Im Mathematischen hat das Figürliche die Gestalt einer conditio sine qua non.

Können wir uns nun wohl eine bestimmte Grenze ziehen, wodurch der weiteste Umfang des Unterrichts und die verschiedenen Abstufungen desselben bestimmt werden? Dies kann nur in einem untergeordneten Sinne geschehen. In dem höheren Kreise sind keine anderen Grenzen gesetzt als die Naturgrenzen und das Hineintreiben in das praktische Leben. Leichter ist es, die wesentlichen Abstufungen im Unterrichte zu zeichnen, wozu wir die Anfänge in dem Gesagten finden.

Wenn wir z. B. gesagt haben, die Sprache müsse erlernt werden, so kann doch nur die Muttersprache diejenige sein, an welcher die ganze Spracherlernung fortgeht. Hier haben wir eine allgemeine Praxis, die einen Unterschied bildet zwischen dem Unterricht der Jugend aus der großen Masse und derer, die man höher bilden will, und dies ist das Erlernen der alten Sprachen.

Hier muss man gar sehr das eigentlich Historische von dem innerlich Notwendigen unterscheiden, denn für das eigentliche Bilden durch die Sprache haben die alten Sprachen keinen besonderen Wert. Zwar legt man den hinein, dass man sagt, sie sei an sich vollkommen, welches Urteil über ihre Vollkommenheit nur durch die Vergleichung mit vielen anderen entstehen kann. Aber dies ist auch wohl nur Idee als etwas Wesentliches, denn die eigentliche Vollkommenheit einer Sprache ist nur ihr Schematismus, die relative dagegen das Verhältnis ihrer logischen und musikalischen Elemente. Das Eigentliche des Sprachunterrichts ist aber, dass man entweder mit der Muttersprache andere Sprachen desselben Stammes vergleicht, wo jedoch die Differenzen nicht zu sehr voneinander abstechen, oder dass man die Muttersprache mit den anderen lebenden Sprachen zusammenhält. Diese sind aber ohne die römische Sprache gar nicht zu verstehen, und so werden wir in Bezug auf die Idee der Sprache auf die alten Sprachen überhaupt geführt, welche die Mütter der neuen geworden sind.

Nun könnten wir noch weiter gehen und auch die semitischen Sprachen lernen. Aber da sind wir wieder durch die Zugänglichkeit beschränkt, indem wir dies alles nicht leisten können. Jene Sprachen aber können wir lernen und sie führen uns auch immer wieder in den Zusammenhang mit unserer Kultur. Nun gibt es noch einen Punkt, nämlich das Zurückgehen auf die Geschichte und die Bildungsstufen der Sprachen selbst. Dies trifft nicht allein dieses Objekt des Unterrichts, sondern auch die anderen Objekte. – Im höheren Sprachunterrichte sollen die von den unsrigen ganz verschiedenen Sprachformen dieselben Stellen einnehmen, welche im Volksunterrichte die fremden Sprachen überhaupt einnehmen, d. h., man muss der Jugend der höheren Klasse nur die Differenzen und einzelne Vergleichungspunkte der orientalischen Sprachen beibringen.

Ein ἀνάλογον[64] der Unmöglichkeit der Erschöpfung werden wir finden, wenn wir auf das zweite[65] Objekt des Unterrichts, die Naturkenntnis, sehen. Auch hier wird man stets etwas Neues innerlich und äußerlich hinzufügen können. Eine absolute Grenze ist also hier gar nicht zu ziehen. Wollen wir aber die Punkte der Abstufung bemerken, so ist es eine Art derselben, dass man bei den beiläufig erscheinenden Formen beiläufig ähnliche aus anderen Zonen erwähnt. Dies ist hier die Basis der Bildung. Hier müssen wir zwei Betrachtungen kombinieren: 1) Die Kenntnisse der konstanten Formen in der toten, lebendigen und organischen Natur (Geografie, Mineralogie, Botanik, Zoologie etc.), was man gewöhnlich die Naturgeschichte nennt, 2) die Kenntnis der elementarischen Prozesse, welche im Ganzen formlos über den Einzelnen stehen als Gesetze, also die Naturkunde. Es lässt sich keine Ordnung im Bewusstsein denken, wenn diese beiden Betrachtungsweisen der Natur nicht unterschieden und aufeinander bezogen werden.[66] Ebenso muss man auch erkennen, wie die empirischen Beobachtungen der ersten allmählich in die Form der Wissenschaften übergegangen sind.

---

64 ἀνάλογον: ein ähnlicher, gleichartiger (analoger) Fall.
65 Oben auf S. 238 der Nachschrift wird die Natur als erster der drei Unterrichtsgegenstände gezählt, die Sprache als „der zweite" und schließlich als „ein dritter" die „Aneignung der Maßverhältnisse" (die Mathematik).
66 Der Lehrplan der „Wissenschaftlichen Deputation für den öffentlichen Unterricht" von 1810, an dem Schleiermacher leitend mitgearbeitet hat, unterscheidet zwischen Naturbeschreibung (für die drei unteren) und Naturlehre (für die drei oberen Klassen) und bezieht dabei diese beiden „Betrachtungsweisen der Natur" systematisch aufeinander. Wie in der Pädagogik-Vorlesung von 1820/21 (vgl. den Beginn der 63. Vorlesungsstunde) mündet der Unterricht in der „Naturkenntniß" auch dem Lehrplan zufolge in der Physik (Publikation in Vorbereitung).

In der Mathematik sind die Grenzen schon im Anfange dieser Vorlesungen angegeben worden. (Zu bemerken ist, dass das Unendlichkleine die Identifizierung des Diskreten und Konkreten ist.)

59. Vorlesung (23. März 1821)

Die Hauptsache ist nun die Untersuchung über die Methoden, wie bei Erweckung des Erkennens auf diesen verschiedenen Gebieten verfahren werden soll. Hier haben wir einen Anknüpfungspunkt im Vorigen, indem wir ein doppeltes Verfahren bei der Begriffsbildung bemerkten: ein mehr mechanisches und eines, das auf dem unmittelbar organischen Zusammenhange beruhte.

Jenes begründet kein Erkennen, sondern ist nur die Ergänzung ins Weite und Kleine für die chaotische Entstehung der Vorstellungen im gewöhnlichen Leben. Stets wird aber das eine neben dem anderen hergehen, weil wir 1) nie von dem inneren Zusammenhange aus das Einzelne in seiner Besonderheit konstruieren können, und 2) den inneren Zusammenhang doch nur in der Kontinuität der Erscheinungen besitzen.

Es kommt hier alles darauf an, dass man das Verhältnis zwischen beiden Verfahrungsarten richtig anlegt. Je mehr man alles auf dasjenige zurückführt, was sich durch äußere Zusammenstellung erreichen lässt, desto mehr ist der ganze Besitz auch nur ein mechanischer und das ganze Innere der Gegenstände kommt so nicht ins Bewusstsein.

So ist z. B. der Besitz einer copia verborum[67] in einer Sprache und ihrer grammatischen Regeln noch kein eigentliches Erkennen und zeigt noch kein Sprachtalent. Offenbar ist aber jede Verfahrungsart einzeln behandelt ein Extrem, und wenn z. B. jemand das ganze Wesen der allgemeinen Grammatik und das Eigentümliche jeder Sprache hätte, er aber den Körper der Sprache vernachlässigte, so wäre auch jenes keine eigentümliche Erkenntnis, sondern nur der Rahmen für dieselbe.

Hier fehlt uns nun die Regel, wie wir uns zwischen beiden Extremen verhalten sollen. Im Allgemeinen lässt sich darüber nicht viel sagen, sondern jene Regel kann nur bei den einzelnen Objekten des Unterrichts aufgestellt werden. Aber es muss doch etwas Allgemeines geben und zwar Folgendes:

Es ist in der natürlichen Unvollkommenheit unsers Erkennens gegründet, dass uns beides gesondert bleibt, die Konstruktion von innen heraus und das einzelne Äußere in der Erscheinung. Alle Fortschreitung in

---

[67] copia verborum: Wortschatz.

der Erkenntnis ist nur eine Annäherung an die Identifikation beider Prozesse. Es kommt hier auf die Stufe der Erkenntnis an, worauf man steht, und folglich scheint jene Frage gar nicht allgemein beantwortet werden zu können. Da aber auf der anderen Seite im Menschen selbst ein pädagogisches Interesse und ein Trieb nach Entwicklung liegt, so lässt sich denken, dass durch dieses Interesse das Erkennen im Ganzen gefördert werden kann.

Wenn wir nun von dem Hauptpunkt ausgehen, dass alles Fortschreiten nur Annäherung ist an die Identifikation beider Prozesse, wie sollen wir denn beide einander unterordnen? Denn dies ist nun einmal nötig. Diese Frage kann nur von der Gesinnung aus in Bezug auf das Erkennen beantwortet werden, und man hat sie daher auch von verschiedenen Ansichten aus verschieden beantwortet.

Die praktische Ansicht ist, dass der Mensch es überall im Leben mit dem Einzelnen zu tun habe und die innere Konstruktion das eigentlich wissenschaftliche Gebiet bilde und für das Leben selbst in seiner Gestaltung nur den Nutzen habe, dass man sich leichter über das Einzelne orientiere.

Die entgegengesetzte Ansicht ist, dass das Wesen alles Einzelnen eigentlich doch nur die Art sei, wie es das Allgemeine darstellt, und dass also jene Ansicht keineswegs praktisch, sondern empirisch sei; dass man also, wenn man die Intelligenz erregen wolle, von der inneren Anschauung ausgehen und das Einzelne als Ergänzungs- und Ausfüllungsmittel brauchen müsse.

Wir müssen vorzugsweise auf das Letzte kommen, denn auf diese Weise geschieht die Entwicklung der geistigen Funktionen unmittelbar, auf jenem Wege nur zufällig für die Erziehung. Ebenso gewiss ist es, dass gerade weil beide Prozesse für uns noch nicht identisch sind, sondern weil wir uns der Identifikation nur nähern, eine innere genauere Betrachtung des Einzelnen auch immer tiefer in die Geheimnisse der Konstruktion hineinführen wird, und auch so das Äußere und Einzelne nicht zu vernachlässigen ist, dies gilt für alle Unterrichtsgegenstände.

Wir kommen nun auf die einzelnen Fächer:

Das eine materielle Hauptobjekt ist die Sprache, in welcher auch die ganze Geschichte des Menschen niedergelegt ist. Diese ist allerdings darin niedergelegt, aber nicht aus ihr allein entstanden, sondern das Resultat des Zusammenseins des Menschen mit der Natur; und so unterscheiden wir die Sprache an sich und die Geschichte, d. h. die Art, wie dem Menschen sowohl im Einzelnen als im Allgemeinen alles das geworden ist, was in seiner Sprache niedergelegt ist. Die äußerliche Methode beim Sprachenlernen ahmt äußerlich nach, was unmethodisch ist, nämlich, wie der

Mensch seine Muttersprache lernt. Bei der Erlernung der Muttersprache aber wird die Intelligenz geweckt; die Erlernung einer fremden Sprache hingegen ist keine Entwicklung der Intelligenz mehr, denn der Mensch hat nun schon diesen Fortschritt gemacht. Was aber hier gewonnen werden könnte, dass nämlich die fremde Sprache, verglichen mit der Muttersprache, in ihrer Eigentümlichkeit aufgefasst würde, das kann auf jenem Wege gar nicht geschehen, und hier ist die Aufgabe ganz anders, wie sie auch an der Muttersprache ausgeübt werden kann, nämlich die Sprache von innen heraus zu konstruieren. Hierbei ist zweierlei zu beachten, nämlich 1) das Wesen der Sprache überhaupt, welches alle Sprachen gemein haben, 2) das Positive in der zu erlernenden Sprache und dasjenige, was wir in seinen inneren Gründen noch gar nicht erforscht haben.[68]

Ebenso verhält es sich auf dem Gebiete der Natur. Soll die Erkenntnis eine lebendige sein, so muss sie aus diesen beiden Elementen zusammengesetzt sein, und jedes von beiden muss auf seine natürliche Art erworben werden, nämlich das eine auf dem Wege der Konstruktion von innen heraus und das andere auf dem Wege der äußeren Anschauung. Aber auch hier können zwei Methoden stattfinden, je nachdem wir einig sind, dass das Äußere dem Inneren untergeordnet ist oder nicht, nämlich 1) dass man zuerst das Einzelne oder 2) dass man zuerst den inneren Zusammenhang erkennt.

Gesetzt, es sei im Sprachgebiete eine Masse des Äußeren gegeben, und die Sprache soll nun von innen heraus konstruiert werden, so ist diese Konstruktion die Anschauung von der Natur und dem Verhältnisse der verschiedenen Redeteile gegeneinander, und dies muss entwickelt werden aus der Natur des organisch Einfachen in der Sprache, d. h. des Satzes, aber zugleich bezogen auf alle verschiedenen Modifikationen, die dieser erlangen kann, wenn er in ein Verhältnis zu anderen Sätzen gestellt wird. Zunächst sieht man natürlich auf die Elemente des Satzes, auf Hauptwort und Zeitwort, d. i. Subjekt und Prädikat. Aber die mitgebrachte Masse des Äußeren gibt zugleich Gelegenheit zu zeigen, wie Sätze eingeschoben und wie ganze Sätze als Subjekt oder Prädikat betrachtet werden können. Macht man sich dies recht klar, so ist es etwas ganz Allgemeines für alle Sprachen, aber bis ins Innerste in jeder Sprache anders modifiziert, und so kann nur auf eine komparative Weise die Anschauung von dem Wesen einer Sprache zu Stande kommen.

---

68 Göttinger Nachschrift, S. 91r: „2) das Positive in der Sprache, was wir in seinen inneren Gründen noch gar nicht erforscht haben."

[Besonderer Teil] 247

60. Vorlesung (26. März 1821)

Es kommt aber stets darauf an, das Spezifische im Bau einer Sprache aufzufassen, wie nämlich jede Sprache diesen oder jenen Gegenstand ansieht, und dies ist ihre logische Seite. Jede hat aber auch einen besonderen Körper, und die Bedeutsamkeit der Wörter selbst, sogar wenn sie auf die Stammsilben zurückgeführt sind, ist uns immer etwas Positives, wenn auch die Stammsilben in einer und derselben Sprache einen natürlichen Zusammenhang haben. Dies ist der etymologische Teil der Sprache. Hierzu gehört 1) die Art, wie aus den einfachen[69] Stämmen ganze Familien von Wörtern durch konstante Gesetze gebildet werden, sodass, was zum Körper[70] des Wortes hinzukommt, eine Beziehung hat zu dem Verhältnisse, worin das neue Wort zum Stammworte steht, wie dies bei den Abstrakten[71], Adjektiven und Zeitwörtern der Fall ist. Je mehr solcher verschiedenen Wortfamilien man aufstellen kann, in denen sich das Verhältnis zum Stammworte offenbart, desto mehr kommt die Sprache in ihrem Bau zur Anschauung, wie sie sich nämlich aus den Stammwörtern gebildet hat.

Das Zweite, was schon entfernter liegt und weniger notwendig ist, ist die Zusammenstellung der Wurzelwörter selbst nach den Analogien der Bedeutung und des Tones, um dadurch eine Ahnung zu bekommen von der Art, wie die einfachen Laute in der Sprache gebraucht werden. Dies Letzte gehört mehr in den gelehrten Unterricht, das Erste aber gehört zur klaren Vorstellung der Sprache, welche jeder haben muss, der die Sprache auch nur im Leben sicher handhaben will.

Wir kommen nun zur musikalischen Seite der Sprache. Diese bezieht sich auf die verschiedene Geltung der einzelnen Sprachelemente, d. h. auf die relativen Gegensätze der Länge und Kürze,[72] ohne welche keine Sprache stattfinden kann. Schon die ursprünglichen Vorübungen in den Kinderjahren, welche eine Nachhilfe sind für das chaotische Erwerben der Sprache, müssen den Sinn für das Rhythmische und Melodische in der Muttersprache schärfen, umso mehr, da dieses Element das Logische unterstützt. Denn der Gegensatz des Tonlosen und Betonten hängt zusammen mit dem Stamm und dem organischen Zusatze in der Wortbildung. Noch weiterhin gibt es in der ganzen Rede einen Unterschied der Beto-

---

69 Platz (SW III/9, S. 500): „einzelnen".
70 Platz (SW III/9, S. 500): „Stamm".
71 bei den abgeleiteten Wortarten (nämlich Adjektiven und Verben).
72 Platz (SW III/9, S. 501): „Zunächst bietet sich dar die verschiedene Geltung der einzelnen Elemente, der relative Gegensaz der Länge und Kürze, Betonung, Tonlosigkeit, sodann Wohllaut."

nung der Gedanken selbst. Ferner hat eben dieses Musikalische einen Einfluss auf das Etymologische der Sprache. Nämlich durch die Art, wie die Beugungssilben und Vermehrungssilben bestimmt sind, können Zusammenstoßungen von Lauten entstehen, welche die Produktion hindern, und dies ist in jeder Sprache etwas anders wegen der Sprachwerkzeuge des Volks. So ist dies Rhythmische und Musikalische ein Prinzip von Ausnahmen, wo einzelne Unregelmäßigkeiten im Bau der Sprache selbst gebildet werden, um die Richtigkeit der Betonung nicht zu erschweren. Hieraus müssen alle Eigenheiten der Ausnahmen von den Sprachregeln begriffen werden und daher ist die Betrachtung des Musikalischen sehr wichtig, abgesehen davon, dass es in der Sprache einen großen Teil vom Leben selbst ausmacht und sehr den Eindruck der Rede verstärkt. Indem wir aber die Sprache überall mehr auf den Menschen beziehen und sie weniger als ein Naturprodukt ansehen, so muss das Musikalische dem Logischen untergeordnet werden.

Ist dies nun aber eine Methode, die überall befolgt werden kann, oder nur für den höheren Sprachunterricht gilt? Sobald von einer Erziehung des Menschen für das Erkennen die Rede ist, also von einem bildenden Unterricht, so gibt es gar nicht verschiedene Potenzen und Abstufungen des Durchdringens der Gegenstände selbst, und die Verschiedenheit kann nur in der größeren oder geringeren Auseinandersetzung liegen. Jeder Unterricht bloß für das Bedürfnis gehört nicht hierher, sondern in die Betrachtung des Gegenstandes, der das Bedürfnis veranlasst. So ist auch im Volksunterricht die Sprache auch in diesen Prinzipien ein wesentlicher Gegenstand, und überall soll der Unterricht auf das vollkommenste wissenschaftliche Durchdringen des Gegenstandes ausgehen. Soll die Sprache Bildungsmittel sein, so muss man überall auf die angegebene Weise verfahren.

Auch die Geschichte hat ihre Naturseite wie die Sprache und hängt mit ihr genau zusammen. Durch die Geschichte soll der Mensch ein Bewusstsein bekommen von der Menschheit als Gattung und von ihrem zusammenhängenden Leben in seinen verschiedenen Modifikationen. Auch dieses gehört wesentlich zur Befreiung des Menschen, denn er muss die Einzelheit seiner eigenen Art zu sein, als solche kennenlernen, indem ihm andere Einzelheiten gegenübergestellt werden; nur so kann er in dem einzelnen Leben, wie er es lebt, dasselbe Gemeinsame finden lernen. Wenn wir den Umfang der Geschichte zeichnen wollen, so besteht sie im Nachbilden in der Vorstellung des ganzen Lebens, welches die verschiedenen Völker und Geschlechter der Menschen von Anbeginn an bis heute geführt haben. Dies ist unendlich, aber jedes abgeschlossene Gebiet ist unendlich, und es kommt also hier auf die rechte Art und das rechte Maß

[Besonderer Teil]   249

an, dasjenige ins Bewusstsein zu bringen, wodurch die Unendlichkeit repräsentiert werden kann. Hier ist zuerst zu bemerken, dass diese Kenntnis bedingt ist durch die Kenntnis des Erdbodens selbst und der verschiedenen Verhältnisse, worin die Menschen auf ihm leben.

Die Geographie also ist die Basis für den Geschichtsunterricht[73] und kann nur fruchtbar behandelt werden, insofern das Ethnographische mit dem Geographischen verbunden wird. Auch dies knüpft sich an dasjenige, was dem Menschen von selbst in der Erfahrung entsteht. So wie ihm nur ein Teil der Erde zur Anschauung kommt, so will er den Umkreis fortsetzen, und da bieten sich ihm dar von der Tiefe nach der Höhe hinauf und hinunter die Verhältnisse, die aus dem Anschauen der Erde und des Wassers entstehen. Diese Betrachtung lässt sich von dem Wohnsitze des Menschen aus fortsetzen, soweit man will, aber die allgemeine Vorstellung von der Beschaffenheit der Erde selbst, von ihrer Kugelgestalt, muss vorangehen. Wie nun hier eine große Verschiedenheit der Grade, worin dies ausgeführt wird, sich darbietet, ist von selbst klar; aber überall muss an das, was Basis der Geschichte sein soll, angeknüpft werden. Auf jene folgt dann die Betrachtung von den klimatischen Differenzen und die Naturkenntnis, über welche der Mensch gestellt werden muss, als das alle Klimate begleitende Leben, welches als das Erste und Allgemeinste über allem anderen steht. Von hier aus können zuerst die geschichtlichen Differenzen entwickelt werden, von denen die größte in dem Gegensatze des Fortschreitens und Stillstehens liegt, in dem Gegensatze der geschichtlichen und ungeschichtlichen Völker. Diese bilden den Umkreis, jene die lebendige Mitte, die das Fortschreiten immer weiter zu verbreiten sucht. Dann kann man die Vorstellung erwecken von den verschiedenen Abstufungen der menschlichen Bildung, von der Herrschaft des Menschen über die Natur bis zur freien Entwicklung der Intelligenz. Dies ist ein allgemeiner Rahmen (Grad), in welchen sich die großen Begebenheiten der allgemeinen Geschichte leicht einreihen, und eine allgemeine Skizze lässt sich von diesen Punkten aus von selbst entwerfen.

Allein man hat hier beständig sehr entgegengesetzte Ansichten gehabt und daran gezweifelt, ob überhaupt für den Geschichtsunterricht dieser oder der entgegengesetzte der richtige Gang sei: Man hat nämlich gesagt, es sei eigentlich natürlicher, von dem Einzelnen und Kleinen zu dem Allgemeinen und Großen hinaufzusteigen.[74] Das Erste, womit man auf die

---

73 In ihrem Lehrplan von 1810 hat die „Wissenschaftliche Deputation für den öffentlichen Unterricht" unter der Leitung Schleiermachers die Geographie als Propädeutik für den Geschichtsunterricht konzipiert.
74 Mit dieser Position setzt sich die wissenschaftliche Deputation in ihrem Lehrplanteil, der sich dem Geschichtsunterricht widmet, kritisch auseinander und

Jugend wirken könne, seien einzelne Züge, wodurch ihr erst anschaulich wird, was im Menschen steckt, und wodurch also ihr Interesse an der Geschichte vorbereitend erregt wird. Dies ist nicht zu leugnen, gehört aber nicht in den Unterricht, insofern Geschichte gelernt werden soll, sondern vielmehr in die religiöse Seite der Erziehung. Ferner sagt man: Es ist auch nicht möglich, mit der Jugend einen solchen Gang vom Allgemeinen ins Einzelne zu gehen, denn jenes wird von ihr zu wenig verstanden und man kommt zu spät ans Einzelne. Es hat freilich etwas für sich, dass das Allgemeine von der Jugend schwer verstanden wird, aber es ist nur wahr, insofern von abstrakten Allgemeinheiten die Rede ist, allein hier handelt es sich von allgemeinen Vorstellungen, die sogleich anschaulich gemacht werden, denn das Kind sieht ja die verschiedenen Menschen in ihren Beschäftigungen vor sich. Es ist offenbar, dass diese großen allgemeinen Vorstellungen auch ein größeres Interesse haben als die Einzelheiten, denn alles Vergangene ist dem Kinde gleich, und man braucht daher nicht gerade mit den alten Markgrafen von Brandenburg anzufangen.

Bei uns geschieht es verkehrterweise, dass sich die Kinder entweder selbst hineinleben in die alten Formen oder die Erscheinungen der alten Welt ihnen nur Schattenbilder bleiben, die keine bleibende Wirkung hervorbringen. Folglich muss ihnen das Allgemeine in großen Zügen und dann das Einzelne doch in solcher Allgemeinheit vor Augen gerückt werden, dass Vergleichungspunkte da sind, und [dass,] was man ausführt, Repräsentant des Ganzen sein kann.

61. Vorlesung (26. März 1821)

Wenn alle Geschichte nichts anderes in sich begreift als das ganze Leben des Menschengeschlechts auf der Erde und die Abstufungen der menschlichen Natur und die Einwirkungen der Menschen aufeinander und die äußere Natur, so muss aller geschichtliche Unterricht, ehe man dies zum Bewusstsein bringt, nur etwas ganz Leeres sein. Der wahre Geschichtsunterricht nimmt erst seinen Anfang, wenn dies gefasst werden kann und ein gewisses Bewusstsein von der Kraft des Menschen da ist, d. h. mit dem Zeitpunkt der ersten Pubertät.

Dies ist aber die Periode, wo der Volksunterricht geschlossen wird, und daraus scheint zu folgen, dass der eigentliche Geschichtsunterricht der Jugend aus der großen Masse gar nicht zuteil werden kann. Dies ist

---

lehnt es ab, der zusammenhängenden Behandlung der Geschichte als Propädeutik Biographien voranzuschicken.

[Besonderer Teil]

auch wahr und wird wahr sein bis zu einer Zeit, wo die Erziehung länger dauern kann; beschleunigende Künste helfen hier nichts. Der ganze Prozess, der den Geschichtsunterricht unterstützen soll, ist etwas Unvollendetes, also ist auch die Erkenntnis unvollendet, weil ein Ganzes nur in allen seinen Teilen verstanden werden kann.

Die Kenntnis der Erde selbst führt auf die Gegenwart, nicht auf die früheren Veränderungen, und so muss aller Geschichtsunterricht auch mit der Kenntnis der Gegenwart anfangen. Aller Geschichtsunterricht kann zusammengefasst werden in der Formel: Er soll begreiflich machen, wie das geworden ist, was ist.

Ohne dies ist kein geschichtliches Verstehen möglich, und daher kann auch die Gegenwart nicht historisch behandelt werden, weil man nicht weiß, wohin sie führt. Man muss also beim Geschichtsunterricht von dem Punkte, worauf wir stehen, zurückgehen. Wenn man dies nun tun will, so ergibt sich, dass sich das historische Ganze teilt; und man hat es als eine Hauptaufgabe angesehen, diese Teilung zweckmäßig zu machen. Das Chronologische oder Synchronistische aber muss die ganze Form des Unterrichts bestimmen. Wenn es nämlich wahr ist, dass jede geschichtliche Entwicklung nur in Bezug auf den Zielpunkt zu verstehen ist, so muss die ganze Geschichte angesehen werden als eine Veranschaulichung darin, wie der gegenwärtige Zustand des menschlichen Geschlechts geworden ist. Nun aber geht die Geschichte selbst stoßweise und bietet uns Punkte dar, welche im Ganzen einen Stillstand machen, und diese müssen ebenso behandelt werden wie die Gegenwart. Wenn man auf diese Weise zuerst rückwärts und dann vorwärts geht, so ist dies das Wesentliche und alles andere ist deswegen weniger bedeutend, weil, wenn man auch ins Einzelne geht, alles weniger deutlich ist und jede geschichtliche Reihe nur in Verbindung mit der Gegenwart wichtig ist.

Also soll man die Geschichte ethnographisch lehren? Soll man zuerst die Erweiterung der Herrschaft des Menschen über die Natur, dann die Geschichte der Geselligkeit, d. h. die politische Geschichte, und dann die Geschichte der intellektuellen Entwicklung abgesondert vortragen?

Sehen wir auf die Basis, welche uns die Kenntnis der Gegenwart durch die Geographie gibt, so ist hier schon die Vorstellung von der Trennung der Menschen gegeben, und nun könnte man die einzelnen Massen rückwärts verfolgen, so hätte man die Völkergeschichte. Ebenso könnte man sich ähnliche Formen des Geschichtsunterrichts denken vermöge eines inneren oder äußeren Prinzips der Behandlung. Allein sehen wir darauf, dass die Geschichte gelehrt werden soll, wenn das sittliche Bewusstsein beim Menschen vorwaltet, so kann die Völkergeschichte nichts nutzen, sondern hier ist zunächst eine klare Anschauung erforderlich, und daher sei jeder Teil ein sinnlich zusammenhaltendes Ganzes.

Dazu kommt die zweite Hauptregel, dass auch die ganze Art, die Geschichte einzuteilen, sich durchaus an das Bewusstsein des gegenwärtigen Zustandes anknüpfen lassen muss. Hier tritt freilich sogleich die Verwirrung in der Geschichte zwischen dem Natürlichen und Positiven[75] entgegen, wie die jetzigen geschichtlichen Ganzen keineswegs durchaus natürliche sind; und daher sind oft aus richtigen Prinzipien ganz verkehrte Methoden entstanden, z. B. dass der Staat, worin die Jugend lebt, der Mittelpunkt des Geschichtsunterrichts sein müsse und der Hauptpunkt werde, an dem sich alles anknüpft; aber dieses leitende Prinzip verlässt uns sehr bald, weil alle jetzigen Staaten erst in neueren Zeiten zusammengeklebt sind. Zuerst muss die Gegenwart selbst auf die geschichtliche Weise gefasst werden, und da sind die gegenwärtigen christlichen Staaten als eins betrachtet die erste Einheit und das Zentrum. Die erste Frage ist nun: Wie ist diese Verbindung entstanden? Dies führt uns an den Anfang der modernen Geschichte, wo das Ganze zerstiebt. Fragen wir wieder, woher diese Elemente gekommen sind, so kommen wir auf die alte Geschichte.

So aufgefasst ist das Christentum ein großes geschichtliches Motiv. Hierdurch werden wir in das asiatische Altertum hinübergeführt, wo der Monotheismus herrschte. Ferner wurden durch das Christentum die Elemente der alten Geschichte von Neuem belebt, wodurch sich die germanischen und slawischen Völker kultiviert und gestaltet haben. Die hier notwendigen Teilpunkte müssen nun beim Zurückgehen auf die Gegenwart aufgefasst und dazwischen gestellt werden.

Hiernach entsteht die Frage, ob noch etwas Besonderes nötig ist, um die äußerlich leitenden Punkte, d. h. Namen und Zahlen, in der Geschichte bestimmter zu fixieren. Je mehr das Geschichtliche ins Kleine geht, wo man die Notwendigkeit der großen wirkenden Kräfte für ein bestimmtes Resultat aus den Augen verliert, desto mehr hört die Kraft der eigentlichen geschichtlichen Idee, das Einzelne zu fixieren, auf. Bei der einzelnen, ins Kleine gehenden politischen Geschichte muss dasjenige, was man nicht auf organische Weise haben kann, dem Organischen untergeordnet, d. h. auf mechanische Weise fixiert werden, damit es in der ganzen inneren Regsamkeit einen Punkt hat, worauf es sich bezieht. Dazu hilft, das Geschichtliche in einem äußeren Rahmen darzustellen durch das Tabellarische, nur muss auch dieses so viel wie möglich selbsttätig sein, denn nur das Selbstproduzierte hat Haltung, weil es nur wieder produziert zu werden braucht.

---

75 Positiven, d. h. vom Menschen Aufgestellten oder Gesetzten.

[Besonderer Teil] 253

Eine Bemerkung über den Geschichtsunterricht der großen Masse ist, dass doch der eine Hauptpunkt, die religiöse Geschichte, in den Volksunterricht kommen muss, insofern das Christentum ein Gegenstand der Volksbildung ist. Doch ist dies nicht als eigentlich geschichtlicher Unterricht anzusehen, sondern hat nur eine fremde Beziehung; und überhaupt kommt ja das Christentum dem Volke nie in allen seinen Umständen zur Anschauung. Und doch ist der Unterricht in der religiösen Geschichte ein Punkt zur Vorbereitung der Erweckung des geschichtlichen Sinnes in der Masse, so wie sich im eigenen politischen Leben nachher die vaterländische Geschichte daran knüpfen kann.

Die Darstellung des Gesamtlebens der menschlichen Gattung, die Geschichte, zerfällt in verschiedene Reihen und jede von diesen muss nur im Verhältnisse zur Totalität betrachtet werden. Dazu gehört zweierlei: 1) Die richtige Massenkenntnis und 2) die richtige Schrankenkenntnis. Das Erste gehört mehr zur Sinnlichkeit der Anschauung, das Letzte zur richtigen Schätzung der tätigen intellektuellen Motive. Ohne beides kann man gar keine geschichtliche Anschauung haben und doch wird beides übersehen. Man behandelt z. B. besonders die Geschichte der klassischen Völker, ohne darzustellen, wie sich Griechenland und Rom als Masse zur ganzen Menschenmasse verhalten haben. Ebenso, wenn man besonders bei entfernten Zeiten und fremden Völkern von ihren Taten redet, so wird zwar dasjenige gezeigt, was in ihnen wirksam war, ihre Kraft; allein ihre Schranken bringt man nicht zur Anschauung, nicht, was für Hilfsmittel ihnen fehlten, und was für Kräfte bei ihnen noch nicht entwickelt waren. Freilich ist dies durchzuführen schwer, weil die geschichtliche Forschung selbst noch nicht vollendet ist (Boeckh in seiner Staatshaushaltung hat viel getan.[76])

62. Vorlesung (27. März 1821)

Die Kenntnis der Natur teilt sich auch in zwei große Zweige: 1) in die kosmische und 2) die organische Kenntnis, in Physik und Naturgeschichte, obgleich beide Namen nicht alles erschöpfen. Zu jener gehört die Kenntnis von den Weltkörpern, soviel wir davon ahnen können, die atmosphärischen Operationen und das ganze Spiel der allgemeinen Naturkräfte. Es ist offenbar, wie sich diese Kenntnis an das tätige Leben selbst anknüpft, denn wir leben in und von der Natur und für sie. Folglich

---

76 In Schleiermachers Bibliothek befand sich August Boeckhs „Die Staatshaushaltung der Athener", Bd. 1–2, Berlin 1817 (vgl. KGA I/15, S. 679, Nr. 302).

darf auch im Unterricht der großen Masse dieser Gegenstand nicht ganz fehlen, denn das Volk lebt am meisten mit der organischen Natur und alle Verbesserungen können nur von einer solchen Kenntnis herrühren und sind auch nur vom Volke ausgegangen aus einem gewissen Instinkt. An den bloßen Instinkt ist aber der Mensch nicht gewiesen, sondern alles Fortschreiten ist vom lebendigen Bewusstsein abhängig. Diese Kenntnis der Natur muss jedoch keineswegs auf den praktischen Nutzen zunächst angewandt werden, denn das Praktische geht auf dem Wege der Tradition fort. Nötig ist jedoch jene Kenntnis der Natur überall, denn es ist widernatürlich, wenn der Mensch mit der Natur leben soll und sie nicht kennt. – Auf der anderen Seite ist nicht zu leugnen, dass die Kenntnis der Natur den größten Umwälzungen unterworfen gewesen ist. Nun ist gewiss, dass der Volksunterricht, der im Großen betrieben wird, einen konstanten Charakter haben muss, und man darin nicht immer etwas Neues vorbringen darf; wechselt aber die Wissenschaft, so wechselt auch der Unterricht, und so scheint sich die Kenntnis der Natur nicht zum Volksunterricht zu eignen. Dies betrifft aber nur die organische Natur und die Naturkräfte, insofern man ihnen ein materielles Substrat unterlegt. Die mathematische Seite des Kosmischen steht dagegen sehr fest (z. B. das kopernikanische System) und über die Kenntnis dieser Seite ist stets eine Tradition im Volke vorhanden und selbst Fortschritte, z. B. Wetterbestimmungen, sind von demselben ausgegangen. Hier ist also der Keim der Forschung unter der Masse angelegt und daher kann man diesen Gegenstand vom Unterrichte nicht entfernen.

Zuerst wollen wir das Gebiet der organischen Naturkunde betrachten, weil dieses das konstantere ist, denn nur künstliche Systeme haben hier gewechselt. Hier handelt es sich um die allgemeine Beschauung und Beschreibung des individualisierten Lebens in seinen verschiedenen Formen. Da fällt zuerst in die Augen die Abstufung vom Unvollkommenen zum Vollkommenen, dann die elementarische Relativität, d. h. das überwiegende Leben in der Luft, im Wasser und auf der Erde und die Mischungen; hierzu kommen die klimatischen Differenzen; und diese Hauptpunkte bestimmen verschiedene Reihen. Die ersten beiden Gesichtspunkte pflegt man aufeinander zu reduzieren, den dritten aber hat man stets als einen zweiten Hauptpunkt anerkannt. Hier gibt es nun zwei Arten unterzuordnen. Wollte man aber die klimatischen Differenzen vorwalten lassen, wie einige getan haben, so müsste man doch erst die Charaktere der verschiedenen Gattungen zeichnen, welche nicht dem Klima untergeordnet sind. Folglich müssen die Gattungen vorwalten. Aber soll man vom Vollkommeneren zum Unvollkommeneren oder umgekehrt gehen?

[Besonderer Teil]   255

Hier findet sich eine Analogie mit der Geschichte. Es ist offenbar, dass der Wahrnehmung des Menschen schon im Leben die Geschöpfe gegeben sind, und indem man sie ordnungsmäßig vor Augen legen will, scheint es, dass man von den unvollkommeneren Formen des Lebens anfangen müsse. Aber die Abstufungen können doch nur recht verstanden werden durch die Vergleichung mit dem Menschen als dem vollkommensten der sichtbaren Geschöpfe. Allein, wo zwei solche Methoden vor Augen liegen, deren jede schon ein bestimmtes Recht hat, da muss man sie kombinieren, und so scheint der Rückgang vom Vollkommeneren zum Unvollkommeneren das erste Verfahren zu sein, worauf man auf eine ausführliche Weise umkehrt, sodass man sich den Menschen als das Maximum und Ende darstellt. So lässt sich die ganze Operation machen; aber bald kommt man bei dem ersten rückgängigen Wege darauf, die Hauptvergleichungspunkte festzuhalten, und bemerkt nun, dass die Abstufungen und elementarischen Beziehungen nicht gleich sind. Diese ganze Operation wird dadurch erschwert, dass im Menschen eine Identität des geistigen und organischen Lebens ist. Von der letzten Seite ist die Vergleichung des Menschen mit den anderen Geschöpfen und dieser untereinander leicht; in Ansehung des geistigen Lebens erkennen wir zwar auch einen Übergang, aber die Grenzen sind hier nicht zu bestimmen, weil wir zu keiner Vorstellung von dem untergeordneten geistigen Leben kommen können. Diese Seite muss also im Unterricht stets im Schatten bleiben und man muss stets die Vernunft mit der Sprache als das Unterscheidende des Menschen aufstellen. Dies kann man durch das ganze Gebiet des animalischen Lebens fortsetzen bis in die Mollusken[77]. Im Pflanzenleben scheint kein Bewusstsein mehr zu sein, und wenn die Naturforschung hier von Leben redet und Leben und Bewusstsein nicht getrennt werden können, so muss man im Unterricht dies als etwas Unaufgedecktes darstellen und sich nur an die organische Seite halten. Endlich kann man auch zu den Geschöpfen kommen, die Zwitter sind zwischen dem Vegetabilischen und Animalischen.

Nun kommt, indem man umgekehrt vom Unvollkommeneren anfängt, alles darauf an, durch eine richtige Fortschreitung eine genaue Vorstellung von der mannigfachen Entwicklung und Gestaltung des Lebens zu erregen. Hier ist man in einen zwiefachen Fehler gefallen:

1) Ist man auf jedem Gebiete für sich den künstlichen Systemen gefolgt, die nur bei äußeren Merkmalen stehen bleiben. Dies kann keine Naturanschauung geben, und das Willkürliche in den Bestimmungen eines solchen Systems ist etwas Zurückstoßendes. Denn wenn z. B. das Linnei-

---

77 Mollusken: Weichtiere.

sche System[78] zum Grunde des Unterrichts gelegt wird, wo in den Gattungen selbst Ausnahmen vorkommen und die zusammengestellten Gegenstände von der Natur gar nicht zusammengestellt sind, so muss Verwirrung entstehen. Für den Naturforscher ist dies sehr interessant, aber nicht zweckmäßig für den Unterricht, denn hier möchte auf diesem Wege das Ganze ein mechanisches Produkt werden.

2) Der andere Abweg ist, dass man alles nur fragmentarisch behandelt, indem man das sogenannte Merkwürdige heraussucht. Was ist aber das Merkwürdige? Am Leben ist nur das Leben das Merkwürdige, und so muss man die verschiedenen Gestalten des Lebens aufsuchen. Jenes fragmentarische Verfahren ist nur Zeitvertreib oder Geschäftsübung.

So gibt es denn keinen wahren Unterricht als den, welcher die allgemeine Anschauung des Lebens zum Grunde legt und dann seine Modifikationen zeigt. Hier aber gibt es auch eine Duplizität, von welcher die ganze Anschauung abhängt, nämlich die Betrachtung der Prozesse und der Formen. Welche soll nun vorherrschen?

Hier kann nur entschieden werden nach den allgemeinen Prinzipien auf dem geschichtlichen Gebiet. Die Prozesse (z. B. der Blutumlauf) werden noch immer erforscht und können nicht von den Kindern verstanden werden. Die Formen dagegen sind gegeben und feststehend, und nur die Ansicht von ihren Verhältnissen zu den Prozessen selbst ist wandelbar. Die Stetigkeit in der Entwicklung der Formen der organischen Geschöpfe vom Vegetabilischen bis zum Animalischen zur Anschauung zu bringen, ist die Hauptsache. Dies ist freilich nur positiv und man ist hier rein an das Äußere gewiesen. Dennoch ist es immer eine große Forderung, den Unterricht über die Naturgegenstände in die Gesetze der Stetigkeit zu bringen, worüber noch nichts Genügendes geliefert ist. Freilich muss die Darlegung der anorganischen Formen vorangehen, welche sich an das Mathematische anschließen. Von diesen geht man zu den vegetabilischen und animalischen Geschöpfen über und zeigt, wie sich bei jenen alle wesentlichen Teile erst entwickeln, bei den Letzten aber zugleich gegeben sind, und so kann man die Natur ins Bewusstsein bringen, während auch der Beobachtungsgeist geschärft wird.

---

78 Der schwedische Naturwissenschaftler Carl Nilsson Linaeus (Carl von Linné, 1707–1778) entwickelte die Grundlagen der modernen Taxonomie. Sein „Systema Naturae" erschien 1735. In Schleiermachers Bibliothek befanden sich zwei Ausgaben von Linnés „Systema vegetabilium" sowie Linnés „Philosophia botanica" (vgl. KGA I/15, S. 760, Nrr. 1152–1154).

[Besonderer Teil]

63. Vorlesung (27./28. März 1821)

Die Darstellung der Stetigkeit der Reihen ist also die Topik für die Naturgeschichte. Dabei kommt es an 1) auf das Elementarische, auf die wesentlichen Teile, und 2) auf das Ganze der Gestalt. Die anorganischen Formen schickt man als geometrische voran und steigt dann hinauf bis zum Menschen, um einen Überblick zu gewinnen. Dies kann aber nicht geleistet werden ohne Anschauung, sondern es ist dazu ein Apparat nötig, entweder Sammlungen oder Bilder. Das Letzte ist offenbar das Leichtere. Ohne unmittelbare Anschauung würde man nie etwas Lebendiges im Bewustsein hervorbringen. Allein eben wegen des Apparats kann dieser Unterricht nicht leicht in die Volksschulen aufgenommen werden, und so bleibt für das Volk nur die Vorbereitung für die Betrachtung übrig.

Dasselbe gilt auf dem Gebiet der Physik, der praktischen Naturkunde, von ihrer spekulativen Seite angesehen. Hier wechseln die Ansichten immer noch am meisten, wie z. B. über Elektrizität und Magnetismus, und so kann von einer festen Methode noch gar nicht die Rede sein, denn diese kann nur aus dem höchsten wissenschaftlichen Standpunkte für jedes Gebiet hervorgehen. Auch hier kann nichts ohne Anschauung gelehrt werden, welche 1) in der Natur selbst ist und 2) durch Versuche vermittelst eines physikalischen Apparats bewirkt wird. Das Erste lässt sich in keine feste Zeit hineinbannen, sondern die Gelegenheit muss da sein, und selbst dann kann man den Prozess nicht im Zusammenhange verfolgen, sondern man kann nur die Aufmerksamkeit darauf hinlenken, was in der Natur geschieht. In Volksschulen ist es auch unmöglich, einen Apparat herbeizuschaffen, und deswegen muss hier dieses Gebiet ausgeschlossen werden, und man muss sich mit Vorübungen begnügen. In den höheren Bildungsanstalten ist freilich ein solcher Unterricht möglich, aber er wird nur von einer Hypothese ausgehen müssen. Diese Vorbildung bei der Jugend, die eine höhere Bildung erhalten soll, ist unerlässlich, damit sie zum Weiterfördern der Physik aufgeregt werde. Das Materielle also trage man nie mit Zuversicht vor und gehe bei den einzelnen Phänomenen einen historischen Gang. Daraus folgt, dass auf das Materielle der wenigste Wert zu legen ist. Da aber die Naturwissenschaft durch den Versuch und die Beobachtung vollkommen werden kann, so muss sich der Unterricht vorzüglich auf diese beiden Punkte einlassen. So würden hier besonders drei Punkte zu beachten sein: 1) Die Darlegung der Hauptphänomene, in denen sich uns die Kräfte offenbaren, 2) das Historische, 3) die Kunst des Versuchens und Beobachtens. In der Folge muss auch eine spekulative Physik hinzukommen, was aber jenseits der Erziehung liegt.

Das dritte Hauptobjekt ist das Mathematische. Hier sollte man denken, könne es keine schlechte Methode geben, weil man an der Mathematik gern ihre absolute Gewissheit rühmt. Außerdem ist seit Kurzem für diesen Gegenstand viel getan worden.[79] Die erste Stufe hier beruht auf dem Auseinanderliegen der Behandlung der stetigen Größe (des Geometrischen) und der diskreten (des Arithmetischen), die zweite auf dem Beieinandersein beider, dem unendlich Kleinen, und die dritte auf dem Historischen. Was jenes betrifft, so ist bei Behandlung der Arithmetik stets die Gefahr, dass sie zu sehr mechanisiert wird. Dies kommt daher, weil man sich das Ziel steckt, mit großer Leichtigkeit zusammengesetzte Operationen zu lösen. Dies ist aber Nebensache, denn sie kommen selten im praktischen Leben vor, außer wenn man, was ein Gemachtes sein soll, als ein positiv Empfangenes hat, und hier kann das Verfahren mechanisch sein, oder in der höheren Mathematik selbst, welche aber immer nur beim Allgemeinen stehen bleibt. Auch die Pestalozzische Methode bringt nur Fortschritt in die Fertigkeit mit kurzem Zeitverlust. Es kommt alles darauf an, die verschiedenen rein arithmetischen Operationen auf eine und dieselbe zu reduzieren, d. h. die Verhältnisse der Addition und Multiplikation, der Subtraktion und Division auf das Zählen nach verschiedenen Einheiten aufeinander. Hat man dies klar gemacht, so ist diese ganze Operation fertig und die Fertigkeit braucht dann nur als Gedächtnisübung getrieben zu werden. Dagegen muss an die Stelle der Übung des Mechanischen treten als Vorbereitung auf das Geometrische die Algebra, die allgemeine Arithmetik, denn dies ist die Beziehung der diskreten Größe auf die konkrete. In dieser Hinsicht hat man jetzt einen richtigen Gang eingeschlagen, indem man die allgemeine Arithmetik nur als Vorübung angesehen hat zur wissenschaftlichen Geometrie. Hier beruht alles darauf, diskrete Größen auf konkrete zu reduzieren.

Was die Geometrie betrifft, so ist hier der Hauptpunkt, dass bei aller Gewissheit des Einzelnen doch im Ganzen eine große Unklarheit beim gewöhnlichen Verfahren herrscht, daher die Gewissheit des Einzelnen

---

[79] Vgl. z. B. J. H. Pestalozzi: Elementar-Bücher. Anschauungslehre der Zahlenverhältnisse. Heft 1–3. Zürich, Bern, Tübingen 1803–1804, die sich in Schleiermachers Bibliothek befanden (Schleiermachers Bibliothek, KGA I/15, S. 885, Nr. 2477; und S. 909, Nr. 2692). In der Vorlesung von 1826 beurteilt Schleiermacher die Pestalozzische Methode auch in Bezug auf das Rechnen kritisch (vgl. SW III/9, S. 424). – Die von Schleiermacher geleitete „Wissenschaftliche Deputation für den öffentlichen Unterricht" hatte ebenso vor Kurzem für „diesen Gegenstand" „viel getan", indem sie mit ihrem Lehrplan von 1810 einen gegenüber den althergebrachten Latein- und Gelehrtenschulen veränderter Fächerkanon festlegte, mit dem erstmals ein mathematischer und naturwissenschaftlicher Unterricht verpflichtend wurde.

doch kein Interesse erregt. Es ist auffallend, dass so wenige sie lieben. Dies kommt daher, weil man nicht die Fortschreitung von einem Satze zum anderen mit derselben Klarheit sieht, wie freilich in der Zurückführung bei den Beweisen nachher geschieht. Indem das Theorem oder Problem selbst aufgestellt wird, so sieht der Schüler nicht, wohin er will, noch, woher er kommt. Hier ist eine Methode nötig, die alles in einer größeren Stetigkeit zeigt. Worauf kommt es aber bei der Geometrie an? Auf die verschiedenen Arten, den Raum zu begrenzen, und dann auf die Reduktion dieser Arten aufeinander. In den ersten Grundzügen liegt hier schon der Fehler, z. B. in der Lehre von der Gleichheit und Ähnlichkeit. Dreiecke sind gleich, insofern sie auf gleiche Weise entstanden sind, d. h., sie sind dann identisch, bei der Ähnlichkeit sind sie auch identisch, nur vergrößert. Die gegebenen Stücke lassen sich immer aufeinander reduzieren, und dies ist eben zu untersuchen und darzustellen. Gleichheit und Ähnlichkeit sind eigentlich eins und dasselbe. – Führt man nun die ganze Geometrie auf die bestimmten Begrenzungen des Raumes und auf die Reduktion derselben untereinander zurück, so wird nichts da sein, wovon der Unterrichtende nicht wüsste, wie es dahin kommt. Denn alles, wohin man durch eine Konstruktion kommen kann, muss schon in der Konstruktion selbst liegen.

Sobald jenes beides, das Arithmetische und Geometrische, richtig entwickelt ist, so liegt darin das Auflösen beider ineinander, die höhere Mathematik. Das Historische gehört aber nur ins strengste wissenschaftliche Gebiet und ist bei uns mit Recht aus dem Unterricht verwiesen.

Fragen wir nun: Was soll von diesem Unterricht in den Volksunterricht hinein? So ist die gewöhnliche Praxis, dass das Volk nur in der Arithmetik unterrichtet wird, und zwar ist dies eine Vorübung zum Geschäftsleben. Freilich kann dies nicht anders sein und es müsste mit uns ganz anders werden, wenn die Geometrie in den Volksunterricht aufgenommen werden sollte. Auf jeden Fall aber muss sie in die städtischen Volksschulen aufgenommen werden. Dieser Unterschied ist aber nur bei uns und unter unseren politischen Verhältnissen ein konstanter.

Noch einiges über das Verhältnis der Teile des Unterrichts zueinander: Es zeigt sich darin ein verschiedener Charakter unter verschiedenen Völkern, dass auf eins von den drei großen Gebieten ein größerer Wert gelegt wird, je nachdem man die Sache nicht nur als Geschäft, sondern auch als Bildungsmittel betrachtet. So sagt man von der Mathematik, sie mache logischer als der Sprachunterricht. Ebenso einseitig urteilt man vom Naturunterricht. Das Wahre ist, dass alle drei gleich geltende Gebiete sind.

Solche verschiedenen Ansichten müssen aber stattfinden, und hier muss es eine Ausgleichung geben. Diese findet sich im Großen darin, dass jene Ansichten wechseln. Der Nachteil der Einseitigkeit kann nur gehoben werden, entweder wenn eine oberste Leitung da ist, die sich von aller Einseitigkeit frei hält, oder wenn im pädagogischen Verfahren eine solche Freiheit herrscht, dass sich die Verschiedenheiten ausgleichen. Beides ist schwer, darum muss beides nebeneinander bestehen. Das Letzte für sich[80] ist dem Charakter der großen Öffentlichkeit des Unterrichts entgegen, denn ist er ein Teil des politischen Lebens, so kann eine solche Freiheit nicht herrschen. Wird aber der Unterricht von oben geordnet, so lässt sich von einer gut geordneten Akademie viel dafür erwarten, aber nicht von einer Staatsbehörde, denn hier kann nicht eine reine Organisation sein. Ebenso war es nachteilig, dass der Unterricht eine Zeit lang der Sache nach unter der Kirche stand, denn so wurde er nur philologisch. Eine freie pädagogische Tätigkeit ist also ein notwendiges Ausgleichungsmittel, und so ergänzen z. B. die Privatinstitute das Mangelhafte.

Dasselbe gilt von der Seite der Methode, welche übereinstimmen muss, was jedoch oft bei der häufigen Versetzung der Lehrer etc. unmöglich ist. Jede von oben her gegebene Methode ist aber nicht vollkommen, sondern es muss ein freies Suchen geben, und daher sind Privatinstitute unentbehrlich. Auch muss es nationale Einseitigkeiten im Material und in der Methode geben, und so ist es heilsam, dass sich auch solche Erziehungsanstalten bilden, die sich auf die Verschiedenheit der Nationen nicht beziehen, z. B. in der Schweiz.

In dem angelegten Schema ist noch die religiöse Bildung übrig als die dritte zur sittlichen und wissenschaftlichen. Dieser Gegenstand kann am wenigsten die bestimmte Form der Erziehung annehmen, sondern alles beruht hier auf der unmittelbaren Einwirkung. Was in den Unterricht gehört, teilt sich in das Geschichtliche, das sich auf das Dasein der christlichen Kirche bezieht, und in das Katechetische, welches in das Gebiet der praktischen Theologie gehört. Aber auch dies ist für die religiöse Bildung nur untergeordnet, weil das Religiöse die innere Gemütserregung, nicht der Gedanke ist. Hier kommt es darauf an, dass das Verhältnis zwischen dem Sittlichen und Religiösen aufgefasst werde.

Das Sittliche ruht auf dem Bewusstsein des Menschen von der Identität des Einzelnen und der Gattung, die sich im Nationalen spiegelt. Das Religiöse beruht auf dem Bewusstsein gewordenen Verhältnisse des Menschen zur ursprünglichen Quelle alles Lebens und Seins. Wenn dieses nicht etwas der menschlichen Natur Wesentliches ist und als ein solches

---

80 Gemeint ist die Freiheit im pädagogischen Verfahren.

angesehen wird, so ist es ein Trug, und jede Ansicht, als ob man das Religiöse auf einer Seite zu guten Zwecken benutzen könne, auf der anderen als etwas Falsches betrachten müsse, ist ganz verkehrt. Das Bewusstsein des Menschen von seinen Verhältnissen zum höchsten Wesen muss vorausgesetzt werden, wenn über Erziehung gehandelt werden soll. Denn dieses Bewusstsein muss doch auch entwickelt werden.

Auf welche Weise aber? Weil das Religiöse rein innerlich ist, so kann dies nur auf eine formlose Weise, durch das Innerste des Lebens geschehen und in den vertrautesten Verhältnissen. Es gibt also kein pädagogisches Mittel als das unmittelbare Verhältnis der Eltern und derer, die ihre Stelle vertreten, zur Jugend, um auf die Erweckung des religiösen Elements zu wirken. Es muss aber im Menschen selbst entstehen, und zwar durch das gesellige Leben, indem er hier das religiöse Prinzip walten sieht. Aber auch dann wird es sich in dem Maße entwickeln, wie es in der Familie herrschend ist. Will man aber religiöse Übungen zu einem pädagogischen Zweck im Hause selbst einrichten, so wird auch dies nur das mechanisieren, was am wenigsten mechanisiert werden kann. Wahrheit ist auch hier die erste Basis. Das Religiöse kann nur in zwei Formen zum Bewusstsein im Menschen kommen. Es unterscheiden sich im Leben Momente, wo die Entwicklung des Religiösen als gehemmt gefühlt wird, und die Unterscheidung dieser Momente ist das Gefühl der Frömmigkeit im Menschen selbst. – Fühlt der Mensch, er sei zuweilen nicht fähig, zum religiösen Bewusstsein aufzusteigen, so ist dies die Anlage zur Frömmigkeit. Hierbei ist aber nichts zu machen, weil es das freiste innere Leben selbst ist, denn es ist die Rückwirkung des Bewusstseins auf sich selbst. Dieses Bewusstsein gehörig zu fixieren, ist nur das Werk des Erziehers.

Man hat hier nur einen Punkt als schwierig gefunden, und er ist der Mittelpunkt. Sobald nämlich dieses Gefühl erwacht ist, so muss auch das Gefühl erwacht sein, dass dies etwas allgemein Menschliches ist.[81] Nun ist keine religiöse Mitteilung möglich, als wenn diese Voraussetzung zugegeben wird,[82] und auch die Erwachsenen gegen die Jugend bekennen, dass in ihnen ein solcher Gegensatz in der Erhebungsfähigkeit zum Religiösen besteht, und das scheint die Autorität der Erwachsenen zu schwächen, denn jenes sind die sündlichen Momente des Lebens. Die Jugend nimmt bald diese Zustände auch wahr und richtet über sie auf eine Weise, wie dies in den anderen beiden Gebieten gar nicht möglich ist.

---

81 Göttinger Nachschrift, S. 97v: „So wie das Gefühl erwacht ist, ist auch das Bewußtsein erwacht, daß dieß in allen Menschen dasselbe sein muß."
82 Göttinger Nachschrift, S. 97v: „Es ist keine andere Entwicklung möglich, als daß diese Voraussetzung zugegeben wird."

Das religiöse Gebiet ist aber das Gebiet der höchsten Gleichsetzung, weil vor Gott alle gleich sind, und sobald man hier nicht der reinen Wahrheit treu bleibt, so verdirbt man das innerste Gebiet des Einwirkens auf die Jugend, und dann geht eins mit dem anderen verloren. Daher der Vorschlag, dass die Eltern gar kein religiöses Leben mit den Kindern haben sollen, sondern nur die Geistlichen. So aber verliert das Leben der Eltern selbst den höchsten Charakter, wenn man das Religiöse daraus entfernen will. Hier ist aber nichts als das reine Zusammenleben das Einzige. Wo das einen gottesdienstlichen Charakter hat, treten diese Schwierigkeiten nicht ein, und die gemeinschaftlichen religiösen Sammlungen sind etwas Heilsames und Schönes, aber nur, wenn sie innere Wahrheit im häuslichen Leben selbst haben. So aber wird die Aufmerksamkeit der Jugend auf den religiösen Gehalt der sie Leitenden rege, und die Achtung kann hier leicht verringert werden, je mehr Wert die Jugend selbst auf das Religiöse legt. Dies ist eine Schwierigkeit der Sache, aber nicht der Behandlung. Denn wenn ein wirklich religiöses Leben in der Familie ist, so ist desto weniger zu besorgen, dass selbst jene sündlichen Momente, wenn nur im Ganzen ein religiöser Sinn herrscht, eine Verringerung der religiösen Achtung hervorbringen. So ist diese Seite diejenige, welche schon im Anfange der Erziehung das Ende in sich trägt, weil sie am meisten den Charakter der Gleichsetzung hat.

Wenn wir nun von hier aus auf manche schwierigen Punkte im Vorigen zurückblicken, so können sich auf diese Weise die Bande des Gehorsams und der Unterwerfung von selbst lösen, und so wird die Selbstständigkeit auf der religiösen Entwicklung ruhen, auf der Gleichsetzung der Erzogenen und Erziehenden. So ist dies der rechte Schlüssel zu allem Übrigen und der richtige Übergang aus dem Zustande der Erziehung zur Selbstständigkeit, denn so wird der ganze Mensch seinem eigenen Bewusstsein von Gott untergeordnet.

Literaturverzeichnis

Adelung, Johann Christoph (1793–1811): Grammatisch-kritisches Wörterbuch der Hochdeutschen Mundart. 2., verbesserte Auflage. Bd. 1–4. Leipzig (Reprint 1970).

Alt, Robert (1949): Erziehungsprogramme der Französischen Revolution: Mirabeau, Condorcet, Lepeletier. Berlin, Leipzig.

Arndt, Andreas und Wolfgang Virmond (1992): Schleiermachers Briefwechsel (Verzeichnis) nebst einer Liste seiner Vorlesungen. Berlin, New York (Schleiermacher-Archiv 11).

Bellmann, Johannes (2006): Religionsunterricht ist ordentliches Lehrfach. Begründungen religiöser Bildung an öffentlichen Schulen. In: Jörg Ruhloff, Johannes Bellmann (Hg.): Perspektiven Allgemeiner Pädagogik. Dietrich Benner zum 65. Geburtstag. Weinheim und Basel, S. 173–185.

Benner, Dietrich und Herwart Kemper (^{2}2003): Theorie und Geschichte der Reformpädagogik. Teil 1: Die pädagogische Bewegung von der Aufklärung bis zum Neuhumanismus. Weinheim und Basel.

Benner, Dietrich und Herwart Kemper (2000): Quellentexte zur Theorie und Geschichte der Reformpädagogik. Teil 1: Die pädagogische Bewegung von der Aufklärung bis zum Neuhumanismus. Weinheim.

Bock, Gisela (2000): Frauen in der europäischen Geschichte. Vom Mittelalter bis zur Gegenwart. München.

Brachmann, Jens (2001): Chronologische Bibliographie zur „Erziehungslehre" Friedrich Schleiermachers. In: Johanna Hopfner (Hg.): Schleiermacher in der Pädagogik. Würzburg, S. 171–195.

Brachmann, Jens (2002): Friedrich Schleiermacher. Ein pädagogisches Porträt. Weinheim und Basel.

Brüggen, Friedhelm (2004): Öffentlichkeit. In: Dietrich Benner, Jürgen Oelkers (Hg.): Historisches Wörterbuch der Pädagogik. Weinheim, S. 724–749.

Diesterweg, Friedrich Adolph Wilhelm (1835): Proben von Schleiermachers Vorlesungen. In: Rheinische Blätter für Erziehung und Unterricht, Bd. XI, S. 3–15.

Diesterweg, Friedrich Adolph Wilhelm (1959): Über die Lehrmethode Schleiermachers. In: Ders.: Sämtliche Werke. Bd. 3. Berlin, S. 251–268.
Ehrhardt, Christiane und Wolfgang Virmond (2007): Schleiermachers Pädagogik-Vorlesung von 1820/21. Ein Aschenputtel in neuem Licht. In: Vierteljahrsschrift für wissenschaftliche Pädagogik 83, Heft 3, S. 345–359.
Fleckenstein, Josef (1983): Bildungsreform Karls Des Großen. In: Lexikon des Mittelalters. Bd. 2. München und Zürich, Sp. 187–189.
Friebel, Horst (1961): Die Bedeutung des Bösen für die Entwicklung der Pädagogik Schleiermachers. Ratingen (Kölner Arbeiten zur Pädagogik, hg. v. Julius Drechsler).
Frost, Ursula (1991): Einigung des geistigen Lebens. Zur Theorie religiöser und allgemeiner Bildung bei Friedrich Schleiermacher. Paderborn.
Gutzkow, Karl (1974): Das Kastanienwäldchen in Berlin. In: Ders.: Werke, hg. v. Reinhold Gensel, Bd. 8. Hildesheim, New York, S. 7–49.
Hegel, Georg Wilhelm Friedrich (1811) 2006: Rede vom 2. September 1811. In: Ders.: Gesammelte Werke. In Verbindung mit der Deutschen Forschungsgemeinschaft hg. von der Nordrhein-Westfälischen Akademie der Wissenschaften. Band 10,1: Nürnberger Gymnasialkurse und Gymnasialreden (1808–1816) hg. von Klaus Grotsch. Düsseldorf, S. 481–492.
Hegel, Georg Wilhelm Friedrich (1964): Grundlinien der Philosophie des Rechts oder Naturrecht und Staatswissenschaft im Grundrisse. In: Ders.: Sämtliche Werke. Hg. von Hermann Glockner. Band 7. Stuttgart, Bad Cannstatt.
Hegel, Georg Wilhelm Friedrich (1965): System der Philosophie. Dritter Teil. Die Philosophie des Geistes. In: Ders.: Sämtliche Werke. Hg. von Hermann Glockner. Band 10. Stuttgart, Bad Cannstatt.
Heinrici, Carl Friedrich Georg (1889): August Twesten nach Tagebüchern und Briefen. Berlin.
Hellekamps, Stephanie (1997): Die Gründung der Republik. Bildungstheoretische Analysen zur Differenz von politischer Gesellschaft und räsonierender Öffentlichkeit nach 1789. Weinheim (Bibliothek für Bildungsforschung Band 5).
Herbart, Johann Friedrich (1806) 1965: Allgemeine Pädagogik aus dem Zweck der Erziehung abgeleitet. In: Johann Friedrich Herbart: Pädagogische Schriften. Hg. von Walter Asmus. 2. Band, Pädagogische Grundschriften. Düsseldorf und München, S. 9–155.

Herbart, Johann Friedrich (1808) 1890: Allgemeine Praktische Philosophie. In: Johann Friedrich Herbart's Sämmtliche Werke. Hg. von G. Hartenstein. 8. Band, Schriften zur Praktischen Philosophie 1. Teil. Hamburg und Leipzig, S. 1–212.
Hinrichs, Wolfgang (1977): Die pädagogische Schleiermacher-Forschung. In: Zeitschrift für Pädagogik, 14. Beiheft, S. 285–299.
Horn, Klaus-Peter und Heidemarie Kemnitz (2002): Pädagogik als Unterrichtsfach an der Berliner Universität Unter den Linden im 19. und 20. Jahrhundert: In: Dies. (Hg.): Pädagogik unter den Linden. Von der Gründung der Berliner Universität im Jahre 1810 bis zum Ende des 20. Jahrhunderts. Stuttgart, S. 7–18.
Humboldt, Wilhelm von (1792) 1960: Ideen zu einem Versuch, die Gränzen der Wirksamkeit des Staates zu bestimmen. In: Ders.: Werke in fünf Bänden. Hg. von Andreas Flitner und Klaus Giel. Bd. I. Schriften zur Anthropologie und Geschichte. Darmstadt, S. 56–233.
Humboldt, Wilhelm von (1803) 1960: Theorie der Bildung des Menschen. Bruchstück. In: Ders.: Werke in fünf Bänden. Hg. von Andreas Flitner und Klaus Giel. Bd. I. Schriften zur Anthropologie und Geschichte. Darmstadt, S. 234–240.
Kiel, Gerhard (1971): Die Problematik repressiver Erziehungsmaßnahmen bei Schleiermacher. In: Pädagogische Rundschau 5, S. 317–330.
Kinzel, Ulrich (1995): Übung und Freiheit. Versuch einer Aktualisierung von Schleiermachers Bemerkungen über „Zucht". In: Neue Sammlung 35, Heft 2, S. 65–87.
Korte, Petra (2002): Selbstkraft oder Pestalozzis Methode. In: Der historische Kontext von Pestalozzis „Methode". Konzepte und Erwartungen im 18. Jahrhundert. Hg. von Daniel Tröhler, Simone Zurbuchen, Jürgen Oelkers. Bern, Stuttgart, Wien, S. 31–46.
Leitl, Emeram (1908): Das Strafproblem in Schleiermachers Pädagogik. Diss. München.
Lenz, Max (1910a): Geschichte der Königlichen Friedrich-Wilhelms-Universität zu Berlin. 2. Band, 1. Hälfte: Ministerium Altenstein. Halle
Lenz, Max (1910b): 4. Band: Urkunden, Akten und Briefe, Halle.
Meckenstock, Günter (2005): Schleiermachers Bibliothek nach den Angaben des Rauchschen Auktionskatalogs und der Hauptbücher des Verlages G. Reimer. Zweite, erweiterte und verbesserte Auflage. In: KGA I/15. Berlin, New York, S. 635–912.
Paul, Jean (1963): Levana oder Erziehlehre. In: Ders.: Werke. Hg. von Norbert Miller. 5. Band, Vorschule der Ästhetik, Levana oder Erziehlehre, Politische Schriften. München, S. 515–874.

Plato (1984): Werke. In der Übersetzung von F. Schleiermacher. Band I, 1. Berlin: Akademie Verlag. (Darin: Phaidros)

Platz, Carl (1849): Erziehungslehre. Aus Schleiermacher's handschriftlichem Nachlasse und nachgeschriebenen Vorlesungen hg. von Carl Platz. Berlin (Schleiermacher: Sämmtliche Werke III/9)

Platz, Carl (1871): Lebens-Skizze und Würdigung Schleiermachers als Pädagogen. In: Friedrich Schleiermacher: Erziehungslehre. Aus Schleiermachers handschriftlichem Nachlasse und nachgeschriebenen Vorlesungen hg. von C. Platz. Langensalza (Bibliothek Pädagogischer Classiker Bd. 5), S. 721–762.

Rousseau, Jean-Jacques (1762) ^{13}1998: Emil oder Über die Erziehung. Paderborn.

Rousseau, Jean-Jacques (1755) ^{3}1993: Diskurs über die Ungleichheit. Discours sur l'origine et les fondements de l'inégalité parmi les hommes. Kritische Ausgabe des integralen Textes. Neu ediert, übersetzt und kommentiert von Heinrich Meier. Paderborn.

Scheibe, Wolfgang (^{3}1977): Die Strafe als Problem der Erziehung. Eine historische und systematische pädagogische Untersuchung. Darmstadt.

Schleiermacher: Werkausgaben

Schleiermacher, Friedrich: Sämmtliche Werke. Berlin 1834 ff. (= SW):

SW I/7 Hermeneutik und Kritik mit besonderer Beziehung auf das Neue Testament. Aus Schleiermacher's handschriftlichem Nachlasse und nachgeschriebenen Vorlesungen hg. von Friedrich Lücke. Berlin 1838.

SW I/12 Die christliche Sitte nach den Grundsätzen der evangelischen Kirche im Zusammenhange dargestellt. Aus Schleiermacher's handschriftlichem Nachlasse und nachgeschriebenen Vorlesungen hg. von Ludwig Jonas. Berlin 1843.

SW I/13 Die praktische Theologie nach den Grundsätzen der evangelischen Kirche im Zusammenhange dargestellt. Aus Schleiermacher's handschriftlichem Nachlasse und nachgeschriebenen Vorlesungen hg. von Jacob Frerichs. Berlin 1850.

SW II/1 Predigten. Erster Band. Neue Ausgabe. Berlin 1843. (Darin: Die schriftmäßige Einschränkung unserer Sorge für die Zukunft; Predigt zu Mt 6, 34, S. 124–136) – Zuerst veröffentlicht in: Predigten von F. Schleiermacher. Berlin: Realschulbuchhandlung 1801, S. 191–213.

SW III/1 Dr. Friedrich Schleiermacher's philosophische und vermischte Schriften. Erster Band. Berlin 1838. Darin u. a.: Grundlinien einer Kritik der bisherigen Sittenlehre, S. 1–344. Monologen, S. 345–420.

SW   III/4,2 Dialektik. Aus Schleiermachers handschriftlichem Nachlasse hg. von Ludwig Jonas. Berlin 1839.

SW   III/5 Entwurf eines Systems der Sittenlehre. Aus Schleiermachers handschriftlichem Nachlasse hg. von Alexander Schweizer. Berlin 1835.

SW   III/6 Psychologie. Aus Schleiermacher's handschriftlichem Nachlasse und nachgeschriebenen Vorlesungen hg. von Leopold George. Berlin 1862.

SW   III/7 Vorlesungen über die Aesthetik. Aus Schleiermacher's handschriftlichem Nachlasse und aus nachgeschriebenen Heften hg. von Dr. Carl Lommatzsch. Berlin 1842.

SW   III/9 Erziehungslehre. Aus Schleiermacher's handschriftlichem Nachlasse und nachgeschriebenen Vorlesungen hg. von Carl Platz. Berlin 1849.

Schleiermacher, Friedrich Daniel Ernst: Kritische Gesamtausgabe. Hg. von Hans-Joachim Birkner und Gerhard Ebeling, Hermann Fischer, Heinz Kimmerle, Kurt-Victor Selge. Herausgeber nach dem Tod von Hans-Joachim Birkner 1991: Hermann Fischer, Ulrich Barth, Konrad Cramer, Günter Meckenstock, Kurt-Victor Selge. Berlin, New York 1980 ff. (= KGA):

KGA   I/2 Schriften aus der Berliner Zeit 1796–1799. Hg. von Günter Meckenstock. Berlin, New York 1984. Darin: Idee zu einem Katechismus der Vernunft für edle Frauen (Fragmente), S. 153 f. Versuch einer Theorie des geselligen Betragens, S. 163–184. Über die Religion. Reden an die Gebildeten unter ihren Verächtern, S. 187–326.

KGA   I/3 Schriften aus der Berliner Zeit 1800–1802. Hg. von Günter Meckenstock. Berlin, New York 1988. Darin: Monologen, Eine Neujahrsgabe, S. 1–63. Rezension von Joachim Heinrich Campe: Historisches Bilderbüchlein oder die allgemeine Weltgeschichte in Bildern und Versen (1801), S. 431–448.

KGA   I/5 Schriften aus der Hallenser Zeit 1804–1807. Hg. von Hermann Patsch. Berlin, New York 1995. Darin: Rezension von Johann Friedrich Zöllner: Ideen über Nationalerziehung (1805), S. 1–25.

KGA   I/6 Universitätsschriften; Herakleitos; Kurze Darstellung des theologischen Studiums. Hg. von Dirk Schmid. Berlin, New York 1998. Darin: Gelegentliche Gedanken über Universitäten im deutschen Sinn. Nebst einem Anhang über eine neu zu errichtende (1808), S. 15–100

KGA I/7,1 Der christliche Glaube nach den Grundsätzen der evangelischen Kirche im Zusammenhange dargestellt (1821/22). Teilband 1. Hg. von Hermann Peiter. Berlin, New York 1980.

KGA I/9 Kirchenpolitische Schriften. Hg. von Günter Meckenstock. Berlin, New York 2000.

KGA I/11 Akademievorträge. Hg. von Martin Rössler unter Mitwirkung von Lars Emersleben. Berlin, New York 2002. Darin: Über den Beruf des Staates zur Erziehung, S. 125–146.

KGA I/15 Register zur I. Abteilung. Erstellt von Lars Emersleben unter Mitwirkung von Elisabeth Blumrich u. a. [sowie] Anhang. Günter Meckenstock: Schleiermachers Bibliothek. Berlin, New York 2005.

KGA II/8 Vorlesungen über die Lehre vom Staat. Hg. von Walter Jaeschke. Berlin, New York 1998.

KGA II/10 Vorlesungen über die Dialektik. Teilband 1. 2. Hg. von Andreas Arndt. Berlin, New York 2002.

Schleiermachers Werke. Auswahl. Hg. und eingeleitet von Otto Braun und Joh. Bauer. Band 3. Leipzig 1910. Darin: „Zur Pädagogik", S. 399–535.

Schleiermacher: Briefe

Aus Schleiermacher's Leben. In Briefen. Hg. von Ludwig Jonas u. Wilhelm Dilthey. IV. Band. Schleiermachers Briefe an Brinckmann. Briefwechsel mit seinen Freunden von seiner Uebersiedlung nach Halle bis zu seinem Tode. Berlin ²1863 (= Briefe IV).

Schleiermacher als Mensch. Sein Werden und Wirken. Sein Wirken. Familien- und Freundesbriefe 1804 bis 1834. In neuer Form und mit einer Einleitung und Anmerkungen hg. von Heinrich Meisner, Stuttgart, Gotha 1923 (= Briefe ed. Meisner 2).

Friedrich Schleiermacher's Briefwechsel mit Joachim Christian Gaß. Mit einer biographischen Vorrede. Hg. von Dr. Wilhelm Gaß, Berlin 1852 (= Briefwechsel mit Gaß).

Friedrich Schleiermachers Briefwechsel mit seiner Braut. Hg. von Heinrich Meisner. Mit zwei Jugendbildnissen Schleiermachers. Gotha 1919 (= Brautbriefwechsel).

Schleiermacher: Einzelbände

Schleiermacher, Friedrich (1871): Erziehungslehre. Aus Schleiermachers handschriftlichem Nachlasse und nachgeschriebenen Vorlesungen

hg. v. C. Platz. Langensalza (Bibliothek Pädagogischer Classiker Bd. 5).
Schleiermacher's Pädagogische Schriften (²1876). Mit einer Darstellung seines Lebens hg. von C. Platz. Langensalza (Bibliothek Pädagogischer Classiker 5).
Schleiermacher's Pädagogische Schriften (³1902). Mit einer Darstellung seines Lebens hg. von C. Platz. Langensalza (Bibliothek Pädagogischer Klassiker 5).
Schleiermacher, Friedrich (1957): Pädagogische Schriften. Unter Mitwirkung von Theodor Schulze hg. v. Erich Weniger. Düsseldorf und München. Bd. 1. Die Vorlesungen aus dem Jahre 1826. – Bd. 2. Pädagogische Abhandlungen und Zeugnisse. (Darin: „Vorlesungen über Gegenwirkung, Strafe und Zucht (1820/21)", S. 171–202).
Schleiermacher, Friedrich (1959): Ausgewählte Pädagogische Schriften. Besorgt von Ernst Lichtenstein. Paderborn.
Schleiermacher, Friedrich (1983/84): Pädagogische Schriften. Hg. von Erich Weniger und Theodor Schulze. Band 1. 2., Frankfurt am Main (Ullstein Taschenbuch).
Schleiermacher, Friedrich (1996): Schriften. Hg. von Andreas Arndt. Frankfurt am Main (Bibliothek Deutscher Klassiker 134).
Schleiermacher, Friedrich (2000): Texte zur Pädagogik. Kommentierte Studienausgabe. Band 1. Hg. von Michael Winkler und Jens Brachmann. Frankfurt am Main.

Schmidt, Pia (1999): Pädagogik im Zeitalter der Aufklärung. In: Klaus Harney, Heinz-Hermann Krüger (Hg.): Einführung in die Geschichte von Erziehungswissenschaft und Erziehungswirklichkeit. Opladen, S. 17–38.
Sünkel, Wolfgang (2008): Protopädie und Pädeutik. Über eine notwendige Differenzierung im Erziehungsbegriff. Vortrag auf der Magdeburger Tagung „Erziehungsdiskurse" der Sektion Allgemeine Erziehungswissenschaft, März 2003. In: Erziehungsdiskurse. Hg. von Lothar Wigger und Winfried Marotzke (Verlag Julius Klinkhardt) [im Druck].
Tenorth, Heinz-Elmar (2004): Erziehungswissenschaft. In: Dietrich Benner, Jürgen Oelkers (Hg.): Historisches Wörterbuch der Pädagogik. Weinheim, S. 341–382.
Virmond, Wolfgang (1992): Schleiermachers Vorlesungen in thematischer Folge. In: New Athenaeum / Neues Athenaeum 3, S. 127–151.
Virmond, Wolfgang (2006): Schleiermacher als Dozent in der Berliner Universität. In: Schleiermacher-Tag 2005. Eine Vortragsreihe. Hg.

v. Günter Meckenstock. Nachrichten der Akademie der Wissenschaften zu Göttingen I. Philologisch-Historische Klasse Nr. 4, S. 103–278.

Virmond, Wolfgang (2008): Schleiermachers Konfirmandenunterricht. Nebst einer bislang unbekannten Nachschrift. In: Christentum – Staat – Kultur. Akten des Kongresses der Internationalen Schleiermacher-Gesellschaft in Berlin, März 2006. Hg. von Andreas Arndt, Ulrich Barth und Wilhelm Gräb (Schleiermacher-Archiv, Band 22), Berlin, New York, S. 653–746.

Willich, Ehrenfried von (1909): Aus Schleiermachers Hause. Jugenderinnerungen seines Stiefsohnes Ehrenfried v. Willich. Berlin.

Winkler, Michael (2000): Einleitung. In: Friedrich Schleiermacher: Texte zur Pädagogik. Kommentierte Studienausgabe. Band 1. Hg. von Michael Winkler und Jens Brachmann. Frankfurt am Main 2000, S. VII–LXXXIV.

Winkler, Michael (2008): Schleiermachers Beitrag zur preußischen Erziehungsreform. In: Christentum – Staat – Kultur. Akten des Kongresses der Internationalen Schleiermacher-Gesellschaft in Berlin, März 2006. Hg. von Andreas Arndt, Ulrich Barth und Wilhelm Gräb (Schleiermacher-Archiv, Band 22), Berlin, New York, S. 497–516.

Wißmann, Erwin (1934): Religionspädagogik bei Schleiermacher. Gießen (Studien zur Geschichte des neueren Protestantismus Heft 15).

Wolfes, Matthias (2004): Öffentlichkeit und Bürgergesellschaft. Friedrich Schleiermachers politische Wirksamkeit. Teil I und Teil II. Berlin, New York (Arbeiten zur Kirchengeschichte Bd. 85).

Yates, Frances A. (1990): Gedächtnis und Erinnern. Mnemonik von Aristoteles bis Shakespeare. Weinheim (Art of memory; 1966).

Register

Nachgewiesen werden nur Namen und Begriffe aus dem Text der Berliner Nachschrift.

Namen

Basedow 60
Karl der Große 59
Pestalozzi 60, 172, 203, 258
Platon 85, 176, 191, 198, 240
Rousseau 97

Begriffe

Abhängigkeit 145, 187, 225 f., 232
  abhängig 226 f., 232, 254
  Abhängigkeitsgefühl 148
Abhärtung 122, 149–151, 154, 180, 234 f. (→ Entsagung)
Abneigung 184, 186 f., 227
Abschlagen 185 f.
Abschnitt (der Erziehung) 119, 178 f., 183, 186 f., 194
  Lebensabschnitt 236
Absicht (der Erziehung, des Erziehers) 89, 94, 96 f., 102–105, 112, 123, 136, 140, 142, 146, 157, 160 f., 181, 206 (→ Einwirkung)
Abstraktion 77, 144, 169, 198, 201, 219, 250
Adel 89, 213
Ästhetik 161
Agens 62, 71, 94
Akademie 57, 260
akademischer Unterricht 57, 58
allgemeine Bildung 156, 215
Allgemeine, das 68, 71 f., 77, 79, 84, 108, 112, 124, 157, 167, 170, 195, 200, 218 f., 223, 225, 239, 244–246, 249 f., 258 (→ Besondere)
Allgemeingültigkeit 214
Allgemeinheit 58, 250
Allmacht (der Erziehung) 66
  (→ Ohnmacht der Erziehung)
allmählich 57, 65, 67, 70, 81, 90, 93 f., 100, 102 f., 111 f., 117, 131, 133 f., 136, 142, 144, 150, 156, 159, 163, 165, 175 f., 201 f., 235, 243
alte Sprachen 242 (→ Sprache)
Alten, die 58, 59, 65
Alter 65, 106, 108 f., 182, 197, 205, 213, 232, 235 Kindesalter 182
  Lebensalter 208
Altertum 59, 60, 77, 134, 252
Anerkennung 107, 150, 179, 235
anerzogen 82
Anfang 57, 67, 69, 90 f., 111, 114, 124, 136, 141, 144, 163, 170, 175 f., 178 f., 186, 202, 237, 252, 262 anfangen 65 f., 80, 112–114, 131, 143, 166, 170, 181, 183, 189, 195, 202, 251, 255 Anfangspunkt 61, 65, 75, 117, 119, 202, 218, 241
angeboren 74, 77, 80–83, 89 f., 97, 100–102, 176, 185
angestammt 89 f., 162
anknüpfen, Anknüpfungspunkt 71, 73, 80, 102, 150, 200, 229, 237, 241, 244, 252 f.
Anlage 66, 73–75, 81 f., 87, 90, 94, 99, 103, 155 f., 170, 177, 184 f., 197, 208, 261 (→ Naturanlage)
Anmut 185, 189 f.
Anschauung 61, 73, 101, 112, 155 f., 203, 205, 218, 233, 238 f., 245–247, 249, 252 f., 256 f. Anschauungsvermögen 206 Naturanschauung 255

Anstalt (Bildungs-, Erziehungs-, Privatanstalt) 84 f., 138, 156 f., 232, 257, 260
Anstrengung 147, 149, 240
Anthropologie 68, 70, 75
Anwendung, anwenden, anwendbar 98, 115, 120, 122, 124, 132, 155, 198, 223, 234 Anwendung der Theorie (der Erziehung) 86, 98 f., 110
aristokratisch 176, 213
Arithmetik 98, 242, 258 f.
Auffassen 73, 81, 113, 160, 184, 203–205, 217, 239, 242
Aufgabe (allgemeine, erzieherische, ethische, pädagogische, politische, sittliche), Hauptaufgabe (der Erziehung) 63 f., 67, 73, 81, 83 f., 86 f., 99, 100–104, 106, 108, 110 f., 113–115, 127 f., 130, 139, 147, 160, 165 f., 169, 177, 197, 210 f., 219–222, 225, 227, 246, 251
Aufmerksamkeit 88, 155, 183, 204, 237, 257, 262
Aufopferung (die Gegenwart der → Zukunft) 105, 108, 111, 150 (→ Moment; Gegenwart)
Augenblick 71, 93, 97, 106 f., 109, 134, 143, 226
Ausbildung 57, 62 f., 68, 80 f., 84 f., 87 f., 92, 100 f., 104, 127, 145, 175, 188, 191 f., 194 f., 197, 214, 217, 236, 241 Nichtausbildung 89
außen 74, 111, 121, 126, 155 f., 183, 208 äußere (Umstände, Verhältnisse, Eindrücke etc.) 66, 69 f., 74, 81, 88 f., 94, 99, 116–118, 120, 122, 124, 128, 131, 137, 140, 161, 180, 194, 204, 232 f., 237, 239, 244, 251 f., 255 Äußeres 73, 154, 164, 198, 205, 241, 244–246, 256 Außenwelt 241 (äußere Natur → Natur) (→ innen)
Äußerliches 60, 63, 140, 150, 154, 175, 205, 207, 215, 242 f., 245, 252
Äußerlichwerden 116 (→ innerlich)
Autorität (der Eltern, der Erwachsenen, väterliche) 138, 221 f., 224 f., 231, 237, 261

Befehl 146
Befriedigung 105–107, 110, 130, 146 f., 149
Begriff 73, 96, 115, 124, 131, 137, 143, 147, 150, 153, 178 f., 182, 187, 200 f., 206, 209, 238, 241 Begriffsbildung, -entwicklung 142, 199–203, 205 f., 238, 241, 244
Behüten 115–118, 120, 123, 129, 179
Beruf 118 berufen (sein) 107, 226
Beschämung 131–133, 136, 139 (→ Scham)
Beschleunigung (beschleunigende Erziehung) 95, 103, 124, 181 f., 216, 251
Beschränkung 79, 93, 101, 120, 135, 172, 192, 219 f., 222 f., 243
Besondere, das 68 f., 71 f., 218, 244 (das → Allgemeine)
Bestimmung (in pädagog. Kontext) 93, 217
Bestreben 58, 60 f., 101, 120, 148, 162, 176, 193, 210 f., 213 (→ streben)
Beurteilung, beurteilen 85, 90, 99, 113, 141, 166, 198, 217, 236
bewahren 117, 121, 123, 129, 161 Maxime des Bewahrens 119 f., 124
Bewegung 81, 120, 125, 165, 180 f., 185, 188–191, 193, 195–198, 202, 232
Bewusstes, bewusst 62, 79, 82, 101 f., 104 f., 121, 160, 187, 189, 209, 220
Bewusstloses, Bewusstlosigkeit 101, 108, 117 f., 158–161, 166, 183, 202
Bewusstsein 59, 63, 94, 104, 108–111, 116, 119, 121 f., 145–147, 157 f., 160 f., 166, 173, 177, 181, 183, 186 f., 189, 193, 198 f., 202 f., 208, 213 f., 220, 231, 233, 238, 240, 243 f., 248–252, 254–257, 260 f. (→ Selbstbewusstsein)
Bibel, Heilige Schrift 194, 239
Bild 158, 199–203, 206, 242, 257 Urbild 112 Schattenbild 152, 208, 250
Bildsamkeit, bildsam 64, 66, 89
Bildung, bilden, gebildet 58 f., 76, 79 f., 82, 85, 87, 89 f., 96, 100, 103 f., 110, 119, 122, 125 f., 129, 131, 140, 144,

146, 149, 155–159, 161, 163–167, 175, 180, 182, 188–196, 199, 201 f., 204, 206 f., 210 f., 213–218, 222, 225, 230–234, 237 f., 241–243, 248 f., 259, 260 Fortbildung 129 Hineinbilden in die Gesellschaft 102, in die Gemeinschaften 103 Gesamtbildung 158 höhere Bildung 90, 216, 237, 238, 257 Menschenbildung 98 Unbildung 114 (Bildungsstufe → Stufe; bildende Einwirkungen → Einwirkungen) (→ Ausbildung; Körperbildung)
Billigung, billigen 106, 133, 142 f. (→ Missbilligung)
Blüte 122, 162 f. (→ Steigen; Verfall)
Böse, böse 96–98, 114–116, 118 f., 125–129, 137, 176, 226
bürgerlich 59, 61, 64, 67, 76, 80 f., 83, 92 f., 99, 118, 134, 152, 159, 164, 176, 220 f., 228–231, 233 Bürger 134 Staatsbürger 93, 239 vorbürgerlich 220

Chaos 79, 107, 114, 158 f., 162, 166, 175, 181, 198 f., 202–206, 237 f., 240 f., 244, 247
Christentum, christlich 82, 89, 97, 252 f., 260

Darstellung, darstellen 61, 69, 73 f., 80 f., 84, 89, 128, 148, 161, 185, 189–193, 195–197, 202, 210, 224, 242, 245, 253, 255, 257 Darstellungstrieb 202
Denken 68, 71 f., 77, 126, 178, 198, 209, 243
Deutschland, deutsch 59, 120, 151, 195, 211, 212 Deutschtum 212
Dienstboten 114
Differenz 63–65, 67, 69, 71 f., 74 f., 78, 83 f., 87–94, 101, 111 f., 115, 119–121, 136, 138, 140, 144, 148–150, 154 f., 157, 159 f., 165, 170 f., 174–178, 180–182, 184–186, 188, 192–194, 201, 204–206, 210–216, 218, 221, 230–235, 239, 241–243, 249, 254
Disharmonie 126
Disziplin (wissenschaftliche) 61
Divination, divinatorisch 109, 110, 155
doppelt 58, 81, 166, 181, 219, 244

Ehre 227, 230 Ehrgefühl 218, 228–230 Ehrtrieb 129, 131–133, 140, 143
Ehrfurcht 221, 236
Eigensinn 151 f.
Eigentümlichkeit, eigentümlich 66, 69, 73 f., 77, 79–81, 83–89, 96, 99–104, 110, 115, 120, 122, 124, 127, 163, 175, 180, 195 f., 201, 214, 217, 232, 244, 246
Einheit 70, 73, 109, 138, 166, 183, 211 f., 217, 252
Einsicht 64, 128, 133, 148
Einwirkung; absichtliche, unabsichtliche, äußere, bildende 62, 65, 67, 69, 71, 77, 80, 88, 92, 94–96, 99, 101, 104 f., 110–117, 121–125, 137, 152, 155, 160, 164, 166, 177, 179–181, 183, 188, 250, 260, 262
Einzelne, der 61–65, 67–77, 79–84, 86–88, 90, 92–94, 96, 99–103, 107, 110–112, 114, 121, 128 f., 148, 151, 155–160, 175, 186, 201, 210, 217, 219 f., 222–224, 227–230, 236, 239, 243, 260
Einzelne, das 70 f., 77, 81, 99, 101, 114, 124, 135, 137, 153 f., 162, 167, 169, 176, 178, 201, 239, 241, 244–246, 248–252, 258
Eitelkeit, eitel 172, 190
elementarisch, das Elementarische 82, 161, 194, 243, 254, 255, 257
Eltern 65, 84 f., 124, 138, 144, 176 f., 208, 221 f., 224 f., 261 f.
Empfänglichkeit 73 f., 89, 145, 165, 180
Empfindung, empfinden 63, 86, 132, 136, 141, 144, 149, 202, 207–209, 215 f.
empirisch 115, 241, 243, 245
Ende, Endpunkt (der Erziehung) 62, 64 f., 67, 75, 80, 108, 111, 113, 117,

119, 142, 156, 170, 174, 214, 218, 231, 262 Ende der Kinderjahre 175, 177, 183, 186, 188 f., 192 f., 199
entgegenwirken 88, 94, 96 f., 101 f., 113, 115, 118, 120, 126 f., 146 (→ gegenwirken)
Entsagung, entsagen 149–151, 154, 235 (→ Abhärtung)
Entwicklung; allgemeine, geschichtliche, geistige, intellektuelle 61–63, 65, 69 f., 81, 83 f., 86, 88 f., 91, 93, 95, 97, 100–104, 108, 111, 115 f., 121, 124, 126, 128, 131, 133 f., 143, 153, 155, 160, 161, 165–167, 175–183, 187, 199 f., 206, 208, 214, 216, 218, 222 f., 227, 229, 234, 245 f., 249, 251, 255 f., 261 f. (→ extensiv, → intensiv)
Erfahrung 70, 86, 95, 98, 108, 123, 125, 132–134, 138, 143, 147–149, 153, 156, 158 f., 186, 189, 191, 213, 223, 236, 249
Ergänzung 86, 124, 127, 139, 156–159, 166, 199, 202–204, 234, 244 f., 260
erhalten (bewahren) 107, 118, 145, 151, 175 f., 178 f., 222, 226 f., 229 f.
Erinnerung 141 f. Erinnerungsfähigkeit 135
Erkennen, Erkenntnis 72–74, 80 f., 86, 92, 94, 99, 108, 110, 118, 140, 148, 150 f., 157, 172, 176 f., 182, 184–186, 189, 198 f., 206, 209, 214, 231, 237 f., 241, 243–246, 248, 251, 255
Ernährung 125 f., 179 f., 184, 186, 232 Ernährerin 180
Erscheinung 61 f., 68–71, 73 f., 92 f., 126, 146, 227, 244, 250 äußere Erscheinung 116, 161, 233, 244
Erzieher 78, 80, 96 f., 103–106, 108 f., 111, 140 f., 143–148, 150, 152, 155, 182, 198, 204, 225, 229, 236 f., 261
Erziehung 57–67, 70, 72, 74–108, 110–121, 123–126, 128, 130 f., 133–138, 140–148, 150–168, 170, 172–185, 188, 191–196, 198–206, 208, 210–223, 225–238, 241, 245, 248, 250 f., 257, 260–262

Erziehungskunde 62
Erziehungswesen 60, 89, 163, 211
Ethik, ethisch 58, 68, 75, 78, 106–108, 110, 113 f., 125, 145, 175 f., 179 f., 184 f., 198 (→ Sittenlehre)
extensiv 167, 170–172, 203 extensive Entwicklung 165–167 (→ intensiv)

Familie 69, 76, 84–86, 92 f., 155, 194, 208, 215, 219, 221, 224, 226, 231, 247, 261, 262
Fehler 114, 116, 126, 155, 173, 183–186, 192, 197, 206, 215, 226, 255, 259
Feigherzigkeit 100–102, 104, 129, 132
Fertigkeit 66, 116, 156, 165–168, 170–172, 188–194, 196, 199, 206, 242, 258
fördern, Beförderung (der Entwicklung) 62, 65, 86, 101–103, 112, 115, 121, 122, 124, 130, 154, 166, 181, 203, 205, 209, 216, 225, 237, 242, 245, 257 (→ hemmen)
formal 149, 217 f. das Formelle 111, 141, 216 f.
Formel 62, 64, 73 f., 91, 98, 107 f., 110, 151, 154, 171, 190, 210, 217, 227, 251
Fortschreitung, fortschreiten, Fortschritt 69 f., 83, 152, 155 f., 160, 165 f., 170–172, 175, 184, 199, 203–205, 244 f., 246, 249, 254 f., 258 f.
fragmentarisch 158, 179, 256
Franzosen 85, 232
französische Sitte 176
Frau 65, 119 (→ Gattin; Hausmütter; Mädchen; Weib)
Freiheit, frei 71, 73 f., 77, 79, 82, 97, 102, 104–106, 108, 119, 121–123, 130, 134, 136, 138, 143, 145, 148–152, 156, 158, 160–162, 164, 175, 180–182, 185 f., 188–190, 196 f., 201, 209, 213, 218–231, 233, 235, 239, 241, 248 f., 260 f. unfrei 148
Fremde, der, das 77, 80, 127, 149, 156, 158, 163, 180, 187, 190, 195 f., 201, 213, 219, 224, 226, 231, 253 (fremde Sprachen → Sprachen)

Freude 103, 106, 129, 189, 198, 225
Frömmigkeit 261
Funktion 127 f., 146 f., 151, 165–167, 175, 179 f., 201, 217, 245
  Lebensfunktion 122
Furcht 101 f., 141

Ganze, das 63, 69 f., 75, 79, 83–88, 92, 94, 111, 119, 121, 124, 129, 134 f., 137, 147, 158, 162, 166, 169, 171, 173, 178, 197, 201, 210 f., 219–222, 226, 228–230, 233 f., 239, 241, 243, 245, 250–252, 256–258, 262
Gattin 65, 92, 93 (→ Frau; Hausmütter; Mädchen; Weib)
Gebot 146, 149, 178
gebunden (sein) 68, 138, 178, 190, 225
Geburt 65–67, 69, 80, 122, 176, 179–181
Gedächtnis 131 f., 135, 142, 236, 240
  Gedächtnisübung 240, 258
Gefühl 59, 69, 86, 88, 96–100, 103, 109–111, 119–124, 126 f., 130–133, 136, 138, 140–150, 157, 159–161, 176, 178, 186 f., 198, 207, 209, 210, 213, 219–221, 223–226, 228 f., 235–237, 261
Gegensatz 68, 71, 73, 81, 83, 89, 92, 105 f., 108, 111, 113, 116–122, 126 f., 130, 138, 143, 147, 149, 160, 162, 165, 176, 181, 183–185, 191 f., 198, 204, 207 f., 211, 216, 220–222, 233, 235, 241, 247, 249, 261
Gegenstand (der Erziehung) 72, 86, 93, 164, 167 Gegenstand des Unterrichts 237–239, 245, 248
Gegenwart 105 f., 108–111, 251 f. (→ Aufopferung; Moment; Zukunft)
Gegenwirkung 67, 71, 82, 96 f., 112 f., 114, 120, 122–124, 126–131, 133, 143, 146 f., 150 f., 153 (→ entgegenwirken)
Gehorsam 147–149, 175, 178 f., 208, 220 f., 225 f., 233, 235, 262
  Gehorchen 118 (→ Ungehorsam)
Geist 118, 166, 179, 201, 217, 228
  geistig 65, 69, 76, 80, 93, 127, 157, 167, 179–181, 192, 207, 245, 255

Geistlicher 60, 262
Gelehrter 60, 184, 200
Gemeinleben 157 f., 228
  religiöses Gemeinleben 59
Gemeinsame, das 69, 146, 152, 192, 218, 227, 236, 248 das gemeinsame Leben 83, 85, 103, 108, 115, 121–124, 128, 130, 134, 146, 148, 154, 159, 162 f., 165, 173 f., 178, 186, 189, 219–223, 226, 229, 236
Gemeinschaft 63 f., 76, 78, 80 f., 84, 89 f., 93 f., 99–101 (die vier) großen Gemeinschaften 78, 81, 84, 231 gemeinschaftlich 64, 129, 226, 237, 242, 262 Gemeinschaftlichkeit 90 (→ Lebensgemeinschaften)
Gemüt (Gemütserregung, -erschütterungen, -kräfte, -verfassung, -zustände) 62, 65, 92, 117, 133, 135, 187, 193, 195, 197, 208–210, 260
Generation 58, 156, 213
Geographie 241, 249, 251
Geometrie 98, 242, 257–259
Gesamtheit 108, 159 Gesamtleben 164, 253 Gesamtbildung 157, 158
Geschäft 57, 64, 86, 88, 91, 110–112, 135, 156, 158, 179, 197, 202, 256, 259
Geschichte, geschichtlich 61 f., 82, 84, 89, 91 f., 155 f., 162, 210, 219, 221, 241, 243, 245, 248–253, 255–257, 260 (→ historisch)
Geschichtsunterricht 249–253
Geschlecht (Generation) 58 f., 156–158, 160, 162, 248
Geschlecht (weiblich, männlich), Geschlechterdifferenz 65, 91–94, 118, 120, 125, 175, 188, 214 f., 221
Geschmack 125, 160, 184
Geselligkeit, gesellig 76 f., 83, 92, 95, 100, 107, 119, 155 f., 220, 225 f., 228–230, 233 f., 237, 251, 261
Gesellschaft 64 f., 75 f., 80, 82–88, 90–92, 97, 99, 101–103, 107, 118, 129, 134, 149, 152, 157, 159, 162–164, 175 f., 193 f., 201, 207, 210 f., 214–217, 220–222, 228–231, 233

Gesetz 58 f., 75, 86, 105, 113, 123, 126, 134 f., 137, 142, 167, 169–171, 179, 201, 221, 226, 239, 241, 243, 247, 256 pädagogische Gesetzgebung 59
Gesicht 81, 181, 184, 187
Gesinnung 151, 164 f., 219, 245
Gewähren, gewähren lassen 107, 115, 121, 129, 185, 186, 222
Gewalt 97, 114 f., 123 f., 130 f., 134, 136, 143, 145, 152, 154, 171 f., 183, 195 f., 203, 206, 208, 221, 226, 228, 237 Naturgewalt 136
Gewissen 131–133, 176, 228
Gewöhnung, gewöhnen 122 f., 128, 130, 141, 143 f., 147, 153 f., 165, 180, 184, 186, 195 f., 203, 205, 222, 225–227, 237 abgewöhnen 197
Gewohnheit(en) 58, 184 f., 196, 232
Glaube 59 (66)
Gleichheit, gleich 63, 66 f., 73 f., 78, 86 f., 90, 92 f., 96 f., 111, 123, 157, 167, 195, 200, 206, 221, 259, 262 (→ Ungleichheit)
Gott 209 f., 262 Gottheit 68, 209 f. das Göttliche 155, 209
Gute, das 96–98, 114, 118–120, 129, 176 gut 86, 88, 97, 112, 117, 125 f., 143 f., 146, 161, 172, 186, 193 f., 209, 219 f., 227, 240, 260 f.
Gymnastik, das Gymnastische 191, 197

Handlung 106, 113, 127–129, 133, 135–140, 142, 144, 148, 167, 181, 219 Handeln 62, 76, 110, 126, 153, 220
Harmonie 74, 115 f., 128, 147
Haus, Hauswesen, häuslich 65, 76, 84, 86, 93, 114, 119, 123, 128, 136, 138 f., 143–146, 176–178, 188, 196, 212, 214, 219–221, 226, 234, 261 f.
Hausmütter 92
(→ Frau; Gattin; Mädchen; Weib)
Heilige Schrift → Bibel
heilsam 104, 132, 260, 262
hemmen 96 f., 100–103, 112, 115, 121–124, 130, 139, 151, 153, 181 f., 196, 205, 209, 231, 235, 261 Hemmung 96, 100, 121–123, 129 f., 141, 179, 183 (→ fördern)
historisch, das Historische 201, 211, 214, 242, 251, 257–259
(→ Geschichte)
Hoffnung, hoffen 102, 163, 212
höher → Erziehung, → Bildung

Idee 68, 78, 84, 96, 102, 112–114, 124 f., 133, 146, 169, 189–192, 230, 242, 252 Idee der Erziehung 96, 113 f., 124 f., 133
Identität 60, 63, 67, 69, 72, 113, 148, 152, 159, 186, 191, 198, 233, 255, 260
Individualität, das Individuelle, individuell 62, 74, 78, 81, 84, 93, 103 f., 124, 132, 163, 168, 222, 254
Individuum 93, 168, 236
innen, Inneres 60, 72–74, 82, 115 f., 118, 120, 122, 125, 127, 130 f., 133, 135, 137 f., 146, 150 f., 154–156, 159, 164–166, 179 f., 182 f., 198, 200–205, 214, 221, 232, 234, 242, 244–246, 251 f., 260–262 (→ außen)
innerlich, Innerliches 60, 62, 136, 213, 242 f., 261 (→ äußerlich)
intellektuell 122 f., 145 f., 168, 179, 181, 193 f., 238, 251, 253
intensiv 166 f., 170–172, 203 intensive Entwickelung 165 f. (→ extensiv)
Interesse 84, 86, 92–94, 130, 157, 159, 166, 182, 196, 199, 208 f., 212, 216 f., 223–227, 233, 245, 250, 259
isolieren, isoliert 91, 113, 118, 120–122, 128, 175, 226, 235, 236

Jugend 60, 92–95, 104–109, 112, 114 f., 118–122, 128–130, 140, 148 f., 154–161, 163, 194, 197, 210, 213, 216 f., 219, 221–226, 228–239, 241–243, 250, 252, 257, 261 f.
männliche Jugend 93, 221
weibliche Jugend 93

Kanon 113, 142, 192, 207 f., 227
Kastenwesen 89, 93, 230

Register

kastenmäßiger Charakter der Erziehung 152
Katechetische, das 260
Kenntnisse 60, 95, 156, 216, 241, 243
    Kenntnis 77, 118f., 156, 169, 217, 238f., 241, 243, 249, 251, 253f.
Kirche 59f., 64, 76–78, 82, 84, 86, 92, 260
Klasse 68, 85, 87, 89, 118, 129, 139, 149, 157, 184, 188, 193f., 196, 218, 239, 243
Knaben 93
Konfirmation 64
Kontinuität 183, 244
Körper, körperlich 80f., 93, 129, 132, 133, 183, 185, 188, 191, 197, 205, 234, 244, 247 Körperbildung 81
    (→ Leib)
Korrektion 155, 201
Korruption 85, 117, 162
Kosmopolitismus 232
Kultur 157, 219, 232, 243
Kunst, (Pädagogik als) Kunstlehre und Kunsttheorie 66, 68f., 98, 107f., 112f., 153, 160–162, 164, 169–171, 188–192, 195, 200, 204, 223–226, 242, 257

ländliche Verhältnisse 218
    Landmann 87 Landvolk 188, 218
    (→ städtische Verhältnisse)
Langeweile 130
laxe Erziehung 160
Leben; bürgerliches, gemeinsames, geselliges, öffentliches, religiöses Leben 58f., 69–71, 73, 77, 81, 83f., 86, 89, 92, 94–97, 100f., 103–107, 109, 114f., 118–124, 126–130, 134–139, 143–146, 148f., 151–163, 165f., 173–175, 178–181, 183, 186, 189, 193, 196, 198–200, 202–204, 206, 208, 210f., 213–217, 219–236, 238, 242, 244, 245, 247–250, 253–256, 258, 261f.
Lebendigkeit, lebendig 59, 61, 79, 100, 110, 164, 166, 178, 194, 207, 209, 212f., 223f., 226, 233, 239, 243, 246, 249, 254, 257
Lebensgemeinschaft(en) 79, 80
    (→ Gemeinschaft)
Lebenskraft 87, 121–123, 180
Lehrer, lehren 99, 135, 138f., 192, 207, 230f., 251, 260
Leib, leiblich 69, 123, 179f., 200, 241
    (→ Körper)
Leidenschaft 110, 114, 116, 140f., 148, 152, 234
Leitung, leiten 108, 110–112, 116, 125, 133, 136, 146, 157, 167, 171, 177, 182, 189, 194, 207, 209, 220, 223–225, 228, 231, 233–235, 252, 260, 262
lesen 172, 189, 194, 239, 240
Liebe, lieben 65f., 75, 79, 99, 101, 106, 114, 119, 123, 155, 157, 163, 179f., 186f., 189, 198, 208, 219, 222f., 225, 227, 236, 259
Literatur 196
Lüge 237
Lust 99, 102f., 142, 144

Mädchen 93, 188
Mangel 57, 100, 103, 120, 159, 169, 196, 198, 215, 220f., 223f., 234, 239
Mann, männlich 64f., 91–94, 118f., 155, 188, 196f., 214, 221, 226 Zeiten der Mannbarkeit 177
Mannigfaltigkeit 69f., 73, 76, 115, 126f., 165, 167f., 197, 239
Masse 82, 86–88, 103, 144, 159, 172f., 176, 196, 200, 203, 214f., 217, 223, 233f., 241f., 246, 250f., 253f.
Material 190, 199, 217f., 234, 237, 239, 260
Materiale, das 139, 151, 179, 217
    materiale Seite 149
Materie 68
Materielle, das; materiell 111–113, 115, 141, 216–218, 245, 254, 257
Mathematik, mathematisch 175, 177, 191f., 198f., 241f., 244, 254, 256, 258f.
Maxime 85f., 90, 94, 115–124, 152, 166, 186, 204, 223, 230, 232–234

Mechanisches, mechanisch 88, 98, 101, 110, 116, 125, 128 f., 135 f., 143, 168, 199, 204 f., 207, 209, 213, 215, 217, 224, 244, 252, 256, 258
Mechanismus, mechanisieren 98 f., 128, 181, 193 f., 239, 258, 261
medizinisch 184
Mensch, menschlich 58–83, 86–90, 92, 94–105, 107–109, 111 f., 114–134, 136, 140–143, 146, 149–153, 155–160, 162, 164–168, 172, 176, 178 f., 185–189, 193, 195, 197, 199–201, 205, 208–211, 217–222, 224–227, 229, 231, 233, 235, 238–241, 245 f., 248–251, 253–255, 257, 260–262
Methode 60, 75, 100, 160, 167, 169, 172 f., 177 f., 182, 201–204, 219 f., 225, 244–246, 248, 252, 255, 257–260 extensive, intensive Methode 172 Pestalozzische Methode 60, 172, 203, 258 scholastische Methode 60 (Unterrichtsmethode → Unterricht)
Missbilligung 79, 133, 140 (→ Billigung)
Misstrauen 99, 134, 150, 221
Mitteilung 79, 92, 95, 101, 105, 156, 161, 187, 204, 208 f., 234, 236, 239, 261
Mittel (pädagogisches) 65, 121, 126, 133, 141, 150, 188, 196, 224, 242, 261 Bildungsmittel 248, 259 Erziehungsmittel 76 Hilfsmittel 75, 103, 205, 237, 253
Mitwirkung 95, 155 f.
Moment 72, 74, 79, 105–111, 114, 120, 141 f., 148, 153, 165, 179 f., 183, 186, 236, 261 f. (→ Aufopferung; Gegenwart; Zukunft)
Moralität, moralisch 103, 108, 146, 214
Mohammedanismus 82
Mündigkeit 64, 175
Musik, musikalisch 66, 98, 171, 177 f., 191–195, 199, 202, 242, 247 f.
Mutter 93, 102, 138, 151, 176, 180, 196, 203, 242 Muttermilch 179 f. mütterliche Pflichten 176 „Buch der Mütter" (Pestalozzi) 203 (Muttersprache → Sprache)

Nachahmung 95 f., 100–104, 115 f., 154 f., 159, 182, 192, 204
Nachhilfe 158, 165, 182, 235, 247
Nähe 87, 91, 103, 186, 225
Nation, national 63, 83, 156, 195, 200, 219, 232, 260
Nationalerziehung 59
Natur 58 f., 61–63, 66, 69 f., 74, 81, 83 f., 86, 90 f., 97–100, 102, 104, 108 f., 115, 125, 127, 134–136, 140, 152–156, 162, 164, 166, 175 f., 178, 182, 198, 204, 210, 226, 234, 238, 241, 243, 245 f., 249–251, 253 f., 256 f., 260 menschliche Natur 58 f., 63, 69 f., 97 f., 108 f., 125, 127, 155, 260 Naturanlage (des Menschen) 165, 238 das Natürliche 66, 77, 82, 89 f., 97, 101, 103, 111, 121, 123, 125, 127, 133, 136–140, 145 f., 148, 152, 155–157, 159–161, 167, 176, 179, 184 f., 198 f., 204 f., 209 f., 212, 214, 216, 220–222, 224, 227, 233–235, 238, 244, 246 f., 249, 252, 254 (gesellige Natur des Menschen → Geselligkeit)
Naturgeschichte, -kenntnis, -kunde (als Gegenstand des Unterrichts) 241, 243, 249, 253 f., 257
Negative, das (negative Erziehung) 63, 96, 99, 101–104, 111, 113, 153, 160 f., 164, 177 f., 189, 223, 227
Neigung 101, 118, 120, 145, 152, 159, 177, 209
Not 85, 134 f., 150

Objekt (des Unterrichts) 241, 243–245, 258
objektiv, das Objektive 82, 145, 160 f., 184, 189, 202
Obrigkeit 220
öffentlich (Erziehung, Meinung, Unterricht) 59, 84–86, 91–93, 119–121, 128–130, 132, 136, 138 f., 143–146, 177 f., 188, 193, 196, 215 f., 221, 227–229, 236, 260
Ohnmacht (der Erziehung) 66 (→ Allmacht der Erziehung)

Opposition 84, 148f., 212f., 216
Ordnung, ordnen 107, 136, 142, 153f., 158–161, 189, 197, 199, 202–204, 213, 226, 235, 243, 260
Organ, organisch, Organismus 73, 75f., 80, 83f., 86f., 126, 143, 146–148, 151, 166f., 172, 175, 179, 184f., 189, 195f., 198, 205, 221, 223f., 229, 237, 241, 243f., 246f., 252–256
Organisation 136, 145, 163, 206, 227–229, 240, 260

Pädagogik, pädagogisch 57–61, 63, 67, 107, 110–114, 119, 127–129, 143, 145, 152, 162, 165, 171f., 175, 178, 182, 193, 200f., 208, 211f., 216f., 222, 224f., 229, 234, 245, 260f.
Passivität, passiv 64, 66, 84, 87, 199f.
Pedantismus, pedantische Erziehung 138, 160, 185
Perfektibilität 109
Perioden (der Erziehung, Altersperioden etc.) 60, 66f., 93f., 100, 104, 108, 111f., 115, 117, 131f., 134f., 142, 144, 151, 155f., 162f., 175–179, 182f., 187–189, 192–197, 199, 202, 205f., 212–214, 218, 234, 250
Person 84, 88, 150, 180
Persönlichkeit 63, 73, 84, 102–104, 116, 121, 125, 149, 225 persönlich (persönliche Eigentümlichkeit, Freiheit, Individualität, persönliches Interesse etc.) 66, 73f., 76f., 80f., 83–90, 93, 100–104, 110, 121f., 127, 132, 141, 151, 175, 186, 201, 219f., 223, 226f., 234f.
Pflicht, Pflichten 105, 107, 114, 176 Pflichtverhältnisse 105
Phantasie 153, 208
Philanthropinum 232
Philosophie, Philosoph 61, 67 praktische Philosophie 57, 61
Physik 253, 257
Physiologie 75, 184, 204f.
Physische, das (auch: physische Erziehung) 68f., 85, 125, 145, 151, 175, 179–181, 186f., 242

Politik, politische Erziehung, politische Seite der Pädagogik 59f., 65, 83, 85, 92, 94, 110, 152, 162, 177, 193, 200, 211–217, 219, 230–232, 234, 239, 251–253, 259f.
Positive, das (positive Seite etc. der Erziehung) 63f., 101–104, 110, 113, 116, 124, 137f., 153f., 161, 164, 177, 179, 185, 199f., 214, 222f., 227, 230, 238, 246f., 252, 256, 258
(→ negativ)
praktisch 57, 61, 92, 177, 184, 241f., 245, 254, 257f., 260 (praktische Theologie → Theologie; praktische Philosophie → Philosophie)
Praxis 58, 60, 63f., 66, 85, 91f., 98, 120, 125, 192, 199f., 217, 234, 236, 242, 259 (→ Theorie)
Prinzip 61f., 79, 99f., 106, 110, 120, 125, 133, 142, 149, 161, 165–167, 169f., 191f., 194, 203, 212, 214, 216, 221, 227–232, 234, 237f., 248, 251f., 256, 261
Privat (-erziehung, -leben, -sache etc.) 83–86, 91, 93f., 170, 215, 260
(→ öffentliche Erziehung)
Produktion, Produktivität 66, 88, 92, 96, 125, 127, 160, 164, 169–171, 182, 190, 192f., 195f., 198, 200, 202, 223f., 226, 240, 242, 248, 252, 256
Propädeutik 199, 205f., 214, 237
Protestantismus 194, 239
Prüfung, prüfen 117, 142f.
psychisch 183, 185
Psychologie, psychologisch 70, 75, 137

Quadruplizität 72

Rasse 68f.
Realität 91, 102 real 68, 109, 204, 224 das Reale 63, 171 realisieren 58, 79, 147, 234, 239
Recht 88, 93, 127, 191, 194, 221, 237, 255 Rechte (politische) 91, 123 Rechtmäßigkeit 136 Rechtsgefühl 140
Reflexion 158, 208 Reflektieren 161

Reformation 60
Regel 57, 63–65, 73, 88, 90, 98, 110–112, 121, 139, 141–143, 148, 167, 170, 191, 205 f., 208, 221, 235 f., 238, 244, 248, 252
Regierung 59, 85, 91, 121, 134
Reiz, reizen 115–118, 120, 132, 149–151, 180 f., 183, 185, 187, 198, 201, 205 f., 208, 224, 228, 236, 238
Religion(en) 61, 63, 76, 78, 80, 82 f., 89, 92, 162, 164, 214   religiös 59 f., 82 f., 86, 92, 125, 134, 207–210, 216, 239, 250, 253, 261 f.   das Religiöse 59, 60, 80, 207–210, 239, 260–262
Religiosität 99   religiöse Anlage 208   religiöses Bewusstsein 177, 261   religiöse Bildung 207, 215, 260   religiöse Empfindung 86, 207, 215   religiöse Entwicklung 208, 262   religiöse Erziehung 59, 92, 110, 159, 164   religiöse Gemeinschaft 93   religiöses Leben 59, 262   religiöser Sinn 262   Religionsgemeinschaft 76, 93   Religionsgesellschaft 82
Revolution (in der Erziehung) 90, 164, 206   revolutionärer Charakter des Erziehungswesens 163
Rezeptivität 71–73, 77, 79, 111, 120, 127, 165, 181, 183, 187, 200, 202

Scham 131 f. (→ Beschämung)
Schematismus 238–240, 242
Schicksal 57, 59, 90
Schmerz 120, 129, 131 f., 135 f., 139
scholastische Methode → Methode
Schönheit, das Schöne 116–119, 161, 185, 190–192, 262   Schönheitsgefühl 161   Schönheitssinn 189 (das → Unschöne)
Schreiben (lernen), Schrift 194, 239 f.
Schule 136, 138 f., 231, 237
Seele 92, 128, 138, 146, 155, 199, 241 (die) jungen Seelen 201
Sehnsucht 58, 189
Selbstbewusstsein 88, 94, 106, 121, 130, 143
Selbsthilfe 228 f., 235

Selbstständigkeit, selbstständig 64, 87, 100, 111, 119, 136, 148, 157, 179, 195, 233, 237, 262
Selbsttätigkeit, selbsttätig 64, 111 f., 118, 120, 127, 148, 165, 199 f., 223, 241, 252
Sinn, die Sinne 110, 163, 165, 179 f., 184 f., 187, 190, 193 f., 198, 202, 206–209, 232, 238, 247, 253, 262
Sinnlichkeit, sinnlich 116 f., 129, 131, 135, 139, 142, 146 f., 149, 151, 177, 201–203, 205, 234, 238, 242, 252 f.
Sitte 80, 140, 154, 164 f., 176 f., 212, 214, 232–234   Sittenlehre 58, 61–63
Sittlichkeit, sittlich 66, 96, 110, 113 f., 118, 125, 128, 130–136, 138–143, 145, 155, 157, 160–162, 198, 207, 210, 212, 214, 218–220, 225, 227, 229–231, 234–236, 251, 260
Sparta 85
spezielle Bildung, Erziehung 154, 216
Spiel, spielen 105, 189, 231
Spontaneität 71–73, 79, 120, 127, 165, 181, 183, 186–188, 202
Sprache, Sprachunterricht 77, 80–82, 92, 99, 132 f., 166, 168, 178 f., 181 f., 189–199, 201 f., 205, 207 f., 210 f., 217, 238 f., 242–248, 255   Sprache (und Denken) 77   Sprachentwicklung (des Kindes) 179, 182, 187   Entwicklung der Sprache 82, 132, 181   Sprechen, sprechen (lernen) 116, 166, 178, 181 f., 184, 194–196, 198, 239   Produktion der Sprache 195   Aussprache 166   Muttersprache 86, 182, 184, 196, 239, 242, 246 f.   Sprache des Vaters 81 (eine) bestimmte Sprache 77, 80, 82, 195, 198   Spracherlernen (bei Kindern) 199, 242   Sprachenlernen 239, 245   alte Sprachen 242   fremde Sp. 82, 196, 243, 246   römische Sp. 242   orientalische Sp. 243   semitische Sp. 243   Sprache (als) Bildungsmittel 248   Natursprache 182   Sprachelemente 247
Sprung 69, 82, 206, 211, 230

Staat 59f., 64f., 76, 78, 80, 83–86, 89, 91–93, 114, 134, 138, 162, 210–213, 222, 229, 231, 252 Staatsbehörde 260 Staatsbürger 93, 239 Staatsmitglieder 85 Unvollkommenheit des Staats 78f., 85
städtische Verhältnisse 218 Städtebewohner 218 städtische Volksschulen 259
(→ ländliche Verhältnisse)
Stand, Stände 89f., 213, 230
Steigen 107, 162–164
(→ Blüte; Verfall)
Strafe, strafen 128–150, 153, 224, 234f.
streben 68, 134, 152, 157, 204, 220
(→ Bestreben)
Streit 107, 117, 121, 133, 148, 152, 166
Stufe (der Bildung, der Entwicklung, des Erkennens, der Erziehung, des Lebens) 78, 81, 83, 86–89, 109, 114, 136, 144, 165, 181, 183, 199f., 209, 211, 215, 237f., 243, 245, 258
Subjekt 149, 182, 189, 240 subjektiv 76, 145, 160 das Subjektive 184
Sünde 126, 208, 235, 261f.
System (auch: Erziehungssystem) 61, 63, 90f., 136, 139, 142–144, 146, 163, 182, 200f., 216, 254–256

Talent 73–75, 81, 90, 176f., 192, 199, 218, 238f., 244
Tätigkeit 62, 66, 72–74, 85f., 90, 105, 109–112, 118f., 126f., 129f., 139, 144, 146–148, 156, 159f., 165, 172, 182, 186, 189, 200–202, 206–208, 219f., 223–226, 231, 238–240, 260
Technik (auch: technische Erziehung, Bildung) 57, 157, 164, 179, 222, 225, 232
Temperament, vier Temperamente 65, 72, 74, 119f., 127, 153f., 181, 185
Theologie (praktische) 260
Theorie, theoretisch, Theorie der Erziehung 57–64, 66, 68, 76, 85f., 96–101, 105–108, 110, 112, 122, 127–130, 134, 156, 163, 176f., 193, 198–200, 212, 217

Tier, das Tierische 69, 109, 132, 157, 186
Tote, das 68, 199, 224, 243
Totalität 73, 111, 151, 158f., 168, 171f., 220, 236, 239, 253
Tradition 92, 254
Trennung, trennen, das Trennende 60, 71, 74, 90, 102, 104, 120, 151, 169, 179, 184, 188, 193, 196, 202, 211, 213f., 217f., 251, 255
Trieb (auch: Tätigkeitstrieb, Trieb nach Entwicklung) 90, 125, 129f., 139, 146f., 177, 189, 201f., 219, 245
tüchtig (machen) 80f., 83f., 87, 99, 110
Typus 73, 81–83, 92, 100–104, 190, 195, 201

Übereinstimmung 82, 84, 86, 95, 99, 105, 145, 183, 218f., 225
Übergang 115, 122, 143, 146, 168, 184, 187f., 201, 206, 221, 230, 255, 262
Übung 57, 116, 144, 146, 156, 169, 171f., 182, 197, 205f., 217, 240, 258, 261
Umgang 158, 196
Umgebungen 81, 103
Umwälzung 88, 254
Unbewusste, das; unbewusst 82, 131, 158, 186, 190, 203, 213
Unendlichkeit, unendlich 68, 70f., 100, 115, 166, 168, 172, 196, 201, 244, 248f., 258
Ungehorsam 147–149 (→ Gehorsam)
Ungerechtigkeit 91
Ungleichheit, ungleich 86–93, 96, 120, 123f., 140, 149 (→ Gleichheit)
unmittelbar 58, 73, 77, 93, 97, 101, 133, 136, 141, 144f., 148, 156, 158, 180, 186, 196, 202, 210, 225, 230, 244f., 257, 260f.
unnatürlich 135, 196, 213
Unrichtige, das 57, 106, 115f., 130, 132, 135, 145, 161, 184, 195–197, 228
Unschöne, das 115–118, 120f., 125, 128, 130, 161, 196 (das → Schöne)
Unschuld 117–119, 220
unsittlich, das Unsittliche 114, 134, 136, 227, 234–236

Unterdrückung 79, 81, 97f., 102, 104, 127, 133, 136, 149, 152, 218, 232f.
Unterordnung 126, 136, 167, 227, 245
Unterricht 57f., 139, 169, 173, 188f., 206, 217, 225, 232, 237–239, 241–245, 247–257, 259f.
Unterstützung, unterstützen 96–98, 101–104, 110–113, 124, 126–128, 143, 146, 150, 155, 159, 161, 165, 179, 199, 201f., 238, 251
Unvollkommenheit, unvollkommen 69, 75f., 78f., 83, 85f., 93, 100, 107, 114, 123f., 135, 139, 155, 157–160, 184, 209, 220, 244, 254f.

Vater 81, 102, 135, 138f.
Verbesserung, verbessern 202, 220, 254
Verbindung, verbinden 58, 73, 98, 101f., 108, 127, 131, 133, 135, 138, 168, 180, 210, 230, 251f.
Verfall 57, 59f., 108, 162f.
(→ Steigen; Blüte)
verhüten 144, 185, 189, 210, 217
Verletzbarkeit 131, 229, 236
Vernunft, vernünftig 141, 143, 146f., 255
versäumen, versehen (in der Erziehung) 183, 226
Verschiedenheit 59, 67, 69, 72, 127, 184, 230, 248f., 260
Verstand 126f., 151, 179, 209, 231 das Verstehen 192, 199, 204–209, 251 verstehen, verstanden 115, 133, 178, 182, 193, 204f., 207–210, 213, 238, 242, 250f., 255f. das Verstandene 192, 205 (das Nichtverstandene 205 Missverstehen 228 Missverstandene 204 Nichtverstehen-Können 208)
Vertrauen, vertrauen 86, 109, 134, 141, 150, 236
Verweichlichung (verweichlichende Erziehung) 122, 180,f., 183
Verwöhnung 185
Volk 59, 63, 69f., 78, 80, 82f., 87, 89, 94, 110, 155–157, 163, 188, 193–196, 200, 211–219, 233, 238f., 241, 248f., 253f., 257, 259 Volksbildung 59, 188, 253 Volkserziehung 216 Volksjugend 239 Volksschule 237, 257, 259 Volksunterricht 243, 248, 250, 253f., 259
Volkstümlichkeit, volkstümlich 59, 81, 195, 212, 214, 219
Vollendung 61, 70, 75f., 92, 100, 118, 127, 133, 142, 156, 158, 161, 170, 182, 208, 214f., 220f., 253
Vollkommenheit, das Vollkommene 63, 66, 68f., 76, 78, 80, 84f., 87, 91, 93, 110f., 123, 135f., 151, 157–159, 161, 163, 165, 167f., 170f., 193, 220, 222, 230, 242, 246, 254f., 257, 260
Voraussetzung 67–69, 94f., 100–102, 114, 125, 133, 148, 216, 233, 261
Vorliebe 66, 82
Vorübung 143, 145, 203f., 206, 247, 257–259

Wahnsinn 74, 153
Wahrheit 81, 88, 93, 101, 132, 154, 192, 227, 236f., 251, 261f.
Wechsel 59, 62, 70, 111, 162f., 166, 189, 202, 254 Wechselwirkung 62, 79
Weib (auch: Erziehung der weiblichen Jugend) 91–94, 118f., 188, 214, 221, 226 (→ Frau; Gattin; Hausmütter; Mädchen)
Welt 68, 73, 123, 129, 180f., 241, 250
Widerspruch 62, 94, 115, 126f., 129, 146 Widerstreit, widerstreiten 94f., 120, 124, 126, 129, 147 widerstreben 101f., 148, 150, 152 widersetzen 90
Widerstand, Widerstandskraft 100–103, 114, 124, 126, 129, 144, 154, 180
Wille 67, 71, 111, 116, 125–127, 135–137, 148f., 151–154, 166, 175, 177, 221, 223, 226f., 231 erziehender Wille 94 göttlicher Wille 59
Willkür, willkürlich 71, 77, 81f., 89, 99–101, 103, 127f., 136–140, 152, 155, 180f., 185f., 201, 205, 210, 212, 214, 226, 232, 255

Wirklichkeit 71, 202
Wissenschaft, wissenschaftlich 59–61, 82, 92, 155, 159, 161, 164, 169, 189, 198, 201, 204, 245, 254, 257–260

Zahl, das Zählen 198, 241, 252, 258
Zeitalter 63, 219
Ziel 59, 63 f., 68, 87, 100, 103, 156, 167 f., 251, 258
Zucht 128, 131 f., 141–143, 146–151, 153 f., 235
Zukunft 94, 105–111, 115, 139, 184 (→ Aufopferung; Gegenwart; Moment)
Zuneigung 184, 186, 223, 227
zusammenhalten, das Zusammenhaltende 119, 213, 232, 252
Zusammenhang 60 f., 73, 87, 121, 123, 128 f., 135, 137, 139 f., 142, 145, 148, 156, 158, 160 f., 176 f., 179 f., 186, 193, 204 f., 208, 232 f., 241, 243 f., 246–248, 257
zusammenstimmen, Zusammenstimmung 59, 82–84, 94, 110, 112, 141, 219
Zweck (auch: Zweck der Erziehung) 87, 96, 101, 107, 112, 128–130, 132, 141, 147, 150, 162, 167, 196 f., 203, 205, 212, 217, 219, 227, 233, 261
zwiefach 67, 73, 112, 204, 255
Zwiespalt 59, 151, 152

In der Reihe „de Gruyter Texte" ebenfalls lieferbar

Friedrich Schleiermacher
■ **Der christliche Glaube**
Nach den Grundsätzen der
evangelischen Kirche im
Zusammenhange dargestellt.
2. Auflage (1830/31)
Herausgegeben von Rolf Schäfer
2008. 1192 S. Br. ISBN 978-3-11-020494-0

Grundlage der kritischen Edition von Schleiermachers Hauptwerk, der *Glaubenslehre* (erschienen 2003 in zwei Teilbänden 13/1 und 13/2 der Schleiermacher Kritischen Gesamtausgabe, 1. Abt.), ist der Originaldruck von 1830/31, der erstmals mit dem 1980 wieder aufgefundenen eigenhändigen Manuskript Schleiermachers verglichen wurde. Diese kritische Edition mit ihren über 1000, manchmal signifikanten Verbesserungen gegenüber der Redeker-Ausgabe ist die zukünftig allein maßgebliche.

Paul Tillich
■ **Ausgewählte Texte**
Herausgegeben von Christian Danz, Werner Schüßler,
Erdmann Sturm
2008. Ca. 448 S.
Geb. ISBN 978-3-11-020526-8
Br. ISBN 978-3-11-020527-5

Die vorliegende Studienausgabe bietet eine Auswahl der wichtigsten Texte Tillichs. Um die gedankliche und werkgeschichtliche Entwicklung des theologischen und religionsphilosophischen Denkens Tillichs transparent und nachvollziehbar zu machen, sind die Texte in der vorliegenden Studienausgabe chronologisch angeordnet. Der Band bietet so einen Einblick in die werkgeschichtliche Entwicklung des Denkens von Tillich. Bei der Auswahl der Texte wurde darauf geachtet, dass das weit verzweigte Gesamtwerk angemessen repräsentiert wird. Es sind also nicht nur die theologischen und religionsphilosophischen Texte im engeren Sinne berücksichtigt, sondern auch Texte, welche Tillichs Auseinandersetzung mit der Kunst und der Architektur sowie seine Rezeption der Psychoanalyse dokumentieren.

de Gruyter
Berlin · New York

www.degruyter.de

In der Reihe „de Gruyter Texte" ebenfalls lieferbar

Friedrich Schleiermacher
■ **Kurze Darstellung des theologischen Studiums zum Behuf einleitender Vorlesungen (1811/1830)**
Herausgegeben von Dirk Schmid
2002. 260 S. Br. ISBN 978-3-11-017395-6

Schleiermachers *Kurze Darstellung*, ähnlich wie die Glaubenslehre in zwei verschiedenen Auflagen in den Jahren 1811 und 1830 erschienen, fasst seine „ganze dermalige Ansicht des theologischen Studiums" zusammen. Sie entfaltet in den vier großen Teilen (Einleitung, Philosophische, Historische und Praktische Theologie) Schleiermachers Gesamtverständnis von Theologie als einer universitären Wissenschaft einschließlich ihrer Teildisziplinen. Die *Kurze Darstellung* zeigt Schleiermachers große systematische Kraft und ist für das Studium seines Theologieverständnisses grundlegend.

Friedrich Schleiermacher
■ **Über die Religion**
Reden an die Gebildeten unter ihren Verächtern (1799)
Herausgegeben von Günter Meckenstock
2001. 194 S. Br. ISBN 978-3-11-017267-6

Das klassisch gewordene Jugendwerk Schleiermachers zur Religionsthematik, mit dem der Theologe seine schriftstellerische Wirksamkeit begann, wird hier in einer Studienausgabe der maßgeblichen kritischen Edition vorgelegt.
Die Studienausgabe präsentiert die Erstauflage von Schleiermachers Reden (1799) in der Textgestalt der Kritischen Gesamtausgabe (KGA I/2). Sie wird durch eine ausführliche „Historische Einführung" des Herausgebers eingeleitet.

de Gruyter
Berlin · New York

www.degruyter.de

www.ingramcontent.com/pod-product-compliance
Lightning Source LLC
Chambersburg PA
CBHW050121020526
44112CB00035B/2238